# 梭罗传

## 瓦尔登湖畔的心灵人生

[美] 罗伯特·D. 理查德森 著

刘洋 译

浙江文艺出版社
Zhejiang Literature & Art Publishing House

图书在版编目（CIP）数据

梭罗传：瓦尔登湖畔的心灵人生 /（美）罗伯特·D. 理查德森著；刘洋译. —杭州：浙江文艺出版社，2020.6
ISBN 978-7-5339-5904-3

Ⅰ. ①梭… Ⅱ. ①罗… ②刘… Ⅲ. ①索罗（Thoreau, Henry David 1817–1862）—传记 Ⅳ. ①K837. 125.6

中国版本图书馆 CIP 数据核字（2020）第 070917 号

**梭罗传：瓦尔登湖畔的心灵人生**

SUOLUO ZHUAN: WAERDENG HUPAN DE XINLING RENSHENG

作　　者：［美］罗伯特·D. 理查德森
译　　者：刘　洋
策　　划：柳明晔
责任编辑：邵　劼　周　易
营销编辑：张恩惠
封面插画：范　范
封面设计：梯工作室·周安迪

出版发行：浙江文艺出版社
地　　址：杭州市体育场路 347 号
网　　址：www.zjwycbs.cn
经　　销：浙江省新华书店集团有限公司
印　　刷：浙江新华数码印务有限公司
开　　本：710 毫米 × 1000 毫米　1/16
字　　数：395 千字
印　　张：32.75
插　　页：2
版　　次：2020 年 6 月第 1 版
印　　次：2020 年 6 月第 1 次印刷
书　　号：ISBN 978-7-5339-5904-3
定　　价：95.00 元

（如有印、装质量问题，请寄承印单位调换）

梭罗肖像

谨以此书献给W. J. 贝特（W. J. Bate）

承您教导：在重新发掘伟大人物的个人事迹时，
我们会发现，在所谓无可改变的“境遇”中，
我们不必逆来顺受……
通过与伟大人物建立联系，
我们会获得更多自由，
成为更加自由的自我，
成为我们最企盼、最珍视的人。

——《过往的重担》

# 序　言

亨利·梭罗（Henry Thoreau）于1837年大学毕业，在1862年与世长辞。在这段时期内，他由一名普通的阅读爱好者成长为一名作家，以及一名博物学家。作为一部心灵传记，本书旨在勾勒梭罗的思想历程及成长经历，因而有必要对其一生的轨迹进行综合审视。不论梭罗的生活具有何种程度的私密性，都要把它放在大众的生活语境中考察。人们永远记得，梭罗每日必然外出散步，每次散步至少持续四个小时，“抛开一切俗务，漫步山林田野”。然而并非始终有人记得，他每日要花费同样多的时间阅读和写作。爱默生[①]曾对梭罗接受的教育做出过精辟的概括，他认为后者所获得的学位应该被称作“思想及自然学士”。

在本书的创作过程中，笔者多蒙眷顾，长期得到多位当代梭罗研究者的慷慨相助，在此略作交代，诚表谢意：安妮·麦格拉斯（Anne McGrath）、马尔科姆·弗格森（Malcolm Ferguson）、汤姆·布兰丁（Tom Blanding），以及康科德梭罗讲堂的工作人员，他们为本书的访谈及资料［特别是有关艾伦·修厄尔（Ellen Sewall）的资料］搜集提供了帮助；康科德公共图书馆的玛西亚·莫斯（Marcia Moss）在各类档案资料的检索过程中给予了热情协助；在马丁·李奇（Martin Ridge）以及亨利·E（Henry E.，圣马力诺市图书馆的

---

① 拉尔夫·瓦尔多·爱默生（Ralph Waldo Emerson，1803—1882），美国思想家、文学家、诗人。他是梭罗一生的挚友。（本书脚注中，译者注及原注均有说明，无特殊说明则为编者注。）

模范员工）的协助下，本书末章的资料搜集工作得以在轻松愉快的氛围中迅速完成；此外，笔者要感谢多位图书馆管理员的积极配合：摩根图书馆、纽约公共图书馆伯格英美文学馆、波士顿公共图书馆、哈佛大学霍顿图书馆、丹佛大学特藏图书馆。

以下人员为本书的创作提供了信息、协助以及灵感：艾弗林·巴里什（Evelyn Barish）、雷蒙德·波斯特（Raymond Borst）、小约翰·W.克拉森（John W. Clarkson Jr）、布拉德利·迪恩（Bradley Dean）、黛娜·麦克莱恩·格里利（Dana McLean Greeley）、罗伯特·格罗斯（Robert Gross）、迈克尔·麦耶（Michael Meyer）、罗斯玛丽·米顿（Rosemary Mitten）、约瑟夫·J.莫尔登豪尔（Joseph J. Moldenhauer）、唐纳德·莫特兰德（Donald Mortland）、约珥·迈尔森（Joel Myerson）、玛格丽特·纽森多弗（Margaret Neussendorfer）、约珥·波特（Joel Porte）、巴顿·L.圣阿曼德（Barton L. St. Armand）、理查德·施奈德（Richard Schnieder）、盖尔·L.史密斯（Gayle L. Smith），以及凯文·P.凡·安格伦（Kevin P. Van Anglen）。

罗伯特·萨特尔迈耶（Robert Sattelmeyer）致力于梭罗的阅读研究，并向笔者提供了无比珍贵的研究成果；斯图亚特·詹姆士（Stuart James）阅读了本书的初稿，并提出了多项改进意见；维克多·卡斯特兰尼（Victor Castellani）以及约翰·利文斯顿（John Livingston）分别为本书涉及的拉丁语资料和历史资料的背景支持提供了帮助；朱迪·巴翰（Judy Parham）为梭罗阅读过的核心书目专门制作了详尽的卡片索引；卡罗琳·马丁（Carolyn Martin）及布拉德福德·摩根（Bradford Morgan）为《一周》（*A Week*）及《缅因森林》（*The Maine Woods*）的解读提供了全新的洞见；梭罗版本学会（加州大学圣塔芭芭拉分校）的贝斯·维泽雷尔（Beth Witherell）及其员工提供了海量材料，这些材料正陆续发表在普林斯顿（Princeton）推出的新版梭罗经典中。

此外，笔者还得到梭罗学术项目主任沃尔特·哈丁（Walter Harding）的慷慨帮助，他不仅提供了大量信息，更积极鼓励笔者及多位梭罗的忠实研究者，没有他的指引，则不会有本书的出版；菲利普·古拉（Philip Gura）在很多方面为本书提供了帮助，正是在他的建议下，笔者将本书的记述内容拓展至梭罗去世这一年；多年来，笔者始终与丹佛大学的伯顿·菲尔德曼（Burton Feldman）共同经历着思想领域的探险，他让笔者认识到，一部作品的目标读者既要包括普通读者，又要包括专家类的读者；阿伦·马德尔鲍姆（Allen Mandelbaum）完善了本书的手稿，并在很多方面为笔者提供了一贯的鼓励和支持，从一开始，他便对这部作品充满信心，并用这份热情感染了斯坦利·霍洛维茨（Stanley Holwitz），以及加州大学出版社的编辑及发行人员；杰出的插画艺术家巴里·莫泽（Barry Moser）为本书设计并绘制了插图，笔者欣慰之余，更感受宠若惊，这份厚谊永铭于心，远非寥寥数语所能报偿。

此外，本书要献给我的两个女儿和我的妻子。丽莎（Lissa）流露出的乐观、进取以及独立让我意识到，伟大的梭罗不仅为男性树立了典范，也为女性做出了榜样；安妮（Anne）的执着和热情促使我对梭罗的社会属性以及个人生活给予了关注（她还为本书手稿的资料收集以及校阅工作提供了极大的帮助）；在任何时候，伊丽莎白（Elizabeth）既是我最严格的批评家、最亲密的伴侣，也是最重要的同事。

在一定的界限内生活，渴望某种或某些事物，热爱它们，执着于它们，从各个角度探索它们，与它们融为一体——正是这个过程，造就了诗人、艺术家，以及人类。

——歌德

目　录
contents

# 第一卷
# 1837回乡

## 1. 1837年秋：毕业

1837年初秋，亨利·戴维·梭罗于哈佛大学毕业，回到故乡康科德。此时的他刚满20岁，身高中等或略矮，两肩溜垂，看气色便知经常待在户外。他身上透着些航海民族的气质，走路时姿态矫捷，显得精力非凡。在别人的印象里，他脸庞较宽，双唇勾勒出的线条柔曲而令人愉悦，直挺的鹰钩鼻会让人联想到恺撒（Caesar），也有些人说它像爱默生的。他淡褐色的头发纤软而稀疏。总体而言，梭罗算不上俊逸出尘，也称不上面貌出众，但眼睛除外。他目光坚毅、眼神肃穆，眼窝明显而深陷，两眼在光照下呈现淡蓝色，有时又呈现灰色。他在康科德附近出现时，有人注意到，他的两眼始终盯着地面，偶尔抬起头时，那目光可以在瞬间望穿一切。梭罗的眼神里透着令人害怕的严肃，同时也闪烁着智慧与幽默。

哈佛大学的毕业典礼在8月30日举行，那个时代常常如此，将毕业典礼选在暑假之后而非之前。短短两周内，梭罗不仅回到了康科德，与家人住在主街对面的帕克曼公寓（现公共图书馆所在地）

里，还在康科德公立学校谋得一份教职。1837年正是美国经济危机时期，严重的经济萧条也是从这一年开始的，一直持续到40年代。多家银行相继停业，梭罗能够谋得一份生计已属幸运，当然无法奢望找到一份好工作。然而就职还不到两周，梭罗便提出辞职，原因是他拒绝按照学校规定鞭打学生。一则趣闻是这样记载的：康科德校董会中有一个名叫尼赫迈亚·鲍尔（Nehemiah Ball）的董事，有一日在听完梭罗的课后，把梭罗叫到走廊里，训斥他没有使用笞杖。怒愤交加的梭罗失去了冷静，这位20岁的教师冲动之下回到教室，随机揪出了6名学生进行鞭打，大有镇压军中暴乱之势。随后，他辞掉了这份工作。一切都来得太突然，他的公教生涯以无限光明的前景开始，却又以天塌地陷般的灾难结束，从毕业典礼到此时，还不到一个月的时间。

不过这个秋天并非全无收获。就在梭罗与鲍尔遭遇的前几天，大约在9月中旬一个星期天的傍晚，他与哥哥约翰（John）一同出门，一边走一边寻找着印第安人的遗迹，“满脑子都想着过去的岁月和历史的遗留”。两人来到沼桥河河口附近的萨德伯里河滩，这里是一处适合远眺的点，可以俯视蚌壳山以及右侧的纳沙图克山。此情此景令梭罗陷入了对“蛮荒时代的赞颂”。在那个时代，白人还没有到来，印第安人依然在康科德森林里游荡。梭罗沉浸在那段岁月里，自顾自地问道：“有多少次，他们在此时此刻，来到此地眺望？这里，”他继续道，“是塔哈塔旺酋长站过的地方。那儿，”他随手指向一块土地说，“是酋长的箭头。”诚然，这不过是梭罗诗兴大发而已，就像一个小男孩在玩扮演印第安人的游戏。然而他戛然而止——他想把这场游戏表演完——当他弯下腰去，捡起脚边的一块小石头时，却发现那块石头果真是“一个近乎完美的箭头，锋利得如同刚刚被印第安人造出来一般”。这种小运气每个人都会碰到，但对某些人而言，碰到这种运气的概率要大些。几年后，一些访客会纷纷谈论起梭罗如何每到一个地方都会发现箭头。当然，一部分原因是梭罗想要找到箭头，而且他预料自己能找到。但这次的经历似乎是个预兆——这位青年教师的想象性移情不论多么浪漫、多么丰富，但从本质上讲并不荒唐，并且没有发生失误。他总是坚持说，自己这辈子好运连连，然后又补充说，毕加索也是这样，“我并不着意寻觅，却总能找到”。

对梭罗而言，这年秋天的好兆头还表现在其他几个方面。正是在这段时间里，他和爱默生结下了深厚的情谊，给对方留下了深刻的印象。为此，这位前辈在随后的几年里，总是一次次地回来拜访他。在爱默生的记忆里，梭罗是个“身强体壮、刚刚从大学毕业的小伙子”。而对梭罗而言，他对爱默生的了解，大多来自那年春天读过的那本《论自然》（*Nature*）。到了10月的第三个周末，即梭罗所说的“任何季节都无法与之相比的”美丽时节，爱默生成功地说服梭罗，鼓励他开辟专栏，从事写作。既然连拉尔夫·瓦尔多·爱默生都把自己当作朋友，被尼赫迈业·鲍尔拒绝又有什么关系呢？

这是一个繁忙而充实的秋季：梭罗时而泛舟河上，时而散步远足，时而与父母兄弟齐聚家中，其乐融融，偶尔有姑婆姨婶来访，或远客借宿，更加增添了家里的生气。他在父亲的铅笔厂谋得一个职位，自从公教事业遭遇惨败以来，他一直心急火燎地寻找着下一份工作。当然，还有他与爱默生之间那份友谊，那份足以改变他一生的友谊。除此之外，他还在这年的秋天里花了大量时间去阅读、写作和思考。在接下来的几年时间里，他养成了每天散步的习惯，每次散步都要花上几个小时。对梭罗而言，每日在书桌旁苦读和外出散步是同等重要的。“我找到了一个用来读书的阁楼”，他在一本新日志本里这样记道。平日里，他通过散步和泛舟在康科德四处游览，至于康科德以外的地方，他只能靠在阁楼里读书去游览。在散步和读书的间隙，他会记录下自己的体会。

在1837年的这个秋天之前，梭罗还是个名不见经传的小人物，虽然在某些书信和一些人的回忆中，都有关于他孩提时代和学生时代的信息，但这些都是间接材料，都是他人眼中的梭罗，就连他的亲笔信件和大学时写的文章也都无一例外是为他人所写，对自己早年的生活少有提及。然而从1837年10月起，梭罗养成了写日志的习惯，从这些日志当中，我们能够发现梭罗经典作品的雏形，能够看到他那丰富、深情且迅速变化的内心世界，以及他那忙碌而繁杂的日常生活。有了这些日志的帮助，我们在看到梭罗一幅幅熟悉的照片时，便能读出他那双眼睛里所隐含的思想。

令人吃惊的是，正是在这年秋天，这本日志中出现了许多梭罗日后作品中的主题。当时的他已经表现出对森林和田野的初步兴趣。他对河流十分着迷，认为河水不仅可以用来泛舟游览，更可以用作比喻。在越发繁忙的生活中，他产生了“为自己保留一片幽静”的想法。在这年秋天里，他对诗歌和诗人的兴趣也变得越发浓厚，他时时引用英国诗人，以及歌德和维吉尔的诗句，他的一些经典诗作正是从这一年开始出现的。此外，北欧早期文学和北美印第安人生活方式中体现出的那种原始而勇武的生活令梭罗向往。他已然对琢磨自我——德国人所说的“自我教育”——产生了兴趣，草草写下的日志里流露出他在融入自然、融入生命时，心底涌出的最深沉的热情与狂喜。

在大自然带来的亲密感中，梭罗整整一个秋天都在如饥似渴地读着歌德与维吉尔的作品。他把自己的业余时间花在两件事上——阅读和翻译歌德的《意大利游记》（*Italian Journey*）以及在康科德四处游览。正如歌德在书中写的，他在一片叶子中发现了植物形态学的定律；梭罗也认识到，自然界的万千仪态是由某种看不见的规律所主宰的。

在维吉尔的作品中，他发现了更为重要的一点。在他11月中旬的读书笔记中有这样一句话："我读维吉尔，只是为了探索在不同的时代里，自然和人类具有何种身份。"这番评论可谓毫无特色且并非独创，甚至有些索然无味，但如果加上"不同时代的自然身份"这一理念，则构成了梭罗成熟思想的奠基石。他对历史、自然、社会以及个体所抱有的最坚定、最具特色的信念，正是以此为基础，以此为开端的。

根据报纸上的记载，1837年发生了以下几件大事：维多利亚女王登基，加拿大掀起反英浪潮并最终导致战争；继佐治亚州和佛罗里达州爆发惨烈的塞米诺尔战争之后，美国陷入严重的金融危机。而对于年轻的梭罗而言，这年秋天发生的大事莫过于他与爱默生的相识，与歌德、维吉尔的"相遇"。可以说，截至这年秋天，梭罗才算真正毕业。就在这一年接近尾声时，梭罗首次把自己的姓氏改为亨利·戴维，仿佛是为了纪念这全新的开始。

## 2. 昆西时代的哈佛大学

1833至1837年间，梭罗一直在哈佛大学读书，尽管他对这所学校及其教育持否定态度，但我们必须把哈佛作为他生活中的一个重要影响因素来考量。离乡前往剑桥市时，他和许多乡村里的孩子一样，心里充满了希望。但事实上，所谓的希望十分渺茫，他不过是一个客居异乡、身无分文，且生性执拗的边缘学生。然而当毕业回乡时，梭罗已经具备了探索精神世界的种种潜质，尽管哈佛存在诸般不如人意之处，这所学校却教会了他如何去批判。这种品质的可贵之处在日后才得以显现。

1833年的哈佛还只是一所规模较小的大学，生源大多来自附近区域，学校的影响力微弱得无法想象。1839至1840年间，哈佛全校的学生人数不过432人，设立了25个院系。校区建筑大多靠公募基金修建，只占据剑桥市内的几栋大楼，大学堂后方是几条未经铺砌的小街和一些猪圈，整个校区透露出一股浓烈的乡村气息。河对岸就是波士顿，那是一座面朝东部海湾的小城市，人口只有7.5万人。

学校设院长1名，此外还有11名教授，7名讲师，9名督学（负责宿舍监督及教学助理），1名财务主管，1名工会代表，以及1名独自负责4.1万本图书的管理员。学校没有任何行政管理人员，系主任也是在1870年后才开始任命的。校长负责开具推荐信、计算分数、处理违规事件以及颁发奖学金。1840年，学校预算刚刚超过4.5万美元，其中员工薪水略微超过2.8万美元，教师平均薪水为每年1500美元，相当于康科德教师最高薪水的3倍。乡村教师的起步薪水十分微薄，每年100美元，而伊利运河上的体力劳动者每日收入为0.88美元，木匠则为每天1.25美元。

当时哈佛一年的学费为55美元。19世纪30年代后期，学生每年的总花费为188美元，多数费用集中在教材和食宿两项，但取暖费比这两项还要高。学校的教室大多通过开放式壁炉取暖，每年要烧掉六堆柴薪，费用总额为22.5美元，超过读大学全部费用的10%。

在那个年代，哈佛是个不起眼的所在，生源大多为当地学生，在康科德招收的学生数量还不及耶鲁大学在马萨诸塞州招收的学生多。1836年秋，哈佛一个班级的毕业生为39名，远远低于其他高校，耶鲁为81人，联合学院为71人，达特茅斯学院为44人。当时美国所有大学的毕业班里，毕业生数量都不超过100人，大学仍然只是少数人的专属领地。19世纪40年代，新英格兰每1294个人中只有1名大学生，到1985年，这一数字增长到每19人中便有1名大学生。

从学术角度来讲，梭罗时代的哈佛正处于一种“停滞”状态。乔赛亚·昆西（Josiah Quincy）是哈佛历任校长中最清贫的一位，教职员工中偶有几名不凡之士，却算不上杰出。用校长昆西的话来说，哈佛大学的教育是“彻头彻尾的机械训练”，并非通识教育。即便教授们想要传授知识而非机械操练，但学校的课程任务十分繁重，每周课时量在25至40学时不等。费尔顿（Felton）教授主讲希腊语，钱宁（Channing）教授主讲修辞学，除此之外，那些水平稍稍高于侪辈的讲师，除了繁重的授课任务外，还要负责学校的管理事务。课程设置大体上较为固定，遭到广大师生痛恨——其中包括三年的希腊语和拉丁语学习、两年的数学、一年的历史、三年的英语，以及两年的现代语言学习。尽管从1825年起，哈佛开始开设选修课，但与其他课程相比，选修课只占一半学分，这无疑降低了学生的积极性。但最令人痛恨的大概要数1825年开始采用的评分体制，昆西将这一体制细化到无比烦琐的程度，这一举动显然是愚蠢的。在评分体制下，大学生活的方方面面都要接受评分。全体学生每日都要接受背诵检查，评分标准为0到8分不等，作文和其他作业所占的分数更多。评出的总分将决定学生的班级排名和奖学金授予，只要有学生缺席课程、不参加礼拜，或者违反宵禁规定，学校都会予以扣分。当时的一则记录中有这样一番描述："学生每日都要进行祷告，一名教授站在瞭望台上监督，但凡发现有违纪现象，就会把学生的名字记录下来。"教员和监督员会把每周的评分情况交给"老昆"校长，校长亲自核定总分。显然，他更像是一位中学而不是大学校长。每个学生在毕业前必须积满1.4万分，考评体系的复杂程度由此可见一斑，偶尔出现漏记或误计自然无法避免。梭罗的考评成绩便出现过无数次误计的情况。昆西对梭罗这名年轻人的评价是："他在部分程度上接受了竞争和排名体制。"其实，他的隐含意思是说，梭罗对这种体制表露出明显的厌恶和憎恨。相比之下，现代高校采用的学分绩点制往往将分数精确到小数点后三位，显然更加公平、更加简单。或许正是为此，他才失去了对哈佛大学的尊敬，昆西时代的哈佛大学才如此难以管辖。

用现代观点来看，梭罗时代的哈佛大学，倡导这样一种"三R教育"[①]："死记硬背"（rote learning）、"组织化"（regimentation）及"粗暴主义"（rowdysim）。学生的着装、学习时间、出勤等都要遵照统一规定，就连饮食也不例外。据称，哈佛大学的饮食与所有大学的饮食一样糟糕。早餐包括热咖啡、热面包卷和黄油；晚餐则是茶点和一成不变的冷面包卷，而且没有黄油；只有午餐稍微丰盛些，有些学生甚至偷偷用叉子把午餐的肉食插在桌子下面，留到晚

① 现代教育体系中，"三R"分别指读、写、算。——译者注

餐的时候吃。冬天的时候，男生在天亮前半个小时就要起床，瑟瑟发抖地挤在冰冷刺骨的教堂里做餐前祷告。不论是起床就寝或是上课下课，都以铃声为准。学校里的氛围与如今大学的氛围颇为不同，给人的感觉更像是一所寄宿学校。学生的行为十分粗鲁，且不说每餐都会糟蹋粮食，还会习惯性地破坏公物——并不仅仅是毁坏桌椅这样简单，有些人回忆说，学生寝室公共区的玻璃每年都会被人用火药炸碎。

1834年春，在梭罗的大一生活即将结束时，哈佛大学发生了有史以来最为暴力的造反事件。事件的起因是一名学生对老师无礼，随后引发了大规模骚乱，桌椅玻璃被砸，损失金额高达数百美元。由于无法确定骚乱的始作俑者是谁，昆西盛怒之下将大二的学生集体开除。随后，他在公众法庭提起民事诉讼，并参加了康科德的庭审。这更加激怒了学生群体。由于学生的反对呼声越发响亮，哈佛大学的监察委员会不得不制作一本厚达47页的宣传册予以回应。

## 3. 梭罗在哈佛

1833年秋，梭罗刚刚踏入哈佛大学的大门。当时他刚满16岁，住在霍利斯楼第20号，室友是来自附近林肯镇的查尔斯·斯登·惠勒（Charles Stearns Wheeler）。宿舍的布置十分简陋，只有一张松木床架、一个洗脸盆架、两张桌子和两把椅子，地上没有地毯。由于当时没有火柴，两个人每晚只能小心翼翼地保留火种，留到第二天清晨用。每个寝室都有一个炮弹壳，每当深夜寒气渗入寝室时，可以把炮弹壳烧热用来暖脚，特别实用。

大一学年，梭罗修习的主要是选修课，至于课程是否可心则不得而知。他选修了数学、希腊语、拉丁语、历史，第二学期又增加了意大利语。梭罗并没有参加那场声势浩大的造反运动。第一学年结束时，优秀的成绩为他赢得了25美元的“模范奖”，这笔奖金相当于一半的学费。大二学年，他修习了数学、希腊语、拉丁语、英语、法语和意大利语。大三学年，他继续学习希腊语、拉丁语、英语和法语，同时选修了一门仅仅开设一学期的神学、心理哲学以及数学。大三的下学期，梭罗休学了一段时间，在马萨诸塞州坎顿市的一所学校里教书。在这段时间里，他结识了一位名叫奥利斯蒂·布朗森（Orestes Brownson）的激进年轻学者。布朗森本是唯一神教派的牧师，但与教会的关系没有维持多久。他的道德精神和改革理念深深地感染了年轻的梭罗。两人时常一同学习德语。大三这年的学习时断时续，梭罗时而请假，时而生病，直到1836年3月才回到哈佛大学，但当年5月，学期即将结束时，梭罗再次因病休学。

从1836年秋天起，梭罗连续选修了三个学期的精神哲学，仔细研读了洛克[①]的《人类理解论》（*Essay on Human Understanding*）、萨伊[②]的《政治经济学》（*Political Economy*）[③]以及约瑟夫·斯多里[④]的《美国宪法论集》（*Commentaries on the Constitution of the United States*）。与此同时，他还继续选修了文学课程和现代语言课程，此外还有几门自然历史和自然哲学课程。在班级里，梭罗算不上最

① 约翰·洛克（John Locke，1632—1704），英国哲学家，代表作《论宽容》《政府论》《人类理解论》等。

② 让·巴蒂斯特·萨伊（Jean Baptiste Say，1767—1832），法国经济学家。

③ 指《政治经济学教义》（*Cathechism of Political Economy*）。

④ 约瑟夫·斯多里（Joseph Story，1779—1845），美国律师与法律专家。

突出的学生，如果有同学还记得他，一定会用“安静、严肃、有点土气”这些字眼来评价他。他并没有参与那场造反，更没有因为评分体制的问题与昆西作对，学期结束时，优秀的成绩为他赢得了颁奖典礼上的一席之地。

毕业后的几年，梭罗仍对哈佛的教育嗤之以鼻。爱默生跟他聊天时曾说，哈佛的教育囊括了各类学科，但梭罗却回答说：“是啊，徒有各类学科，但无学科积淀。”他曾在《瓦尔登湖》（*Walden*）一书中嘲讽哈佛的课程设置，认为教育应该更实用，少些书呆子气。然而对梭罗而言，大学期间的阅读积累是不可或缺甚至是至关重要的，从他的课外读物中，我们能够看出他当时的心态与想法。除了阅读哈佛大学图书馆的藏书外，他还加入了1770学会，并且阅读了该学会的大量藏书。大一第一学期时，他已然表现出对游记文学的热爱，不论是弗兰西斯·豪尔[①]的《加拿大游记》（*Travels in Canada*）、罗斯·考克斯[②]的《哥伦比亚河历险记》（*Adventures on the Columbia River*），还是麦肯尼[③]的《游湖札记》（*Sketches of a Tour to the Lakes*），都在他的阅读书目之列。这份热情他保持了一生之久。大一结束之前，梭罗已经读完了欧文[④]的《哥伦布传》（*Life of Columbus*）和《征服格拉纳达》（*The Conquest of Granada*）、科克伦（Cochrane）的《哥伦比亚游记》（*Travels in Columbia*）、布洛克[⑤]的

---

① 弗兰西斯·豪尔（Francis Hall，1821—1871），美国极地探险家。

② 罗斯·考克斯（Ross Cox，1793—1853），爱尔兰人，做过报纸记者。

③ 托马斯·洛兰·麦肯尼（Thomas Loraine McKenney，1785—1859），美国官员。

④ 华盛顿·欧文（Washington Irving，1783—1859），19世纪美国著名作家，被誉为“美国文学之父”。

⑤ 威廉·布洛克（William Bullock，1773—1849），英国旅行家、自然学者、古文物收藏家。

《墨西哥之旅》(*Travels in Mexico*)、密尔(Mill)的《十字军东征史》(*History of the Crusades*)、巴洛(Barrow)的《交趾支那游记》(*A Voyage to Cochinchina*)(今越南)。广泛阅读的同时,梭罗也在剑桥市四处游览。

对于哈佛的教育,有一点梭罗是认可的——跟着钱宁教授[波士顿著名牧师威廉·埃勒里·钱宁(William Ellery Channing)的兄弟]学习了三年的英文后,他能够随心所欲地用文字表达自己的思想。从梭罗大学时代的文章中便能看出,他的文风优雅而不失传统,恣肆而不失理性。是否钱宁点燃了梭罗对文学的激情尚不得而知,但许多同学仍然记得他们在钱宁教授的房间里共同阅读乔叟[①]的那些夜晚。钱宁与弗兰西斯·詹姆斯·蔡尔德(Francis James Child)不同,他对于哈佛的影响力直到19世纪40年代末、50年代初才得以凸显,因为在梭罗的时代,哈佛大学最活跃的文学中心位于现代语言系而不是英语系。这一切都是拜乔治·蒂克纳(George Ticknor)所赐,正是他倡导并尝试着把德国大学的活力和影响力引入这个位于剑桥市的小小的哈佛大学。蒂克纳注重语言的"应用"层面,重点强调现代文学及文化,为此,他还专门从欧洲聘请了一批讲师。可以说,梭罗在哈佛接受的教育最令人惊叹的一点便是,他吸收了大量的语言知识,特别是现代语言的学习。除了整整八个学期的希腊语和拉丁语学习,梭罗还修习了五个学期的意大利语、四个学期的法语和德语,以及两个学期的西班牙语。梭罗向来以饱读经典而闻名——他为经典的辩护可谓罕有其匹,但很少有人知

① 杰弗雷·乔叟(Geoffrey Chaucer,1343—1400),英国小说家、诗人。主要作品有小说集《坎特伯雷故事集》。

道，他可以自如地阅读法语、德语、意大利语，更重要的是，这为他用宏观、多元文化视角审视文学做好了准备。

梭罗对现代文学，特别是对现代诗歌的兴趣，似乎从大二那年的春季开始显现。这年4至6月间，他从约翰逊[①]的《莎士比亚戏剧集序言》（*Preface to Shakespeare*）读起，一直读到他同时代的作品，比如朗费罗[②]的《海外朝圣记》（*Outre-Mer*，1835）、库珀[③]的《头人》（*The Headsman*）、欧文的《见闻札记》（*Crayon Miscellany*），等等。他的动力有可能是来自钱宁，但不可能是爱默生，虽然在1835年2月下旬，爱默生曾以惠特利（Whately）的《修辞学》（*Rhetoric*）考查过梭罗，但两人之间并没有擦出任何火花，最有可能给他注入这种动力的人要数朗费罗。1835年春，28岁的朗费罗应允了哈佛大学的邀请，打算接替蒂克纳就任现代语言系主任一职。他的首部作品《海外朝圣记》恰在这年5月下旬出版。对于那些厌倦了剑桥市教育之陈腐和教条的美国年轻作家而言，即将到来的朗费罗无疑会在他们心中激起阵阵兴奋的波澜。

梭罗对于诗歌的兴趣似乎恰好始于朗费罗被任命为哈佛大学教授的这个春天，这种兴趣在最后两年大学生活中不断地增长着。1837年春，在欧洲游历并学习两年之久后，朗费罗终于动身前往美国剑桥市，开始在哈佛大学执教。平日里，朗费罗总是穿着一件酒红色的马甲，戴着一副浅色的手套。作为一名诗人，年仅30岁的

---

① 指塞缪尔·约翰逊（Samuel Johnson，1709—1784），英国作家、文学评论家和诗人。

② 亨利·沃兹沃思·朗费罗（Henry Wadsworth Longfellow，1807—1882），美国诗人、翻译家。

③ 詹姆斯·费尼莫尔·库珀（James Fenimore Cooper，1789—1851），美国作家。

朗费罗早已声名斐然，而这一年，他那精彩的人生才刚刚开始，还有无数的爱情故事、旅行游记以及动人的悲剧等待他去创作。年轻的梭罗选修了这位新任教授的北欧语言及文学课程，尽管他曾接受过古典文学的训练，但这门课却是他闻所未闻的，他充满着探索带来的兴奋之情以及无比的新鲜感。

## 4. 康科德

梭罗于1837年回到的那个名叫康科德的故乡一直被人称作小村庄，它位于波士顿以西。虽然名义上是个村庄，实际上它却是个绵延16英里、拥有2000人口的小城，坐马车要4个小时才能走完。康科德是欧洲移民在马萨诸塞州建立的第一个永久定居点，最初的面积为36平方英里，仅仅比波士顿小1平方英里而已。贝德福德、阿克顿、林肯、卡莱尔等地都是从康科德最初的范围中划分出去的。梭罗的故乡还有一条康科德河，长达9英里，与阿瑟比特河汇流后，向北流经北比尔里卡，为波士顿与洛厄尔之间的米德尔塞克斯运河提供了水源，随后与梅里马克河汇流，在伊普斯威奇及普拉姆岛处入海。满载着缅因州木材及货物的船只时常沿运河及康科德河由波士顿开往康科德，但康科德的重要性并非仅仅在于水道，更在于它是陆上交通要道。通往波士顿的道路名叫莱克星顿路，恰好经过爱默生的家；另一条名为沃特顿的道路恰好经过瓦尔登湖。此外，更有条条大路分别通往萨德伯里和南部的新英格兰，向西通往伯克希尔，往北通向新罕布什尔。由于康科德居民的祖辈们在美国独立战争中表现卓越，康科德当时正考虑修建一座纪念碑。

当时，康科德的生产活动主要以农业为主，但制造业已经开始发端。截至1820年，从事农业的人口数量为262人，从事制造业者140人，经商者16人，从事制造业和经商的人口正不断增加。到1837年，康科德为19世纪20至30年代全美的快速增长做出了属于自己的一份贡献。1819年，康科德建立了一家铅管厂；1821年成立一家鞋厂（厂房仅仅是一座房屋的偏房，但员工却在10至20人之间）；1829年，数名企业家成立了米尔丹姆公司，在康科德的中心开辟出一片全新的商业区，随后这里又出现两家银行，它们分别成立于1832年、1835年；1832年，康科德成立了一家以蒸汽机为动力的铁匠铺。除此之外，康科德还拥有铅笔、钟表、帽子、风箱、枪支、砖石、圆桶、肥皂等产品的制造中心，凡此种种产品，大多批发销往外地，马路上车轮滚滚，尘土飞扬，嘈杂声不绝于耳。作为繁忙的交通枢纽，康科德自然有数不清的小酒馆，来往车夫多聚于此。另外，村里还建有六座仓库、一个装订车间、两家锯木厂、两座位于城西的磨坊，以及一家五层楼的棉纺厂，厂内雇有9名成年男性、3名男孩、30名女孩。可以说，康科德绝不是一个宁静、闭塞、落后的农业村庄，而是一个工厂遍地开花的小城。它正期盼着与运河相连的水道得以修整，期盼着铁路的到来。与附近的洛厄尔镇或南哈利镇相比，这里由于缺乏主要的水力资源，铁路的修建比临近地区晚了几十年之久。

村子外围是一片开阔的郊野。当时的新英格兰（缅因州除外）有三分之二的区域都是已开发地带，而1830年的康科德，城内用地只占全部区域的六分之一，其余均为草地、牧场或耕地。大片整齐的耕地静静地沐浴在阳光里，草地葱茏茂盛，牧场里圈养着上百头母牛、公牛，以及上百匹马。只消稍微站得高些，便可驰目远眺，大片的耕地远远延展开去，其间点缀着一簇簇小林地，每块林地6至10英亩不等。

康科德的林地不多，并非仅仅因为农业发达，还有另外一个原因：当时煤炭还没有得到大规模使用，家家户户仍然以烧柴为主。以农户为例，即便省着用，冬季取暖也要烧6捆木柴，这样一来，普通家庭每年便要烧掉20捆木柴。康科德的教士埃兹拉·里普利（Ezra Ripley）每年则要烧掉30捆木柴，这30捆木柴正是他薪水的一部分。波士顿每年烧掉的木柴数量为60万捆，这些木柴是远从缅因州运过来的。梭罗曾在日志中写道，不论任何时节，只要白天出去散步，到处都能听到伐木的声音。

当时的农产品包括冬黑麦、玉米、土豆，有些农民培植蔬菜种子，还有些人尝试着种植绒草、养蚕等。不久前还有人试着扩大果树及葡萄藤的种植规模。耕地主要靠牲畜。1831年，康科德共有177匹马及418头公牛。新英格兰农夫更偏爱公牛，因为公牛的负重能力惊人。据称，一支由公牛组成的小队便可沿着米德尔塞克斯运河以每小时1英里的速度拉动重达800吨的木料。

在白人定居者到来之前，康科德本是印第安部落的一个小渔村，但到了梭罗的时代，河里的三文鱼、西鲱鱼、灰西鲱已经绝迹，只剩下一些梭鱼、鲈鱼、鳝鱼以及模样丑陋、行动迟缓的八目鳗，偶尔从缓缓流动的河流中探出头来。一到夏天，半个河面都被浮萍所遮蔽，看起来仿佛一张张绿色的彩纸。

对于早期定居者而言，康科德是个贫穷落后、闭塞潮湿的所在。曾有人抱怨说，这里时常遭受风暴袭击，到处是沼泽和密不透风的灌丛。至1837年，所有这一切都已发生改变，尽管大片的低地、沼泽依然存在，但从总体上来说，康科德已经变为一个适宜居住的地区。由于四下里地势开阔，当时的气候要比现在还干燥些，不受虫蚁所扰，人均寿命在40岁左右，但每四个人中便有一人能够活到70岁。五分之一的人口死于各种热病，七分之一的人口则死于肺结核，许多家族都受到这种地方病的困扰，梭罗家也不例外。

1837年秋，全美境内，包括各州以及康科德，都发生了一系列迅速且异常的变化。马萨诸塞州发展迅速，仅在30年代，人口数量便增长了20%，这一数字将在接下来的十年中增至35%。人口增长区域大多为城市和地势较低的河谷地带，相比之下，地势较高的伯克希尔郡的人口却在减少。在这一时期内，波士顿城的人口数量每十年便会增长50%，最终在1840年达到峰值。作为当时的港口城市，波士顿被白星航运公司选定为美国航线的终点。当时的运河及海岸水运已经受到铁路运输的威胁，马萨诸塞州虽极力修建铁路，但速度显然不够快。截至1850年，港口城市波士顿经历了严重的经济滑坡，在这场靠铁路沟通西方的竞赛中遭遇败绩。

这个秋天，最令人担心的事情便是经济危机，当时又称“1837年恐慌”。1825年以来的经济扩张造成了信贷的膨胀，例如，1830至1837年间，纸币发行量增加了两倍，由5100万美元激增至1.49亿美元。1836年，小麦收成不佳，棉花价格缩水一半，许多海外债权人（大多为英国人）开始要求使用黄金偿付债务。1837年5月，美国多家银行停止使用硬币支付外债，随之引发大规模恐慌，仅在两星期内，纽约的贸易损失便高达1亿美元。赫尔曼·梅尔维尔[①]

① 赫尔曼·梅尔维尔（Herman Melville，1819—1891），美国作家、诗人，代表作《白鲸》。

的表兄甘斯沃尔特（Gansevoort）便是这场贸易损失的受害者之一。当人们意识到，1837年美国联邦政府的所有开支，包括塞米诺尔战争在内，也不过370万美元时，上亿美元损失带来的影响才真正开始显现。

国内到处都弥漫着恐慌的氛围。这一时期，爱默生在书信中提到，他时常焦虑不堪，几乎每日都要为身在纽约的哥哥筹措资金，帮助他缓解不断增长的债务。梭罗一家本就不富裕，却眼睁睁地看着他辞去了一份收入不菲的教职。深处困境的大众并不知道，这场经济萧条会一直持续到19世纪40年代中期，难怪当时每个人都无比关注经济状况，就连梭罗也不例外。

## 5. 爱默生

截至这年秋天，梭罗的生活可谓平淡无奇，这是康科德、哈佛以及家庭等多种影响因素共同作用而形成的结果，然而与爱默生的友情却让他的生活从消极走向积极。这段友情是不平凡的，甚至可以说是天意注定。正是爱默生鼓励梭罗必须追求自己的事业，掌控自己的人生。

爱默生的祖辈和亲戚都曾生活在康科德，但他本人却是在波士顿这样一个更加广阔的世界里出生、成长并接受教育的，只是在不久前——1834年，也就是梭罗正在读大二时，他才搬到了康科德，当时他年仅31岁，却已经历了丧妻之痛。妻子艾伦死后，他辞去了波士顿教会的牧师一职，随后前往欧洲旅行，在欧洲度过了整整

9个月的时光。在此期间，他见到了华兹华斯、兰多[1]，最妙的是，他在苏格兰的克雷根普托克遇到了年轻的托马斯·卡莱尔[2]。

1833年10月，爱默生从欧洲返回故乡，此后便把注意力从宗教及神职人员身上转移到科学及自然史等问题上来，从事起公开演讲的工作。1834年秋，当爱默生搬到康科德时，他正着手创作一部思考已久的作品，这部作品的名字十分简洁——《论自然》。

1835年2月，爱默生应邀检查梭罗和其他几个同学《修辞学》的掌握情况。不论是两人的书信还是日志中，都未曾表示出两人间曾擦出过火花，或是彼此间惺惺相惜。尽管爱默生一直对才华横溢的年轻人保持密切关注，但这年春季和夏季，他的注意力却放在了其他事情上。这年7月，他买下了柯立芝（Coolidge）家的房子，这栋房屋位于康科德以东半英里处，临近莱克星顿路。同年9月，他与莉迪亚·杰克逊（Lydia Jackson）成亲，两人搬入新居，此后，这里便成为文人雅士会聚之所，康科德也因此吸引了不少才华横溢的年轻人。当时爱默生年纪并不大，风度翩翩，热情洋溢，并且口才出众。最令人讶异的是他鼓舞人心的能力，特别是鼓励那些年纪轻轻、尚未成名的小伙子的能力。可以说，当时爱默生所倡导的，正是全美最新颖、最激动人心、最震撼的理念和文学。之所以能够做到这一点，倒并非完全因为他曾取得过不俗的成就，而更多是因为他天生拥有一种鼓舞人心的气质。

---

① 沃尔特·萨维奇·兰多（Walter Savage Landor，1775—1864），英国作家、诗人。

② 托马斯·卡莱尔（Thomas Carlyle，1795—1881），苏格兰哲学家、评论家。

例如，1836年冬，爱默生看中了布朗森·奥尔科特[1]，一名由小商贩转行的教师。奥尔科特有着绝佳的口才，甚至堪比布道的教士，但这罕见的才能却无法体现在文章中。他的文章中夹杂着新古典主义、德法浪漫主义的气息，读来十分生硬怪异。爱默生将文章寄回给奥尔科特，提出了十分中肯和委婉的建议。奥尔科特重写了文章，但仍不见任何改进，于是爱默生再次提出意见，奥尔科特再次进行修改，如是往复再三。

与此同时，卡莱尔在杂志上连载的《衣裳哲学》(*Sartor Resartus*) 得到了爱默生等人的赏识，并在新英格兰引起了极大轰动，此时正欲结集出版，但由于在伦敦找不到出版商，他只好把目光投向波士顿。1836年4月，爱默生将美国版的《衣裳哲学》寄给卡莱尔。当美国人能够先于英格兰对英国的天才表示出支持和认可，那么美国漫长的独立革命似乎才终于完全胜利。不久，爱默生的兄弟查尔斯（Charles）于当年5月突然去世［另一个兄弟爱德华（Edward）不久后也相继离世］，尽管如此，他仍然终日被各种理念、作品、文章所包围。这繁忙的学术生活隐隐地预示着一场思想风潮的到来。这年夏天，年仅26岁的玛格丽特·富勒（Margaret Fuller）第一次登门拜访爱默生。玛格丽特聪明而博学，同样拥有着令人惊叹的口才，立志以写作为生的她得到了全家人的大力支持。在这次拜访中，玛格丽特与爱默生谈论了许多话题，但主要是讨论德国文学。她与卡莱尔一样，深深地沉醉于歌德的作品，并且正与艾克曼[2]

---

① 布朗森·奥尔科特（Bronson Alcott，1799—1888），他的女儿是《小妇人》的作者路易莎·梅·奥尔科特。

② J.P. 艾克曼（Johann Peter Eckermann，1792—1854），德国评论家，是歌德的助手，著有《与歌德对话》。

合作，打算将《与歌德对话》（*Conversations with Goethe*）这个大部头翻译成英文。碰巧的是，爱默生此时也正在研究德国文学作品，他与来自班戈的海奇（Hedge）、波士顿的帕克（Parker）和里普利（Ripley）等人一样，认为近期最有趣的思想风潮、艺术风潮，以及一些十分重要的理念，似乎都源于德国。他们一致认为，如果读不懂康德、赫尔德[①]、黑格尔以及歌德，则无法真正理解19世纪。除非阅读过这些人的作品，否则不能说一个人的教育是完整的。

1836年9月，爱默生的第一部作品《论自然》出版。同年10月，他的大儿子瓦尔多出生。两件喜事接踵而来，特别是儿子的出生，为爱默生注入了无比的活力。他正筹备着12月在波士顿开展的题为“历史的哲学”的系列讲座。不出所料，他的讲座十分成功，可谓座无虚席。第一轮讲座结束后，爱默生又掀起了第二轮讲座的热潮。此时正在哈佛读大四的梭罗定然是听到了一些风声，于是在1837年4月初，他从图书馆里借走了爱默生的《论自然》，开始阅读起来。没有记录表明梭罗从这本书中得到了任何感悟，不过到6月时，他再次从图书馆借走了这本书，或许此举是出于感激，因为不久前爱默生曾致信校长昆西，指出梭罗的学业虽然时而中断，但理应获得当年6月的奖学金，这番言语立马奏效。然而当梭罗仔细品味这本书时，这个即将毕业的年轻人顿时受到了极大的影响。或许“影响”一词不够精确，因为这一词语只能用于简单地评价某部作品，有时却有过度褒奖之嫌。E.M.福斯特[②]曾精辟地指出：

---

① 约翰·哥特弗雷德·赫尔德（Johann Gottfried Herder，1744—1803），德国哲学家、神学家、诗人，著有《论语言的起源》等。

② E.M.福斯特（Edward Morgan Forster，1879—1970），20世纪著名英国作家，代表作《看得见风景的房间》《霍华德庄园》等。

“唯一能够影响我们的作品的是那些我们已经准备去接受的作品，是那些在探索的道路上比我们行得更远的一些作品。”此时此刻，梭罗已经准备好接受爱默生的《论自然》，而在这本书中，爱默生也恰好比梭罗探索得稍稍深远一些。爱默生的《论自然》并非谈论自然的小品文，而是一部富于豪情壮志、欲与卢克莱修[①]的《物性论》（*De Rerum Natura*）一争高低的著作。尽管这部作品并未完全摆脱神职人员的特有风格，以至于读者会误以为爱默生仍然在宣扬基督教理念和世界观，但实际上，爱默生的真正意图中却表现出一种激进主义倾向。他的论点在于驳斥历史传统中的基督教，这与托马斯·潘恩[②]的观点并无太大区别，后者曾这样写道：“所谓的自然哲学对科学持全盘接受的态度……这才是真正的神学。”《论自然》体现了爱默生对待科学异常开明的态度。他与他的朋友们一样，并不认为文学和科学间存在“两种文化”的差异。他们认为，自然研究与自我探究殊途同归，两者都是文学亟待表达的内容。与此同时，《论自然》一书更是超验主义运动的宣言。超验主义可以视作德国唯心主义哲学的美国化身，它认为物质是理念的表象，强调凭借直觉认识事物，以弥补经验之不足。令梭罗最感兴趣的是，爱默生对于自然的强调与古代斯多葛学派的思想不谋而合：为了寻求可靠的道德立场，为了回答应如何度过一生这个问题，人类不能求助于上帝、城邦、国家或是社会，而应该向自然索取可靠的答案。两者都宣扬这样一种观点：自然法则与人性法则本质上是相同的，人

---

① 提图斯·卢克莱修·卡鲁斯（Titus Lucretius Carus，约前99—约前55），罗马诗人、哲学家。

② 托马斯·潘恩（Thomas Paine，1737—1809），英裔美国思想家、作家、政治活动家，代表作《常识》。

类可以以自然为基础，构建美好而合理的生活。

对于爱默生而言，这并非仅仅局限于理论。例如，1837年的夏天，他便产生一种对自然无比亲近的感觉。整整一个夏天，他四处闲游，时而去瓦尔登湖游览，时而在菜园中劳作。就在他弯腰锄草、望着玉米和草莓逐渐成熟时，他感到了一种亲近自然带来的满足感，而园中的黄喉地莺更是整日整日地对他鸣唱道："无限欢喜，无限欢喜！"

这年8月底，爱默生在哈佛的毕业典礼上向所有优等生发表讲话，梭罗并没有参加，并没有听到爱默生长篇大论地讲"美国学者的任务便是要研究自然、探究自我，两者殊途同归"。尽管未能亲耳聆听，梭罗后来也一定读到过这篇讲稿。爱默生本人对这次的演讲也颇为自得。讲稿发表后，卡莱尔毫无保留地表达了自己的赞誉之情，没过多久，这篇讲稿得到广泛传播。与此同时，爱默生在这年秋天正酝酿着"人类文化"系列讲座，作为去年"历史的哲学"系列讲座的延续。当他深入了解梭罗后，他不禁为年轻人对历史的看法感到惊叹。不久前，卡莱尔刚把自己关于法国大革命的新作寄给爱默生。爱默生读后心生叹服，他认识到，对于卡莱尔和他而言，如何对待当下，取决于对待历史的态度。他已经得出了一个颇为站得住脚的结论。1837年9月末，爱默生在日志中写道："我得到的不过是从前的那套信仰——每个人都可谓吾性自足，每个人的身上都能完美地展现自然法则，不论是自身经历，或是罗马、巴勒斯坦、英格兰的历史，都可以证明这一点。"

爱默生关于历史的主要观点为：历史便是人类思想的记录。换言之，人性或人类的思想，无论在任何地域、任何时代，本质上是没有太大差别的。当然，或多或少会存在些差异，有些甚至是较大的差异，但不同时代、不同地域的人类所展现出的共性，往往比差异性远为重要。如果人类思想本质上并未发生改变，那么便谈不上进步或倒退，因此，历史上的大事年表也就无足轻重，所有时代都是相同的。对于作家而言，当今的时代与荷马生活的时代并无太大区别。这种把当下与过去等而视之的做法，是针对贝特所谓“过往的重担”做出的直接回应。爱默生从1835到1850年间的优秀作品都是以这种历史观为基础的，而对于梭罗而言，这种观点很快变成了一种永久性的信仰、一股解放性的力量。1837年10月，在爱默生的积极鼓励下，梭罗开始用日志记录属于自己的历史。截至11月的第三周，他开始告诉自己要去阅读维吉尔，从而记住人性在本质上是具有一致性的，过去或现在，罗马或美国，本质上没有太大差别。

根据爱默生后来的回忆，他与梭罗的亲密关系是从1837年秋梭罗大学毕业后开始建立的。当时的爱默生34岁，比梭罗年长14岁，足够作为梭罗的榜样和范例，作为在思想上给予他指导的兄长。两人仍算是年纪相仿，都充满着年轻人的活力，交友偏好也颇为相同，这让梭罗感到两人都是同一代人。或许从年龄差异的角度来看，两人的关系更像是父子，或是导师与学生，但他们从一开始便坚持认为两人属于朋友关系，而友情便意味着忠诚、陪伴以及设想中的平等。

秋去冬来，爱默生的日志中显示，他又思考起了希腊、德国以及法国大革命的问题。梭罗日志中的内容则与之相似。1838年2月时，梭罗应邀到爱默生家里参加“教师会议”，两人时常外出远足。爱默生认为，理念可以化身为具体的自然物象，这让梭罗感到由衷的钦佩。而梭罗的敏锐和睿智也令爱默生大畅心怀。他在日志中写道："这个年轻人不论说什么，总能令在座的各位感到愉快。"不久，他开始催促梭罗记录自己的大学生活。

## 6. 古典文学

学生时代的回忆录有两种写法，一种着重描写本人接受的教育，若是这种写法，梭罗一定会把回忆录写成讽刺文；另外一种着重描写学习过程，这种描述无疑是有趣且吸引人的。1837年的这个秋天，梭罗正是采用了这种写法。他的回忆录并非爱默生想看到的散文，而是描写了自己与古典文学、德国现代文学邂逅的过程。从这部回忆录中，我们能够看出梭罗在大学中的学习心得。从20岁起，梭罗便把希腊、罗马经典的学习当作一种兴味，每次提希腊、罗马经典，就仿佛是自己的创作一般熟稔。在新赫尔德学派（The New Herderian）以及爱默生历史观的影响下，梭罗仍把经典视作真实世界在鲜活语言中的重要表现。在他的眼里，《伊利亚特》（*Iliad*）里的世界属于荷马，更属于他自己。

少年时期在康科德学院时，梭罗曾跟着菲尼亚斯·艾伦（Phineas Allen）学习过维吉尔的作品（同时也在学习恺撒、赛勒斯特[①]、西塞罗[②]、贺拉斯[③]），他长大后重读维吉尔并非为了探索，更

---

① 盖乌斯·赛勒斯特·克里斯普斯（Gaius Sallust Crispus，前86—前35），古罗马历史学家、政治家。

② 马库斯·图留斯·西塞罗（Marcus Tullius Cicero，前106—前43），古罗马著名政治家、演说家、雄辩家、法学家和哲学家。

③ 昆图斯·贺拉斯·弗拉库斯（Quintus Horatius Flaccus，前65—前8），古罗马诗人、批评家，代表作《诗艺》。

多是为了回忆。在大一的时候，他曾在克里斯托夫·邓金（Christopher Dunkin，遭到大多数学生鄙视的老师）的指导下阅读色诺芬[1]、德摩斯梯尼[2]以及埃斯基涅斯[3]的作品，随后又跟随亨利·麦吉恩（Henry McKean）和查尔斯·贝克（Charles Beck）阅读利维[4]和贺拉斯的作品。大二、大三期间，他跟着费尔顿教授阅读索福克勒斯[5]、欧里庇得斯[6]以及荷马的作品，随后又跟着贝克阅读西塞罗、塞内加[7]以及尤维纳利斯[8]的作品。这听起来的确令人叹服，但实际上，这些都是所有学生的必读作品，而且讲授方式并不十分可取。据称，课堂上，教授会让几名学生背诵，“并不做任何评论或指导”。比梭罗早几年入学的詹姆士·弗里曼·克拉克（James Freeman Clarke）指出：“教师的职责并不是教授课程，而是确保学生听课，解释难点或讲授文本都被视作不恰当的行为。”因此，梭罗对古典文学的兴趣可算得上对学校教育的一种蔑视，但这种兴趣只增不减，梭罗毕业时，已经能够熟练地使用希腊语和拉丁语，熟读经典文学，对古典时期的历史也产生了些许兴趣。他读过许多关

① 色诺芬（Xenophon，约前430—前354），古希腊历史学家，苏格拉底的弟子。

② 德摩斯梯尼（Demosthenes，前384—前322），古希腊雄辩家。

③ 埃斯基涅斯（Aeschines，前389—前314），古希腊政治家。

④ 提图斯·利维（Titus Livius，前59—后17），古罗马历史学家、文学家。

⑤ 索福克勒斯（Sophocles，前496—前406），古希腊三大悲剧家之一，代表作《俄狄浦斯王》《安提戈涅》。

⑥ 欧里庇得斯（Euripedes，前480—前406），古希腊三大悲剧家之一，代表作《美狄亚》。

⑦ 吕齐乌斯·安涅·塞内加（Lucius Annaeus Seneca，约前4—后65），古罗马政治家、斯多葛派哲学家、悲剧作家、雄辩家，代表作《道德书简》《美狄亚》《阿伽门农》。

⑧ 尤维纳利斯（Juvenal，约60—127），古罗马诗人。

于希腊、罗马的哲学和历史类的小说，例如托马斯·格雷[①]的《庞贝的故事》（*The Vestal*，1830），莉迪亚·恰尔德[②]的《希腊罗曼史》（*Philothea*，1836）。他对古典思想产生出越发浓厚的兴趣，认为古典文学有一种永不过时的活力。此时的他已经感受到他日后在《瓦尔登湖》中写下的那段文字的真谛所在："这些书写英雄的书籍，即使用我们的母语印刷出来，在世风日下的时代也会变成一种僵死的文字。"真正的经典便是书写英雄的作品，这些作品对于内心鲜活的读者而言，永远具有生命力。1837年秋，梭罗在阅读歌德的《意大利游记》时，这种对经典活力的认识进一步得到了加强。这本书记述了歌德来到古代世界的中心——罗马时，心中涌出的那种无法抑制的兴奋，书中描述了这座古城是如何魅力不减、触动心弦，过去的辉煌与成就不会随着时间的流逝而变得黯淡。

关于古代成就的本质，梭罗主要强调了两点：第一，重要性及持久性。这年11月，梭罗在阅读维吉尔的作品时，不禁为书中的描述感到震惊：葡萄藤上花朵簇簇，树下到处散落着果子。显然，这是《农事诗》（*Georgics*）而不是《埃涅阿斯纪》（*Aeneid*）中的场景。梭罗对自己说："那个世界与我的世界是同一个世界。"很快，他又自然而然地意识到，如果维吉尔生活的那个世界与我们所生活的是同一个世界，那么"生活在两个世界里的人必然是一样的"。不论是世界的本质还是人的本质，不论是维吉尔的时代还是我们这个时代，都不曾发生过改变。芝诺[③]和斯多葛学派（The Sto-

① 托马斯·格雷（Thomas Gray，1716—1771），18世纪英国抒情诗人。

② 莉迪亚·玛丽亚·恰尔德（Lydia Maria Child，1802—1880），美国废奴主义者、作家。

③ 芝诺（Zeno，约前490—前425），古希腊数学家、哲学家，以芝诺悖论著称。

ics）所宣扬的也是同样的理念。1838年2月初，梭罗写道："斯多葛学派创始人芝诺与世界之间的关系，和我与世界之间的关系，是全然相同、分毫不差的。"阅读荷马的作品给他带来了同样的体会。3月初，梭罗在日志中写道："虽然已经过去三千年，但世界并没有改变多少！《伊利亚特》就像是自然之音，直到今天仍在回响。"

梭罗的历史观与爱默生类似，他并不承认希腊、罗马历史的优等地位。如果自然与人均未发生改变——这是社会变化中的两个常量——那么现代作者则与荷马一样，两者与自然的关系相同，而现代人取得的成就并不比古代人低。正如梭罗随后在《行走》（*Walking*）中所写的那样："我走进的那个自然，与摩奴、摩西、荷马、乔叟等古代先知和诗人走进的世界全然相同。"

如此看待历史，经典便不会成为包袱，不会成为后人无法企及的成就。对此，爱默生也表达了相同的观点。他在《论自立》（*Self-Reliance*）中写道："凭借想象力使英格兰、意大利或希腊等地闻名于世的人，并不是通过旅行做到这一点的，而是通过紧紧把握住当下所处的地域，就像是抓住地球的轴心一般来达到的。"如此一来，即便是在康科德也能写出《伊利亚特》这样的作品。

坚信自然和人类的本质持久不变，认为所有时代没有任何差异，这就意味着对于具有勇武精神的人而言，任何一个时代都是英雄的时代，这就是年轻的梭罗所抱有的最重要的信念。这并不是宗教信条或理论的教条，而是梭罗实实在在的信仰的核心。用威廉·詹姆斯[①]的话来说，这是"他个人理念中最核心的部分"。既然我辈

---

① 威廉·詹姆斯（William James，1842—1910），美国心理学之父。

男女与我们崇拜的希腊人并无差别，那么只要我们愿意，也定然能够取得他们那样辉煌的成就。谄媚的怀旧是一种误置的情感。梭罗曾表示："对于黄金时代的悲叹，只不过是在感怀黄金时代的人们。"自从梭罗明白了这一点，自从他在自己的生活中看清了这层关系，他便再也没有改变过自己的信仰。在《瓦尔登湖》的《阅读》（*Reading*）一章中，梭罗用最为雄辩、最为动人的辞藻向经典致敬。他试图解释说："最古老的埃及哲学家和印度哲学家从神像上曳起了轻纱一角，这微颤着的袍子，现在仍是撩起的，我望见它跟当初一样鲜艳荣耀，因为当初如此勇敢的是他体内的'我'，而现在重新瞻仰着那个形象的是我体内的'他'。"如果我们的所闻所见与他们相同，那么我们也能够像他们一样创造经典。正如梭罗在1838年2月中旬的日志中写的那样："如果希腊人的子孙为希腊人创造了新的天地，那么康科德的子孙则没有任何理由做不到这一点。"

## 7. 德国

新英格兰对于现代德国的兴趣大致始于1812年，当时约瑟夫·巴克明斯特（Joseph Buckminster）接受任命前往哈佛，而哈佛也随即派出年轻学者到德国接受神学培训。班克罗夫特、蒂克纳、科格斯韦尔（Cogswell），以及埃弗雷特（Everett）等人，分别从德国带回了新观点与新思想，尽管他们没有完全认识到这些思想与观点的深刻意义。在爱默生及其同时代的作家——特别是里普利、帕克、海奇以及富勒等人的倡导下，德国思想和德国文学最终在新英格兰获得了广泛的接受，为塑造当时新的思想风潮——超验主义做出了巨大贡献。“超验主义”一词来源于德国先验唯心主义，这个名字本身便见证着新英格兰人对德国的肯定与赞赏。对于爱默生及其周围的自由派知识分子而言，在哲学上，康德和费希特[①]要比洛克、休谟[②]或是苏格兰常识哲学（Scottish Common Sense）重要；在文学上，歌德和诺瓦利斯[③]要比华兹华斯和济慈重要；在神学上，赫尔德、柯勒律治[④]（本身深受德国思想的影响），以及施莱尔马赫[⑤]（Schleiermacher），要比乔纳森·爱德华兹[⑥]和美国清教传统更重要。在1837年，一个人如果不了解德国思想，则无法了解那个时代的思想风气是如何超前。

因此，梭罗从大三开始，连续四个学期都选修了德语，这似乎是无法避免的。即便在坎顿市执教期间，他仍然不忘温习德语，他每晚都在奥利斯蒂·布朗森的陪伴下学习至深夜。对梭罗而言，学习德语是令人兴奋的，他的面前仿佛敞开了一道道崭新的大门。这种感受，从他对布朗森的赞美中便能看出。他曾饱含深情地表示，在坎顿度过的日子标志着他的人生进入了新时代。重返大学后，他

---

① 约翰·戈特利布·费希特（Johann Gottlieb Fichte，1762—1814），德国作家、哲学家，古典主义哲学的主要代表人物之一。

② 大卫·休谟（David Hume，1711—1776），苏格兰哲学家、经济学家、历史学家。

③ 诺瓦利斯（Novalis，1772—1801），德国浪漫主义诗人。

④ 塞缪尔·泰勒·柯勒律治（Samuel Taylor Coleridge，1772—1834），英国诗人、评论家。

⑤ 弗里德里希·丹尼尔·恩斯特·施莱尔马赫（Friedrich Daniel Ernst Schleiermacher，1768—1834），德国哲学家、新教神学家。

⑥ 乔纳森·爱德华兹（Jonathan Edwards，1703—1758），18世纪启蒙运动时期的美国清教徒布道家、哲学家。

很快开始阅读和引用弗里德里希·施莱格尔[①]《文学史讲稿》（*Lectures on the History of Literature*）中的内容。在大四这年，他对德语的兴趣明显变得越发浓厚，德语研究在他四周兴起。当时，安德鲁斯·诺顿（Andrews Norton）正准备对德国的《圣经》批评进行有力的驳斥；西奥多·帕克（Theodore Parker）正在翻译德国杰出批评家德·维特（De Wette）的经典作品；伊丽莎白·皮博迪（Elizabeth Peabody）则潜心研究德国的史料编纂学及神话艺术学；玛格丽特·富勒正在翻译艾克曼的《与歌德对话》；而爱默生则在这个冬天以及1837年春季举办了“历史的哲学”系列讲座，他的许多理念和观点都来自J.G.赫尔德。

1837年4月初，梭罗从图书馆借走爱默生《论自然》的那天，他同样借走了卡莱尔翻译的歌德的《威廉·迈斯特》（*Wilhelm Meister*），这是一本长篇教育小说，记录了主人公如何逐步摆脱他的中产阶级世界，走进由真正的理念、真实的文化，以及雄心壮志构成的世界。5月下旬，梭罗参加了新任教授朗费罗关于德国与北欧文学的系列讲座。在讲座中，朗费罗强调了北欧语言的重要性，并就当时少有人知的盎格鲁-萨克逊文学以及瑞典文学做了专题讲座，他在其中一场讲座中简要介绍了德国文学，在多场讲座中介绍了歌德的生平及作品。

或许是因为自己拥有法国北方人及苏格兰人的血统，梭罗从一开始便从德国及北欧的语言、神话以及文学中，感受到一种家族般的亲密感。对他而言，这些并非完全是舶来品，而是自己复杂身份

① 卡尔·威廉·弗里德里希·冯·施莱格尔（Karl Wilhelm Friedrich Von Schlegel，1772—1829），德国哲学家、文学家。

的一部分。在随后的日子里，他时常觉得自己的名字是雷神索尔的一种延续，随着大学生活即将结束，德语学习已成为他最感兴趣的内容之一，他认识到自己的本土语言也属于北欧语系。从布朗森到朗费罗，再到爱默生，英语文化和德语文化中的杰出模范坚定了他成为一名诗人的理想，周围有趣的人也都在认真地研习德语文本。这年秋天，当梭罗开始中规中矩地书写日志时，他所记录的第一本书便是歌德的《托尔夸托·塔索》（*Torquato Tasso*），第二本是歌德的《意大利游记》。由于当时尚没有英文译本出现，梭罗便在漫长的冬日里以自己的方式认真地研读着这部作品。

《意大利游记》是了解歌德最好的作品，其中收录了歌德的一些日志、笔记及信件，作者以饱含热情的笔触详细地记述了1786至1788年间自己前往罗马和西西里岛游览的经历。当时的歌德已经37岁，然而从近乎少年般欢腾的文风中，根本看不出作者已经人到中年。这场旅行不仅仅是出自心底对于探寻古代世界的渴望，更是歌德逃脱名缰利锁（当时歌德的诗人美名已经传遍德国）以及躲避魏玛市公众关注的机会。这本书记录了一场自我发现的朝圣之旅，与朗费罗的《海外朝圣记》相似，但是以游记的形式写成，比朗费罗高出一筹。梭罗从书中读到了自由感，读出了歌德的渴望与无限欢乐。

歌德能够将艺术家的浪漫与强烈的社会意识融合在一起，这让梭罗十分钦敬。此外，他十分佩服歌德的描述技巧，因为歌德不仅仅记录所见所感，而更用“冷静看客”的视角进行客观的观察，然后将自己的观察记录下来，这给梭罗自己的文字描写提供了灵感：没有华丽炫目的比喻，没有泛滥的主观情感，只有事物本身，就像用文字组成的素描画。

如果简单地说梭罗受到歌德的影响，或恐有些不准确，因为梭罗比任何一个人都抵触他人带来的影响。不过歌德像爱默生一样，为梭罗指明了一条自我探寻的道路。歌德关于意大利之旅的描述令梭罗心中充满了期待。他迫不及待地想要开始自己的旅途，书写自己的作品。站在罗马城内，望着普桑[1]、克劳德·洛兰[2]以及萨尔瓦多·罗萨[3]的画作，歌德写道："我的所有理念，既不是来自道听途说，也不是来自传统，而是来自与事物的亲自接触。意识到这一点，我便可以休息了。"这番话也可以用来形容梭罗。虽然他也从他人的作品中得到感悟，但最重要的观点都是源于他的亲身经历，尽管他的某些观点与他所读到的观点有些相似。

例如，梭罗多年秉持的一个理念便是从1837年阅读歌德的作品时形成的。《意大利游记》中有一条主线：歌德寻找原始植物，企图找到能够"解释"令所有植物形态变异的那株"最初"的植物。这个问题已经在歌德的心里盘桓了很久。最终，他写道："当我徜徉在巴勒莫的公共花园里时，我突然想到，我们熟视无睹的叶子中便隐藏着普罗特斯[4]，它时而显现，时而隐身，由此产生不同的植物形态。不论是最初的植物还是最后一株植物，所有的植物都不过是叶子而已。"

这是歌德对于植物形变得出的一条主要结论，但对于爱默生和

---

① 尼古拉斯·普桑（Nicolas Poussin，1594—1665），17世纪法国巴洛克时期画家、法国古典主义绘画奠基人。

② 克劳德·洛兰（Claude Lorrain，1600—1682），17世纪法国画家，古典主义风景画奠基人。

③ 萨尔瓦多·罗萨（Salvator Rosa，1615—1673），17世纪意大利画家、诗人。

④ 普罗特斯（Proteus），希腊神话中能任意改变自己外形的早期海神，其名便含有"最初"之意。——译者注

梭罗而言，这也是理解自然法则的关键。在爱默生看来，普罗特斯代表的“形变”并不仅仅是一种自然过程，而是所有自然过程的象征。在进化论和自然选择等词语被用来解释一切自然变化或隐喻社会变化之前，浪漫主义作家——从歌德到惠特曼（Whitman）——便已经开始用植物的形变来表达自然变化的意义，但这种表达与进化论无关。

爱默生指出，歌德提出了“现代植物学中的重要理念”，并把这种理念归纳成一个清晰的命题：“叶子或叶眼是植物学的基本单位，每株植物都是叶子为适应新环境形变而成的。在不同的环境下，叶子可以形变为不同的植物器官，不同的植物器官也可以形变为叶子。”事实上，歌德正试图寻求能够解释普遍现象的法则或原则。这年的11月下了一场严霜，这给梭罗提供了同样的探索机会。树木、枝条、草叶……所有的一切在瞬间都被罩上了一层冰花，变为“绝美的冰霜枝叶”。梭罗写道：“这是冰叶为树叶制作的夏裙。”这些冰花呈现出叶子的形状，却不依附于叶子而存在。他兴冲冲地写道：“这些凭空出现的冰做的叶子，与那些绿色的叶子一样，都是由同样的自然法则所创造的。”

从12月到第二年1月，整整两个月里，梭罗都在寻找同样的冰花形态。他在日志中记录了植被与凝霜间的关系。这种关联和类比令人兴奋，但更重要的是，它让梭罗像歌德一样，孜孜不倦地探寻着某种现象后的普遍法则。不论是歌德、爱默生、维吉尔、荷马，还是斯多葛学派的信徒，对于梭罗而言，他们都是具有重要意义的，因为他们都向梭罗展示了自我探寻的道路，且为他树立了典范。

1837年的这个秋天，以及接下来的这个冬天，梭罗的内心世界里充满着兴奋、期待及慷慨，流露出强烈的求知欲。1838年3月的时候，梭罗读起（或者说是回忆起）斯达尔夫人[①]的《论德国》（*Germany*，1812），这本书对德国思想及文化进行了简介，并获得了广泛的认可。作者在最后三章用较长的篇幅论述道："激情是德国人最重要且最突出的一种特质。"在她看来，这是解读德国的关键。"没有了激情，思想便不再是思想。"斯达尔夫人认识到了这一点，梭罗也一样。

## 8. 社会

1838年2月中旬，当爱默生建议梭罗写一本关于大学生活的回忆录时，梭罗所写的却是一份讲稿，其内容并非是关于大学生活，而是关于"社会"的论述。这是梭罗的第一次公开讲座，讲稿于3月动笔，4月完稿，全篇显露出梭罗特有的风格。作者开篇便提到了亚里士多德"人类生来便具有社会属性"的观点，接着提出了自己的疑问：社会，这个具有悠久历史的字眼，"其含义是否发生了变化"？其内涵是否变得与最初的含义相反？"为了保留这个词的最初含义，有必要对其进行重新阐释"。或许，梭罗争辩道："应该说，社会是为人类而存在的。"有时候，梭罗这种正话反说的做法比较恼人，但此处，他并非否认社会组织的重要性，而是为了提醒听众，社会只是个体进行自我实现的一种手段。

这种为个体辩护的文章算不上新鲜，不论是新教传统还是杰弗

---

① 斯达尔夫人（Mme De Staël，1766—1817），法国作家，是法国浪漫主义文学运动的先驱。

逊传统中均是如此。梭罗在读大学期间，课堂上经常开展类似的主题讨论。大二的时候，他甚至还以“人总是急于成为别人眼中的自己”“什么情况下应该遵循文明社会的形式、礼仪以及约束”为题写过两篇文章。大四的时候，梭罗曾针对“俗尚带来的责任、束缚以及危害”写过一篇小短文，其主题早已超越“个体对抗社会压力”的陈词滥调。“我绝不会因为害怕惹怒这个世界而改变自己的行为。”他曾这样写道，文中的最后一则论点简洁而有力，凸显了作者的强烈信念。他说：“如果我们不听从良知的召唤，那么变革的大门便会就此关闭。”

当谈及个体在社会群体的压力下寻找自我身份的问题时，梭罗心中所想并没有超过一个20岁大学生的认知范围，因为大学生活不可避免地会引发个体与群体的关系问题，即便在家庭生活中也无法回避群体关系。回到康科德后，梭罗发现父亲的家里至少雇了9名工人。在康科德中学教书的日子更谈不上清净，就连傍晚在爱默生家做客也总会碰到不少的客人。然而梭罗对社会的看法并非像自己宣称的那样始终一致，他的日志和讲稿中都表现出对社会及团体的高度赞扬，甚至还曾引用歌德的话，鼓励人们打破固有的私人圈子，与整个国家、与更广阔的外部世界进行交流。这年12月，他在日志中写道：“声名远播也好，臭名昭著也好，都是时势、态势所致。”3月，他在反思个体行为时写道：“至少，一个人不该将自己的意志强加于他人。”

爱默生及其周围的人虽然都看重个人努力，但实际上却并不反对社会团体。爱默生本人虽然反对从众之举，但也只反对“盲从于腐朽僵化的教条”，反对的原因也仅仅在于“盲从会分散一个人的精力”。不论是爱默生本人还是他的友人，都不反对人们遵从自己的信仰。事实上，超验主义本身便是集体主义的一种隐晦表现。美国人之所以倡导个人主义，并非为了自我夸大，或实现狭义上的自我修养，而是因为个人主义是促进社会变革的一种最有效的手段。在这一点上，美国人与德国人有所区别。德国文化中的教育理念虽然赞成自我修养，但正如托马斯·曼（Thomas Mann）所说，德国人虽然拥护这一理念，却不赞同将之用于政治活动或社会活动。令人惊讶的是，美国最著名的超验主义者最终都变为社会或政治上的激进分子。

西奥多·帕克是废奴运动中的激进分子；玛格丽特·富勒是女性主义和1848年罗马革命的积极倡导者；乔治·里普利则参与了布鲁克农场实验；布朗森·奥尔科特倡导教学改革和有机农业；伊丽莎白·皮博迪引领了多场运动，包括在美国建立幼儿园、为美洲印第安人辩护等；梭罗是最先为约翰·布朗（John Brown）辩护的人；比起那些嘲笑超验主义者“在云端妄想”的人，爱默生在废奴运动中的表现则更为积极热心。如果说超验主义者果真如此，那么这些云彩也只是反抗不公的暴风乌云，而不是反对社会的一缕青烟。

从梭罗4月那场讲座的残稿中可以明显看出，他所谈论的不是反对社会这个团体，而是呼唤一种更加精细、但很少能够使之成为现实的团体或组织。在描述年轻人进入社会的状况时，他的笑话中反映出的更多是他的失望而不是幻灭。“怀着一颗激动的心，他日夜兼程地来到众神的聚会，不料幻影迅速散去，最初看似琼浆甘露的，竟然只是最便宜、最普通的红茶水，就连姜饼都没有一块。”梭罗能迅速看清社会的本质，就在他抨击社会总是无法满足我们的期望时，他也对那些顾影自怜的“边缘人士”进行了嘲讽。“如果是否受人待见取决于一个人的长相，”梭罗写道，“还是请这些人不要抱怨别人的冷漠了。”

梭罗曾指出，相互亲近、彼此结成紧密的关系“乃是人类的天性”，但问题在于，“人类仅仅是聚在一起，而非亲密往来”。“往来”一词极具争议性，随着众多改革团体纷纷出现，这个词很快便成为当时的流行语汇。梭罗曾用“往来”一词表达自己的真正意图：他所需要的并不只是一个团体，而是一个更加真实、人们彼此往来的社会组织，并非单纯地聚在一起，而是在个体与个体之间建立友情。在谈论什么样的社会关系具有价值时，梭罗使用的正是他谈论爱情和友情时常用的、深情而震撼的语言。对于他的学术生涯而言，社会团体的作用显得尤为重要。他曾写道：“在团体里，只有在独处时才能获得的灵感源源不断地向我涌来，并首次得到了表达的机会。”梭罗在1838年的日志和讲座中明确了自己的观点：他并不拒绝人类社会，并不否认个人在社会中所处的地位，甚至不否认社会的重要性。当然，社会并不始终令人满意，这令梭罗颇为失望，但除此之外，不论是他幽默的批评还是睿智的讽刺，它们本质上并不反对社会本身，而是反对“社会决定论”。如果赋予社会比个体更高的价值，如果鼓励人们通过某些团体来定义自己的身份，那么就会出现这样一个问题：因个体缺陷而导致的批判便会轻而易举地转移到对团体的批判上。如果一个人的身份和满足感要通过社会来定义，那么任何的不满、身份的缺失、人性的异化等，都要归咎于社会。爱默生已然对这种观点表示出反对，而梭罗则更进一步，在1月的日志中直白地宣称：“一个人的幸福感要靠自己来构建，要让他意识到，他在抱怨周围的环境时，其实是在抱怨自己的性情。”这番言语并不是反对和蔑视社会的呼喊，更不是对厌世思想的鼓吹，仅仅是拒绝因为自己的失败而苛责他人、苛责环境、苛责社会的行为。如果不该把问题归咎于社会，那又何必把荣誉赋予社会呢？这年4月，梭罗对康科德大讲堂的听众讲道，如果有足够多的人能够认识到，自己的幸福应该由自己来负责，那么我们就能够逐步完善自我、完善社会，甚至可以完善康科德。

## 9. 康科德教师

对于梭罗而言，为成人开办讲座无异于一项全新的事业，因为刚刚大学毕业的他仅仅是名中学教师，毕竟他在大学期间是朝着中学教师的职业目标而努力的。大三时，他曾在坎顿市做过一阵子教师，由于当时做得不错，后来他才有资格请布朗森帮忙。临近毕业时，同学们有的进了法学院，有的去了神学院，还有一名留校，其余几名都进了中学教书。

梭罗找到第一份真正意义上的工作全凭难以想象的好运。在康科德公立学校的体制中，一共只有两份重要的教职，其中一份便是由中心文法学校提供的，年薪500美元。当时，第一教区的新任助理教士弗罗斯特（Frost）先生每年才赚340美元，而资深教士里普利博士的年薪才达到600美元，外加住房和价值150美元的木柴。梭罗的这份薪水可谓比上不足，比下有余。

当时康科德的中学系统分为7个片区，8所男子中学，8所女子中学。1837至1838年的学校预算为2132.55美元，位居该地开支之首，扶贫资金位居第二，道路桥梁开支位居第三。每个片区均有男女教师，男性教师收入通常为100美元，女性教师大约为40美元。

梭罗所在的中心片区有2名男性教师、2名女性教师，学生则有300多名。梭罗自己便负责100多名学生的教育工作。康科德雇用的20多名教师中，梭罗的职位待遇最为优厚，因为他的教学任务十分繁重。

学校的硬件环境可谓恶劣，尽管给当地财政造成了巨大压力，但康科德中学得到的财力支持还不及布鲁克赖恩地区丰厚。学校的主体建筑修建于19世纪早期，此时已经破旧不堪。学生回家时往往鼻青脸肿，要么是因为打架，要么是因为老师的体罚。为了让学生有机会进入大学，能够获得正规教育，康科德于1822年创办了私立学院。梭罗与哥哥约翰上的都是当地的私立学院，而不是公立学校。然而大学毕业后，梭罗却回到了公立学校，担任的职位也十分惹眼。

学校的一份报告称，教室里“除了中心位置，其他各处没有半点油漆”。这份报告又称，学校里“更没有操场，连树木都没有一棵”。教室正对大街，放学后，教师们没有别处可去，出了门便是大街的中央。教学设备极其匮乏，只有一两所学校拥有几张大地图。“至于实验设备，除了门上写着‘实验’字样的标牌，其他一无所有。”所有学校都使用柴炉取暖，这也是最大的问题所在。教室里有时接近冰点，有时又高达120华氏度，且通风设备十分原始，屋子里经常浓烟密布。教育委员会曾严肃地指出，学生成绩不佳的主要原因在于教室憋闷缺氧，因此，“每位教师最首要、最神圣的职责在于控制教室里的温度和通风”。

此外，缺勤率过高也是一个令人头疼的问题，冬季学期的出勤稍比夏季好些，即便如此，多数学生每三天中便有一天会逃学。为此，教育委员会曾不无道理地要求教师严格管理纪律。20岁出头的梭罗之所以离职，或许单纯是因为不愿体罚学生，或许是因为要管理50至100个年轻的学生令人实难招架。12月，他在写给布朗森的信中说，他正在寻找一份教职，“在规模较小的学校里任教，或在大学校里担任助理”。在康科德规模最大的中学里担任最主要的教职，梭罗委实难堪重负。

任教不到两周，梭罗便辞了工作。但他仍把自己看作一名教师，辞职后便立刻寻求其他教职。尽管他对康科德充满了眷恋，此时也只得哪里有工作，便忙不迭地奔向哪里。尽管他在公立学校闹出过一场风波，但有爱默生、昆西校长以及布朗森等人为他推荐，他获得了康科德许多大人物的支持。梭罗分别到过马萨诸塞州的陶顿市、纽约州北部、亚历山大市以及弗吉尼亚州等地求职。3月，他又得到消息，西部的肯塔基州可以找到工作，于是便立刻写信给在陶顿市从教的哥哥，让他跟自己一起踏上求职之旅。梭罗显然对教学事业充满了热情和渴望，并且盼着借求职的机会出去冒险和游历一番。“希望你赶快给我回信。”他在信中对约翰说，“现在正是动身的好时候，运河已经开放，来回花费相对便宜。我可以借一点现金，估计不是什么难事。”

几番努力均属徒劳，但梭罗并没有放弃。5月初，他动身前往缅因州寻求教职。他坐着汽轮从波士顿出发，途经格洛斯特的东角和安妮角。这是他第一次真正意义上的航海旅行。尽管晕船晕得厉害，他仍然坚持要遍览海景，望着月光下无数的灯火和大片的土地从眼前掠过。当时，海路仍然是前往缅因州最快且最实惠的路线。他在波特兰下了船，在接下来的几天内，他先后经过布伦瑞克、巴斯、加德纳、哈洛韦尔、奥古斯塔、柴那[①]、班戈、奥尔德敦、贝尔法斯特以及卡斯廷等地，返程时又经过贝尔法斯特、托马斯顿、巴斯，最终到达波特兰。尽管梭罗并没找到工作，但却趁机饱览了美国的风景，包括他多次经过的佩诺布斯科特海湾。当时，缅因州的沿岸地区大部分还是耕地，而腹地则覆盖着广阔的森林，绵延上百英里，一直延伸到加拿大，许多高大的树木上仍然印着国王之符（它们在革命前被选来做桅杆）。前往缅因州的途中，他在奥尔德敦遇到一个健谈的印第安人。印第安人指着佩诺布斯科特河说："沿河前行两到三英里，你会看到一个美丽的国家。"他所说的正是马萨诸塞州早已消失的、广袤而野性的原始森林，那里的湖泊附近没有一座民居，那里的河流上从未修建过水坝。经过伐木营地，越过那条变窄的河流，便进入了一片白人世界里很少见到的荒野。缅因州的偏远地区令人久久难以忘怀。不久后，梭罗还会回到这里。可是眼下他并没找到工作，因此只好回到康科德。由于找不到公立学校的教职，他只好自行开了一所私人学堂。当时的学生数量不再有上百人之多，而是只有4名，或许会有第5名出现。学生的年纪在8至12岁或2至4岁之间。随后，他在写给约翰的信中说："我读了些希腊或英语作品，有时会去田野里转转。"这种生活是闲适而美好的，这年夏季的田野里长满了各种浆果。他的哥哥不久就会返回家乡，和他一同经营这所私人学堂。虽然这份事业刚刚起步，但起码可以维持生计，而且十分体面。即便如此，他仍然把主要的心思放在了其他事情上。

---

① 原文为China，此地名的具体起源已不可考，有一说是与当地的中国人有关。——译者注

# 10. 诗歌

一时间，教书这份工作还算非常不错，至少它可以回答令人厌烦的职业问题（“一个人从事什么职业，心里才不会感到羞愧？可以肯定的是，他不会什么都不做”）。尽管梭罗坚持着自己的教育理念，拒绝“将知识强加给学生”，但对他来说，教育仅仅是一种获取衣食的手段，他从未把它作为一生的事业去追寻。他真正渴望的事业是创作。的确，讲座也是一种创作，为了迎合特定的听众群体，演讲者在创作讲稿的过程中，会学到大量实用的写作技巧。爱默生就是一个绝佳的范例。他的讲座技巧颇为纯熟，语言流畅且令人印象深刻，不仅广受听众热捧，每年的讲座收入更是高达500美元。创作或许也能带来如此高的收入，但20岁这年，梭罗真正想创作的却是诗歌。

大二的时候，梭罗便已经读过朗费罗的《海外朝圣记》，并且摘录了其中关于诗歌的有趣论述，这番论述大可以视作是朗费罗为诗歌进行的辩护。对于梭罗而言，整本书中最吸引人的部分恰恰在于朗费罗对中世纪欧洲诗歌、对英雄时代以及对传奇小说的兴趣。大四这年秋季，梭罗开始在一张又一张纸上摘录莎士比亚、德莱顿[①]、瓦莱尔（Waller）以及弥尔顿（Milton）的诗句。这些纸张显然不是大学生的练习册，而是一名成熟诗人的创作本。令梭罗获益最多者非弥尔顿新奇的修辞手法莫属，比如，用“烟气腾腾”来修

① 约翰·德莱顿（John Dryden，1631—1700），英国诗人、剧作家、批评家。

饰“小溪”，用“伟岸”来形容“鹰隼”，用“浩浩荡荡”来形容“进攻”，用“野蛮”来形容“不和谐”。

大四这年的春夏两季，梭罗参加了朗费罗关于北欧文学、盎格鲁-萨克逊诗歌、中世纪英语诗歌以及歌德的讲座。像往常一样，朗费罗关注的重点在于诗歌，并对古代原始而勇武的精神进行了特别强调。

从梭罗的早期诗作中可以看出他当时所偏爱的诗歌类别。在《布洛涅的戈弗雷》（*Godfrey of Boulogne*）一诗中，他曾试着去描绘“马斯科塔奎得”——印第安语中的康科德河，但诗中显然缺少了一丝本土特色。这是一首颇具塔索[①]风格的十字军战士的民谣，读来令人联想到朗费罗和希曼斯夫人（Mrs. Hemans）：“普罗旺斯河谷的上方，月轮低悬，夜色笼罩了大海。”大四的时候，梭罗还写过另外一首诗，描写的对象是露西·布朗（Lucy Brown）从窗口扔出的一束花。露西·布朗是康科德的一位女士，是爱默生的姨姐，比梭罗大了几岁。但总体而言，这些诗歌似乎看不出任何主题，只有《生活如斯》[*Sic Vita*，后改为《生活如夏日》（*Life is a Summer's Day*）]的创作手法较有新意。

此外还有一首早期诗作，名为《萨克逊老者言》（*Speech of a Saxon Ealderman*），这首“诗”里包含着梭罗从约瑟夫·布朗沃斯（Joseph Bosworth）的《盎格鲁-萨克逊语法的要素》（*The Elements of Anglo Saxon Grammar*，伦敦，1823）中直接摘录的内容。此举表现出梭罗对古英语粗糙、刚劲的一面产生了兴趣，更凸显出一种柯勒律治式的简洁与直率：“厅堂已打扫，桌布已铺好，焦急的客人

① 指意大利文艺复兴时期诗人塔索（Torquato Tasso，1544—1595）。

已来到。”

此外，梭罗还尝试过更传统、更柔婉、更浪漫的拉丁“民谣”，诗中的押韵如“小溪”与“光溪”，都太过牵强和生硬，却遵循了民谣简短明快的创作传统：

我们像是山洪，
沿着草地漫涌，
来自清澈的泉眼，
奔向远处的海边。

梭罗最擅长的是口头表述形式，他早期的日志中也抄满了中世纪和文艺复兴时期的歌谣及民谣。他的早期诗作大多注重“表演”层面，朗读出来的音乐效果远比纸面上的文字效果要好。

最初的几首诗表现出一丝浪漫而非超验情怀，流露出他对古英语以及弥尔顿的敬仰，明显带有早期中世纪诗歌的简洁、粗放、质朴等特征。大四这年夏天以及毕业后的这年秋天，梭罗正在阅读西德尼（Sidney）的《诗辩》（*Defense of Poesie*），同时从歌德的戏剧《塔索》中摘录部分内容，并且翻译了——虽较为生硬——歌德的一些诗作。第二年春天，他再次将注意力转向了自己的诗歌创作。

此时，他已经创作了几篇较为出色的诗歌，有的论及友情，有的关乎爱情。《友情》（*Friendship*）一诗情感真挚，用直白奔放的手法抒发了强烈的情感：“我对爱进行了沉思/而在这一瞬的沉思间，我认识到爱就是我的整个世界。”爱默生后来曾表示，梭罗的一生都被记录在他的诗歌里。这种说法不无道理，因为只有在诗歌中，梭罗才会暴露内心的情感。以上诗行或许是为了哥哥约翰所写，或许是为了歌颂他与爱默生之间刚刚建立的友情所写，无论是哪种情况，赫伯特式的简洁句式以及文艺复兴式的明快措辞中，都流露出他对友情所抱有的深沉而强烈的情感：

我是说，
两棵坚韧的橡树并排挺立，
抵受着严冬与暴雪，
纵使风吹浪卷，
依然如野草般傲然成长，
因为两者都很坚强。

爱默生曾表示："诗之为诗，不在于格律，而在于成就格律的观点。"或许是为了回应爱默生，梭罗开始尝试更具现代色彩的修辞，他此时写下的诗歌令人联想到格雷或布莱恩特[1]。在《悬崖与溪流》（*The Cliffs and Springs*）一诗中，他描述了阵阵鸟鸣如何将他从现实世界引开，令他感觉不到"时间或地域"，感受不到"丝毫大地的痕迹"。此时，"那片风景散发的微光就是我唯一所处的地域，/整个世界唯一的残留"。这首诗令人联想到济慈那篇著名的《夜莺颂》（*Ode to a Nightingale*），可以将它视作梭罗首次试着去捕捉现实与理念之间、现实与想象之间的超验的辩证关系的一首。在该诗的结尾，梭罗写道："我又一次迷惑着，走进了熟悉的大地。"

① 威廉·卡伦·布莱恩特（William Cullen Bryant，1794—1878），美国浪漫主义诗人。

在梭罗看来，只有现实才是持久的。

从梭罗在1838年春季写下的诗歌中不难看出，他当时正试着将英国传统诗歌的某些元素运用到康科德的场景以及个人主题上。在《蓝鸟》（*The Bluebirds*）一诗中，梭罗为康科德赋予了民谣的形式，有些近乎完美的诗行简洁得可以与歌德的诗歌相媲美。“它们仿佛来自遥远的南方，/刚好栖息在瓦尔登湖畔的林木上。”除此之外，这年春天，他还写了一首关于瓦尔登湖的诗歌，这首诗用布莱恩特般的笔触，对“灵感”这一主题进行了描述；在《五月清晨》（*May Morning*）一诗中，他用英雄双行体展现了康科德的地方主题；在另外一首诗歌中，我们能够看出梭罗所感受到的冲突：学校生活与充满诗情的自然体验和春季体验之间的冲突。这首诗是这样开篇的：“一名小学生走在上学的路上/一路磨磨蹭蹭/如此难得的时光，何必去遵守学校的各种规矩。”学校的生活与乡村生活都是乏味的，就像一场无聊的睡眠，但在诗歌的结尾处，梭罗提到他在看到明媚的天空时“意识迅速回归”所带来的欢欣与快乐：

> 我睁开眼，看到了一片蓝色的田野，
> 就在不远的上方，一株紫罗兰正打着瞌睡，
> 仿佛蓝天的一部分，可以闻到阵阵香味，
> 它的蓝色与广阔的天空融为一体。

1839年，爱默生在提到梭罗的早期诗作时，曾慷慨地赞扬这些诗歌“在我看来，是毫无诗意的美国森林所发出的最纯洁、最崇高的乐声”。在梭罗身上，他看到了一种特质，不论是朗费罗还是布莱恩特，都不具有这种特质，甚至连他本人也会偶尔去追寻这种特

质。爱默生曾写过几首短小的四行诗，那紧凑、有力、奇妙的行文显示出，艾米莉·狄金森（Emily Dickinson）的风格明显与他密不可分：

若想给火热的思想披上衣裳，
简单的言语就足以胜任，
因为天才的本领在于，
用野草为国王制作面具。

另外，“大海是勇者的道路/边境是种满小麦的平原”等诗句不仅与艾米莉·狄金森的风格十分相近，更与梭罗的早期诗作十分类似。除了以上引用过的诗行，梭罗还会将浪漫的期待与准确的描述相结合，写出以下冷静而绝妙的文字：

我必然，必然要到远方的海岸去，
在遥远的亚速尔，在一座孤岛上，
在一条荒凉的小溪里，在那贫瘠的沙岸上，
埋藏着，埋藏着我寻求的宝藏。

这首诗流露出透骨的简洁的、海浪般的韵律，以及明快的叙事，其总体效果，只有后来的约翰·梅斯菲尔德①的诗作才能与之媲美。这些诗行明确地表达出梭罗亲身体会到的情感，用他自己的话来说便是，“诗歌出自诗人的脚下——他的全部重量都压在这片

① 约翰·梅斯菲尔德（John Masefield，1878—1967），英国诗人、作家。

大地上”。有了这些诗歌做起点，有了精益求精的态度，也难怪梭罗会把自己看作一名诗人。爱默生对这些早期诗作的赞誉或许有些言过其实，但他绝不是施舍赞誉，而是鼓励梭罗面对更多挑战。毕竟在1838年，除了爱伦·坡（Poe）和爱默生本人外，美国还有谁能写出更好的诗歌呢？

# 第二卷
# 1838—1840 超验主义的道德律令

1840

## 1. 1838年夏秋

1838年夏秋两季，梭罗一直在自己那栋简陋的校舍里教书，他把关于教学的感想写在信中，寄给了哥哥约翰以及姐姐海伦（Helen）。当时约翰和海伦也在教书。这年10月，梭罗仍在不断申请教职，想在其他地方找个薪水更高的岗位，尽管如此，他已经开始融入康科德的生活，并当选了康科德大讲堂的理事。该组织负责筹办小城每年一度的系列讲座活动。

这年秋大，梭罗为正式创作而付出的努力大多以失败告终，其中部分原因在于，他仅仅把写作当成一种实验。他试图用最寻常的素材创作诗歌，并在诗中注入些许幽默元素，但成功的作品寥寥无几，只有几首风趣得较为蹩脚的诗。在描写他那双不甚防水的靴子时，他写道："很快，饥渴的它们张开无畏的大口/痛饮着甘露酿成的美酒。"在翻译和模仿阿那克里翁[①]的作品时，梭罗获得了更多的

① 阿那克里翁（Anacreon，约前570—约前480），古希腊诗人。

灵感，这为他的诗歌带来了一丝希望。12月底，他写道："在密密的枝叶间/结着累累的果实/压得枝叶弯下了腰。"就这样，他再次从经典文学中获得了启示，开始搜集属于自己的本土素材。

这年12月，梭罗还创作了一篇题为《喧嚣与寂静》（*Sound and Silence*）的随笔，从日志中的早期记录便能看出，他对各类声音给予了不同寻常的关注，比如暴风雨的声音、凿冰发出的噪音、教堂的钟声、蟋蟀的鸣叫、晚宴的欢闹、公鸡的啼鸣，以及那首名为《布拉格之役》（*The Battle of Prague*）的钢琴曲。在康科德市内以及周边的乡野地带，总是充斥着各种或和谐或刺耳的声响，因此，梭罗的文章中始终流露出对宁静生活的向往。与他的日志相比，这篇随笔的个人风格不够鲜明，少了些朴素的气质，反倒增添了伊丽莎白时代的多彩韵律和精致的隽语（paradox）："最纯真的社交往往近乎孤独，最精彩的言辞最终归于沉默。"尽管以上文字颇具莎翁风格（"对于我们的种种苦恼而言，沉默是绝好的慰藉"），但总体而言，这篇随笔委实算不得高明，文风矫饰而做作，使用的隽语生硬而机械，正可谓最劣等的"文学作品"。"演说家……沉默时最见雄辩，表达时亦在聆听……"当然，文中的有些观点——"只有在沉静中才能真正欣赏声音之美""我们的生活中太过缺乏这种宁静感"等——却不乏可取之处。此时的梭罗显然抛弃了学校里教授的传统的艾迪生[①]风格，但一时间尚未形成自己的特色，正因如此，以上选段读起来颇感软弱无力。不过，这恰好说明，梭罗对文学作品的主观层面——读者对文本的反应——产生了越发浓厚的兴趣。他已经开始醉心于读者如何回应直接叙事，如何回应法国人所谓的

---

① 约瑟夫·艾迪生（Joseph Addison，1672—1719），英国散文家、诗人、剧作家。

“叙事文本”（recit），以及如何回应叙事者的“真实声音”。

“在所有的史诗当中，”梭罗写道，“当我们的注意力集中到令人无法喘息时，总会看到这样两个关键的字眼——‘他说’，接下来便是与内心深处的自我进行对话。我们常常会想象接下来发生的情节，将自己的想象与诗中的情节进行比较，相比之下，作者写好的文字显得无比刻板和单调。”爱默生曾经指出，年轻的梭罗之所以每个句子中都要使用隽语，原因在于他有着“现实主义作家的癖好，能够在事物的表象之下发现截然相反的现实”。当然，隽语仅仅是一种修辞风格，其效果远不如新颖的观点和全新的视角来得好。梭罗所关注的是阅读对读者行为造成的影响，而不是读者行为如何影响阅读体验。如果阅读与读者行为之间的关系发生逆转，文本就会占据统治地位，如此一来，阅读的生命力不是由文本流向生活，而是由生活反向流入文本。

这年的夏秋两季，梭罗的日志始终要比他的正式作品（不论是散文还是韵文）更具表现力，笔调更显轻松，内容更加平实。他内心涌动着更加强烈的喜悦，他始终对经历与体验保持着开放的心态，并把这种心态摆在首要位置。所有这些感受都被他的日志所捕捉，并以生动的笔触再现出来。在《五月清晨》一诗中，梭罗如实地描绘了“迅速回归的意识”如何在那个蓝天与花朵交相辉映的世界中苏醒。在7月写下的《悬崖》（*Cliffs*）一诗中，他描绘了一幅夏日的宁静画卷，单纯的感官快感中交融着精神的振奋与狂喜。在阅读荷马的同时，梭罗将阅读体验带入生活，试图在19世纪的当下寻求一种堪与荷马时代的勇武相媲美的精神。在过完21岁生日的第二天，他在日志中写道：“每个人的心中都有勇武的种子，它们只有在适合的土壤中才会萌发。”在人类是否能够认识真理、个人的观点是否具有价值这两个问题上，梭罗没有丝毫的怀疑，他充分肯定人的主体性，为两个问题做出了肯定的回答："不论在过去还是现在，智慧始终会向世人显现，始终是可以被感知的。在剥去层层伪装之后，它会显露本身的模样，来到我的身边。"

以上这些体悟还不足以成为梭罗的哲学信条，用不了多久他就会发现，事物的本质远比表象更为复杂。所幸的是，他从未丧失过自信，他似乎具有一种与生俱来的信心，这主要是因为他从一开始就能够**接纳**自己，把现实生活当作认知的唯一可能的出发点。至这年8月，梭罗获得了新的体悟，更重要的是，他能像康德和爱默生一样，将这种体悟表达出来。他开始认识到，认知的最佳出发点就在于自我意识。爱默生曾在《论自然》中使用过"透明的眼球"（transparent eyeball）这个著名的隐喻，梭罗的一篇文章中也表达出了类似的理念：

> 如果捂上耳朵、闭上眼睛，向自我意识求教，所有的壁垒和障碍都会在瞬间瓦解。脚下的大地在滚动，一股力量——一种沉甸甸的、主观的思想——从大地和周围涌出，使我漂浮起来，漂浮在一片陌生而无际的海洋里。

这年夏秋两季，梭罗变得更加清醒，对自身的力量、对自我和周围的环境，他有了更加深刻的认识。此后，他用更加明澈而锐利的目光审视着一切。"今天下午，我才第一次意识到，"他在9月5日的日志中写道，"河流是多么伟大的奇迹——大量的物质涌动着，永无休止地从这坚实的土地上、草地上流过。"当然，他常常也会意识到，这只不过是肉体所感受到的愉悦而已。11天后，他若有所思地写道："年轻人身体里流动着的那种精力，实在是难以言说啊！"

自我意识增强后，梭罗的自然意识也变得深刻起来。前者让他对悦纳自我带来的力量有了新的认识，而后者则亟须在宗教语汇中得到表达。这一年，梭罗写下的评论性文章流露出一种对体制化宗教（特别是对基督教）的蔑视和厌倦。在他看来，学院大厅里的宗教仪式不外乎"眼泪与哀号"，教堂的钟声"傲慢得出奇"。因此，在他列出的"古籍"书单（荷马、波斯琐罗亚斯德[①]、孔子）中，《圣经》被截然排除。不过，他与宗教之间的持久争辩不应被解读为一种反宗教或蔑视宗教的倾向，他对自然世界的深厚情感，往往迫使他使用一些宗教词语来表达。值得注意的是，梭罗此后几乎经常在希腊或罗马宗教（而不是基督教）中寻求宗教的理念、术语以及情感，不久后，这已经成为梭罗的特有风格。9月的一天下午，梭罗对这天的温暖、宁静以及光明大发感慨，在表达诸如"滋养""美好""谦和""亲切"等概念时，采用的均是用来描述克瑞斯[②]的拉丁语汇，但用法上进行了创新。"此后，白天与黑夜似乎变得'偶然'起来，只有时光是永恒的，永远像潮汐一样宁静……在这愉悦的一天即将结束时……我无法用任何语言来描绘大自然滋养万物的特性。"

① 波斯琐罗亚斯德（Zendavesta），波斯人，创立波斯琐罗亚斯德教，该教在汉语中又被称为拜火教。

② 克瑞斯（Ceres），罗马宗教中的丰收女神。——译者注

## 2. 亨利 · 梭罗的“眼睛”

最开始，梭罗的文章中体现出一种明确而强烈的兴趣，这种兴趣的关注点在于“可见世界”中的诸多奇迹，而不在于那个隐秘而抽象的世界。“观察行为本身便蕴含着无数美德！”他曾经这样写道。与爱默生一样，梭罗习惯使用一种刻意雕琢的“视觉化语言”。他坚信，诗人的使命在于“打破”陈词滥调的“腐朽”，“重新将词汇与可见的事物联系起来”。对于立志成为作家的梭罗而言，他的使命很大程度上在于将看到的事物“翻译”成文字。

然而梭罗与霍桑[①]等人不同，他对摄影艺术并没表现出过多的兴趣，乍一看来，这的确有些奇怪，毕竟他的兴趣在于视觉，而且在他读大学期间，摄影就已经成为一门新兴艺术，并在接下来的几年中迅速兴起。如今人们总是喜欢把梭罗和风景摄影艺术联系在一起，这主要归功于赫尔伯特 · 格黎森（Herbert Gleason）、艾略特 · 波特（Eliot Porter）等环保摄影家的勤勉。但梭罗的自然观并没有引领他走上摄影艺术的道路，他甚至连“摄影式”语言都没有触及。相反，他始终保持着对油画的持久兴趣，喜欢大量引用绘画术语。他观察自然的方式与19世纪中期美国许多著名的风景画家相

---

① 纳撒尼尔 · 霍桑（Nathaniel Hawthorne，1804—1864），美国心理分析小说的开创者，也是美国文学史上首位写作短篇小说的作家，被称为美国19世纪最伟大的浪漫主义小说家。代表作《红字》。

似，比如哈德逊河派[①]和“辉光派[②]”画家。

在梭罗的青年时代，波士顿出现了大量的精品画作，这些作品虽然出自近代画家之手，但其境界之高、数量之多，委实令人惊讶。自1827年起，波士顿图书馆以及后来的珍珠街等地便开始持续举办年度画展。1833至1837年间（梭罗读大学期间），波士顿图书馆的展品中就囊括了特纳[③]、普桑、伦勃朗[④]、圭多·雷尼[⑤]、萨尔瓦多·罗萨、提香[⑥]以及委拉斯凯兹[⑦]等数百位绘画大师的作品，虽然展出的大多是欧洲名画的副本，但重要的是，这些展品中还包括许多美国本土画家的真迹。在这四年里，人们可以看到科尔[⑧]、科普利[⑨]、奥尔斯顿[⑩]、杜兰德[⑪]、英曼[⑫]、芒特[⑬]、奎多（Quidor）、

---

① 哈德逊河派（The Hudson River school），美国19世纪上半叶风景画画派。

② 辉光派（Luminist school），美国19世纪50至70年代风景画画派。

③ 威廉·特纳（William Turner，1775—1851），英国浪漫主义画家。

④ 伦勃朗·哈尔曼松·凡·莱因（Rembrandt Harmenszoon van Rijn，1606—1669），荷兰画家，是欧洲17世纪最伟大的画家之一。

⑤ 圭多·雷尼（Guido Reni，1575—1642），意大利画家。

⑥ 提香·韦切利奥（Titian Vecellio，1490—1576），意大利文艺复兴后期威尼斯画派的代表画家。

⑦ 迭戈·罗德里格斯·德·席尔瓦·委拉斯凯兹（Diego Rodríguez de Silvay Velázquez，1599—1660），17世纪巴洛克时期西班牙画家。

⑧ 托马斯·科尔（Thomas Cole，1801—1848），美国画家。

⑨ 约翰·辛格尔顿·科普利（John Singleton Copley，1738—1815），美国肖像画家和历史画家。

⑩ 查尔斯·奥尔斯顿·柯林斯（Charles Allston Collins，1828—1873），英国画家、作家。

⑪ 阿舍·布朗·杜兰德（Asher Brown Durand，1796—1886），美国风景画家。

⑫ 亨利·英曼（Henry Inman，1801—1846），美国哈德逊河派画家。

⑬ 威廉·西德尼·芒特（William Sidney Mount，1807—1868），美国风俗画家。

斯图尔特[①]、苏利[②]以及韦斯特[③]等人的大量画作。[在其后的几年中，“辉光派”著名画家莱恩（Lane）、海德（Heade）、肯西特（Kensett）、吉福德（Gifford）、丘奇（Church）等人的作品陆续在波士顿图书馆展出。1854至1855年，该馆还分别为科尔的《帝国之路》（*Course of Empire*）、丘奇的《厄瓜多尔的安第斯山脉》（*The Andes of Ecuador*）举办了专题展览。]

1834年，波士顿美术馆正式落成，成为波士顿图书馆的“竞争对手”。截至1838年，为应对美术馆造成的竞争压力，波士顿图书馆陆续推出了一系列专题展，不仅从德累斯顿引入了平版名画集，还为约翰·詹姆斯·奥杜邦[④]的《美洲鸟类》（*Birds of America*）举办了首展。一时间，波士顿、剑桥，乃至康科德等地，艺术之风甚为盛行。1830年，华盛顿·奥尔斯顿[⑤]移居剑桥市，着手创作那幅气势恢宏的《伯沙撒的盛宴》（*Feast of Belshazzar*）。19世纪40年代，许多学校开设了绘画课程，几乎每个家庭都有一个颇具绘画“天赋”的人。奥尔科特家的一个女儿选择了学习素描，梭罗的妹妹索菲亚（Sophia）也不例外。与梭罗同住多年的布鲁顿斯·沃德（Prudence Ward）画过水彩画，索菲亚·皮博迪·霍桑的一幅作品则于1834年在波士顿图书馆展出。霍桑本人也对艺术饶有兴趣，他创作的许多故事中都提到了绘画，那本《玉石人像》（*The Marble*

---

① 吉尔伯特·斯图尔特（Gilbert Stuart，1755—1828），美国肖像画家。

② 托马斯·苏利（Thomas Sully，1783—1872），美国画家。

③ 本杰明·韦斯特（Benjamin West，1738—1820），美国画家。

④ 约翰·詹姆斯·奥杜邦（John James Audubon，1785—1851），美国著名画家，其《美洲鸟类》被誉为19世纪最伟大和最具影响力的著作。

⑤ 华盛顿·奥尔斯顿（Washington Allston，1779—1843），美国画家、诗人，是美国风景画浪漫主义运动的先驱。

*Faun*）中更是采用了素描式的写法。他的工作室里一侧立着雕塑艺术品《贝尔维德尔的阿波罗》（*Apollo Belvedere*），另一侧挂着拉斐尔（Raphael）的《耶稣显圣容》（*Transfiguration*）。爱默生在意大利培养了深湛的艺术鉴赏力，并从那里带回了米开朗琪罗（Michelangelo）的一些作品，绘画品位也提高了不少。

在艺术和音乐领域，梭罗显然缺乏直接经验，但他依然保持着高昂的兴致。自1837年起，他便开始阅读伯克[①]的《论崇高与美概念起源的哲学探究》（*A Philosophical Inquiry into the Origin of Our Ideas of the Sublime and Beautiful*）。1839年，他看到一幅"辉光派"画作后，写下了对于该作品的一些评论。1840年，他在提到圭多·雷尼和提香时，开始用我们熟知的一些术语。此外，出于对歌德的仰慕，梭罗甚至对歌德的艺术观产生了兴趣。歌德喜爱素描，那本《意大利游记》中不仅涉及了大量的艺术评论，还明确地指出了用语言描述视觉现象时存在的诸多问题。梭罗十分敏锐地捕捉到了歌德语言运用的精准，他的超脱，以及他将"自己的影子"排除在作品之外的技巧。朗费罗曾在哈佛大学做过一系列有关歌德的讲座，引起了美国大众对歌德作品中"视觉品质"的重视。"任何事物都能在他脑海中投下一幅图像。"朗费罗说道，"他对自然环境的临摹极大地激发了他的想象力，促使他养成细心观察外部事物的习惯。他并非孤立地观察事物，或仅仅注重细节，而是把观察对象进行整合，从而形成图像。"

对于荷马和维吉尔作品中的"视觉品质"，梭罗同样十分敏感。

---

① 埃德蒙·伯克（Edmund Burke，1729—1797），爱尔兰政治家、作家、演说家、哲学家。

在这些作品中，他常常能感受到意象造成的视觉感染力，例如“快乐的嫩藤上，早已冒出了花蕾”这类诗句。梭罗在很久以前便开始使用绘画术语，对于风景画中的生动元素更是青睐有加。遗憾的是，他早期描写景物的文字大多十分拙劣，空泛而冗长，采用的隐喻不仅无法唤起画面感，反而破坏了景物原本的美感。“我们首先看到的是诗人般黯淡的暮霭，丘状的黑云被山峰劈开。”上述描写虽显稚拙，但有一点十分明显，那就是梭罗追求的效果并不仅仅是风景中视觉元素的呈现。霍桑的儿子朱利安（Julian）曾在他的《回忆录》（*Memoirs*）中这样写道：

> （梭罗）在意的并非所谓的自然的美，而是她的运作方式、她的神秘、她富饶中蕴含的朴素。他乐于追随自然的脚步，找到神秘的源头，望着她成长、壮大……至于艺术家珍视的色彩和线条，我怀疑他根本不曾留意过。

的确，梭罗习惯将自然视作一种力量、一个进程，或一股能量，而不仅仅是一张图画，但他也并非像朱利安·霍桑所说的那样，置艺术语言于不顾。尽管他对“**摄影式**”这个术语中“驯化式再现”的意味不屑一顾，且常怀贬低之意，但对于艺术和艺术语言，对于描述效果类的语汇和视觉风景的言语表达，梭罗始终保持着敏感。他十分钟爱点墨画呈现出的那种无意为之的对称美。他更感兴趣的是“观看的艺术”。在《康科德河和梅里马克河上的一周》（*A Week on the Concord and Merrimack Rivers*）中，梭罗在《星期天》（*Sunday*）这章中指出，一些事物是需要带着“眼睛自身的意图”去观察的。不久后，他开始如饥似渴地阅读拉斯金（Ruskin）

和吉尔平[1]等人的著作。这些作品开篇便指出了一个常被忽视的事实：大多数情况下，无知的眼睛根本注意不到前方是何物。除非有人特意强调这一细节，或者说，眼睛的这重属性，否则我们很少会对周遭的环境进行审视，更准确地说，“我们常常是视而不见的”。

梭罗的“视觉创作”之所以吸引人，并不在于那些最具画面感、表现力或“摄影感”的文字，而在于他能够利用视觉风景再现自己的意识——对大自然所包蕴的“能量”的意识。他为风景注入活力和创造力，他笔下的风景能够唤起或明确言说观看者的感受。在著名散文《行走》中，梭罗对夕阳进行了无比巧妙的描绘，在读者心中唤起了作者感受到的惊奇与讶异。

> 去年11月的一天，我们目睹了一场不同凡俗的日落。当时我正在草地上行走，那里是一条小溪的源头。经历了寒冷而阴沉的一天，太阳终于要落山了。夕阳下沉之前，地平线上的日轮变得如层纱般透明，一缕缕最轻柔、最澄澈的阳光仿若清晨的光线，洒落在枯草上，洒落在地平线边缘的树木上，洒落在山丘一侧橡树的树叶上。与此同时，我们映在草地上的影子渐渐地朝着东方拉长，仿佛是飘飞在光柱丛中的一片片尘埃。片刻之前，我们根本无法想象，世上居然会有这样的光线。空气中散发着温暖和宁静，整片草地就是天堂，天堂里的一切，在这里都不曾缺失。

这里的光，这里的暖，不仅拥抱着梭罗这位行路人，更包围了

---

① 威廉·吉尔平（William Gilpin，1724—1804），英国画家。

每一个读者。梭罗不仅重视景物描写，更重视过程的再现，这让读者在欣赏自然景观的同时也能够感受自然。

## 3. 琢磨自我

爱默生时代（19世纪30至40年代）的康科德之于美国，恰如歌德时代的魏玛之于德国。两者颇具共性：康科德和魏玛都是不起眼的小城，但两地均对全国的道德风尚和思想风潮造成了巨大的影响，最终都成为国民文化之典范。两地享有的崇高地位和具有的象征意义要归功于这样一个事实：当时两地的民众都对约翰·斯图亚特·穆勒[1]所谓“雕琢深处的自我”这一理念产生了广泛的兴趣。康科德敏锐地意识到，在这一点上，它正追随着魏玛的足迹。对于爱默生及其好友而言，他们从歌德时代的德国所学到的最重要的一点，要数“个体教育”[2]这个概念。

从托马斯·曼做出的精辟定义来看，所谓“个体教育”，是“德国特有的理念，最先由歌德提出。这个理念中包含着歌德与造型艺术的关联，体现着自由观、教养观，以及对生活的尊重……与别国不同的是，歌德将这一理念升华成了德国的教育准则”。这里的“个体教育”明显有别于马修·阿诺德[3]提出的规范性的、公共层面上的教育概念，后者认为教育就是“那些被思考过、言说过的

① 约翰·斯图亚特·穆勒（John Stuart Mill，1806—1873），19世纪英国著名哲学家。

② 原文为德语“bildung”。

③ 马修·阿诺德（Matthew Arnold，1822—1888），英国诗人、评论家。

精华内容”。同样，它也不同于人类学意义上的教育，即特定社会群体或种族所养成的习惯和形成的风俗。“个体教育”本质上带有“个体的内向性”，这与18世纪斯多葛学派思想的复兴有关。当代的一位评论家指出，“斯多葛学派倡导自尊和心灵的自由，即莱辛（Lessing）所谓的‘没有人需要说我必须怎样’，这些理念构成了德国启蒙运动的核心思想”。

歌德和威廉·冯·洪堡[1]将这些思想阐发成一个连贯且令人信服的概念，一个关于恰当教育和自我发展的概念。

> 德国人的自我教育理念带有内向性，是一种内省式的、带有个人主义倾向的教育观，重视精心培育、塑造、深化以及完善个性……心灵事物的主体性……注重自传式的忏悔，带有强烈的隐私性。

朗费罗教授在哈佛大学的讲座中强调了歌德对个体教育的追求，他使用了一个后来为美国人所熟知的词语：琢磨自我（self-culture）。“从青年到老年，歌德伟大的追求……始终在于自我琢磨。”朗费罗说道。这种追求最终产生的结果是，他“变成了古代神话中的勇士，从大地汲取力量。他所追求的是人类的典范……在大地上生活、迁徙、劳作，眉梢挂着汗珠……他认为，美和上帝存在于万物之中。这就是歌德的宗教，忙碌于当下，履行自己的使命，就像天上的星辰，不匆忙，也不停息”。

---

① 威廉·冯·洪堡（Wilhelm von Humboldt，1767—1835），德国教育改革者、语言学者及外交官，比较语言学创始人之一。

玛格丽特·富勒也对“琢磨自我”这一理念颇感兴趣，她创作了多篇关于歌德的文章。19世纪30至40年代，“琢磨自我”不论是作为一种理念，还是作为一个名词，都广为美国民众所接受；弗雷德里克·海奇以“琢磨自我”为题写了篇随笔；贺拉斯·格里利（Horace Greeley）就这一话题展开了讨论；威廉·埃勒里·钱宁于1838年争论说，“琢磨自我”是可能的，因为我们拥有“行动、决策、构建自我”的力量。随后，他使用了一个隐喻来表达自己的观点：“培育任何事物，不论是植物、动物，还是思想，其最终目的都在于发展。发展、表达，这就是最终目的。”

然而德国人关于自我教育的理念主要还是凭借爱默生的文字传播开来的，并最终被阐发为“自立、自我完善”等美国人更加熟悉、更加注重的理念。事实上，早在1828年，在爱默生正式遇见歌德之前，他就已经开始就这一话题进行创作。从他早期布道词的标题中，我们便能够看出他对自我发展问题的兴趣。1828年10月，爱默生就“自我的方向”和“自我掌控”两个话题发表演说；11月，他就“自我认知”“自我克制”等话题发表演讲；1829年5月，他讨论了“思想的培育”，又在同年8月再次论及“自我掌控”；1830年9月，他演讲的题目为“琢磨自我”，12月的话题为“相信你自己”（Trust Yourself）；1831年7月，他谈及“自立的局限”；翌年2月，他以“自我完善”（Self-Improvement）为题进行了布道。此次布道令爱默生颇为满意，在接下来的四年中，他先后14次重复了这次演讲。

尽管爱默生本人表示，他并没有过多地受到德国**文化**（公共的官方文化：戏剧、歌剧、文化机构及文化活动）的影响，但有关个体教育的理念却引起了他的强烈共鸣。爱默生研读了歌德及赫尔德的自我教育理念，并于1837至1838年间举办了以“人类教育”为主题的系列讲座。他在1837年写下的一则日志恰好证明了这一主题的重要意义。“教育是什么？人类的主要目的。”他自问自答般地写道。

经过多次布道和讲座之后，题为“论美国学者”（The American Scholar）的演讲词终于问世，随后他又写下了《历史》（*History*）、《自立》（*Self-Reliance*）等散文名篇，强调了自信、自我完善以及自我教育的重要性。如果把爱默生的中心议题——个人主义——看作“否定人类相互依赖的现实、否定这一现实的重要性”的一种企图，把个人主义者阐释为“利用自己的精明，通过揣测他人喜好和需求来主宰他人”的话，那么这种解读无疑是对爱默生的一种误解。爱默生推崇的个人主义既不具有反社会性，更不具有帝国主义倾向，它并不宣扬逃离社会，也不企图左右他人。这种理念强调个人的自我教育和自我发展，认为如果没有一群自主的个体，便不会有爱，不会形成社会。爱默生的自立理念与斯多葛学派的“自尊”十分相近，是实现自我教育、自我发展的一种必要手段。如果自立是一种权力手段，那么这种权力也仅仅作用于自我，而不是他人。

梭罗对“琢磨自我”的理解带有鲜明的个人特征。在读大学期间，他曾读过歌德的《威廉·迈斯特》以及各类教育小说，还参加过朗费罗教授举办的歌德讲座。对于歌德的毕生追求——“琢磨自我”，朗费罗曾表示出谨慎的支持态度。此外，梭罗还时常能够接触到爱默生那极其吸引人的“个人主义”理念。从梭罗的早期日志来看，他还表现出一种斯多葛学派特有的克制，仿佛是“琢磨自我”的理念要求他努力克制自己。1838年8月，他在日志中写道：

“激情与欲望从来都是邪恶的领地，但这里恰好是人们对邪恶发起圣战的场所。”接下来，他沿用了战争的隐喻，继续写道：“就让他坚定地追随信仰的旗帜，直到把它竖在敌人的大本营为止。”九个月后，同样的“克制”出现在一篇标题醒目的文章——《琢磨自我》中：“谁能猜得到，一个坚强的人，他的自我监督能够持续多久？在激情和欲望的牵引下，由想象力描绘的生活将在多大程度上偏离理性？”

随着时间的流逝，梭罗对于“自我克制”之艰难思考得越来越少，反而对“想象力描绘的生活”思考得越来越多，笔调也变得越发幽默。“琢磨自我”变成了他所关注的主要问题，或者可以说，是人生的重大问题。他一遍遍地尝试着，想要揭示教育隐喻背后的现实。渐渐地，他开始重视罗马农业学家瓦罗（Varro）、科路美拉（Columella）以及加图（Cato）等人的作品，其关注程度几乎赶上甚至是超过了他对荷马的重视。最终，他认识到，自我教育与耕种之间存在着诸多共性。日后，他把瓦尔登湖畔的豆子地变成了表达“琢磨自我”这一理念的主要隐喻，这样一来，可以避免过雅或过俗两个极端。他在湖畔开辟了2.5英亩土地，每日悉心耕种，从不使用肥料，一律手工除草，最终收获了12蒲式耳[①]的大豆，同时也得到了他所谓的“品格上的收获”。梭罗不无自豪地写道：“我的土地介于野生地和文明地之间，正如有些国家，有的处于文明或半文明时代，有的则处于原始或蛮荒时代。我的土地处于半文明状态，这算不上是一件坏事。”

① 计量单位，1蒲式耳在美国相当于35.238升。

## 4. 艾伦

1839年7月下旬，梭罗刚刚过完22岁的生日不久，17岁的女孩艾伦·修厄尔来康科德探亲，在当地停留了两个星期。修厄尔一家住在锡楚埃特（位于波士顿的南海岸），一些亲戚生活在康科德。不久之前，艾伦11岁的弟弟艾德蒙（Edmund）开始在梭罗开办的学校里读书，而她的姨妈布鲁顿斯·沃德正在梭罗家借宿。这次探亲之旅并没有什么特异之处，唯一不同寻常的地方在于，女孩刚刚来到这里，梭罗就全身心地爱上了她。

艾伦·修厄尔美得令人惊叹，苗条而匀称的身材，高耸的颧骨，挺直的鼻梁，俨然一派古典美人风范。即便在银版相片上，她的灵动与活泼也能被毫无遗漏地保留下来。在当时那个年代，拍照的曝光时间长达5分钟，而且被拍者还要摆出早期肖像画中的固定表情。然而这些都没有掩盖她那令人愉悦的嘴巴、优美曼妙的曲线，或是眸子里流露出的冷静与好奇。她看起来热情而聪明、活泼而纯真。银版照相法往往会暴露一个人的所有缺点，但艾伦·修厄尔的照片却丝毫看不出任何瑕疵。来到康科德后，艾伦参加了许多活动，时常与梭罗和约翰出去散步、划船。不到一周的时间，另一名在此度假的哈佛学子约翰·谢普德·吉斯（John Shepard Keyes）也出现在了艾伦身旁，自此常伴她左右。康科德的年轻人中，似乎有一半都簇拥在艾伦·修厄尔的周围。

1839年的这个夏天，梭罗始终处于开朗和兴奋的状态。艾伦到来的一个月之前，她的弟弟艾德蒙便开始在康科德的亲属家做客。

梭罗立刻对这个男孩产生了兴趣，不仅带他出去散步，还时常夸他有着“纯洁而不服输的灵魂”。他曾给艾德蒙写过一首诗，这首诗带有伊丽莎白时代爱情诗的风格，明确地表达出他对这位“绅士男孩”的赞赏。

> 于是，我在不知不觉间着迷，
> 完全失却了表白的勇气；
> 尽管我很难开口，
> 但现在，我被迫意识到，
> 如果之前爱他不够，如今我已爱得彻底。

对于这首诗以及诗中表达的情感，当时的梭罗或修厄尔一家的反应远不如现代读者的反应那样神经质。两家人从没有想到过，诗中或许隐藏着肉体上的吸引或渴望。在当时那个年代，情感上的共鸣是没有必要压抑或隐藏的，对于梭罗是如此，对于当时的读者更是如此。具有讽刺意味的是，在弗洛伊德（Freud）的学说出现之前，强烈的情感还能够得到自由的表达，但随后弗洛伊德让我们意识到，情感是如此的复杂，其中包含着多种可能的暗示。

总之，在这年的6月，艾德蒙已然给梭罗留下了深刻的印象。7月，比艾德蒙年长6岁的姐姐来到了康科德。这一次，梭罗已经无法用言语来表达他的爱慕之情。信件也好，诗歌也罢——就算是伊丽莎白时代的商籁体也无法充分表达他对艾伦·修厄尔的情感。5天后，他的日志中出现了这样一句话：“爱情没有解药，我只能爱得更深。”

住在康科德期间，艾伦经常给家里的父亲写信，谈到她曾多次到爱默生悬崖（她喜爱那里的景色，因为实在是太美了）、费尔黑文湖（美丽的小水塘）、瓦尔登湖、安纳斯纳克山等地远足，还曾提到沿着阿塞贝特河溯流而上的经历（这是旅途中最令人欣喜的部分）。当然，在写给父母的信中，她淡化了聚会的热烈程度。"我们很喜欢远足（或许这只是我的感受而已），走多久都不觉得累。"正当艾伦的探亲之旅结束之际，约翰和梭罗同时爱上了这个女孩。就在她与众人道别、即将离开康科德时，艾伦忍不住落下泪来。从这个细节可以看出，她是个多愁善感的女孩，更是个孝顺的女儿。远离家庭的禁锢，无忧无虑地度过了两周，身旁又陪着一群活泼、有趣且关心她的人，难怪她会展现出热情奔放的一面。

8月31日，艾伦离开后不到一个月，梭罗陪着哥哥沿康科德河顺流而下，又沿梅里马克河溯流而上，花了整整一周时间泛舟游玩。后来，这次旅行的经历为梭罗的第一部作品奠定了基本框架。回到康科德后，他们刚刚系好缆绳，约翰便迫不及待地赶往锡楚埃特去探望艾伦。所有的迹象都在暗示，约翰最得艾伦的青睐。在她的来信中，约翰的形象远比梭罗更瞩目。提到梭罗时，艾伦的口吻几乎总是带着些许的嘲弄：亨利在忙着什么"真正的事业"？"梭罗博士"还在免费为人答疑解惑吗？这种口吻中暗含着一种亲密的兄妹关系，同时也用一种幽默的方式指出，梭罗显得太过木讷。不过在接下来的几句话中，艾伦又再次恢复了她那活泼的语气，文字中甚至带着一丝爱慕。"要不是有他的笛子伴奏，我不可能在演奏到一半时就清理黄铜管中的口水。"然而前去探望艾伦的是约翰，经常送她礼物的也是约翰，在信中唯一没有遭到调侃的人还是约翰。梭罗不愿也不能抢在哥哥之前表露他对艾伦的心意。这年秋天，梭罗花了很多时间在写作上，以此来弥补心中的缺憾，如他所说，自已仿佛被“文字魔鬼”攫住。他开始着手翻译《被缚的普罗米修斯》(*Prometheus Bound*),写了几篇关于罗马斯多葛学派、讽刺诗人佩尔西乌斯(Persius),以及论及勇敢和友情的散文。为了不伤害哥哥,梭罗无法向艾伦袒露心扉,只能在文字中表达内心的纠结。他竭力压抑着内心的情感,希望自己足够隐忍和勇敢。与此同时,爱情与友情的界限令他大感兴趣。他曾这样写道:“友情是爱情的基础。所有的爱情都建立在友情之上。”

第二年夏天,艾伦再次来到康科德探亲,其间,她曾与梭罗一同泛舟。从梭罗的日志中可以看出,当时的外部环境比较单纯,而两人的内心世界则复杂非常,两者形成了鲜明的对比。

> 有一天,我摇着小船,船里坐着那个年轻的姑娘,我挥动着手中的桨,她坐在船尾,在我与天空之间别无他物,只有一个她。如果我俩的生活足够自由的话,那该是多么生动的一幅画卷啊!然而我们之间的关系有些尴尬,况且还有他人的偏见,所有这些都阻住了我的视线,让我看不到天空。灯塔的尖顶上立着一个人形的风向标,我俩从未见过那么单纯,却又那么独特的“人”。

艾伦和梭罗都没有得到真正意义上的自由,这是显而易见的事实。艾伦是约翰心仪的女孩,梭罗不可能“自由”地去追求。1840年7月,刚刚创刊的《日晷》(*The Dial*)杂志上刊登了梭罗的首篇文学稿件,这是他的文字首次在出版物上亮相。此时的约翰再次赶往锡楚埃特去探望艾伦,所不同的是,这次两人在海边散步时,约翰向艾伦求婚。艾伦最初接受了他的请求,随后又拒绝了他,不知是因为家里施压，还是因为她突然意识到，比起约翰来，她更在意梭罗。对于约翰求婚失败一事，梭罗并没有公开表现出喜悦，但他的日志却详细记载了他等待消息时的煎熬与挣扎，以及听到最终结果时的兴奋之情。“这两天……长得仿佛没有边际，长得足以让叙利亚帝国经历多次兴衰——在这期间，多少波斯人丢掉了性命，他们又取得了多少次胜利——夜空里点缀着新生的星辰。”对于梭罗而言，约翰的“失败”标志着新时代的到来，标志着新天堂、新希望的到来。

遗憾的是，此时的艾伦已经被家人赶到了纽约的沃特敦，以便永远避开“超验派”的梭罗兄弟，因为艾伦的父亲始终对兄弟俩存有很深的疑虑，这对梭罗而言，无疑又多了一重阻力。1840 年 11 月初，在一封情感热烈的书信中，梭罗终于向艾伦求婚了。这一次，艾伦在答复**之前**征求了父亲的建议，而父亲的回答是不行。于是，艾伦用一封简短的回信拒绝了梭罗。在是否接受求婚的问题上，她苦恼不堪。多年后，当好奇的孩子问起这件事的时候，她解释说，当时头脑昏乱，只能遵从父亲的建议。两年后，她与年轻的牧师约瑟夫·奥斯古德（Joseph Osgood）定了亲，两人于 1844 年完婚。

与梭罗相知的时候，艾伦是个怎样的人？从她的亲笔书信和日志看来，她是一个非常传统的女孩，心思细腻，热情活泼。但很快，她由一个 17 岁的女孩迅速转变成了一个颇具魅力的女人，她那强烈的情感和敏锐的同情心常常表露无遗。在这纷纷扰扰的世界中，她喜欢与人为伴，只要身边有人离开，她都会谈到内心是多么的孤独。她在锡楚埃特的生活并非始终充满欢声笑语。1839 年秋，艾伦的父亲被公开解聘。解聘的过程是痛苦的，这不仅意味着艾伦很难违背父亲的意愿，更意味着整个家庭即将面临凄凉的惨状。这一年，修厄尔一家没有过圣诞节。梭罗一家也不例外。在那段时间里，梭罗的日志中找不到任何关于节日、假日或有关生日的记录。在给姨妈的信中，艾伦写道："爸爸一直在怀旧，希望可以回到过去。他跟爷爷生活在一起的时候，圣诞节总是充满着喜悦。如果我们还像以前一样对圣诞节充满期待，那该多好。"

艾伦对大自然怀有一颗敏感的心，她对自然的描述总是恰当而贴切的。她的信中反复提到过大海，从春天的海潮到岸边频发的沉船事故，几乎与大海有关的一切都被她一一记录下来："大海在呻吟""云层积得很厚，预示着明天要下雨了"……与梭罗一样，艾伦喜欢在月夜出门散步。她读过布尔沃（Bulwer）的《庞贝末日》（*The Last Days of Pompeii*），并用"十分有趣"来形容这本书；并且显然是在梭罗的催促下，阅读了卡莱尔的《衣裳哲学》（"多么奇怪的书，不过我很喜欢"）、朗费罗的诗集《夜之声》（*Voices of the Night*），并从中挑出了几首她最喜欢的诗歌。

初识梭罗兄弟之后，艾伦在那年秋天回到了家中。她对家里的一切都感到十分不适应。这更加明显地反衬出她乐观、积极，对一切事物充满好奇的本性。这些宝贵的品质是她不愿改变的。梭罗的姐姐海伦体弱多病，对此，她感到十分揪心。"每次回到家里，她都是病恹恹的，但还是竭力装出一副没事的样子与大家玩闹。"在写给姨妈布鲁顿斯的信中，她简要而痛苦地提到自己拒绝了梭罗的求婚，还提到自己在前往奥尔巴尼的火车上遇到了一对加拿大夫妇。这对夫妇"总是以最乐观的心态面对一切，为此，我非常喜欢他们"。海伦能够看到别人的乐观，因为她希望自己也拥有乐观的精神。

很显然，康科德之旅以及梭罗兄弟俩——特别是梭罗——对她的爱慕之情，已经成为她青年时代极具特殊意义的一部分。第一次康科德之旅结束后，她立即写了一封感谢信，信中的感激之情强烈得令人惊讶："我会永远把这次康科德之旅当作我一生中最快活的日子。"当然，她在康科德的旅行还没有结束，之后还有第二次旅行，但她立刻把这段经历当成值得珍视的回忆。一年后，在约翰提出求婚、梭罗尚未采取行动之前，她再次给姨妈写了封信，提到康科德时，她的口吻中多了几分凄凉，仿佛那段日子早已失落多年："去年夏天在康科德的时候，我们经常去散步，那段日子多快活啊……"1841年，当她与梭罗间的情感纠葛过去后，她在日志中写道："不知他是否会有意无意地回想起那段日子，那段愉快而欢乐的时光，估计会的。当时我还没有感受到，直到后来发生了那么多事，我才知道，他是那样在乎我。"

作为一个热恋中的少女，艾伦或许叹息过、遗憾过，但身为一个女儿，她只能选择服从。从一开始，她就抱定了放弃的态度，但这份情谊她永远不会遗忘。她只能把那夏日里的爱情故事用一层层的回忆包裹起来。至此时，这段令人心碎却不失浪漫的情缘就此中断。昔日的美好，那些历历在目、仿佛发生在眼前的美妙日子，就这样变成了回忆，躲藏在时光的最深处。这是一个希腊古瓮般充满古典美的爱情故事。

艾伦结婚后，梭罗只是在社交场合偶尔见一见她。他特别感兴趣的大多是那些早已结婚或年纪较大的女性。一个名叫福德（Foord）的女孩曾经热烈地追求过他，一心一意要和他结婚，但他再不允许自己爱上任何一个条件合适的女人。艾伦是梭罗一生的挚爱，尽管他对女性的评价显露出一丝愠怒，并且这些评价被后人记录下来，但他临终前曾对妹妹提起过艾伦·修厄尔：“我爱的，永远是她。”

## 5. 河流

1839年8月的最后一天，在艾伦结束首次康科德之旅的一个月后，梭罗和哥哥约翰也踏上了他们的旅程。两人计划从马萨诸塞州出发，最终到达新罕布什尔州的怀特山，首先沿康科德河一路向北，经过一条运河后，继续沿康科德河北上，随后取道陆路，到达目的地后再原路返回。几年之后，梭罗又重走了这条路线，那是他人生中第一次真正远行。这次经历为他的首部作品《康科德河和梅里马克河上的一周》提供了背景框架。兄弟俩这次旅行的最终目的在于攀登神居山[1]，尽管他们达成了这个心愿，但从一开始，这次旅行便注定与河流结缘，可以说，梭罗对河流的钟爱远远超过山林。

当时的约翰24岁，比梭罗年长两岁，安静而友善，整洁而清爽，与目光犀利、头发凌乱、不修边幅的梭罗形成了强烈的对比。约翰更像父亲，他一直被认为是两兄弟中更有出息的那个。或许梭罗也意识到了这点，只是不愿承认罢了。约翰体弱多病，体重只有117磅，瘦得吓人。18岁时，他“经常流鼻血，严重的时候甚至晕倒过”。教学给他造成了极大的压力，他常因疝气卧病不起。最根本的原因在于，他患有肺结核，尽管暂时没有发作，但医生早已确

① 又名华盛顿山。——译者注

诊。在那个年代，致命的结核病可以说是全家人的诅咒。兄弟俩的感情很好，整个家庭的亲情也十分浓厚。约翰是年长而备受仰慕的哥哥，因此，在这次旅途中，他像个老师一般为梭罗引路。在梭罗看来，引路恰好也是他所擅长的。约翰的身体状况本就不好，更何况在他们起程前不久，兄弟俩居然爱上了同一个女孩，这不能不让梭罗为他忧心。动身之际，两人的心里都在挂念着艾伦，正因如此，在接下来的几周时间里，兄弟俩的关系变得前所未有地紧张，却又前所未有地亲密。

康科德河缓缓北流，与流向南方的梅里马克河在洛厄尔交汇，随后折转向东，流入大海。入海口位于纽布里港，后方就是塞缪尔·修厄尔（Samuel Sewall）钟爱的普拉姆岛，该岛位于格洛斯特和安妮角的北部。虽然康科德河贯穿整个康科德市，人们却几乎意识不到它的存在。当代的一位作家写道："河流上几乎看不到一根碍眼的桅杆。"爱默生也曾与梭罗一道泛舟，当他们穿过一片田地、来到河畔时，爱默生时常感到吃惊，因为转瞬之间，他们就进入了一个与城镇生活全然相隔的世界，将"所有的时间、历史以及科学"全然抛在脑后，"只消挥一挥木桨，便投入了大自然的怀抱"。康科德的访客中不乏雄心壮志之士［比如莱缪尔·沙特克（Lemuel Shattuck）］，在他们看来，康科德河有望迅速发展成一条重要的内陆水道，成为米德尔塞克斯运河的重要组成部分，将康科德河、梅里马克河与波士顿港连接在一起。独特的地理位置能够让康科德河完成这一使命。然而在1839年，康科德始终（后来也一直）处于一种没有半分商业气息的状态，两侧的河岸几乎从未得到过开发，十分适合人们在这里打盹、做梦以及闲逛。

起程这日下了整整一天的雨，兄弟俩耽搁了一阵，最终决定动身。他们把那条沉重的、加装了滚轮的小船推入水中，船上装着土豆和各类瓜果。这条船是他们花一周时间建造的，船体坚固，外观却不甚雅致，尽管梭罗曾把它诗意地比作渔翁的平底渔船。兄弟二人朝着河畔的几个朋友挥了挥手，然后便挥动船桨，顺流而下。从任何一个角度来看，这次旅程都可谓是“波澜不惊”的，但滑稽的是，梭罗在后来的作品中一边强调这一点，一边将整个旅途描绘得如史诗般壮丽。经过贝德福德和卡尔莱斯后，他们来到了下游的比尔里卡，这里成了梭罗笔下的那片“未知地域”，康科德河变得如尼罗河、斯卡曼德洛斯河一般壮阔。总之，这次出行被他描绘成极地探险般的勇武之举。在此之前，梭罗曾到过缅因州和其他地方，但每次都是乘坐火车、汽轮或商务帆船等公共交通工具。他也曾多次出门远足，一走就是一天，或午后去河畔泛舟，却从未尝试过如此漫长的旅途，而且一路上要亲手摇桨，更没有在帐篷里过夜的经历。两人坐着小船，随着静静的河水漂流，两岸没有人家，也没有因为开发而遭到破坏，城镇的喧嚣被撇得远远的，兄弟俩感受到了真正的自由。这种自由不仅存在于两人之间，更弥漫在这里的每一个角落。来到比尔里卡的当晚，兄弟俩在河畔搭起了帐篷（类似于印第安人的帐篷）。四周全然是大自然的气息，只有船上的桅杆和圆锥形的帐篷为这里增添了一丝人类艺术的气息。用过晚饭后，兄弟俩钻进了帐篷，但梭罗一直没有入睡，他静静地听着黑夜的声音。他们毕竟离城区不够远，还听得到远处教堂的钟声、警报声以及狗叫声。帐篷的不远处，狐狸和麝鼠发出“窸窸窣窣”的声响。这阵响动是梭罗没有预料到的，却令他十分欢喜。对于一个首次在野外过夜的人来说，这声响是那样奇异、那样独特，在这寂静乡野的映衬下，这微弱的响动听起来是那样的明显。

第二天，他们来到了米德尔塞克斯运河，这是一条商用水道，始建于18世纪，落成于1803年，从洛厄尔瀑布的上游一直延伸至下游的波士顿港。运河的水源来自康科德河，因此，兄弟俩只需稍稍转个弯就进入了运河河段，再向前划上6英里，穿过运河的船闸后，便进入了梅里马克河。这天恰逢周末，河岸上泊着许多货船，河面上依然静悄悄的。当时，古老的船运正逐渐让位于新兴的铁路。这条运河完全靠人力开凿而成，河岸的整齐与河水的质朴形成了鲜明的对比。兄弟俩尽可能快地穿过了运河，他们的小船太小，根本不符合通航尺寸，船上既没有名号，也没有编号，更不用牛马牵引，而且船速超过了每小时4英里的限制，凡此种种，全然违反了通航规定，由此可以预知，他们应该不会选择在周末返程通过运河。根据规定，周末是安息日，船只一律不得通航。对于梭罗兄弟公然违反规定之举，镇民们大多气愤不已，但船闸管理员山姆·海德利（Sam Hadley）却是例外。他打开闸门，让小船沿着那条三级坡道下降了27英尺，最终进入梅里马克河。

在接下来的12天里，他们朝着河流上游划去，经过纳舒厄和曼彻斯特后，将小船停在忽克赛特瀑布下方，徒步进入康科德河流域，随后取道法兰克尼亚，在山里度过了3天。他们"的确"爬上了华盛顿山，但其中的详情，梭罗仅仅用最简洁的文字带过，关于爬山的描述只有一句话："9月10日爬上山顶，随后坐车去了康威。"回到新罕布什尔州的康科德河流域，兄弟俩再次来到忽克赛特瀑布，坐上小船朝家里赶去。

多年后，梭罗开始着手创作《康科德河和梅里马克河上的一周》，将书稿进行了反复修改，但无论如何修改，着墨最多的部分并不在于这次旅行的目的，或是旅行的过程，相反，梭罗将重点放在了起程和归程上。这本书中“求索”的意味并不明显，描述起程的口吻显得沉稳而宁静，就像是托马斯·科尔所绘的那幅《人生之旅》（*The Voyage of Life*），又像是《哈克贝利·费恩历险记》（*Huckleberry Finn*）中竹筏漂流的场景。这沉稳的笔调给读者展现了一幅栩栩如生的画卷。出发当天的傍晚，梭罗写道：“途中，我们遇到了岸边的一位垂钓者，他坐在船上，身旁蹲着一只小狗，他手里拿着一根桦树枝做成的钓竿，银色的桦皮还留在上面。我们的船划得太近，木桨荡起的波浪甚至扰动了他的软木浮漂。”第二天清晨，河面上雾气弥漫，“不过，我们才划了几下，初升的太阳便迅速驱走了大雾，只留下几缕淡淡的雾气在水面上蜿蜒飘散”。两人继续向前划了一阵，从船上那个舒适且便于观察的视角，他们看到了两个人——那两人显然对当地不熟，正试着蹚水过河。在这广阔的河面上，远处的一切都能够尽收眼底。梭罗写道：“看起来，两人暂时还不知河水的深浅。他们像烙铁上的蚂蚁一般来回跑动着，一会儿在这里试试，一会儿又跑去那里尝试，仿佛想看看那里的河水是否足够浅。”当写到追逐鲟鱼的场景时，梭罗依然保留了这种略带喜感的笔调：它那“灰暗而狰狞的脊背在水流中时隐时现”。当鲟鱼进入水流湍急的河段、逆着水流奋力上游时，梭罗的小船悄悄地追上了它，兄弟俩还试图将它捕获。“可是就在那意味深长的一瞬间，那条看上去活像大比目鱼的怪物，展现出它那困兽犹斗的风采——没有发出决斗前的轻笑，更没有奏起决斗前的序曲——轻巧地逃了过去，肥硕的身体随着水流载沉载浮，似乎从来不曾停过片刻，就像是随波起伏的救生圈，仿佛在警示过往水手：附近有暗礁，小心沉船。”夜晚，兄弟俩躺在帐篷里，听着河流“在黑暗中打着旋儿，朝着下游的海岸和集市流去”。

起程是平静的，兄弟俩有足够的时间去欣赏河流的风致，但归程却丝毫没有平静的意味。踏上回程的前一天晚上，天气突然变了。“那一晚，恰好处于夏秋交替之际，当晚入睡时仍是夏天，醒来已经身在秋季。”北风渐起，带着清爽与凉意。凌晨五点前，睡醒的兄弟俩就坐上了小船。渐渐地，天气变得晴好起来，凉爽中透着淡淡的肃杀。天光越来越亮，天色越发湛蓝，9月中旬的北风吹得两人越发精神。回程本就是顺流而下，兼之身后有北风助力，两人又十分明智地带了船帆，可以说，他们是从贝德福德（新罕布什尔州）的河流源头一路“飞”回了家中。他们只用一天时间便愉快地结束了之前花了整整四天时间的旅程。

小船顺风顺水，疾驶而下，河水在船尾汩汩作响，兄弟俩只得把木桨用力地插在水中，才能稳稳地掌控船体的方向。之前如静物般的风景失去了“静意”，两岸的风光被迅速抛到身后。兄弟俩坐在船里，严严实实地裹着斗篷，望着数英里的水路转瞬掠过，往来驳船上的人们不禁为这船速感到惊讶。行至廷斯伯勒，“河道变得笔直而开阔，远远延伸出去，我们迎着清爽的风，轻快地从水面划过……远处的地平线上，长风如潮水般涌来，掠过峡谷和平原……饱胀的船帆，激荡的流水，摇摆的树木，还有飘忽不定的风……这动感的画面像是一股巨大的洪流”。

接近傍晚时分，两人再次转入运河，此时风已经停了下来，他们牵引着小船通过船闸，朝家里划去。兄弟俩“深夜才到家”，迎接他们的“不再是青葱的草地”，而是他们起程的原点。小船轻轻靠岸，停泊在出发前的位置，起程时的兴奋与迫切早已荡然无存。“我们愉快地跳上岸，将船拉上来，系在那棵野生的苹果树上，树干上仍然保留着缆绳留下的勒痕——那是春季暴涨的洪水在牵引小船时留下的。”

在归程的最后一天碰上这样的好天气，这是多么好的运气啊！虽然梭罗多年后才开始撰写《康科德河和梅里马克河上的一周》这本书，其中《星期五》（*Friday*）这章却仍然闪烁和涌动着当时的兴奋之情。此后，梭罗经常泛舟远行，最远甚至到达过马什菲尔德和普利茅斯，但对他而言，哥俩的这次旅行永远是最精彩、最激动人心的，这段记忆时常在他梦中浮现。多年后，梭罗在辞世之际，曾让妹妹索菲亚为他诵读《康科德河和梅里马克河上的一周》，当妹妹直接翻到《星期五》这一章时，梭罗的脸上露出了微笑。他的临终遗言是："一场绝妙的泛舟之旅就要开始了。"可以说，从一开始，这段旅程便充满了强烈的情感和切身的体会。兄弟俩刚刚回到康科德，约翰便迫不及待地赶往锡楚埃特探望艾伦。

## 6. 埃斯库罗斯①，勇敢

1839年秋，梭罗在他为数不多的关于自然体悟的随笔中写道："这个秋季的天气比以往都要安详。中午，田野里到处都能听见蟋蟀的鸣叫。"这年秋天，爱默生和好友筹划着新季刊的发行事宜，梭罗再次当选康科德大讲堂的秘书及理事，而约翰正对艾伦·修厄尔紧追不舍。关于艾伦一事，梭罗似乎有意在躲避，不想花费太多时间去沉思，而是全身心地投入创作中。11月初，他一门心思地翻

① 埃斯库罗斯（Aeschylus，前525—前456），古希腊三大悲剧作家之一。代表作《被缚的普罗米修斯》《阿伽门农》。

译起了埃斯库罗斯的《被缚的普罗米修斯》。

梭罗之所以对埃斯库罗斯感兴趣，并非因为他是一名剧作家，而是因为他是一位“先知”、一位诗人。他的作品所展示的不是盖世英雄所取得的、无可企及的功勋，而是“普遍的人性”。梭罗对埃斯库罗斯的赞颂，恰如他对荷马的崇拜，在他的作品中通过无处不在的大自然表现出来。“多么质朴的言语啊，”梭罗在日志中赞美道，“文字没有遮蔽思想，而是为它们留下了足够的空间。”在梭罗眼中，久远的历史并没给埃斯库罗斯提供半点优势，他所表现出的人性和常识，都与我们并无二致。梭罗没有盲目崇拜埃斯库罗斯，而是为其作品寻求着当代的适用性。“过去的一切都展现在这里，等着经受当代的考验。就让它为自己赢得认可吧，如果它能够做到的话。”在梭罗看来，有一点是值得认可的，那就是埃斯库罗斯“像所有的天才一样”，不论是在工作中还是在生活中，本质上都是孤独的。他曾评论说：“埃斯库罗斯无疑是孤独的，他对宇宙的神秘只怀有单纯的敬畏，而不是同情。”我们有理由怀疑，梭罗此番评论正是在描述他自己。

与那种通常意义上的浪漫式的仰慕不同，梭罗对普罗米修斯的兴趣不在于这位英雄勇于反抗理性而专制的宙斯，而在于他像俄耳甫斯（Orpheus）一样，为人类带来了光明、律法以及文明。至少在着手翻译的过程中，他在日志中摘录的部分都表达着这类主题。由于当时约翰正在热烈追求艾伦，梭罗难免在普罗米修斯和埃斯库罗斯身上看到自己的影子——他们都曾遭遇不公正的待遇，被迫在孤独和寂寞中煎熬。梭罗外表看似木讷，内心却并不平静。这年的11月还没结束，风华正茂、年仅22岁的梭罗便感到苍老：“直到今天我才意识到，新的一代正在成长，并已经成长起来了。”他写道。

在翻译的过程中，他曾试着去接纳岁月流逝带来的遗憾，并“充分享受这种遗憾……有了深深的遗憾，生活才是常新的”。他试图在日志中掩饰这种无可否认的沮丧感，这点最典型地体现在——他没有一味自艾自怜，而是着手创作了一篇论及“勇敢”的文章。

梭罗所谓的“勇敢”并不是身体的勇武，而是指道德和精神层面上的勇气。当读到瑞典植物学家林奈[①]身穿“简朴的衣衫”“皮制的马裤”，兴致盎然地前往拉普兰德时，梭罗的心中充满了仰慕之情。当然，关于勇气的讨论在当时并不鲜见。卡莱尔在《英雄、英雄崇拜以及历史上的英雄》（*On Heroes, Hero-Worship, and the Heroic in History*, 1840）一文中，将讨论的兴趣点集中在道德勇气上。爱默生也是如此。“有谁能在日志中、讲坛上，或是在大街上，为我们解说清楚英雄主义的秘密呢?”爱默生在《年轻的美国人》（*The Young American*）一文中这样问道。普罗米修斯同样引起了玛格丽特·富勒的兴趣。她那本《十九世纪的女性》（*Woman in the Nineteenth Century*, 1845）本可以被命名为“论女英雄、英雄主义以及女性史中的英雄精神”。的确，如何在“勇武”的现代世界过一种“英勇的生活”，是这一代人面临的主要问题。这年秋天，这个问题引起了梭罗的关注。

不论在古代还是当代，对大多数人而言，勇敢首先意味着体力上的勇武。梭罗正是站在这一立场上开始创作那篇《勇武的篇章》（*A Chapter on Bravery*）的，文中再次使用了独具梭罗风格但一贯蹩脚的隽语。“勇敢并不在于刚毅之举，而在于健康安稳的休憩。勇

---

① 卡尔·冯·林奈（Carl Linnaeus，1707—1778），瑞典植物学家、生物学家，创建了动植物分类方法。

敢的最佳表现在于待在家里……片刻的宁静和自信的生活远比奋勇杀敌更显荣光。”在这里，他复述了一则能够诠释“勇敢”的逸事。“尽管塞缪尔·约翰逊和他的朋友萨维奇窘迫潦倒，只能露宿街头，却愿毅然决然地为祖国而战。”此处，梭罗意在表明，他所仰慕的是拒绝自怨自艾的勇气，即便在凌晨三点钟醒来，他也绝不会怨天尤人。

很显然，勇敢是一种宝贵的品质，不论对诗人、科学家还是士兵而言都是如此。从上例可以看出，梭罗在探讨勇敢这一主题时，使用的隐喻大多与士兵有关。“为了向英勇的士兵表达敬意，我们不惜忍受一切痛苦。”他写道，“所有行业、企业上缴的税款，都用来为士兵购买合适的马具和装备……整个城市的智慧都用来为士兵锻造和打磨剑刃……不论走到哪里，都有音乐在前方开路。他的一生就像一场盛大的节日，他所树立的典范能够撼动宇宙……他是唯一拥有勇敢品质的人。”像往常一样，梭罗在解读士兵形象时，再次使用了隽语，例如“勇敢的人永远听不到战争的喧嚣”等等。这些隽语是极具说服力的，而隽语的背后隐藏的是梭罗对士兵的深切同情。他曾不无讽刺地写道：“与缔造和平相比，发动战争更符合人类的本能。”他的笔调偶尔也会凸显出一丝幽默与俏皮：“士兵是务实的理想主义者，他们对任何事物都不抱有同情，而只沉迷于毁灭事物。”当然，梭罗也有严肃的时候，比如，他曾表示：“对于战争，我感到深切的同情，它所模仿的是人类灵魂的步态和举止。”

以上言论难免令人感到怪异，认为这与梭罗的品性不符，毕竟在墨西哥战争的问题上，梭罗向来持批判和抵制态度，他的立场已经具有某种象征意义。可以说，身为一名“自由”爱好者和知识渊博的学者，梭罗恰恰是反对军事主义思想的，但与此同时，他却对士兵怀有仰慕之情，如果忽略了这一点，我们便无法正确认识梭罗。

当然，在1839年，“士兵”一词仍然包含着美国革命年代——梭罗祖父一代——军人特有的勇气、自立等含义，相比之下，如今的军人只是军装的联合体，在现代战争机器中失去了个体性。在阅读埃斯库罗斯的著作时，梭罗深刻地认识到，对于这位最伟大的希腊戏剧作家而言，参加马拉松战役这一经历远比创作过《被缚的普罗米修斯》更值得骄傲。就连波德莱尔（Baudelaire）（尽管我们认为他既叛逆又内向）也会说：“世上最伟大的人，莫过于诗人、牧师和士兵，那些高歌吟唱、为神献祭与牺牲自我的人。其余的人一生下来便只配遭受鞭笞。”

这种尚未“贬值”的对士兵的崇敬之情，在罗马斯多葛学派的哲学信条中得到了补充和诠释。斯多葛学派认为，人生就是一场战役，每个人都是士兵。阿尔伯特·萨洛蒙（Albert Salomon）在论及爱比克泰德[①]的那篇文章中指出：“‘人生如服役’的隐喻正是由罗马斯多葛学派创造的……正因如此，罗马斯多葛学派的学者大多偏爱战争的隐喻和意象。”随后，梭罗将爱比克泰德的《手册》（*Enchiridion*）列入了1838至1839年的经典阅读书单。他这样写道：“生活中的每一个时刻，我们都站在一场战役的最前线”；“滑铁卢并非唯一的战场，此时此刻，英国军火库中无数杆致命的火枪正对准我的胸口”；“只要胸怀热望，每个人都是勇士”。

在梭罗的心目中，士兵的形象占据着中心地位，这点并非偶

---

① 爱比克泰德（Epictetus，约50—约135），古罗马最著名的斯多葛学派哲学家之一。

然。尽管梭罗生性温和而羞怯，情感丰富且沉稳睿智，但他的性格中并不缺乏刚毅的元素。爱默生认为，梭罗需要一些阻力和挑战，才能更加深切地感受自我。在遭遇阻力和挑战时，他会变得不屈不挠、斗志满满。与其他作家相比，梭罗并不倾向于用轻声细语的独白来抚慰读者。或许我们会怀疑士兵这一隐喻对梭罗是否真的具有重要意义，但请不要忽略这一点，士兵的隐喻之所以具有价值，主要在于勇武的品质能够引发广泛的共鸣。或许在梭罗的身上，我们真能发现些许的“古斯堪的纳维亚人”的战斗精神。他为约翰·布朗进行过辩护，宣扬必要时可以诉诸暴力，他对自然的野性、人性中的野性给予了不同寻常的关注，这些“战斗”精神都是他性格中重要且真实的组成部分。梭罗从不轻易服输，他的内心深处隐藏着坚毅。有一次，他向好友哈里森·布莱克（Harrison Blake）建议说：“如果应付不了艰难的工作，那就拣容易的做。如果喜爱某项事物，比如一幅画、一首曲子，那就全身心地投入其中，发现其中的意义或含义，然后对这种意义或含义进行‘锤炼’，内化成自己的品质。”

这种追寻并锤炼意义、将之变成自己所属的做法，从某种意义上来说，正是描述梭罗所崇拜的士兵的特质：全身心地投入生活，从生活中汲取精髓。他对士兵品质的描述不仅令读者易于接受，更自然得令人难以察觉。他曾写道：“如果一个人不与同伴保持一致的步调，原因或许在于他听到的是不同的鼓声。”就在读者思考指引我们步伐的鼓声来自哪个方向时，大多忽略了这一点——只有士兵才会用鼓声来指引自己的方向。

## 7. 超验主义

1833年3月，弗雷德里克·亨利·海奇（Frederic Henry Hedge）在《基督徒观察报》（*The Christian Examiner*）上发表了一篇论及柯勒律治的文章。这篇文章对柯勒律治的“所作所为和无所作为”进行了严厉的批判，并首次为传至美国的现代德国思想进行了明确的辩护。爱默生对这篇文章大加赞赏，称其为“活生生的、跳跃的理性”。海奇的父亲是哈佛大学的一名教授，海奇本人对康德和谢林[①]等人的哲学思想浸染颇深。1835年，他在缅因州班戈市的一个偏僻所在谋得一份讲经布道的职位。由于海奇与波士顿和剑桥等地保持着积极的联系，每次前往波士顿，他都会组织一场小型聚会，参会者大多秉持相同的理念。1836年9月，乔治·帕特南（George Putnam）、乔治·里普利、海奇以及爱默生参加了这场最初被称为“海奇俱乐部”的聚会。随后，该团体迅速扩大，仅在11天后，该团体便举办了第二次聚会，参加者包括奥里斯蒂·布朗森、詹姆斯·弗里曼·克拉克、康沃斯·弗兰西斯（Convers Francis）以及布朗森·奥尔科特。不久后，诸如西奥多·帕克、玛格丽特·富勒、伊丽莎白·皮博迪以及亨利·梭罗等人也相继加入。

在某些问题上（如改革家的职责是什么?），这些人的见解并不总是一致的，但他们的确具备诸多共性。首先，该组织成员大多十

① 弗里德里希·威廉姆·约瑟夫·谢林（Friedrich Wilhelm Joseph Schelling，1775—1854），德国哲学家。

分年轻，最年长的康沃斯也不过41岁；其次，他们谈论的内容具有明显的改革倾向，因此，他们需要一种媒介，需要一份刊物来表达观点；再者，众人都认识到新兴的德国思想的重要性。正是因为上述诸般共性，他们后来才被贴上了“超验主义者”的标签。然而“超验”一词的意蕴十分丰富，如果这群人自称“美国唯心主义者”，或许会更贴切些。必须承认的是，“超验”这个词不无一定的准确性。《日晷》杂志的一位作家将超验主义定义为“承认人类身上存在着一种凭借本能认知真理的能力”。超验主义哲学为各类思想学说提供了支持，并为它们注入了新的活力，例如，柏拉图主义、新柏拉图主义、神秘主义、东方思想、法国折中主义、歌德时期的古典主义、斯多葛学说，以及盖尔（Gale）、莫尔（More）、波德基（Pordage）、卡德沃斯[①]和伯克利（Berkeley）等人的思想。但思想重评之风的直接来源却只能在一个地方找到。某位超验主义者的儿子撰写了有关这股思想潮流的首部历史。他犀利地指出：“所谓的超验主义哲学有着独特的思想起源——伊曼努尔·康德（Immanuel Kant）。1781年，康德发表的《纯粹理性批判》（*Critique of Pure Reason*）为形而上学开辟了新纪元。”爱默生本人也在1842年的一场演讲中做出了最为清晰的解释：

> 我的听众大多知道，如今的唯心主义被冠以“超验”的名号，这个词来源于伊曼努尔·康德，他在批判洛克的怀疑主义哲学时首先使用了“超验”一词。洛克认为，人类的思想完全来自过往的感官经验，但康德却指出，大量的理念或令式并非

① 拉尔夫·卡德沃斯（Ralph Cudworth，1617—1688），英国哲学家。

来源于经验，而是来源于心灵的直觉，这就是康德所说的“超验”形式。康德思想的深刻性与准确性让这一术语在欧美迅速流行起来，以至大凡属于直觉思想范畴的事物都被冠以如今的“超验”名号。

不论是个人还是团体，美国唯心主义者都没有为德国唯心主义思想的发展做出明显的贡献，在形而上学或认识论领域也没有开拓性的建树。在认知的技巧问题上，美国唯心主义者所关注的是语言与知识的交流。因此，在探索语言的象征意义方面，新英格兰学派取得了丰硕的成果。不过，超验主义者的关注焦点在于这种新主观主义的道德意义，这预示了威廉·詹姆斯以及实用主义的出现——它们寻求新思想对于生活和写作的具体意义。因此，超验主义者群体——帕克、里普利、富勒、皮博迪、爱默生和梭罗——所取得的成果，在很大程度上在于对超验主义道德意义的探索，使之得到广泛接受，并在生活中得到运用。遗憾的是，这些成就如今尚未得到认可。

颇具讽刺意味的是，不论是过去还是现在，超验主义群体均被视为不切实际、异想天开的代表，他们的思想隐晦而空幻，从不关注具体的、现实的事物。这就是当时哈佛大学对超验主义者做出的评价，这番指控至今仍没有完全撤销。超验主义思想对哈佛大学以及唯一神教会构成了威胁，因为超验主义者——不论是作为个人还是团体——都是社会或政治领域的极端分子，其极端程度远超爱伦·坡、霍桑或梅尔维尔等人，尽管后者对人性和自然都持有更加传统、更加消极的观点。多数超验主义者发现，在超验主义道德观的驱使下，他们不得不投身于社会改革和思想改革的洪流之中。

新英格兰超验主义者强调个人的主体性和个体自由，并不倡导个体与社会相隔绝，更不鼓吹唯我论。他们认为，普遍的人性会在个体本性中得到彰显。当然，个体常有可能迷失自我或自我隔绝，“在**自我**知觉构建而成的广阔迷宫中四处游荡”，但这种状态并不是超验主义者所期望或赞同的。在新英格兰超验主义道德律令的驱使下，超验主义者往往会选择积极入世，而非消极避世。

超验主义流派成形之初，该派成员曾积极商讨创办刊物一事，试图为思想的表达找到一种实用的媒介。1838年秋，在各方的积极努力下，这本刊物终于问世。玛格丽特·富勒担任主编，爱默生包揽了大部分事务，包括与出版社协商等事宜。他与富勒保持着频繁的书信往来，承诺每期都会亲自撰文，一边劝诱好友供稿，一边向梭罗、钱宁、克兰奇（Cranch）、奥尔科特等人强行征稿。当时，爱默生正在寻找稳定的稿件来源，于是将希望放在了梭罗身上。这年秋冬两季，爱默生和梭罗相互阅读了对方的诗作，前者为新创的刊物争取到了梭罗《挽歌》（*Elegy*）［大概是后来以“同情”（*Sympathy*）为题发表的那篇诗作］的文稿。1840年3月，爱默生在写给富勒的信中说，他将“正式邀请梭罗”为本刊“提供协助”。另外一名撰稿人奥尔科特在这个月搬到了康科德。万物复苏之际，整个春天都洋溢着文学的气息。梭罗将那篇关于佩尔西乌斯的文章交给了爱默生。在爱默生看来，这篇文章观点新颖，颇具独创性，但梭罗却并不看好，认为需要重新修改。爱默生的意见是“只需微作调整、稍加打磨即可”。梭罗很快意识到爱默生并非戏言，于是便开始精心打磨。与此同时，爱默生催促富勒接受这篇文章，让她尽快在《日晷》杂志上发表。富勒对这篇文章的兴趣不大，不置一词便拒绝了稿件。然而爱默生并没有放弃，每隔一段时间便催促富勒发表，并近乎固执地频频提及梭罗的名字。尽管他认识到梭罗的文章缺乏技巧，斧凿的痕迹太重，但依然坚称这篇文章“无比出色，充满活力，我认为，在我们为‘年轻的美国人’书写的圣典之中，应该有它的一席之地”。

主编的态度丝毫没有改变，她不仅没有让步，甚至连书信都不再回复。几经催促后，气急败坏的爱默生终于动了怒，强行要求对方发表。“我要求你在本刊的第一期发表那篇关于佩尔西乌斯的文章。”他在信中对玛格丽特写道，“这是一篇佳作，你究竟是不想发表，还是不愿发表?”眼见大局已定，玛格丽特写了一封长长的回信，但只用短短一句话表示，梭罗的文章将会发表在第一期的《日晷》杂志上，无奈之情溢于言表。既然爱默生做出了决定，旁人自然无法更改。

爱默生看重的，是梭罗文字中的讽刺效果。在梭罗1840年的创作主题（爱情、喧嚣与宁静、贺拉斯、希腊诗、勇士、旅行游记、与自然对话、音乐）列表中，关于罗马讽刺诗的文章只有两篇，而其中一篇恰恰是梭罗在好友的积极催促下极不情愿地交给《日晷》杂志的那篇。佩尔西乌斯（34—62）与罗马皇帝尼禄（Nero）生活在同一个时代，28岁去世，生前留下了6篇讽刺短诗，因而名垂后世。德莱顿曾翻译过佩尔西乌斯的诗作，并对其大加赞赏。佩尔西乌斯与尤维纳利斯一样，是古典文学课程中的典范诗人，他的诗歌以朦胧、尖刻、强烈的抒情以及一贯的斯多葛风格而闻名。深受触动的德莱顿用较长的篇幅向他表示了敬意：他的诗歌是“所有流派中最高贵、最慷慨、最有裨益者”。梭罗的开篇评价与德莱顿相似，两人都认为，佩尔西乌斯的地位虽然不及贺拉斯，但他与尤维纳利斯一样，都是“追求完美的诗人”，他的诗歌“虽然缺乏音韵之美，却能以刺耳的呼声揭露人类之荒谬”。德莱顿在开篇赞道：“诗行参差，铿锵刺耳。”梭罗尖锐地指出，佩尔西乌斯的讽刺诗与那些能够“翻新语言”的诗歌或音乐不同，“其诗歌无法用来吟唱”。在他看来，主要原因在于讽刺诗人太过消极，将过多的注意力集中在事物的阴暗面上。当然，梭罗并没有全盘否定讽刺诗，他慎重地表达了对贺拉斯的赞誉：“如果他不曾受到讽刺诗的启发，不曾被热情激发灵感，不曾珍视他特有的品质，那么他一定写不出如此美妙的讽刺诗。”在梭罗看来，贺拉斯颂诗中流露出的爱要多于恨，这一特点在他后期的讽刺诗作中有所体现。

在文章的第二部分，梭罗的笔锋突然由剖析讽刺诗转向了书写“充满讽刺意味的人生”。“最具神性的诗歌，或是伟人的一生，都是最尖刻的讽刺诗，像大自然一般冷漠。”如爱默生所言，对待历史最好的态度便是把我们的人生看作文本，把书籍看作人生的评论。梭罗并不满足于仅仅在佩尔西乌斯和贺拉斯之间做对比，他试图追问这样一个问题：佩尔西乌斯会如何看待当代这些心怀信仰而生活，并书写信仰的人。像埃兹拉·庞德[①]一样，梭罗用冷峻而恣肆的笔调宣称，佩尔西乌斯的诗作中，只有20首具有永恒的价值，其余者仅仅具有历史价值。在第六首讽刺诗中，佩尔西乌斯采用了精妙的“船难”隐喻，对此，德莱顿一直仰慕非常，但梭罗却不屑一顾。他将全文的重点放在了其中七行诗的细读上，其中两行为：“并非每个人都能轻易做到/将神殿内的默默祷告/变为公开的誓言，让誓言作为生活的指导。”梭罗认为，“真正信仰宗教的人”（在任

① 埃兹拉·庞德（Ezra Pound，1885—1972），美国诗人和文学评论家，意象派诗歌运动的重要代表人物。

何地方都能寻到神殿的人)，与那些“心怀嫉妒的狭隘之辈”(试图隐藏在某个居所中“跟上帝做秘密交易”的人)存在着本质的差别。这种差别体现在，前者信仰的宗教更为广阔，信仰的对象是田野和森林；后者信仰的宗教较为隐秘和封闭，信仰的对象局限于教堂。

梭罗从第三首讽刺诗中找到了最佳论点，将诗人对生活的偶然性、即时性的讽刺转变为独具梭罗特色的隽语。他从“即时性”的字面意义出发，否定了其中“即兴发挥”的含义，借此呼吁人们，生活要跳出时间的局限，要摆脱惯常的时间意识，从而活得更加充实。“对于智者而言，”梭罗写道，“生活是最具即时性的，但他能够摆脱时间的局限，活在永恒之中。”梭罗以爱默生《历史》一文的视角为出发点，对佩尔西乌斯进行了解读和阐释。他表示：“所有的问题都依赖当下提出解决方案。时间并非万物的尺度，它只能衡量自己。”可以说，这番解读已经超越斯多葛学派的哲学，进入了超验主义的范畴，强调的重点转移到了开放的宗教情感上，而非闭塞的宗教机构或僵化的宗教信条。可以看出，梭罗所提倡的是用热情而清晰的笔触再现当下的绝对价值。

## 8. 1840年夏

1839年，当艾伦与梭罗在梅里马克河上泛舟时，她便猜到了对方的心意。第二年，当她再次来到康科德时，梭罗已然开始回顾并在日志中记录下了那次旅行。他写下了大量描述性的文字，包括那些描写声音的佳作。他记得有一位乡村鼓手，他的鼓声穿越了黑暗，仿佛“要将整个世界唤醒，让世界随着他的鼓点大步前进”。这年夏天，除了对美景和声音的关注外，他还酝酿着各种各样的思想。在这段时期里，他的日志中开始显露出《康科德河和梅里马克河上的一周》（以下简称《一周》）中的一些观点。在梭罗看来，宗教是束缚社会的绳索，因此，他将目光投向了早期历史，企图在神话和原始诗歌中提到的史前时代寻求关于世界的更好、更早、更令人满意的解释。除了这些主题之外，梭罗还从那次泛舟之旅的零星琐事中获得了一些重要的体悟，这些体悟最终形成了《一周》中的基本观点。当时，梭罗对哲学产生了强烈的兴趣，为了达到平衡，他提醒自己说：“我们的生活并非都是平常的，但可以肯定的是，具体的生活现象需要用不偏不倚的视角加以审视。”

除了潜心思考、细致观察外，此时的梭罗正酝酿着《一周》中最基本、最具塑造性的理念。3月21日，他在日志中记录着春分这天“万物平衡”给他带来的喜悦，并流露出对旅行的强烈渴望：

> 或许来年的春天，我会去秘鲁做一名信使——或是去南美做种植园主——或是去格陵兰岛做个捕鲸人，或者在哥伦比亚河畔定居——或去坎顿市做个商人——或去佛罗里达州当兵——或去塞布尔角做一个捕鲭人——或是在太平洋的某个角落像鲁滨孙·克鲁索一样生活——或是随意到哪片海域静静地做一名领航员——可以选择的地方实在太多了。

当然，以上种种愿景不太可能实现，因为梭罗并非真要外出旅行或出国求财，而是要表明，在去哪里、是否要去的问题上，他有选择的自由，不必枯守在某一地域。“感谢上天，我们并没有被土地牢牢束缚，而是可以周游世界。”他写道，“我们不必与随季迁徙的水牛竞争，因为水牛只能在科罗拉多州的沃野上觅食，耐心地等着黄石的青草变得更绿、更新鲜。”此时，梭罗第一次提到他所向往的旅行：“我们的手脚有着足够的伸展空间，但灵魂却在角落里生锈。就让我们在国内迁徙，一刻也不停歇，每日将帐篷的驻扎地向西方的地平线推进。”

发现自我、征服自我、国内迁徙……这些不仅是《一周》的核心理念，更是梭罗后半生始终奉持的信条。8月中旬，这些思想得到了深化，通过更加精巧、更加成熟的文字表现出来。“旅行也好，‘发现新大陆’也罢，都意味着发掘新思想，唤起新的想象。人们走过的路，跨过的河流，欣赏到的美丽风景，就存在于思想的间隙之中。”11月，他满怀希望地写道，“终日待在图书馆里的人，他的生平传记或许像一座半岛、一场战役般有趣。”

这年春夏两季的大部分时间里，梭罗不是待在图书馆，就是躲在屋里读书，他的日志中多次提到了亚里士多德、欧里庇得斯、色诺芬、泰勒斯[①]以及普罗提诺[②]等人。由于此前便对哲学产生了兴趣，梭罗终于开始系统地阅读哲学著作，他首先从卡德沃斯的《宇宙智能系统》（*True Intellectual System of the Universe*）读起，7月读到费奈隆[③]的《哲学家的生活》（*Vies des Philosophes*），秋季则读完了迪戈兰多（Degerando）的《哲学比较史》（*Histoire Comparée*）。

卡德沃斯是17世纪剑桥柏拉图学派中的佼佼者，他热心于公益福利，没有半分神秘主义倾向。他的著作不仅标题引人，文中的

---

① 泰勒斯（Thales，前624—前546），古希腊思想家、哲学家。

② 普罗提诺（Plotinus，约205—270），新柏拉图学派哲学家。

③ 弗朗索瓦·费奈隆（Francois Fenelon，1651—1715），法国神学家、诗人、作家。

观点更是吸引了梭罗。用19世纪（与梭罗同时代）一位评论家的话来说，卡德沃斯的首要目标在于“抵制宿命论，捍卫人类行动之自由”。在篇幅较长且为人熟知的第四章中，卡德沃斯驳斥了霍布斯的观点，指出远古的异教崇拜中早已暗含着朴素的一神论倾向。此外，梭罗的注意力转向了普罗克洛斯[①]对柏拉图（Plato）《蒂迈欧篇》（*Timaeus*）的评论，充满神秘气息的只言片语引起了他的兴趣。他注意到，在《蒂迈欧篇》中，基督教赞美诗中流露出的宗教敬畏与宗教热情，全被转移到了宙斯身上：

> 宙斯是首创者，是终结者——是雷神；
> 宙斯是头，是躯干，是万事万物的源头；
> 宙斯是男人，是长生不朽的少女；
> 宙斯是大地的支柱，是星辰寰宇的根基。

梭罗被这几行诗以及诗中的深意所打动。他从欧瑟比（Eusebius）的《福音注疏》（*Praeparationis Evangelicae*）中拣选出一些更好的文本翻译成英文，并重译了普罗克洛斯对于“万物主宰”的赞颂：在万物的主宰体内，聚集着“火、水、大地、以太、昼夜/智慧、人类始祖，以及令人愉悦的爱”。

以上几行诗表达着对俄耳甫斯（Orpheus）的敬畏之情，这些诗行与其余几篇残存的经典［如玛格丽特·富勒在《十九世纪的女性》（1845）中引用过的阿普列乌斯[②]对埃及女神伊希斯（Isis）的

---

① 普罗克洛斯（Proclus，412—485），希腊哲学家、天文学家、数学家。
② 阿普列乌斯（Apuleius，约124—170），古罗马哲学家。

描述］一样，揭示了古希腊人如何通过神话来表达宗教信仰。普罗克洛斯对俄耳甫斯的诗意赞美，听起来与基督徒对上帝的赞美极为相似。毫无疑问，不论这位全能的万物之父叫什么，他显然对梭罗产生了强烈的吸引力。梭罗在《一周》中指出，在某些方面，宙斯比耶和华更令人喜爱，因为他不是绝对的男性，他的身份似乎更接近大自然的形象。在某些情况下，梭罗或许还保留着对基督教的些许热情，因为在那个时代，在那样的国家里，没有人能够全然抵御基督教的文化渗透。但当时的梭罗正有意识地寻求着一种更广阔、更古老、更具希腊特色的思想基础，借此在宗教层面上表达自己对整个世界的回应。

对于爱默生和围绕在他周围的康科德的思想界人士而言，1840年的这个夏季是繁忙而令人兴奋的。筹划已久的刊物《日晷》终于问世，每个人的心中都充满了伟大的使命感。爱默生与玛格丽特·富勒保持着频繁的书信往来，相互探讨刊物的编辑事宜。他正在创作那篇名为《圆》（*Circles*）的随笔，同时正编辑着钱宁的诗作。尽管他曾谈起过孤独以及独处的必要性，但在这段时间里，他的书信却流露出异乎寻常的温暖与十分强烈的情感。玛格丽特·富勒曾强调——准确说来，是坚持认为——身边的人必须保持开放的心态、拥有诚实的品质、在情感上必须忠诚。她不仅从不惧怕强烈的情感，反倒对此感到有些欢喜。她把种种强烈的情感转化为创作的主题，并鼓励他人进行探讨。在写给她的书信中，爱默生的口吻是体贴的、赞美的、感激的，或是倾诉式的，但总体而言，他的文字是温暖的。不知看过这些书信后，他的妻子莉迪亚（莉迪安）会作何感想。

谢谢你，我亲爱的玛格丽特。感谢你星期三寄来的那封美妙的书信，更要感谢你本人，感谢我们的朋友，感谢那些勾勒并激发了美与爱的人。在过去的这段日子里，我感受到了，并持续感受着欣喜。我永远都不会再回到从前那惯常的冰冷中。在我看来，所谓的高贵，就是爱与欣喜的自我展现。

这年7月，《日晷》终于问世，书皮采用了单调的褐色，看起来与《基督徒观察报》或是任何一本同时代的期刊并无区别。爱默生认为，刊物在设计上显得过于谨慎，排版太过拥挤，诗行的字体过小。他坦诚地表示，尽管众人之前曾信誓旦旦地表示要创立一份“惊世新刊”，但最终的设计却全无锋芒，显然不够大胆，甚至不足以“震慑俗尚之最柔软、最弱小的部分”。然而大局已定，随着这份刊物的问世，超验主义者的俱乐部日渐强盛，规模不断扩大，更多的女性作家加入其中。5月下旬，对布道改革心生厌倦的乔治·里普利辞去教堂里的职位，准备用一种更加务实、更加高效的方法，寻求自己的理念。与此同时，里普利、奥尔科特和爱默生等人正在考虑其他可能性，准备重新筹建一所大学。社会改革的契机已然到来，似乎一切皆有可能。几个月后，布鲁克农场的理念即将成形，似乎连空气中都弥漫着新生的味道。

随着《日晷》的问世，梭罗终于公开发表了自己的作品。一方面，他的文章颇受欢迎——至少得到了爱默生的赏识；另一方面，他正忙着不断创作新题材。这个月，梭罗刚满23岁。就在约翰赶往锡楚埃特、向艾伦求婚却遭到拒绝时，梭罗正身处这股文学热潮的波峰浪尖，内心奔涌着文艺的洪流。他在日志里写下的文字变得丰富而生动，所论及的题材包括英雄主义、十字军战争、激情、人的神性、音乐、艺术，甚至还讨论了清晨给人带来的荣光以及振奋。约翰遭拒后，梭罗迎来了追求艾伦的机会。与此同时，他的文学事业正开始焕发勃勃生机。他满怀着希望，第一次在日志中写下了那句最具梭罗风格的经典名言："很显然，欢乐才是生活的常态。"

## 9. 1840年秋

1840年夏秋两季，梭罗阅读的作品大多为文学史、历史以及哲学典籍，似乎想从整体视角来认识创作主题。这年7月，读完卡德沃斯那本包罗甚广的《宇宙智能系统》后，梭罗继续读起了费奈隆的《哲学家的生活》。卡德沃斯的作品将他的注意力引向了普罗克洛斯和俄耳甫斯，费奈隆则将他引向梭伦①、庇塔喀斯②和毕阿斯③。9月，他开始阅读迪戈兰多的《哲学比较史》，这部作品曾得到许多超验主义者的青睐。这一次，梭罗的兴趣仍然在于希腊思想，特别是泰勒斯的思想。很显然，此举的目的不仅在于熟读希腊哲学，更在于从现代人的视角出发，勾勒并建立一个哲学体系。

迪戈兰多之所以在当时广受青睐，其中一个原因在于，作者在1822年的第二版《哲学比较史》中对1804年的第一版进行了大幅

① 梭伦（Solon，前630—前560），古希腊时期雅典城邦著名改革家、政治家。
② 庇塔喀斯（Pittacus，前640—前568），古希腊七贤之一。
③ 毕阿斯（Bias，前6世纪），古希腊律师、辩论家、哲学家。

删改，以便对当时的许多著作［例如克罗伊策[1]的《象征与神话》(*Symbolik und Mythologie den alten Volker*)］中突显出的东方思想之兴味进行阐释和说明。尽管这并非梭罗阅读迪戈兰多的直接原因，但这年夏天，他第一次严肃认真地研究起东方思想和东方作品来。

梭罗对东方产生了些许的兴趣，兴趣点主要集中在当时的中东地区。1834年，他阅读了阿斯玛伊（al-Asma'i）的《安塔尔：贝都因人罗曼史》(*Antar, a Bedoueen Romance*)。1837年，他阅读了哈摩尔·博格司多尔（Hammer-Purgstall）创作的古代波斯冒险故事——《瓦米克与阿斯拉》(*Wamik and Asra*)。1838年夏，他偶尔提到了孔子以及《阿维斯陀经注解》(*Zendavesta*，波斯索罗亚斯德教的圣典)。1840年8月，他的好奇心从波斯转向印度，开始细致地阅读有关印度斯坦的作品。渐渐地，这种细致变成了他的一种习惯。他研读了修·默里[2]的《英属印度殖民地：历史及描述性阐释》(*History and Descriptive Account of British India*)、奥克利（Ockley）的《撒拉逊史》(*History of the Saracens*)，以及16世纪著名葡萄牙诗人卡蒙斯（Camoëns）的《卢西亚兹》(*Lusiads*)——记述瓦斯科·达·伽马（Vasco da Gama）“发现”印度的史诗。

这年夏天，真正触动梭罗的并不是西方人对印度的记述，而是印度本土的伟大经典《摩奴法典》(*The Laws of Menu*)，这部经典由威廉·琼斯爵士[3]翻译出版，由格鲁加（Culucca）进行注释。梭

---

① 乔治·弗雷德里奇·克罗伊策（Georg Friedrich Creuzer，1771—1858），德国语言学家、考古学家。

② 修·默里（Hugh Murray，1779—1846），英国地理学家。

③ 威廉·琼斯爵士（Sir William Jones，1746—1794），英国东方学家、语言学家。

罗从中找到了能够印证自己早期猜想的直接证据（或者说，近似于直接证据，因为当时的美国大学均不教授梵语）：他认为，早在古印度时期便存在着与犹太-基督教在高度和价值上相齐平的哲学文化与宗教文化，但直到18世纪的最后十年，西方对此几乎一无所知。此时此刻，梭罗终于认识到弗里德里希·施莱格尔所表达的观点——人类种族以及人类文化均起源于东方。这种观点在当时颇为流行，克罗伊策也曾借迪戈兰多之口进行过阐述。这年8月，梭罗记录下了《摩奴法典》在他心里激起的回响："在想象中，我似乎看到一尊尊灰白色的佛塔，它们仿佛是大地灰白色的眉毛。广阔的印度平原横卧在北侧的喜马拉雅山与南方的印度洋之间，东西两侧分别是印度河与雅鲁藏布江，原始的部族在这里繁衍，仿佛这里便是人类的摇篮。"

这年8月，梭罗的日志中处处显露出真知灼见，这些见解会在今后得到打磨和润饰。像往常一样，他对哲学之真理或历史之真相的兴趣，再次转回到了常见的自然事物上。"我喜欢阅读的是'落叶松、云杉和银枞'，它们遮挡着喜马拉雅山北侧。"梭罗写道。与此同时，他所理解的古印度，在本质上与现代新英格兰并无差别。他并未把《摩奴法典》视作"亚洲的怪异思想"，反倒把它"想象成一部现代佳作，赋予了它现代意义"。

梭罗能用一条主线把自己在1840年夏秋两季阅读的所有作品串联起来，这条主线可以用一句话来概括：以《圣经》为中心的犹太-基督教世界观，并非是对万事万物唯一或必然的最佳解释。他发现，希腊哲学的道德唯物主义与基督教道德观具有同样的适用性，因此不难得出这样的结论：摩西戒律与《摩奴法典》一样，都是标志着文化成形的圣典。这年秋天，他还阅读了吉本[①]的《自传》（*Autobiography*）以及赖尔[②]的《地质学原理》（*Principles of Geology*）。他以冷峻的口吻指出，“让人类意识到错误”是极为困难的，“证明化石是有机物花费了整整一百年，证明它们与诺亚时代的洪水没有关联则耗费了一百五十多年的时间”。自达尔文（Darwin）的《物种起源》（*Origin of Species*）于1859年出版后，这本著作便对梭罗和康科德的思想界人士产生了重大影响，原因之一在于，多年以来，梭罗早就认识到，基督教为何会以权威的口吻对“发展论或进化论”进行批判。至少从1840年起，他就清醒地意识到了基督教世界观的种种局限和缺点。

如果说，梭罗在这年夏秋两季的阅读涉及在更加广阔的理念世界中进行探索并为理念世界绘制图谱的话，那么他在这个时期写下文字，也是在寻求新形式及新材料。那篇论及佩尔西乌斯的散文和题为《同情》的诗作在《日晷》杂志发表后，梭罗坚定了信心，爱默生的支持也令他感到振奋，然而此时的他尚未找到努力的方向。这一年，他几乎没读多少诗作，在他创作的诗歌中，只有一篇称得上是佳作，余者大多比较传统，或浪漫，或青涩，有些抱怨的意味，这一点是可以理解的。这些基调哀伤的诗歌与他的散文形成了赤裸裸的，甚至是滑稽的对比，后者仍然停留在对勇敢、行动等主题的精心雕琢上。他在3月创作的一首诗歌是这样开篇的：“二十二年的时光飞走了/可我的内心依然贫瘠/鸟儿鸣唱着夏季/可我的春天尚未开始。”8月，他仍然处于闲散无羁的状态，感受不到那份勇

① 爱德华·吉本（Edward Gibbon，1737—1794），近代英国杰出的历史学家。

② 查尔斯·赖尔爵士（Sir Charles Lyell，1797—1875），英国地质学家、律师。

武的情怀。“当满脸憔悴、眼窝深陷的我开口歌唱时/……为何在这段日子里，在异国他乡，找不到英雄的身影，/只有那些渺小平凡的人。”随后，他的抱怨转到了自我惩罚上。他听到一丝不安正“责备”着他，在想象中，看到“身处围城中的自我”。最后，他尖刻地总结道：“因我一人失职，战争便已将我围困，而我却兀自在梦中期盼着和平。”此情此景令他创作出一篇绝佳的诗作，这首诗的题目是《生活如斯》，风格简洁而通俗，韵律优美，形式不拘一格：

我是一个包裹，身体里裹挟着徒劳的努力，
被根根偶然的绳索绑在一起，
左右摇摆。
为何它们绑得如此宽松？
我在想。
啊，那是为了迎接更和暖的天气。

爱默生曾无比睿智地指出，梭罗的人生传记——至少是其中的一部分——都写在了他的诗里，尽管身处散文的时代，他依旧视诗歌为梦想。梭罗在1840年创作的诗歌表露出了自我怀疑和沮丧之情，但同期的散文和日志却表现出克服这些情绪的决心。他仍然相信，“最高层次的道德……是带有韵律的”，最伟大的作品和最神圣的经文永远以诗歌的形式存在。但这段时间里，他的诗歌大多为“倾诉式”的作品。通过诗歌创作，他迫使自己集中精力，克服自我怀疑和无力感，而他的散文已经成为用来对抗这些消极情绪的武器。此时他的日志中开始越发频繁地重现某些短语和句子，这些表达远比他的诗歌更精彩。例如“人类所有的美好行为都是激情的产物”，或者“我发现自己始终处于自我目光的审视之中”，或是“我总是丈量内心而不是外界的距离。人类的心中有足够的空间和景物，足够来撰写任何一部自传”。诗歌创作揭示出梭罗无法回避的一些情感和愿望，而散文创作则为他期望的人生设定了方向。理想的人生正等着他去创造。

8月的第三周左右，梭罗开始摘录沃尔特·洛利爵士[①]的作品，并对其生平事迹进行了评注。洛利爵士被视作伊丽莎白时代浪漫与勇气的象征。梭罗欣赏他的勇敢，特别是他在法庭上遭遇挑战和面对困境时展现出的勇气。梭罗仰慕他军人般的自信，崇拜他集武士与文人特质于一身的能力。他在作品中展现出的胆略无疑来自生活，而他对生活的态度显然是积极的。不过，在这期间，他仅仅只是对洛利爵士进行了初步的评价。他这年最主要的一篇散文名为《服役》（*The Service*），之前名为《勇武的篇章》，但梭罗随后进行了反复修改，完稿后，他仍不断在日志中积累着文章所需的素材。这篇文章的主题——英雄精神——非常适合梭罗。在他的眼里，所谓英雄精神是指具有胆略、独立自主的个体。从某种角度来说，这是梭罗最为主要的论题。不过早期的文字太过抽象，太过“爱默生化”了，全篇充斥着矫饰的机敏和隐晦的表达，似乎想要捕捉和描述一个十分模糊的、完全泛化的人物形象——在“生活战场”服役的士兵。这篇文章与论及佩尔西乌斯的文章类似，格言的风格过于明显，太过隐晦，令人难以捕捉作者的意图。最终，我们还是从他的日志中看出了些许眉目。梭罗认为，更好地处理此类题材的办法是使用历史上真实存在的人物，而不是模糊而抽象的描述。然而毫

① 沃尔特·洛利爵士（Sir Walter Raleigh，1552—1618），英国诗人。

无疑问的是，不论文章结构如何僵化、文章内容的价值有多大，梭罗已经沉迷于“勇气”这一主题，1840年的大部分时间，他都对此念念不忘。爱默生也一样，整个秋季他都在围绕这一主题进行创作。这个时期的创作最终变成了他那篇著名的随笔——《论自立》。乔治·里普利在开展“集体生活”的新实验时，曾经邀请爱默生作为创始人加入。在是否接受这个邀请的问题上，爱默生陷入了前所未有的迟疑。

此时的梭罗也是琐事缠身，他既要考虑哥哥的感受，又要隐藏对艾伦的情感，还要应付爱默生和奥尔科特等人。他不明白的是，自己究竟亏欠了他人什么，又亏欠了自己什么？在一些随笔中，他用犀利的笔调强调着勇敢的必要性，对懦弱表示出了鄙视。在修改《服役》一文的过程中，他仍然保留了士兵的隐喻，但随后笔锋一转，将论述的重点引向了“自立”这一主题。他引用了维吉尔的格言“每个人都是自己的希望”，并以《吠陀经》（*Vedas*）般玄妙而华丽的笔触开篇：“勇敢的人是造物的长子，他轻轻地睡着，在睡梦中自然而然便得到了遗产；而懦夫则是造物的幼子，他耐心地等待着，直到造物死去。”

1840年11月1日，梭罗家族的一名幼子出生，这让梭罗鼓起了勇气，终于在书信中向艾伦·修厄尔求婚：

> 我想，我们的爱就像太阳，它静静地从海面升起，没有半点声息。我们就像是水手，始终行驶在热带地区，仿佛这明媚的天光会永远持续下去。你可曾明白，当你站在悬崖上，望着日轮从海面升起时，眼前的景象不会令你讶异，却会令万事万物感到惊奇。因为你，为这景致增添了一份惊喜。

11月9日，艾伦得到父亲的指令，在回信中拒绝了梭罗。梭罗在11日左右收到回信，当时他正在河边用一架新型水平仪测量着地貌、记录着高度。仅在两天前，他还曾写道："我总是丈量内心而不是外界的距离。"但转瞬间，似乎一切都发生了逆转。与丈量内心相比，测量外部世界似乎没有那么痛苦。他的日志就此停滞，整个11月的下半月，都不曾增添新内容。12月1日，玛格丽特·富勒在书信中拒绝了寄给《日晷》杂志的那篇《服役》。有趣的是，在遭遇这些挫折之前，梭罗似乎早有预感。11月7日，他写道："如此明媚的白日，渐渐变成了漆黑的夜，这实在令人费解。"不久前，他还坚定地认为"欢乐才是生活的常态"，然而作为爱人被艾伦拒绝，身为作者被富勒拒绝，或许此时的他会认为，"服役"的隐喻更加贴切些。生活是一场永无休止的战争，他刚刚输掉了两场重要的战役，现在所需要的，是一贯需要的勇气。

## 10. 1840年12月

稿件遭拒后，梭罗的自尊受到了伤害。对于一名作者而言，或许他的自信也遭到了打击。失去艾伦让他经历了更深重的情感创伤，这种伤害触及了他的性情，令他找不到一种合理的发泄方式。他无法或不愿像以往一样，在诗歌中寻求慰藉。这年12月，梭罗将注意力由内心转向外部世界，仿佛是为了弥补失去艾伦的痛苦，或是缓解心中的苦闷，他试图从自然界中寻求人类世界中缺失已久的情感慰藉。这一转变并不是对人类社会的彻底否定。从12月的日志来看，他依然怀着无比的挚诚，对友情、女性、社会等主题进行了细致的观察。此外，他还用极具表现力的文字，记录着对外部自然界的认知和理解。大自然不仅使他的感官感到愉悦，更主宰着他的情感。

梭罗在冬日的树林里走了很久，他心中涌动着强烈的渴望，以及一股近乎饥饿的愉悦感。他贪婪地望着水獭在迁徙时留下的印记，望着玉米田中茁壮成长的松树。一切都是那样惊人、那样美、那样持久。“在田野里，光影就是我的美食。所有的树木都在为我指明太阳的轨迹……没有什么能比那些树梢更美丽。”梭罗向来喜欢户外，更准确地说，他对户外环境产生了依赖。在大学期间以及毕业后的日子里，他每天都要出去散步，这既是出于身体上的需求，更是源于情感的需要。此刻，他已经为这种情感找到了一种充分的表达方式：“如果没有湖水和河流，我早已干枯委顿。”他对树林中的那片湖水充满了向往。“严寒中，那里的松树依然挺拔”，令他真正感受到“松塔与松针蓬勃的生命力”。

这年12月，他有足够的权利去感到失望、愤懑和无助，然而大自然的恒久、丰饶与抚慰，在某种程度上补足了梭罗对爱的需求和对信任的渴望。“多数时间里，当我独自面对自然时，”他写道，“我感到的是种种慰藉和支持。”谢林和爱默生曾指出，自然是心灵的外化，心灵是自然的内化。这一理念对梭罗产生了全新的吸引力。他在日志中写道：“9月的一天下午，我透过蒙蒙的水汽，望见了湖水的彼岸，它躺在那里，灰白色的身体展开着，仿佛在回应我内心的某种情感。”梭罗所思考的，并非是关于自然的“理论”，而是那个由树叶、飞鸟、涟漪以及芦苇所构成的绿色的世界，那个令他在意的、能与之共鸣的世界。然而大自然本身并不具有任何含义，它的言语只有知觉敏锐的人才能读懂。“美存在于感知当中。”12月中旬，梭罗谨慎地写道，“当阳光掠过湖面，洒落在森林里时，我认为湖畔的这一侧带给我更加丰富的感受。”大自然并非与人类社会相隔绝，它像镜子一样，将人性映照出来，并返还给人类。当人类观察外物时，他们不仅看到了真实的大自然，更清晰地看到了自我。“因此，”梭罗总结道，“每一片森林都有不同的态度和鲜明的个性。从它无限的姿态中，我看到了自己的伟岸或渺小——或卑怯。”

对于梭罗而言，自然永远是真实且可以感知的，永远都是可供阅读的文本，人们可以从它的各个层面中获得愉悦。就连令以实玛利[①]惊恐不已的单调的白色，都会让梭罗回味无限。“冰封的湖面覆盖着一层白雪，”12月19日，他在日志中写道，“它并不是‘未曾书写’过的苍白，而是等待解读的留白。一切都变成了白色，对于我的感官而言，这白色就像是口味清淡的菜肴，与野草的绿色或天空的蓝色没有分别。”

1840年的最后几天，梭罗阅读了维吉尔的作品。当时，《农事诗》已不似以往那样受人追捧。在德莱顿看来，这部诗集是最伟大的诗人创作的最伟大的作品。梭罗从未对《埃涅阿斯纪》产生过多少兴趣，却始终对《农事诗》青睐有加。对他来说，这是地球上最伟大的诗歌。由于诗中的细节描绘过多，这本诗集常被误认为一本农事手册。不难看出梭罗喜爱它的原因。它告诉人们如何分辨土壤好坏、如何制作铁犁的把手（将一棵榆树苗弯折成想要的形状，让它生长成粗细合适的样子）、如何嫁接果树（用刀在树干抽条的部

① 以实玛利（Ishmael），梅尔维尔《白鲸》中的人物。

位割开一个小口，将新芽插在里面）、如何犁地、如何除草和灌溉、如何铺设打谷场、如何种植并照料葡萄藤、如何养蜂，等等。这部诗集中蕴含着生动的细节和通俗的实例，它所描绘的农业世界与梭罗熟知的美国农夫的世界惊人地相似。很显然，与《埃涅阿斯纪》相比，《农事诗》更能唤起梭罗的认同感。

同时，《农事诗》还是一部歌颂劳动的经典之作。据罗马神话记载，朱庇特结束了黄金时代，于是，人们必须通过劳作来生存，在劳作中感受事物的美好。诗中真正赞扬的是人类永无休止的劳动以及辛勤的耕耘。作为一名现实主义者，维吉尔信仰劳动的力量，相信劳动能给人带来收获和满足感。他笔下的农夫是辛勤的、世俗的，是自给自足、心满意足的。梭罗对于劳动的态度大体上与维吉尔的劳动道德观相近，与当时盛行的禁欲式的清教徒劳动观相去甚远。当然，维吉尔对梭罗的影响不局限于劳动观。《农事诗》的篇章是按照季节顺序进行编排的，这给梭罗作品的体例和架构提供了灵感。另外，它向梭罗指明，若想在文学作品中表达对土地的情感，必须增添大量的细节描写。梭罗对维吉尔的成就有着深刻的认识，他曾表示："正是由于这位诗人的歌颂，才使得农事题材如此深入人心。"

这年12月，爱默生迟疑地，"甚至可以说是带有些许忏悔意味地"拒绝了乔治·里普利的热情邀请，没有参加即将开始的布鲁克农场实验；这年冬天，玛格丽特·富勒又在波士顿举办了另一堂精彩的对话课，但这次的课程与神话无关；而梭罗这个月的思绪则时常回荡在瓦尔登湖畔。12月初，他写道："一想到树林彼岸的瓦尔登湖，我就全身发软，一整天都不想工作。"月底，他用漫不经心的口吻将瓦尔登湖比作一杯茶，并且创作文章来介绍瓦尔登湖，文笔颇具霍桑的风采，童话般的叙事令人产生一种误解，以为他要撰写一部《瓦尔登湖传奇》。

> 群山之间，有一片小小的洼地，这里比村庄高了二十多英尺，瓦尔登湖就躺在这片洼地上，湖面映着小山和树木的影子。树叶年复一年地浸润在湖水中。这片湖水的历史，就写在它的波纹里，写在岸边的鹅卵石上，写在湖畔的松树上。

# 第三卷
# 1841—1843美国改革

1843

## 1. 创作

截至1841年初，梭罗的数篇诗稿已经被《日晷》杂志接受，并定期或不定期地在该杂志发表。对于梭罗的诗歌，玛格丽特·富勒或许并没有多大兴趣，爱默生也要隔一阵子才会接受，尽管如此，此时的梭罗已经有足够的资格以“诗人”自居。与诗歌相比，他的散文稍逊一筹。1840年7月，他发表了一篇关于佩尔西乌斯的散文，第二篇散文则等到两年后才得以发表。他花了整整一年时间创作《服役》，不料却遭到拒登，这不能不算是一次挫折。然而这次经历倒也并非全无益处，梭罗此后开始认真地打磨自己的行文风格。1841年最初的几个月，梭罗开始在日志中长篇大论地讨论文风问题。与此同时，他专门准备了一个笔记本，用来摘录阅读过的文章。

日志的用处是记录平日的观察和心得体会，用梭罗的话说，是“将内心最深处最丰富的思想展示出来”；摘录本则用于摘取令人印象深刻的篇章，例如，他曾摘录过罗利的这样一句话：“自我完善有三个要素：先天禀赋、后天培养以及学习方法。”此外，他还摘录了《伦敦月刊》（*London Monthly Magazine*）的内容：“可悲的教条主义者们，请记住……任何结论都不能掺杂感情，不能以情感作为结论的基础。”关于主题与表达，他在当年1月的日志中写道：“完全通顺的句子是极其少见的。”随着日志和摘录本中的内容不断得到充实，梭罗将他的心得和感悟进行了整理，重新抄写在另外一个笔记本中。这年1至2月，梭罗留下了大量的笔记和日志，这促使他开始频频反思写作本身。

2月初，他看到了一些银版相片，于是便将当时不甚成熟的摄影艺术与写作进行了对比：“我们可以轻而易举地用各种形式来表现外在，但若想将内在表现出来则绝非易事。”梭罗向来坚持这样一种观点：在描述性写作中，不应仅仅表达描述者的情感，更应客观地描述对象。然而精确地描述外表尚嫌不足，只有通过某种方式，将外部描述与内心体验相结合，描述才显深刻。2月末，他对自己写作上的缺陷进行了反思：“在写作当中，我未能描述出心灵的色彩。”很显然，对于梭罗而言，那种孤立的、客观的、摄影式的细节描述还远远不够，这一观点与爱默生的理念颇为契合。此后，梭罗开始努力探寻和表达内心世界与外部世界的关联。爱默生曾写道：“人与自然之间存在着一种关联，自然中存在的事物，都会存在于心灵。”从这年1月起，梭罗开始在日志中探寻这种关联。他认识到，从作家的视角来看，世界的本源动力来自心灵。“与其说自然现象先于心灵现象而存在，不如说心灵现象与自然现象之间具有可比拟性。”这种关于心灵与自然关系的解读虽然存在诸多问题，但在解释作者与物质世界、与读者的关系上，却显得极为合理。正如爱默生在《论自然》的《语言》（*Language*）一章中所写的："具体的自然现象指涉着具体的心灵现象。"他认为，自然是表达心灵的符号，而文字又是表达自然现象的符号。换言之，文字和自然都具有象征意义。

尽管梭罗深受超验主义美学影响，视心灵高于事物与文字，但他却从未失去对文字本身的兴趣。他热爱文字，喜爱文字游戏，书架上摆满了各式各样的词典，包括美式英语词典、方言词典、过时语汇词典、词源词典、发音词典、历史词典，等等。梭罗对文字游戏的热爱以及运用文字的才华，总能让读者联想到詹姆斯·乔伊斯（James Joyce）。他与乔伊斯一样，孜孜不倦地打破并重组语言，喜欢使用"似非而是的隽语"，爱默生为此曾大为光火，时常抱怨梭罗总是用反语来替代本该使用的词语。例如，他用"白色的黑暗"来描写冬季的森林，用"家庭般的温暖"来形容大雪覆盖的树木，甚至宣称"最诚实的人往往也是最慵懒的人"等。梭罗曾表示，此举是为了表达人性特有的矛盾本质，正话反说正是他独特的行文风格，目的在于通过"正话反说"来表达抱怨或讽刺。但事实上，隽语的真实含义往往有迹可循，相比之下，梭罗的隽语虽显睿智，却往往令读者摸不到头脑。他的双关语轻松而俏皮，在反衬雪景的"单调"时，将"pansy"（三色堇）改为"pensee"（笔之所见），将"solar rays"（阳光）改为"soular rays"（灵魂之光）。正是因为梭罗拥有一颗诗心，他才如此小心谨慎地对待音节和音韵。"真正的幸福从来不会出现，它仅仅是所有不幸的反例而已。"这种惯用的写作手法让梭罗的文字意蕴悠长且不失幽默。

与此同时，他开始用比喻的手法来增强文字的意蕴。在梭罗看来，明喻与暗喻并非润饰文字的手段，而是将个人体验融入写作的一种方式。他在2月的日志中写道："明喻用不矫饰的方式指出事实，有时候，这种明晰感只有亲身经历过才能够体会。”在这一阶段，他的文字中突显出一些经济学词语，例如收入、支出、成本、利润、资本、财产，等等。在经济萧条的岁月里，这些字眼是无法回避的。或许是为了寻求乐趣，梭罗开始用这些语汇来隐喻生活。“真正的资本，”他诙谐而不失庄重地写道，“是完全摆脱对资本的依赖，是无愧的良知，是坚韧的意志。”

梭罗学到了爱默生的许多长处，在1841年的1至2月，两人的关系变得更加亲近。他开始称爱默生为“大师”，并且毫无顾忌地谈论两人之间的友情以及他“最近的成长”。爱默生那部充满警句的杰作令梭罗深受触动，不过他与爱默生的不同在于，他赋予了文字更高的价值。在爱默生看来，文字是不可靠的，是滞后于思想和情感的。但梭罗几乎从未谈论过语言的局限性。比起批判语言之不足，他把更多责任归咎于语言所承载的思想之不足。当他无话可说时，不论爱默生如何引逗，他总是保持沉默。梭罗时常动笔，且认识到自己文字之平凡，从不在这方面抱有任何幻想。“我每天都动笔，”他在日志中坦言道，“但说实话，我很少能写出什么来。”他想表达的是：“写得与村夫闲谈无异。”但他很清楚，“很少有人能将大自然真实地表达出来”。他从不认为文字能力是与生俱来的，相反，他总是不知疲倦地在改善文字水平上下功夫（在这点上，爱默生给他提供了帮助，是一个很好的范例），并且坦然接受批评。他曾这样写道：“文章从不是靠运气，也不能耍小聪明，最好的文字来自最好的品格。”若生活没有风格，文章便没有风格可言。

## 2. 梭罗与爱默生

在1841年冬季的几个月里，爱默生对梭罗产生了前所未有的影响。此时的爱默生37岁，正值他早期事业的巅峰时期。作为一名成功的演讲者，他广受听众欢迎，当时已经出版了一部著作，第二本著作也正在酝酿之中。由于演讲内容涉及了许多争议性的话题，爱默生的名声很快便传播开来。就连在英格兰的卡莱尔也不得不叹服，认为爱默生的作品中杂糅了歌德《威廉·迈斯特》和施莱尔马赫的《论宗教》(*Reden iiber Religion*)，“对人性的非宗教层面进行了赞颂”。他称爱默生为“异端学说的主要发起者之一”。随后，卡莱尔不无欣赏地补充说：“这番话说得一点不错。”当时，不知疲倦的爱默生正为卡莱尔的作品在美国出版一事四处奔波，同时与琼斯·维瑞[①]等诗人过从甚密，四处为《日晷》杂志求稿。此时的《日晷》杂志已颇具知名度，这年1月即将出版第3期。爱默生将自己的散文集寄给了出版商，在接下来的两个月中，他不得不忙着改稿。

爱默生家里住着一个名叫埃里克·麦卡弗里（Alex McCaffery）的男孩，平时帮忙做些杂务。爱默生不喜欢雇用仆人，用他的话说，是要在家庭中尽量减少对仆佣的依赖，或者说，要努力废除仆佣制度。为此，他时而也会学着做些体力活。由于花园和房子打理不过来，爱默生曾多次表示想要换一栋小房子住，邀上几位好友，

① 琼斯·维瑞（Jones Very，1813—1880），美国诗人、评论家。

大家共同生活、共同劳动。这个想法一直吸引着爱默生。当时甚至有传言说，奥尔科特会搬过去跟爱默生夫妇一起生活。

这年冬天，梭罗比以往更加积极地参与着公共事务。在康科德居民的生活中，公共事务扮演着越发重要的角色。当时，他正和哥哥约翰忙着开办一所小学校，虽然他们在报纸上登了不少广告，但学生的数量仍然很少。这年1月，一心办学的兄弟俩与奥尔科特就“暴力抵抗”这一话题展开了论辩。一周后，梭罗观看了提洛尔人的舞蹈表演。又过了一两天，他再次听到阿丁·巴鲁[①]（Adin Ballou）关于“不抵抗”的言论。或许当时梭罗已经预料到，用不了多久，他便会全身心地投入兴办学校的事业中，于是他开始到处寻找农场，打算租一块土地。与此同时，他在散文和诗歌的创作上花费了大量的时间。从本质上讲，他仍然把自己当作一名诗人。这年冬天，他阅读了本·琼森[②]和柯勒律治的作品。他欣赏本·琼森身上那种坚定的道德思想家的气质。至于柯勒律治，他欣赏的作品并非《古舟子咏》（*The Ancient Mariner*）这篇诗作，而是他的《反思之助》（*Aids to Reflection*）和《政治家手册》（*The Statesman's Manual*）。柯勒律治的哲思，他那道德家、超验唯心主义者的气质，都让梭罗为之倾倒，就连海奇和爱默生也不例外。正是柯勒律治将德国的唯心主义介绍到英语国家中来。这个时期，不论是梭罗阅读的书籍，还是他书写的作品，都深深地打上了爱默生的烙印。当时，爱默生正在阅读和思考歌德的《色彩理论》（*Theory of Colors*）（歌德对色彩现象与主观感受的关系十分感兴趣，他认为，色彩具有媒

---

① 阿丁·巴鲁，霍普代尔派开创者，该派为一个乌托邦社区，位于马萨诸塞州的门敦。——原注

② 本·琼森（Ben Jonson，约1572—1637），英格兰文艺复兴时期剧作家、诗人。

介功能，能够传输和接收光线。比如，天空本是一大片黑色的空间，但在人们看来却变成了蓝色），而梭罗则在日志中多次提到白色的光与色彩。在爱默生修改《历史》、《论自立》、《论爱情》（*Love*）、《论友情》等作品时，梭罗的日志中也充满了关于这些话题的反思。就这样，爱默生的主题变成了梭罗的主题。“当下似乎永远无法得到它应有的评价，”梭罗在2月的一篇日志中写道，“当下是由过去的一切演变而来的，当下的我们就是我们本身。”还有一次，他在评价正直和自立两个概念时说道：“在极端环境和困苦时期，忠于良知、笃信上帝等理念，不过是为了引导人们回归自我、依靠自我的力量而已。这种说法不觉令人感到欣喜。”这年1至2月，他创作了许多关于自立与历史的文章，不过那几个月他的日志中最常见的主题还是友情。他的文章读起来像是出自爱默生之笔，但他的友情观（所谓朋友并不是与你相同的人，而是与你互补的人，朋友间应相互寻找彼此不同的特质）确实受到了两人间迅猛发展的友谊的影响。这年冬天，梭罗对爱默生的敬仰之情达到了无以复加的地步，他抛弃了自己的警句和辩才，所用的语言也变得十分平实，语气就像是学生在和老师对话一般。他提到“自己最近有所成长”，指出要不断“仰视高处”，才能从“我的好朋友”身上学习到优良的品质。在这份敬仰的背后，在他心悦诚服地认可爱默生之“伟大”（梭罗很少用的一个词）的背后，是彼此间诚挚的欣赏和仰慕。2月初，梭罗在笔记中惊叹道：“世人从没有认识到，如果老师和学生怀着爱共同努力，两人会互相成就对方。”

2月中旬，康科德的天气突然变冷，自当月11日起的连续5天，温度始终没有超过20华氏度。到了13日，梭罗因患严重的支气管炎而卧病不起，但他依然坚持着——用他自己的话说——不让疾病摧垮自己的意志。不知是不是因为梭罗染病的关系，这个月，爱默生的情绪也十分低落。繁重的改稿任务令他心生厌恶，他时常要“修改文法、拼写、标点，替换蹩脚的比喻，让修辞变得更加合理”。更令他心烦的是，他的孩子也染上了流感，玛丽姨妈又刚刚因病去世。2月末，爱默生来梭罗家里探病，梭罗感动之余，一腔文采始终不离爱默生的“伟大”“慷慨”以及对他的“爱与敬仰”。作为爱默生的朋友，他总有一种强烈的交上好运的感觉。因为他知道，爱默生向来是非常看重友情的。按理说，爱默生来访的次数并不少，但此次探病却显得非同寻常——梭罗总有一种说不出的安全感和欣慰之情，因为这样一位声名远播的大人物居然唯独对自己青睐有加。他饱含真诚地写道：“此时此刻，生活像夏日的海水一样美好。”他甘心做爱默生的学生，成为他的信徒。在他的眼里，对方不仅仅是一位师长。爱默生曾在论述友情的文章中指出，友情以两种高尚的品质为基础：第一是真诚，朋友间不得欺骗对方，尽管有时谎言听来更让人感到安慰；第二则是关怀。尽管爱默生把友谊看得无比崇高，但对实际相处中所需的最基本的情感品质，他是十分认可且重视的。他所给予梭罗的，不只是帮助、建议、理念，以及作为作家范例的强大的信念支撑，更有他对梭罗的关怀和欣赏。这些都被梭罗饱含深情地收入日志中。对他而言，爱默生的友情是“伟大灵魂中流露出的爱”。

当然，关于何谓友情，爱默生和梭罗各自有着复杂的看法，但两人都认为友情无比高尚，以至于可望而不可即。尽管这些看法有些理想化和理论化，两人的友情却不仅仅是个抽象的概念，或仅仅局限于文学和纯粹的学术讨论。这些理念的背后有着真正的友谊，论述友情的文章更是扎根于生活的土壤。由于此类文章多得不胜枚举，唯一值得提笔一写的，便只有人物的品质。爱默生来访的两天后，梭罗在提到爱默生连日操劳时这样写道：“文章的质量如何取决于一个人的品质，每一个句子都是对自我品质的考察。因此，稿子从头读到尾，读的是作者的品格。可以说，他修改的不仅仅是文稿。”

## 3. 布鲁克农场

19世纪40年代初，读者大众所关注的社会事件和政治事件包括中英鸦片战争、美国与印第安人在佛罗里达的战争[①]、经济萧条、劳动阶层的生存环境、女权运动、是否抵抗政府的论辩，以及关于堕胎问题的争论。然而其中最具吸引力、最具前景的事件莫过于“合作运动（Association movement）”，即空想社会主义者发起的建立新型公社的运动。这场运动让人们意识到，或许可以按照更好的理念对社会进行重组，毕竟40年代美国人的先祖就参加过法国大革命以及美国革命战争等极端社会改造运动。美国空想社会主义社团的先行者——约翰·汉弗莱·诺伊斯（John Humphrey Noyes）所创立的奥奈达（Oneida）公社便是最为著名的新型公社之一。约翰对这场运动的潜在意义给予了认可，并在19世纪60年代写道：“改造社会的强烈愿望已经成为美国人民内在经验中持续而恒久的一部分。”

当时，大西洋两岸对于工业主义的不满情绪已十分强烈，世界

① 指塞米诺尔战争。——译者注

不久便会听到马克思和恩格斯批判的呼声。在这一历史时期，仅在19世纪40年代里，美国本土便成立了40多个模范性的公社，而当时的欧洲却尚无任何动静。事实上，建立公社的冲动与非暴力理念紧密相关。多数发起者更感兴趣的是建立一种模式，而非颠覆已有的社会秩序，这种模式一旦成功便可大规模推广。另外，美国的空想社会主义运动与1848年的时代精神极为契合。

爱默生的好友乔治·里普利神父曾郑重其事地表示，他要离开教会，在与牛顿市交界处的西罗克斯伯里地区的一座占地160英亩的奶牛场建立一个新型公社，并且邀请爱默生一同加入。1840年11月，他在信中写道：

> 我们的目标是促进知识分子与劳动人民之间更加自然的结合，尽一切可能促进思想者和劳动者的联合，在确保最高程度的思想自由的同时，让所有人参与契合其品位、便于展现其才华的劳动中，让所有人收获劳动果实，让所有人从教育中受益、从劳动中获利，从而废除仆佣制度。培养有胸襟、有学识、有教养的社会成员，他们相互之间紧密联系，让生活更加简单、更加有益身心，不必因激烈的社会竞争而生活在压力之中。

对爱默生而言，这一构想具有异乎寻常的吸引力，因为他的思想中本就潜藏着一种公社主义（communalism）倾向（“宇宙万物的心灵为人类所共享，在每个人的个性中得到彰显”），况且里普利是他非常亲密的朋友，是“需要时可以为其入狱”的挚友。里普利不仅用最睿智、最可敬的文字为爱默生进行辩护——在研究中将后者与斯宾诺莎[①]、弗里德里希·施莱尔马赫、德·维特联系在一起——他在神学院发表的讲话更是对唯一神论造成了巨大的打击。因此，里普利的提议令爱默生十分动心。所谓英雄所见略同，在接下来的几个月中，爱默生的信件中处处体现出里普利的理念。然而在几番犹豫和深刻的思考后，爱默生还是拒绝了这个邀请。他的作品和思想始终围绕着一个中心理念，那就是所有重大改革必须先从个人开始，然后才能推及群体，他不想在团体环境中失去重塑自我的动力。1840年12月中旬，爱默生终于下定决心，拒绝了里普利的邀请。1841年3月3日——乌托邦实验开始之前——随着布鲁克农场越发受到人们关注，梭罗也收到了公社的邀请。然而与爱默生截然不同的是，在是否加入的问题上，梭罗没有丝毫的纠结。尽管他筹办学校的计划已然落空，也没有接下来的打算，可还是毫不犹豫地拒绝了邀请。他曾在日志中尖刻地写道："我宁可独居在地狱里，也不愿住在天堂的集体公寓。"在他的想象中，公社的组织形式类似于大型集体公寓（这一想象随后得到了印证），但梭罗的家里向来不缺集体公寓的氛围——不仅时常有亲戚朋友来访，还常有人寄宿，里普利的邀请委实没有任何新意。的确，"集体公寓"这个比喻恰如其分地表达了梭罗当时的心境。他想逃离，想过独居的生活，毕竟"集体公寓无法与家庭相比"。他在拒绝里普利时犀利而干脆地写道："我所期盼的天堂，是能够让我自己烘焙面包、洗亚麻被单的地方。如果说哪个地方能够同时容纳上百人，且令彼此相互支持，那就只有地下的坟墓——它是唯一的集体

① 巴鲁赫·德·斯宾诺莎（Baruch de Spinoza，1632—1677），荷兰哲学家，近代西方哲学界公认的三大理性主义者之一。

寓所。”

1841年4月1日，一场反常而凶猛的暴风雪袭来，布鲁克农场的第一批社员——包括里普利和他的妻子索菲亚（她曾在《日晷》杂志发表过一篇论述女性地位的文章，但并没有引起反响），以及当时尚不出名的短篇小说作家纳撒尼尔·霍桑——便顶风冒雪地开始了他们的公社实验。同一天，梭罗与哥哥关闭了康科德的学校，并且在接下来的几周里四处求购土地，“时而去邻居的农场考察，时而与土地所有人讨价还价”。尽管没有多少现金或资本，也没有一份正经工作，但他差点就买下了哈洛威尔农场。4月的一天，梭罗找到了一份铲粪便的活计，并且赚了75美分。当时的镇民都把粪便称作“农夫的资本”，这种说法得到了广泛的认可，且没有任何调笑的意味。与此同时，在布鲁克农场的霍桑也在铲粪便，并把粪堆戏称为“金矿”。梭罗不太可能长期务农，更不可能与布鲁克农场的人一道——穿着农民的蓝色裤子，扎着皮带，头上戴着欧洲农民常戴的鸭舌帽——在田野里劳作。不过这种可能无疑是让他心动的。一方面，他渴望独立生活；另一方面，他也不想被责任所束缚。最终，对独立的渴望占了上风。他在日志中写道：“等到风向转变、星辰发出召唤时，我会离开这片肥沃而葱茏的土地。不需要写遗嘱，不要处理房产。”就这样，梭罗没有买下农场，也没有加入布鲁克农场的集体公寓——公社成员把它亲切地称为“蜂巢”。让梭罗迟疑不定的，正是这种公社式的集体生活。

至于其他方面，比如布鲁克农场为改良农业及农业土地占有方式做出的努力，梭罗则持赞成态度。作为一家合股公司，布鲁克农场推出了一项颇具傅立叶[①]主义色彩的计划：提供各类极具吸引力的工作，将整个工作日划分为多个短期工时。这年4月，梭罗在康科德周边考察农场时曾一度坦言："不论走到哪里，我都能发现旧体制的陈腐之处，思之令人生畏。在我遍访农场的过程中，我看见各处农场破败不堪，但关于年轻人必须要买旧农场的谎言却不绝于耳。不论在何处，极力反对改革的都是极少数老处女和老光棍。这些人只会终日坐在火炉旁，一边听着茶壶的鸣响，一边嚼着硬邦邦的乳酪。"对于腐朽僵化的旧制度，梭罗不仅仅是感到失望这样简单，至少从理论上说，他是极力支持改革派和梦想家的。"首先对古老体制提出质疑的人，必定是空想家和乌托邦主义者。"他曾在日志中这样写道。事实上，梭罗并不反对布鲁克农场的基本理念——公社主义。他曾反问自己说："在这个时代，所有的美德都该汇聚成一个共同体，难道不是吗？"

4月26日，梭罗搬进了爱默生的家，尽管"为何生活"的问题悬而未决，但"在何处生活"的问题暂时得到了解决。此举确属有益，他在爱默生家里一住便是两年，与他随后在瓦尔登湖生活的时间差不多。此时，爱默生的巡回演讲越发频繁，在他外出时，梭罗便负责打理家事。不过作为比许多亲人还亲的爱默生的密友，作为这个家庭的核心成员，梭罗的地位远比专职管家或是普通的房客要高。不久之后，梭罗将在瓦尔登湖畔建立属于自己的"改革公社"，而这个公社的"社员"也是经过严格挑选的。同时，与加入布鲁克农场不同，搬去与爱默生同住并不显得极端。梭罗和爱默生都觉

---

① 夏尔·傅立叶（Charles Fourier，1772—1837），法国哲学家、思想家、经济学家、空想社会主义者。

得，此举让他们的生活以及人际关系得到了改善。爱默生在写给卡莱尔的信中说道："一位你的读者，也是你的朋友——梭罗——目前正住在我家，希望他能多住一年。总有一日，他会成为一位令你骄傲的诗人，一位品格高雅、才情不俗的年轻人。我们在菜园里一同劳动，我的身体也变得健壮了许多。"

## 4. 自我改造

对于集体改革或是所谓的专业改革人士，梭罗向来看不起，认为那不过是"受过伤害的老年人在不停地发牢骚"。他曾坦率地表示："那些自以为是的人并不适合这个世界，我不喜欢他们。"如果说这番言论正是"自以为是"的一种表现，那么或许是因为梭罗在自己身上看到了他所厌恶的影子，因为尽管梭罗声称反对改革，但从早年开始，他便响应着这个时代对于改革、革新以及重生的呼唤。

在《美国社会主义史》（*History of American Socialisms*）一书中，诺伊斯对推动19世纪40年代公社运动以及同时期的改革运动的动力来源进行了分析。他指出，自1812年战争以来，"社会主义热潮与宗教复兴运动是相伴而生的"。在提到19世纪早期清教公理主义分化为传统派及唯一神派时，诺伊斯指出："前者是为了捍卫宗教，后者则是为了捍卫自由；前者的目的在于推动宗教复兴，后者则是为了推行社会主义；复兴主义者志在灵魂的重生，社会主义者则希望进行社会的重组。"两股热潮均依赖团体协作，一方是宗教复兴团体，一方是新兴的社团及公社，两者均需要成员频繁会面。

梭罗虽然对两类团体表现出的改革热情颇为赞许，却对其社团模式不感兴趣。他更看重的是自我改造。在他看来，自我改造既不仅仅属于宗教改革的范畴，也不是单纯的社会改革，但可以从悠久的改革传统中吸取经验，其中之一当然是新教。最终，梭罗在瓦尔登湖畔建立的“改革公社”带有新教趋势，表现出与传统教会决裂的倾向。对个体改造的兴趣促使梭罗在古希腊的伦理学派，特别是斯多葛学派中寻求自给、自足、自治的良策。这也是他长期受到康德主义和主观主义熏染的必然结果。

在新教主义、斯多葛主义、康德主义三股合力的影响下，梭罗逐渐理清了个体生活的逻辑，明确了自我改造的目标，认识到作为独立自主的个体，他在探索命运、实现人生价值方面所肩负的使命。对家庭、学校及朋友的依赖只能越发促使他寻求个人独立。他在1月的日志中写道：“让人们意识到依赖他人是多么痛苦，但这才是最有益的帮助。”梭罗为个人生活中“无法言说的隐私性”感到惊叹。他一遍遍地在日志中提醒着自己，试图让自己达到一个看似无法达到的标准：“要坚持不懈地忠实于自我，以谦卑的态度实现自我理想……人拥有的最高贵的品质是真诚，因为真诚中包含着正直。”

1840年冬至1841年春，梭罗不断探索着自我（爱默生称其为“完整性”，我们称之为“个人身份”），他发现自己身上有一种近乎顽固的抵抗精神。爱默生也注意到，在谈话过程中，梭罗只有在遭遇驳斥时才会展现自己的才能。“他想要揭露谬论、讽刺错误，只有通过驳斥，他才能感受到自己的情绪，并且一再回味这种体验。”梭罗在1月的日志中写道，“反抗有时就像是在细细品尝美味而健康的食物。”

当时的思想环境普遍强调自我的完整性，个人意愿被置于次要地位。在这段时间里，梭罗已经将自己关于个人主义的思想锤炼得越发成熟。若想改革社会或整个时代，必先从问题的根源入手。一个多月后，布鲁克农场的第一批先行者开启了新计划。梭罗指出：“对于黄金时代的怀念仅仅是对当时人物的怀念而已。”若想改革，首先该从个人做起。于是，他明确地表达了自己的改革理念：“我只想在山坡的南面找一块干净的土地，造一间属于自己的小房子，过着上帝赐给我的生活。”这个理想要什么时候实现、如何实现，梭罗并不知道，不过他内心的方向却是始终不变的。从他清晰简练却充满能量的文字中便能看出，他正变得越发冷静和坚定，坚信只能走自我革新、自我改造、自我重塑的道路。提出建造小屋计划之后的第四天，梭罗表示：“时间并不是主要问题。真正的改革可以在任何一个清晨开始，在我们推开屋门之前的任何一个时刻开始。改革不需要依赖传统。仅凭一人之力，我便可以完成这世界上三分之二的改革事业。”

与爱默生同住也有着不够完美之处，那就是梭罗越发不安地认识到，自己变得不再像从前般自立。搬进爱默生家的这天，梭罗的日志显示出他内心的纠结，他似乎仍在为依赖他人、依赖住处而气恼。他在日志中宣称：“对于智者而言，房屋并不能提供庇护，只能造成压迫和禁锢。”尽管如此，在爱默生潜移默化的影响下，梭罗的潜质被逐渐激发出来。与爱默生同住期间，他想到了美国印第安人的可贵之处。他将印第安人的美好品质概括为：“他可以无拘无束地站在天地之间，他是自然的主人，而不是客人。”尽管如此，梭罗不得不继续忍耐一阵所谓的“客居”生活。

## 5. 东方

春去夏来，梭罗仍然在菜园里与爱默生劳作着，并教后者如何嫁接果树。日子过得缓慢而平静，梭罗有大把的光阴可以消磨在谷仓里。谷仓里十分宽敞，而且散发着一股好闻的味道，从这里可以看到房舍和马路，且避开了街上的喧嚣，委实是阅读和写作的绝佳场所。在这个夏季，梭罗阅读的作品主要是威廉·琼斯爵士翻译的《摩奴法典》——古印度的伟大经典之一。他之所以对印度重燃热情，或许是因为爱默生越发对印度理念感兴趣，不过梭罗的兴趣却比爱默生更为深入，因此，这份热情很可能是他自己重燃起来的。他并非首次阅读这本书，去年夏天，梭罗就曾满怀仰慕地写下过关于这部作品的评论。此时，他已经养成了重读日志和作品的习惯，在重燃热情的同时回顾曾经阅读过的主题，对早期的日志进行修改、抄写、摘录以及分类。他不断地回顾那次泛舟之旅，重读《勇武的篇章》，回顾熟悉的书、理念、观念，梳理音乐的隐喻，重拾、织缀、缝合过往的线索，这些都在他头脑中画着慢圈，循环往复。他用当下的视角审视昔日的思考和体悟，探索着可以让人的兴趣持续至今的原因。

《摩奴法典》又称《印度法典》或《摩奴法令》，书名颇具加尔文主义色彩。格鲁加的注释表明，这部法典涵盖古印度宗教、民法以及道德的方方面面。作为18世纪晚期英国最知名的法理学家和语言学家，琼斯接受了沃伦·哈斯丁斯（Warren Hastings）的委托，打算为英属印度殖民地编写一部法典，他找到并翻译了《摩奴法典》，试图以古印度的法律理念为基础，编写一部现代法典。《摩奴法典》的地位不亚于《圣经》，年代之久远堪比《摩西五经》（*Pentateuch*），一经翻译出版，便迅速获得了广泛的认可。正如琼斯所说，《摩奴法典》中的文字最终可以追溯到印欧语系之源头，追溯到人类思想和人类本身的起源。可以说，这部比希伯来《圣经》还要古老的法典，在西方文明初露曙光时便已存在，它比诗歌还要久远，与神话一样悠久。琼斯选择的《摩奴法典》已是经过格鲁加润色的版本，在他看来，格鲁加的注释“最精辟、最优秀、最华美且最博学，最深刻也最令人认同，古往今来的欧亚作者无有出其右者”。

梭罗与琼斯一样，对这部作品可谓爱不释手，他被书中精义深深触动，反复咀嚼着其中的滋味。“在这本书中，人类拥有无穷的潜力和无比高尚的品格，人类的命运更显崇高。”就像同时代的人热衷于《圣经》一般，梭罗沉迷于这部印度经典中不能自拔，但梭罗对这部作品的热衷程度远比《圣经》要大。他认为：“没有任何一部作品能将‘创世’这一概念讲述得如此宏大。”他把《摩奴法典》看作自然法则与人类法则最原始的表现。格鲁加之前早已进行过注释，因此梭罗无须赘言，只需随心所欲地表达自己的感受即可：“读过格鲁加注释的《摩奴法典》，我仿佛听见真理之音从印度河平原呼啸而过，看到彼岸的枝条、河流中闪烁的阳光以及树木投下的阴影，凡此种种景象，无不突显着自然的法则、你我的法则。”

此外，梭罗发现这部经典为“保守的道德观”提供了绝佳的示例。他不无赞叹地表示，《摩奴法典》中记载的“上古习俗体现着超验主义法则”。身为一个年轻人，一个热衷于改革、倡导个体自由的人，梭罗居然说出这番言论，可能有些奇怪，不过他当时的确面临着一些难以解决的矛盾：在原始社会中，人类的生活最贴近自然，比如生活在南太平洋岛国的人，或是美国的印第安人，但生活在这样的体制下，社会成员往往具有十分保守的一面，从而对改革和创新造成巨大阻碍。科技的飞跃与社会的剧烈变革会打破人与自然或人与人之间的平衡，因此只能因循守旧。这不仅仅是为了保持稳定，更是为了生存。

从梭罗对《摩奴法典》的热忱中，我们可以看到这样一个事实：他将这部经典视作权威，并有意识地将它的权威性与同时代学者赋予《圣经》的权威性进行比对。"从天主教的角度对这部古代经典进行批判自然不难，就像在不久的将来，定会有人对基督教进行批判。只不过到那时，人们考虑的将是作品中隐含的理念和构思，并非作品所产生的有限影响。"

梭罗并没有从《摩奴法典》中得到任何新的理念。近代的一位评论家曾在评论梭罗时表示："我们无法从神的领域借用知识，因为这些知识不属于我们。"尽管如此，梭罗的确通过阅读这千年之久的神圣典籍得到了不少启示。他的一些理念，如节俭、内敛、净化等，均在《摩奴法典》中得到了印证。"对于信仰虔诚的人来说，印度人崇尚的节俭是极具吸引力的，因为节俭是一种更优雅、更高尚的奢华。"此外，印度人笃信的灵魂轮回说正是对自然"形变"法则的另外一种诠释。他在记录阅读体悟时写道："法典中记录了形形色色的轮回实例，不论是梵天[①]还是各类植物，都在大千世界中不断地轮回，这个大千世界往往是易于崩坏的。"梭罗十分赞同《摩奴法典》中的神灵观，它认为"一切可见与不可见的自然事物

---

① 梵天（Brahma），印度教中的创造之神。

都存在于神的性灵之中”，人类是构成神的性灵的一部分，因为《摩奴法典》中指出：“神的性灵存在于万事万物之中，若有人能在自己的灵魂中瞥见神的性灵……则人终将回归本源，乃至与全知全能的神融为一体。”

这部作品坚定了梭罗的个人理念：“每个人都可能从自己的一生中找到印度宗教的根源。”在随后的许多年里，这本书一直被梭罗视作“智慧之源”。尽管当时能够接受这本书的西方读者寥寥无几，但梭罗始终保持着开放的接纳心态。他从书中得到了启发，开始像惠特曼或布莱克一样，励志创作出这样一部伟大的经典之作。“在这熙熙攘攘的时代里，未来的读者还要等多久才能看到这样的作品？”在将自己的时代与过去的时代相比较后，梭罗问道，“还有谁能写出比《吠陀经》更加伟大的作品呢？”

## 6. 1841年秋

1841年9月，梭罗在写给一位朋友的信中说，他正“住在爱默生先生的家里，生活充满了希望，但也潜伏着危机”。所谓的希望显而易见，有人陪伴，有书可读，有机会谈心和扩大交际圈；危机则是指独立性的丧失。此时的梭罗已是两个家庭不可或缺的一部分。在爱默生家劳作的同时，他还要帮父亲打理铅笔厂。偶尔为了求得清闲，他会在傍晚去河边吹长笛。这一年，他一直在跟露西·杰克逊·布朗（Lucy Jackson Brown）——莉迪亚的姐姐——通信。露西比梭罗年长19岁，曾经在梭罗家里寄宿过几年。梭罗为她创作了不少诗歌，书信中的言辞透着温暖和亲切，这种情感只有比他年长的露西才能理解。

这年秋天，与梭罗通信的还有一个名叫艾赛亚·威廉姆斯（Isaiah Williams）的年轻人。他在向西行进的过程中曾路过康科德，于是便写信恳请梭罗帮他理解超验主义的含义。以超验主义者自居的梭罗根据自己对这场“思潮”的理解列出了一份书单，向威廉姆斯推荐了爱默生的《论自然》、《随笔集》（*Essays*）、《神学院讲话》（*The Divinity School Address*），还有卡莱尔的《英雄、英雄崇拜以及历史上的英雄》，此外还推荐了奥尔科特于1836年发表的《人类文化的戒律与学说》（*Doctrine and Discipline of Human Culture*）——这是一份长达25页的声明，后来作为《与儿童论福音书对话记录》（*Record of Conversations*）的介绍性文章再次发表。这部鲜为人知的作品包含了布朗森·奥尔科特的所有基本理念，从现代自由派和基督教的视角表达了对教育的看法。奥尔科特在书中表示：“人类文化是向人类展示存在之真谛的艺术……是让人变得更完整的艺术。”此外，书中还提到，他的教育理念来自耶稣，他认为耶稣身上“具有我们的共性”，用爱默生的话来讲，耶稣是人类的代表，他一生的丰功伟绩“正是美好人性的体现……是人性的升华……是神性的忠实再现，是人性的圆满境界”。

梭罗提到的另外一部作品是B.B.爱德华斯（B.B.Edwards）与E.A.帕克（E.A.Park）共同编著的《德国文学选集》（*Selections from German Literature*，1839），两位都是安多弗神学院的教授。书中收录的文章包括费德里克·科斯特（Frederick Koster）、L.J.洛克特（L.J.Ruckert）、J.P.蓝吉（J.P.Lange）、F.A.G.索尔鲁克（F.A.G.Tholuck）、W.G.丁尼曼（W.G.Tennemann），以及C.厄尔曼（C.Ullmann）等现代德国神学家的作品。这本选集反映了当时德国学者的思想，特别是19世纪最伟大的神学家施莱尔马赫的思想。作为柏拉图作品的译介者，施莱尔马赫对美国超验主义产生了巨大的影响。就连为爱默生辩护、批判诺顿“不信神明”的乔治·里普利也十分看重施莱尔马赫和厄尔曼的作品，认为后者“在施莱尔马赫的追随者当中最具独立性、最温和、最具识别力”。厄尔曼赞同施莱尔马赫提出的“人性中存在着神性，而这种神性恰恰证明基督的福音所言不虚”这一观点。厄尔曼指出：“基督象征着至高、至全的真理，这种真理潜藏在人性当中。基督的性灵是完美的，既具有神性，也具有人性。这种永恒的圆满境界，正是人性与神性之间的桥梁，是世界历史的中心点。它像一泓取之不竭的清泉，滋养着人类的精神世界。”

梭罗的超验主义思想并非建立在基督教世界观的基础之上，然而从他向威廉姆斯推荐的文本来看，他已然意识到了这些作品的重要性，因此才对威廉姆斯说：“如果放眼看一看当今的世界，就会发现没有比《新约》更公平和公正的作品。”

然而，这个秋天，梭罗的心思并不在超验主义，而在于诗歌。这年9月，他在信中对布朗太太说，自己正“沉浸在诗歌的海洋里”。他在《日晷》杂志上先后发表了《同情》《生活如斯》以及《友情》等三篇诗作，随后又向玛格丽特·富勒提交了一篇长达300行的描写山川的诗作——《你以拓荒者般的坚韧矗立在大地上》(*With Frontier Strength Ye Stand Your Ground*)。此外，他还与鲁法斯·葛利斯伍德（Rufus Griswold）保持着书信往来，打算将诗作收入后者编著的文学作品选中。这年11月底，梭罗从爱默生的早期作品中摘录了一些内容，似乎打算自行编纂一部文学史。为此，爱默生借给他15美元，让他“到剑桥市购买相关材料”。梭罗列出一张诗人的名单，然后便在哈佛大学收藏的早期英语诗歌资料中翻找起来，从盎格鲁-萨克逊诗歌到乔叟，再到苏格兰乔叟派诗歌，一直读到弥尔顿，他还阅读了大量的历史［特纳关于盎格鲁-萨克逊历史的著作、沃顿的关于英国诗歌史的著作、西博尔德（Sibbald）的《苏格兰诗歌编年史》（*Chronicle of Scottish Poetry*）］、文选、选集［科尼贝尔（Conybeare）的《盎格鲁-萨克逊诗选》（*Illustrations of Anglo-Saxon Poetry*）、查尔姆斯（Chalmers）的多部文选、伊凡斯（Evans）的《古代歌谣集》（*Old Ballads*）、海德利（Headley）的《古代英诗选编》（*Select Beauties*）、里特森（Ritson）的《古代爱情诗歌选》（*Ancient English Metrical Romances*）、哈茨霍恩（Hartshorne）的《古代韵谣》（*Ancient Metrical Tales*）、帕克的《海尔科尼亚》（*Helconia*）、爱德华兹的《设计精美的天堂》（*Paradise of Dainty Devices*）］，以及多位诗人的专著等。在整个12月以及接下来的几年里，梭罗一直沉浸在古代英语诗歌文选的编纂工作中，至于此举出于何种目的一直不甚明了。毫无疑问的是，他对古代诗歌质朴雄壮的风格非常仰慕。然而他最终发现，“在枯燥陈腐的典籍中寻觅”并没有太大的益处。在他看来，古代英语诗歌从总体上来说并无太多可取之处，“萨克逊时代和前乔叟时代的诗作太过贫瘠”，只有“睿智而充满人性光辉”的乔叟值得敬仰。

为编纂这部文选，梭罗可谓殚精竭虑［不久后出版《帕纳萨斯》（*Parnassus*）的爱默生曾这样评价道］。不可否认的是，这项工作有利于梭罗打磨自己的诗歌技巧，但他真正的目的并不在此，而在于创作出《吠陀经》般的经典作品。“最好的诗歌所表现出的只是一种温润而雅致的风格。”梭罗想要创作属于自己的诗歌。这年9月，他在日志中写道：“我可以写一篇名为《康科德》（*Concord*）

的诗歌。”在整整一个秋季以及接下来的一年里，他的日志里处处体现着一种表达欲——表达内心中涌动着的越发强烈的野性。他把这种野性与他对西部的向往和对独立的渴望联系在一起。他向往的是“一种简单质朴的生活方式”，能够“更加接近阳光”的生活方式。他所羡慕的，是威廉·布拉德福德[①]笔下的早期新英格兰：“夏日已尽，万物呈现出一派肃杀景象，乡野间到处是浓密的丛林——这是野性和原始的象征。”从威廉的描述中，梭罗看到了松柏“绝美的野性”以及“充满野性气息的处女地”。7月中旬，他在信中对布朗太太写道：“我变得越来越野性，仿佛每日以生肉为食。眼前的驯服不过是暂时的休养，是要为日后更加强烈的野性积攒力气。”在这美好与危机并存的生活中，在这充满紧张的休养中，他展开了幻想，梦想着“去国外游览，看看那里的夏天和冬天，站在山坡上自由地眺望”。秋季的到来更加深了这种情绪。平安夜里，他在日志中写道：“我想尽快离开，到湖边去生活。在那里，只有风在芦苇丛中低吟。”他急切地想要采取些行动，证明自己确实想取得独立，而不是在浪费时间，证明自己真正地生活着。“我不愿再过这种旅居般的生活。”圣诞节当天，他这样写道，“是时候开始真正的生活了。”

---

① 威廉·布拉德福德（William Bradford，1590—1657），美国律师、法官、政治家，曾编纂英格兰殖民活动的早期重要编年史《普利茅斯种植园》。

## 7. 悲剧

新的一年——1842年——到来，哥哥约翰去世以及爱默生5岁的儿子瓦尔多夭亡的噩耗相继传来。1月1日这天，约翰在用皮带打磨剃须刀时，不慎将左手无名指割伤。当时他并没有在意，只是用绷带包扎了伤口。然而8天后，他发现新长出来的皮肤已经“溃烂”。1月9日，他开始抱怨下颏部位出现僵硬感。当晚，他便出现了破伤风的症状，全身抽搐不止。爱默生随后在描述破伤风发作的症状时表示，患者抽搐剧烈，头部极度向后弯折，几乎可以碰到后脚跟。从波士顿赶来的医生也表示无计可施，约翰只能凭借基督徒和斯多葛信徒般的坚毅，静静等待死亡的到来，并接受这个事实。“我父所给我的那杯，我岂能不喝呢？”梭罗专程从爱默生家赶来，悉心地照料哥哥，但这同样于事无补。一天半后，约翰死在了梭罗的怀抱中。

约翰的突然离去令人猝不及防，梭罗久久无法释怀，但他只能把所有的情感都藏在心里。家人都注意到，起初平静的他渐渐变得萎靡不振，就连对自然的热爱也从他身上消失了。后来他在信中表示，自己当时“失了本性”。然而令家人无比惊疑的是，1月22日，梭罗也出现了破伤风的症状。事实上，他并没有割伤自己，这些症状只是由情感或共情因素导致的。好在24日清晨，梭罗渐渐好转起来。爱默生在写给哥哥威廉的信中表示，这终于让他松了一口气。然而就在当晚，爱默生的儿子瓦尔多出现了猩红热的症状，仅仅过了3天，这个父亲眼中的心肝宝贝便夭亡了。在孩子去世的当晚以及随后的几天里，爱默生写下了大量悲痛的文字，从这些文字来看，爱默生很快便将内心的痛苦宣泄出来。与梭罗不同的是，他选择了与他人分享自己的痛苦。正是由于这个原因，爱默生才迅速从最初的伤痛和震惊中恢复过来，尽管在他的余生里，他从未真正摆脱过这份伤痛。当时还有一场演讲等着他去举办，还有去纽约的旅行等着他去赴约，还有妻子和两个小女儿等着他去照顾。梭罗并不像爱默生一样被责任所束缚，但他的健康却每况愈下，足足卧床了一个月之久，痊愈后也无法出门，只得又在家里休养了一个月。

1月接二连三的噩耗使梭罗的内心剧烈地震颤着。直到3月初，死亡带来的阴影依然没有散去。从他糟糕的身体状况便能看出，这些悲剧给他造成了多么大的打击。1月9日至2月20日，他的日志始终处于沉寂状态。3月初的书信显示，他试图从哲学中为自己接受死亡找到依据。尽管这种豁达是令人仰慕的，但这只能让悲痛持续得更久。在写给露西·布朗的信中，他对悲伤这一主题进行了长篇阐述。他怀着极其复杂而矛盾的情感写道："只有大自然才有权利永久地悲痛下去，因为只有她是最纯真的。"为了能够更坦然地接受哥哥去世这一事实，他开始将心目中的约翰理想化。在写给布朗太太的那封信中，他写道："我不再盼着见到约翰了，我是说死去的那个他。我想见到的，是约翰想要成为的那个人，那个完美的'他'。死去的约翰不过是'他'的一种不完美的表现而已。"对于瓦尔多的夭折、爱默生的丧子之痛，梭罗选择像济慈一样去坦然接受，把死亡视作一种自然且圆满的状态，一种最理想、最完美的存在形式。"听到他去世的消息，我并没有感到震惊，这似乎是最自然不过的事情。他那完美的身体呼唤着死亡，而大自然不过是温柔地回应了他的请求而已。"接着，他笔锋一转，继续写道，"如果他还活着，那才是不合常理的。”这种突兀的转折总能令人联想起艾米莉·狄金森。一周后，他给在纽约的爱默生写了封书信，信中表达了类似的观点：“对个体或群体而言，死亡是再自然不过的现象。大自然不知道死亡的滋味，因为她总能以新的面貌重生。”从这些充满哲思的文字来看，梭罗的主要目的在于安慰爱默生。3月初，他写了第三封信，这封信寄给了艾赛亚·威廉姆斯。这次的口吻更具哲理性，也更加积极，仿佛他以塞内加或马可·奥勒留[①]般的勇气与死亡带来的伤痛做斗争：“对我而言，这段经历是必不可少的。”

对于梭罗而言，接受死亡要付出什么样的代价，我们无从得知。或许他可以劝服自己不去悲伤，却无法永远否定它的存在。从某种程度上讲，悲痛总是频繁地造访他的生活。即便如此，梭罗始终以大无畏的勇气去面对这些伤痛，至少在接受死亡的问题上，他并没有退缩。艾赛亚·威廉姆斯曾出自好意、不乏恭顺地写道：“人类的结局早已注定。”梭罗非但没有领情，反倒予以了还击：“尽管我很懦弱，但我也有坚强的一面。上帝赐予了我生命，或许也为我设定好了结局，但如果他创造生命的初衷不曾改变的话……那么，生命的过程应该由自己来主宰。”或许从后弗洛伊德时代的视角来看，梭罗这番言论并非在宣扬信仰或理念的力量，而是在隐藏内心的情感。但事实上，梭罗既需要信仰的支撑，更需要压抑内心的情感。约翰和瓦尔多去世后，他只能强迫自己去面对悲痛，只有对生命原则的强烈信仰，才能帮助他走出悲痛。在写给爱默生的

① 马可·奥勒留·安东尼·奥古斯都（Marcus Aurelius Antoninus Augustus，121—180），罗马帝国最伟大的皇帝之一，思想家，著有《沉思录》。

书信中，他写道：死亡是“一种法则，而不是一场意外。死亡与生命一样普通。当我们望向田野时，我们不会因为某朵花或某棵草的枯萎而悲伤——对于它们而言，死亡也意味着重生……在这一点上，人类与植物没有分别”。

通过积极的生活去面对死亡，这点并不容易做到，这份积极的态度也很难一直保持下去。这年3月，梭罗的书信和日志中频繁地提到上帝——上帝的杰作、上帝的掌心、上帝的双手——但他的口吻却带着明显的哀伤与绝望，例如：“上帝啊，为何要将我纳入你伟大的计划之中？……无论多么高尚的行为，都是那样的微不足道……我不明白，为何我的生活注定永远要如此卑微。”但最终，斯多葛信徒般的坚韧逐渐占据了上风。积极的心态慢慢回归，并通过一种奇妙的方式让梭罗恢复了往日的精神。这一点首先在他的日志中表现出来。从3月中旬起，日志中出现了以往那些熟悉的主题：乔叟、洛利、卡莱尔、友情、爱情、音乐、创作、历史、东方、自然法则等——仿佛梭罗在盘点昔日的“存货”，或重拾1月中断的主题。

3月28日，他感到全身涌动着“过剩的精力”。爱默生一定是注意到了这点。他在波士顿寻到些关于动植物和马萨诸塞州自然资源的科学报告，并于4月10日告诉梭罗，让他“在《日晷》杂志上对这些报告的内容进行阐述”，同时向他解释了这类题材的恰当性——梭罗可以利用这个机会，将他对森林、船只以及垂钓的了解用叙事的形式展现出来。这项任务来得恰逢其时。梭罗迫不及待地投入工作，不到一个月的时间——5月初——便已经写了五六十页，等着爱默生审阅。这篇文章被命名为《马萨诸塞州自然史》（*Natural History of Massachusetts*），发表在1842年7月的《日晷》杂志上。对梭罗而言，这篇文章的发表具有多方面的重要意义，更是他在文学道路上迈出的重大一步。

首先，在此之后，梭罗开始了整整6个月的创作时光；其次，梭罗在摆脱惯常题材方面取得了重大进展；再次，他终于开始摆脱《日晷》或爱默生的固定风格，逐渐形成自己的特色。1842年的最后几个月里，梭罗终于形成了独具特色的文章形式和个人风格。之前生活所给予他的一些讽刺让他意识到，生活比小说还难以令人信服。当他在约翰割伤自己两天前的日志中提到阅读自然史有助于抚平伤痛时，其笔调始终流露着这种讽刺感。文章的顺利发表不仅说明他开始振奋起来，更标志着他创作才能的进现。梭罗终于找到了属于自己的道路，发出了属于自己的声音。正是1月的两场惨剧促使他直接而迅速地发现了自我。从某种意义上来说，约翰的死让梭罗摆脱了束缚。当然，惨剧带来的影响远不只如此。死亡让梭罗产生了一种强烈的反差感，让他意识到，不只要继续生活下去，更要为生活注入活力，不能继续以高傲自满、理所当然的态度面对生活。

## 8. 远足

爱默生对于《马萨诸塞州自然史》的评价并不高，但这也恰恰说明，梭罗正在形成自己的风格，他的写作方式开始与爱默生产生明显的分歧。尽管他一生所秉持的某些理念与爱默生保持着一致，但他文章的形式、风格，以及独具个性的主题等，则明显地刻上了自己的烙印。

然而霍桑却十分欣赏这篇文章，认为它“恰当地反映了梭罗的思想及性格——真诚、细致、客观。他的文字不仅再现了他所观察到的事物，更反衬出他的精神境界，就像湖水倒映着林木茂盛的两岸一般”。不久前，爱默生接手了《日晷》杂志的主编一职。尽管他对发表梭罗的诗歌更感兴趣，却还是在7月的杂志上刊登了那篇《马萨诸塞州自然史》。这年春季，梭罗很少出门，大多数时间都在家里协助爱默生的工作。1842年是大事不断的一年，布鲁克农场一片繁荣，爱默生和玛格丽特·富勒多次造访，并在那里停留过很长一段时日。在纽约，爱默生结识了许多著名人物，比如拥护改革思想的《纽约论坛报》（*New York Tribune*）的著名主编贺拉斯·格里利，傅立叶的门徒、社会改革的坚定拥护者阿尔伯特·布里斯班（Albert Brisbane），以及温文尔雅、知觉敏锐的斯维登堡派[①]代表亨利·詹姆斯（Henry James）（被爱默生誉为纽约思想界的佼佼者）。3月1日，格里利开辟了每日专栏，来宣扬傅立叶的思想及合作运动；此时，布里斯班的头脑里正孕育着无穷无尽的理念，他与格里利一样，对布鲁克农场产生了浓厚的兴趣；在波士顿，帕克的影响力已经达到顶峰，聆听布道的群众已达3000多人。身在德国的查尔斯·惠勒也不时传来令人激动的消息，讲述着谢林在柏林举办的多次讲座。新英格兰的超验主义群体正在不断扩大，开始与其他群体进行交流和互动。

在康科德，《日晷》主编易帅，使得弗雷德里克·海奇和帕克更加靠近超验主义群体的核心。海奇专程去了一趟康科德，并想方

---

① 斯维登堡派（Swedenborgian），基督教新教中信奉瑞典斯维登堡（Emanuel Swedenborg，1688—1772）学说的派别。

设法在当地定居。不久前，奥尔科特前往新英格兰会见他的仰慕者和追随者，秋季回到康科德时，带回了查尔斯·雷恩（Charles Lane）和他的儿子威廉，还有亨利·加德纳·怀特（Henry Gardiner Wright）等人。几乎每个人都洋溢着兴奋之情，期待着一种新型公社的出现，盼着将改良后的农业理念、素食主义以及柏拉图式的崇高对话相结合，构建所谓的"成果之乡（Fruitlands）"。霍桑十分英俊，平日走在街上，时常有人停下来盯着他看。这年仲夏，他迎娶了索菲亚·皮博迪，夫妇二人移居至康科德河附近的古宅，那里距古战场不远。爱默生和梭罗到霍桑宅邸进行了一次正式的拜访，拘谨的两人显得十分滑稽。不过，霍桑和梭罗却对彼此产生了惺惺相惜之感。这次拜访之后，他们时常去宁静的河畔散步、泛舟。这年夏季，康科德阅读俱乐部正式成立。过完25岁生日后，梭罗与玛格丽特的弟弟理查德·富勒开启了为期4天的远足，攀登了位于伍斯特郡和费奇伯格城之间的沃楚西特山。两人阅读了维吉尔的《农事诗》，梭罗还谈起了印第安一族以及美国的印第安人。8月，玛格丽特·富勒与埃勒里·钱宁来到爱默生家中做客，几周后方才离开。梭罗继续协助爱默生编辑《日晷》杂志，同时不断寻找着其他生计，但他的努力始终未见成效。11月，为庆祝奥尔科特的新计划，爱默生在家中举办了一次聚会。随着布鲁克农场的崛起，其影响力正不断加大。这个月，梭罗当选康科德大讲堂的理事，为康科德举办了一系列令人印象深刻的讲座。在接下来的4周时间里，他又连续举办了6场讲座。

这年的夏秋两季，梭罗可谓俗务缠身，但他仍把主要精力放在了书写个人题材上。他的文学题材可谓林林总总，令人惊叹。这一年，爱默生开始着手创作那篇题为《诗人》（*The Poet*）的散文。在他的鼓励下，梭罗完成了那部英语诗歌集的编纂工作。整个4月及5月初，梭罗都在打磨《马萨诸塞州自然史》的文稿。7月，他便开始了沃楚西特山之旅，随后不久又创作了一篇散文，于次年1月发表。1842年，他断断续续地摘录了一些印度经典，在日志中写满了他的体悟，摘录的材料大多与《摩奴法典》有关。与此同时，他再次拾起泛舟远行这一主题，最终完成了《一周》的创作。12月中旬之前，他译完了埃斯库罗斯的《被缚的普罗米修斯》，将稿件寄给了《日晷》杂志。10月，该杂志发表了他的8篇诗作。此外，他还为《冬季远足》（*A Winter Walk*）这篇文章搜集了一些素材，并着手准备来年2月那场关于洛利的讲座。且不说他所涉猎的范围极广，单单是这些工作量，便足以令人刮目相看。8个庞大的文学项目，其中3个在年底完工，还有3个于新年年初完成。

1842年4月起，梭罗在过去5年中的积淀终于开始显现出效果。从《马萨诸塞州自然史》到《沃楚西特山之旅》（*A Walk to Wachusett*），再到《冬季远足》，在不断创作的过程中，梭罗迅速形成了独具特色的“远行体”。在《马萨诸塞州自然史》的开篇，梭罗针对一系列蹩脚的作品进行了评论，如T.W.哈里斯（T.W.Harris）的《昆虫报告》（*A Report on the Insects*）、C.杜伊（C.Dewey）的《草本开花植物报告》（*Report on the Herbaceous Flowering Plants*）、D.H.斯多罗（D.H.Storer）的《鱼类、爬行动物及鸟类报告》（*Reports on the Fishies, Reptiles and Birds*）、A.A.古尔德（A.A.Gould）的《无脊椎动物报告》（*Report on the Invertebrata*）以及E.埃蒙斯（E.Emmons）的《四足动物报告》（*A Report on the Quadrupeds*）等。这篇评论完成后，其内在价值远远超过了最初的预计，这让独具慧眼的爱默生看到了无限的可能。在这篇文章中，梭罗将事实、细节、传说以及关于森林的知识等融会贯通，涉猎的主题驳杂而广泛，着重突显了以下几个观点：大自然是健康而有益的，人生的常态是愉悦的，所有自然生命都要经历季节的轮回，大自然的规律神秘莫测，大自然还未被探索过的野性与动物体内的一样显而易见等。在文章结尾处，梭罗得出了关于大自然的理论——这些都要归功于他在1837年阅读过的经典，以及他在日志中进行的思考。梭罗再次提到了他观察到的冰花和树叶，指出它们“都是同一种法则的产物”。他模仿歌德的口吻评论说：“植被的生长模式可以被视作万物生长的原型。”接着，他提出了自己的观点：“在冰花中，这种法则显露无遗。冰花的材质更加纯粹，其大多数成分都是短暂而易逝的。因此，从哲学的视角进行简单的归纳后，我们可以说，自然法则中的所有生命、一切事物，不过是一朵朵或早或迟都将消逝的冰花而已。”上述观点是否具有严格意义上的可信度？这点或许并不重要，重要的是这些观点中流露出的种种倾向。就像谢林的《自然哲学》（*Naturphilosophie*）或现代物理学一样，梭罗的兴趣点在于那个统一的大自然，那些隐藏在万事万物背后、能够解释天地造化的本源性的力量、法则或物质。《马萨诸塞州自然史》中凸显的深意已经远非文章的形式所能容纳。梭罗的论证层层推进，从昆虫到鸟类，再延伸至动物。趣闻逸事和个人经历占据了重要的位置，这使整篇文章读来翔实而具体，能够唤起一种熟悉感。此外，梭罗还试图按照季节顺序去编排文章的架构。

《沃楚西特山之旅》标志着梭罗朝着他最喜爱的文学形式——“远行体”——迈出了坚实的一步。早在5年前梭罗刚刚开始写日志时，他便已经酝酿出这篇文章的主题。《沃楚西特山之旅》记述了这年7月他与理查德·富勒开启的那场为期4天的远足。从形式上看，这篇文章属于游记体裁，大部分内容与旅途见闻、爬山经历有关，文章的体例与日志相似，注重事实和细节描写，其细致程度足以令读者在脑海中再现旅途的全过程。这篇文章对乡野风光进行了赞颂，风格上带有维吉尔《农事诗》以及华兹华斯的印记。在他的心目中，华兹华斯是一位令人仰慕的“乡野诗人”。由于维吉尔早已描述过农场和农夫身上那种永恒的乡村风貌，此时的梭罗大可以重申他在1837年得出的结论：阅读维吉尔的目的，在于铭记这重永恒的乡野身份。当然，《沃楚西特山之旅》不无创新之处：清晰明快的旅途叙事，温和、平实且熟悉的文风等，构成了这篇文章特有的“游记属性”。在文章结尾处，梭罗对宜人的风景进行了赞美，但真正赋予这篇文章生命力的，是他对大山野性一面的描述。沃楚西特山不断地召唤着他，萦绕在他的梦境中，为他的下一篇文章《卡塔丁山》（*Ktaadn*）的问世提供了灵感。在《卡塔丁山》中，梭罗将注意力转向那座野性荒凉、人迹罕至的山峰，将目光投向这个星球的“原始材料”，投向那毫无绿色与生机的世界。《沃楚西特山之旅》仅仅是一个开端，但它却标志着独具梭罗特色的“远行体”的正式确立。这年10月，他开始在脑海里酝酿另外一篇文章——《冬季远足》。这篇文章将成为他不朽的佳作之一。

## 9. 1843年1至2月

这年冬天，梭罗再一次陷入了病恹恹的状态。1月中旬，远在外地讲座的爱默生给他寄来书信，盼着“梭罗的支气管炎和其他病症已经痊愈”。梭罗硬撑着身体，在日志中记录着当时的状态：“我是一副病魔缠身的皮囊，像一片枯叶般夹在时光与永恒之间。”当然，这不仅仅是一种修辞手段或是对自我的贬低，因为接下来，他出人意料地补充道：“我也曾健康过，在某些时期，我甚至比大多数人都要健康——但健康是短暂的。”抱怨并非梭罗的本性，但此时的他似乎受够了慢性疾病的折磨。他频繁地谈到勇敢、“勇士”，仿佛是在为自己鼓劲，鼓励自己从病痛的折磨中振作起来。爱默生十分欣赏这种坚强的意志，称他为“我勇敢的亨利”。然而有些时候，孱弱的身体会引发梭罗的怒火，让他痛恨自己的脆弱，甚至还会迫使他惩罚自己。1月末，梭罗的身体仍然未见好转，在写给布朗太太的信中，他的沮丧之情溢于言表。他先是提到“我们至多只能算是一种可怜而软弱的生物罢了”，随后坦言他“为这种‘卑微’而感到恼怒”，最终，他感叹道：“在这个伟大的联邦国家中……绝大部分时间里……我只是个无所事事、拖沓迂延、游手好闲的……小人物。”

随着病情的不断反复，这年冬天，梭罗也经历着精神上的大起大落。2月初，爱默生在纽约举办讲座时，曾在写给梭罗的书信中提到下一期的《日晷》杂志。除了像往常一样索取稿件外，爱默生还请他审阅一篇由查尔斯·雷恩提供的稿件，让他决定是否采用：“看过稿件后，如果你觉得合适，就不必再寄给我了。”此举显示出爱默生对梭罗的无比信任。对此，梭罗以奔放而热烈的感激之情进行了回应——这不由得令人想起梅尔维尔，当霍桑对《白鲸》（*Moby Dick*）一书给予了慷慨的赞誉后，梅尔维尔也做出了同样热烈的回应。梭罗写道：“当一个高贵的人无微不至地关怀我，向我暗示绝对的信任时，我感到灵魂最深处的部分被触动了……这份信任让我得到了升华，仿佛带着我离开了这个俗世。”梭罗早就知道，爱默生十分信任他，相信他的判断力，而他也将这份信任视若珍宝，但即便如此，他的回应也显得过于激烈。事实上，梭罗向来善于自我克制，而他一旦放弃了这种克制，内心就会迸发出无比强烈的情感，这点自然不难想象："或许我会挣脱其他束缚，然而在这最黑的夜里，在这最遥远的所在，我始终坚守着这条底线。"

这年冬天，梭罗的情绪由1月的消沉沮丧突然转变为2月初的狂喜。此后，他将满腔的文学热情倾注在多部作品的创作上，每一部作品都为他开辟了全新的天地。1月的《日晷》杂志刊登了他翻译的《被缚的普罗米修斯》以及他从《摩奴法典》中摘选的篇章；《沃楚西特山之旅》发表在1月的《波士顿文学杂谈》（*Boston Miscellany of Literature*）上。2月8日，他开始为康科德大讲堂筹备那场关于洛利的讲座。

从《被缚的普罗米修斯》的译文中，爱默生看到了梭罗的翻译才能，于是便鼓励他翻译更多的希腊作品。这篇算不得出彩却足够忠实的译文赢得了海奇的青睐。与近乎同时代的伊丽莎白·巴雷特·布朗宁（Elizabeth Barrett Browning）的译文（1833年，后于1850年修订）相比，梭罗的译文显然更胜一筹。他之所以对这部戏剧感兴趣，部分原因在于他喜欢古诗，喜欢那些情感强烈而充满激情的文字。在梭罗看来，当时的文字风格与早期的国家文化密不可分。他与歌德、雪莱、玛格丽特·富勒、伊丽莎白·布朗宁以及浪漫主义时代的许多作家一样，对普罗米修斯这位极具反叛精神的英雄人物充满了敬仰。对于浪漫主义作家而言，在代表性和象征性两个层面，普罗米修斯正在取代——或至少能够赶上——梭伦、俄耳甫斯和阿波罗等希腊神话中的英雄人物。对于普罗米修斯这一形象的诠释，梭罗确有独到之处。在他后来创作的《卡塔丁山》以及

《缅因森林》中，被缚的普罗米修斯的形象得到了内化，或者说，增添了梭罗的主观色彩。

梭罗并不具备阅读梵语的能力，他从《摩奴法典》中摘录的内容大多取自琼斯的译本，经过选取和编辑而成。在接下来的一个月里，梭罗用同样的方式从其他经典作品中摘录不少篇章。毫无疑问，他将《摩奴法典》当成了诗歌，把它视作智慧的文本。但他同时意识到，这些都是神圣的文字，具有一定的神学意义。对于将《新约》和《旧约》视作唯一真理的基督教世界观而言，梭罗的行为无异于一种隐晦的挑战。这年年末，梭罗在写给爱默生的信中表示："宗教界正兴起一股摘录《旧约》的风潮，与此同时，许多人开始在更加古老的典籍中寻章摘句，拼凑成文章，这难道是一种巧合吗?"

在论及洛利的那场讲座中，梭罗又回到了那个熟悉的主题——英雄或"勇武之士"。他将思考的重点放在洛利的历史身份上，避免了在早期随笔《服役》中所采用的抽象论述。这场讲座是梭罗首次朝着英雄小传或传记式描写迈出的重要一步。此前，卡莱尔曾描绘过普鲁塔克式的英雄生活，爱默生谈论过人类的典范，富勒则探讨过模范女性等。在梭罗看来，这种题材是不乏成功之处的。多年后，梭罗开始对离自己更近的时代和地域进行描绘，例如他对卡莱尔、约翰·布朗、乔·波利斯（Joe Polis）以及阿莱克·塞里恩（Alek Therien）等人的描述。梭罗对洛利的敬佩是诚挚的，他仰慕洛利的勇气、广博与睿智。他对洛利的崇拜与对佩尔西乌斯的敬仰不相上下，将后者视为作家和诗人的典范，认为他的生活本身便是一部著作："他的天职终究是写诗，而不是率领舰队和人马进行惨烈的厮杀。"

这年冬天，梭罗培育的多个“文学项目”都已结出硕果，但只有《沃楚西特山之旅》更加接近他真正的追求，尽管他自己还没有认识到这一点。爱默生虽然鼓励梭罗创作《马萨诸塞州自然史》，但并没有对最终的成果表示过多的关注；至于《沃楚西特山之旅》（或随后的《冬季远足》），爱默生也不大看好，前者甚至未曾在《日晷》杂志上发表。梭罗的后期作品篇幅较长，虽然披着“求索的史诗”这层伪装，但大多仍未突破日常旅行或远足经历之俗套。不论是主题、基调还是标题中的“旅行”一词，都会让人联想到华兹华斯。的确，梭罗强调道德生活、诗人心灵的成长以及愉悦的性情。在英格兰，只有华兹华斯是大自然“治愈性”力量的代言人；而在美国，这个代言人则是梭罗。

梭罗暂时还没有看清前方的道路。这年1月，他正朝多个不同的方向努力着。他继续翻译着作品，编辑着不同作者、不同时代的文章，进一步挖掘他对英雄人物的兴趣，并且探索出一套适合自然随笔的文学形式。与此同时，他更加积极地参与举办讲座和期刊编辑等工作。总而言之，在过去的十个月中，他展现了非凡的创造力。令他感到自豪的是，他所涉及的工作大都已圆满完成，今后更有无数的作品等着他去发表。即便如此，梭罗仍然缺乏足够的自信，对自己的才能和使命缺乏清晰的认识。不久后，他在写给爱默生的信中表示，他为爱默生太太病情尚未好转而感到难过：“但请转告她，命运在给人带来疾病的同时，也会带来奖励。因此，生病的人大可不必自我怀疑，认为自己做了什么错事。”很显然，梭罗并不认为自己是个病人，反而斗志满满地想要做些什么。他发表的作品越来越多，文笔更是取得了长足的进步，然而他的文学事业依然面临一个严峻的问题：目前为止，他的文学创作尚未带来半分收入。

## 10. 斯塔滕岛

1843年5月初，梭罗搬出了爱默生的宅邸。他离开康科德，前往斯塔滕岛，与爱默生的哥哥威廉住在一起，在后者家里做家庭教师。早在1月，梭罗便打算离开这个生活了两年之久的地方。对他而言，这是关键的两年，更是收获不菲的两年。为此，梭罗在书信中向爱默生表达了适当的感激之情："在贵府客居近两年，我始终享受着蓝天般的自由。"梭罗所珍视的，并且希望爱默生知道他所珍视的，是爱默生夫妇"长期以来的眷顾"和无私的帮助。

对于梭罗而言，爱默生潜移默化的影响同样重要。在这两年当中，他对英语诗歌及印度经典的认识得到了深化，在协助爱默生编辑《日晷》杂志的过程中，他对写作及出版的本质有了更深的了解。举办讲座时，他把听众作为检验文稿合格与否的标准，利用讲座的机会，更加积极地投身于城镇公共事务。在不断学习的过程中，梭罗的文笔逐渐长进，书信中的文字越发富有张力，一改从前"自我陶醉"式的风格。刚刚搬进爱默生府邸时，他只是个懵懂的年轻人，对文学创作怀有几分朦胧的渴望；离开这里时，他俨然是一位经验丰富、充满自信的多产的作家，真正将文学创作当成事业追求。起初在阅读爱默生的文章时，梭罗难以摆脱他的影响，写出的以"佩尔西乌斯"为题的文章带有强烈的爱默生的风格；等他离开时，《冬季远足》已粗具"梭罗特色"。约翰的死促使他全身心地投入写作，驱使他不断推出新作，仿佛他想表达的并非是自我，而是兄弟两人的声音。梭罗之所以能形成自己的风格，还要归功于爱默生。对于梭罗的一些“上品佳作”，爱默生并不看好，但恰恰是两人间的差异让梭罗树立了信心，让他鼓起勇气结束了这段“学徒生涯”，斩断了他对别人的依赖。这年1月，梭罗在书信中郑重地向爱默生表示感谢。搬走几个月后，梭罗居然一反常态，对哈佛大学的教育表达了感激之情，言语中没有半分的轻蔑和挖苦。他对一同前往沃楚西特山的理查德·富勒说，大学期间最大的收获就是学会了“表达自我”“以真诚的态度面对自我”。对于梭罗而言，这次迁居无疑具有重大意义。“我想离开康科德。”他对理查德·富勒说，“康科德是我的罗马，这里都是我的罗马臣民。但我更想到纽约去，5月离开，去威廉·爱默生先生家为孩子讲课。”

这年5月初，梭罗终于迈出了这伟大的一步。他没有对这次旅行做任何记录，只是记载了抵达时的情景：坐船到达城堡花园附近的一个码头。来到纽约后，他为那里汹涌的人流、高耸的建筑以及大都市的氛围深深感到震惊。在一群叫嚷不休、争相载客的马车夫中间，梭罗离船登岸。他对纽约的第一印象是：“四下里人头攒动，一张张‘肉色’的面孔下方垂摆着一件件肮脏的衣衫。人流忽前忽后，像是一层层回旋的海浪。”每个人都挥舞着马鞭，不住地吆喝着。

爱默生哥哥一家生活在斯塔滕岛上，所处的位置足够偏远——距市中心7.5英里，相当于康科德到波士顿的一半距离——宅邸四周环绕着农场和森林。住进威廉先生家不到一个月，梭罗已经去过市中心四五次，每次他都会为“街上的面孔”和“城市的喧嚣”着迷。“这些人是我从未见过的陌生面孔，特别引人瞩目。”他在书信中向爱默生写道，“这比上千座教堂和交易所更值得观赏。”随后，他又意味深长地补充说："因为只需一天，它们就会被这人群撞倒、踩在脚下。"当时的纽约充满活力，整座城市正在迅速膨胀，一条条街道远远延展开去。梭罗在信中告诉父母："这里都是洁净的砖石马路，即便用力踩，也不会陷下去。"

梭罗的身体状况并没有太大的改善，在抵达纽约后两周半的时间里，他患了一场重感冒，并且诱发了支气管炎。由于很难适应当地的环境，他时常患上一些自己也无法解释的疾恙。直到6月的第一个星期，他才开始好转（至少他对父母是这样说的），但一个月后，他又提到自己得了昏睡病。这种病遗传自梭罗的外祖父母——琼斯夫妇。梭罗在《瓦尔登湖》中曾提到过，他的舅舅查理・邓巴"时常在梦游的时候刮胡子"。梭罗的病症又称"发作性睡病"，虽然不太严重，但病势容易反复，能够挺到傍晚不睡，就已经是不小的胜利。对于梭罗而言，这种病无疑是对他的捉弄和嘲笑，因为他曾反复使用"清醒"这一隐喻来指代精神上的自觉和精神生活。

即便如此，梭罗依然没有放松自我要求。他抗拒着昏睡的诱惑，继续投入他的文学创作。"许多人过着鹰隼一样的生活，他们活在饥饿中，时常张开翅膀，但只能偶尔捕到一只小麻雀。"他这样写道。此外，他不断地提醒着自己，在英国文艺复兴时期，"天才人物不仅拥有最愉悦的性情，更充满着活泼的生命力"。

与之前几年相比，这一年，梭罗的书信往来变得更加频繁，书信的内容也充实了许多。更大的不同在于，他在书信中融入了自我，有些信件饱含着强烈而丰盈的情感，可以看出，他在写信的时候，定然怀着无比的真诚。这年2月，他在写给爱默生的感谢信中说道："这里的潮汐仿佛能穿透空气中的每一处孔隙。"在斯塔滕岛，梭罗寄回一封封书信，公开表达着他对妹妹及家人的爱，丝毫不掩饰他对康科德的怀恋。此外，他还给爱默生的妻子莉迪亚寄去一封情深意切的书信——那读起来很像是一封情书。抵达纽约后一两周，他在写给莉迪亚的信中说："我把你当作姐姐一般。"随后，莉迪亚像回复家人一般给梭罗寄去了回信（如今下落不明），这封信几乎让梭罗感动得落泪，他的回复就像当初给爱默生的那封回信一样，充满了强烈的感激之情："每次想起您时，我的灵魂便仿佛飞到了空中。"他对莉迪亚写道，"就像那颗高悬于地平线上方的星，每当傍晚仰望星空时，我都会看到它。"梭罗当然知道，他看到的不过是金星而已。这一年，莉迪亚的状况不是很好——露西·布朗也是如此，尽管梭罗写给她的信件中总是充满着温言软语——对于莉迪亚而言，梭罗信中传达的情感足够真实。毫无疑问，他是爱她的。作为梭罗的挚友，爱默生和富勒分别占据着两大朋友圈的中心位置，而当这两个朋友圈重合在一起时，所有的人都得到了爱的封赏。他们相亲相爱，并且毫不掩饰这种感情或这种感情的表达。当然，比起冷漠来，梭罗并不惧怕这种满溢而泛滥的情感。他亏欠爱默生太多，任何爱称或昵称都无法表达他的感激之情。梭罗远离故土，思乡心切，而莉迪亚却身染疾病，从两人往来的书信来看，梭罗的内心深处隐藏着极为强烈的情感，但这并不能说明他"爱上了"爱默生的妻子。

梭罗的性情与威廉·爱默生一家不甚相合。他在这里找不到想要的文人生活，对教育孩子也并无多大兴趣。唯一令他愉悦的，是斯塔滕岛。与康科德相比，斯塔滕岛的花朵绽放得更早。这里的植物群令他欣喜，例如桉树、郁金香木和野韭菜等。最令人兴奋的是，他"发现"了海洋。他把海浪的咆哮比作城市的喧嚣。他喜欢在海边散步。"那里的一切都是如此的壮丽，如此的宏大——海草、海水、沙滩，就连那些死去的鱼、马、猪的身上，都散发着一股富饶的气息。”梭罗渐渐失去了对拥挤的城市的向往，他对这里的判断也逐渐发生了改变。在他看来，这里适合居住，却不太适合度假。不过他此行的目的不在于城市，不在于海滩，不在于斯塔滕岛，更不在于为富家子弟教书。梭罗之所以来到纽约，只是为了积极地追求自己的文学事业。

# 第四卷
# 1843—1845 通往瓦尔登湖的路

1845

## 1. 纽约的文学景观

梭罗的愿望是在纽约从事“文学劳动”，并能借此维持生计，而在威廉家做家庭教师并以此换取住宿和饮食正是他当时谋生的手段。身体康复后，他开始频繁地造访城市，四处寻找出版商洽谈，希望能够发表他的文章。对于梭罗而言，为《日晷》杂志供稿、担任助理编辑等经历，虽然令他收获不浅，却没有给他带来经济上的收入。在波士顿那份刊物上发表的文章也没能令他赚取稿费，尽管爱默生等人不断地催促，但出版方依旧迁延再三，未能履行对梭罗的承诺。相比之下，纽约的机会更多，这里不仅拥有30多万人口，就连市区面积也足有波士顿的3倍有余。在提到自己的规划时，梭罗只是含糊其词地表示：“要在冬季到来前攒足一笔钱。”他频繁造访纽约社会图书馆、商业图书馆以及国立设计院画廊，还试着向《新镜像》（*The New Mirror*）、《乔纳森兄弟》（*Brother Jonathan*）以及《新世界》（*The New World*）等刊物投稿，但这些刊物的编辑部早已“堆满了没有多大价值的免费稿件”。他沮丧地向爱默生报告说：“《纽约居民》（*The Knickerbocker*）资金匮乏，只有《女性之友》（*The Ladies' Companion*）提供稿酬。即便我偶尔动笔写些文章，也很难卖出去。”他甚至到《美国农学家》（*The American Agriculturist*）的编辑部上门推销稿件，但依然没有成功。

所幸的是，他遇到了一群有趣的人。来到纽约后，他结识了一些年轻人，这些人大多是爱默生的朋友。吉尔斯·瓦尔多（Giles Waldo）和威廉·塔潘（William Tappan）热情地接待了梭罗，带着他四处游览。此外，他还结识了W.H.钱宁——威廉·埃勒里·钱宁的侄子。这名33岁的年轻人对社会主义充满了热情，他曾经加入过布鲁克农场，并且打算在这年9月创办一份社会主义期刊——《当下》（*The Present*）。在梭罗看来，钱宁是个勇于质疑一切的人。“当他下定决心，打算不顾一切地去冒险时，你会乐于跟他交往。”另外，梭罗还结识了34岁的阿尔伯特·布里斯班［美国的傅立叶主义者，著有《人类的社会命运》（*The Social Destiny of Man*，1840）及《联盟》（*Association*，1843）等作品］。早在一年前，布里斯班便摆脱了爱默生的影响，开始追求属于自己的事业。不过，梭罗始终与布里斯班保持着一定的距离，他曾尖刻地评论说，布里斯班“看起来像是个生活在酒窖中的人，身体消耗得有些过度”。另外，他还遇到了贺拉斯·格里利，尽管格里利只有33岁，“柔软的头发却现出了白色”。在爱默生看来，他是个“生性乐观、头脑开明”的人。两年前，格里利刚刚创建了《纽约论坛报》。尽管他比梭罗年长6岁，但他很快就会成为梭罗作品的忠实拥护者。在梭罗眼里，“他总是在办公室里忙于各种事务，严肃的神情中透着愉悦。这位伙伴来自新罕布什尔州，他热情而开朗的性格令人乐于与他交往”。格里利于1831年来到纽约，后来投身废奴运动，成为一名为自由而奋斗的战士。结识梭罗的时候，他正投身于合作运动，为建立傅立叶派的社会主义公社而奔走。

最幸运的是，他遇到了老亨利 · 詹姆斯。当时的老詹姆斯只有32岁，他的儿子威廉仅1岁多，另一个儿子——后来成为小说家的亨利[①]——刚刚于这年4月出生。当时的老詹姆斯还没有成为斯维登堡派成员，更没有移居欧洲，但俨然是一名孜孜不倦的求索者。"在我认识的人中，没有谁能像他一样具备耐心而坚定地学习他人的优秀品质。"经过3个小时的长谈后，梭罗这样写道，"他的思想十分新锐，不仅颇具远见，更是个实干家。正是因为他，纽约才变得不那么陌生，变得富有人情味。"

这些人都比梭罗年长一些，而且大多是成功人士：詹姆斯继承了家族财产，其他人则全身心地投入创作，并且赢得了大众的认可。他们还有另外一个共同点：对于彻底的社会改革，特别是对新型公社的创建充满了热情。相比之下，身在纽约的梭罗不仅缺乏归属感，以创作为生的梦想也就此破灭。周围最有趣的伙伴正投身于一项他不感兴趣的事业，尽管如此，或者说正因如此，他总有一种不合群、跟不上节拍的感觉，于是只好终日待在屋子里搞创作。

由于经常要给家人和爱默生夫妇写信，并在信中介绍纽约风光与见闻，梭罗的文笔渐渐有了长进。但凡清醒的时候，他就会抓紧时间翻译更多的希腊作品。这一次他翻译的是品达[②]的诗歌——他依然为那部《英语诗歌选》搜集着材料。与此同时，梭罗开始认真地研究散文，他越发领会到散文创作的艰难。4月，他在日志中写

① 指亨利 · 詹姆斯（Henry James，1843—1916），美国小说家、文学批评家、剧作家，著有《一个美国人》《一位女士的画像》等。

② 品达（Pindar，约前518—前438），古希腊抒情诗人。

道："写一篇好的散文，要比创作诗歌更难。"这年仲夏，他开始将语言的平实程度而不是韵律作为衡量散文的标准。在写给爱默生的书信中，他表示，"在写作的过程中，人物对话应该展现多层次的厚度"。接着他解释说，作家必须格外谨慎，一篇文章至少要读三遍才能欣赏其中的全部美感。从这些观点来看，梭罗已经对散文产生了新的认识，体会到了创作优秀散文的困难。在这段时间里，他开始将散文作为一种更为恰当的表达媒介，不仅对日渐流行的美国方言给予关注，同时还向西方寻求着新的表达语汇，比如，他曾借用过"淘金热（diggings）"一词。他评论说："还有许多质朴的、近乎俚语和口语的词语，如果把这些词语用在写作当中，一定会得到下一代的珍视和喜爱，他们会把这些当作纯正的美国表达、美国标准。"

在抵达纽约后的6周时间里，梭罗完成了两篇文章：《（等待）收复的乐园》[*Paradise*（*to be*）*Regained*] 以及《冬季远足》，前者是他针对J.A.埃茨勒（J.A.Etzler）的作品而发表的长篇评论。埃茨勒在这部作品中勾勒出一幅乌托邦式的蓝图，标题为《所有人都能企及的天堂：没有劳作，整个世界由自然和机器的力量驱动》（*The Paradise within the Reach of all Men*，*without Labor*，*by Powers of Nature and Machinery*）。身在纽约的梭罗与在康科德时一样，身边围绕着一群改革人士，他对改革派的理念自然不陌生。对他而言，埃茨勒这部1842年再版的作品来得恰逢其时，因为在纽约度过的8个月时间里，他只发表了这一篇书评。尽管埃茨勒的作品中流露出无比的谦卑和谨慎，但他却丝毫没有压抑自己的热情，单是开篇部分便有令人无法抵挡的架势："我保证，十年之内，我一定向各位展示一种创造天堂的方法，届时，人类所盼望的生活即将成为现实，每一个人都将变得无比富足，无须用劳动换取酬金。”的确，埃茨勒并不善于理性分析，梭罗看到了这点，并在评论中予以了讽刺。埃茨勒提出的宏伟计划完全建立在运用机器以及人类协作的基础上，没有为个人留下任何空间。他只是空泛地宣称：“任何伟大的事物……都不会受到个体行为的影响。”当然，梭罗忽略了这一点，仅仅一味指责埃茨勒“缺乏对……人类的信仰”。不过，这本书的部分内容激发了梭罗的想象力。他说，这些“过于宏大的理念”代表着“机械时代的超验主义思想”。埃茨勒在书中指出，可以利用风能、潮汐能、太阳能等可再生能源。他认为，在不久的将来，人类有可能研发出一种太阳能“烤镜”，用来烧煮热水、提供蒸汽动力。他预见到了风车和水车的出现，在想象中描绘着大型脱盐机器、抽水-储水风车，以及可以移动或铲平土地的巨型机械。他倡导大规模移民，用廉价劳动力换取土地，呼吁州政府对铁路、运河、发电站等大型工程进行财政补贴。不久后，埃茨勒又出版了《机械系统》（*The Mechanical System*）一书（梭罗没有读过），书中配有多幅插图，详细地展示了一座中心发电站的设计。这座发电站由风力驱动，连接着多个由电缆驱动的“卫星”——其原理与旧金山或丹佛的缆车系统极为相似。

埃茨勒精妙的“机械构想”以及关于利用风能、潮汐能的设想等，不得不令梭罗感到钦佩。“毫无疑问，”他总结道，“大自然淳朴的力量，在经过人类适当的引导后，可以变成有益于人类的、用来建造天堂的力量。大自然的力量就像人类社会的律法，只要严格遵守，就能获得健康和快乐。”尽管埃茨勒坚信，在这个充满廉价能源和巨型机械的新世界里，个体将不必劳心费力、辛苦劳作，但这点恰恰是梭罗所反对的。的确，缺乏激情则无以成大事，但梭罗十分肯定，如果不劳动，任何事情都做不成。

## 2.《冬季远足》

《冬季远足》是梭罗在来到纽约后的第一个月内“匆匆”赶出来的文章，也是他第一部真正意义上的“成熟作品”。文章的许多素材来自他早期的日志，总体框架似乎成形于春末夏初之际。它向读者传达的，不仅是梭罗对于日常经历的感受，还有一些刻骨铭心的记忆。文章的开篇给人一种宁静感——他想让读者静静地倾听：“风掠过窗帘，发出阵阵低吟，时而轻轻鼓荡着窗子，轻柔得如同羽絮；时而像夏日的和风般叹息着，卷起满地落叶，在这无尽的黑夜中飘飞。”以上描写让我们想起了济慈的《圣爱格尼斯之夜》(*Eve of St.Agnes*)，头韵使用得十分巧妙，在把控语言韵律的同时，注重体现大自然的声响。“田鼠在草地上舒适地睡着，猫头鹰栖息在沼泽深处的一棵枯树上。野兔、松鼠和狐狸早已钻进了窝里。”虽然开篇展现了作者对大自然的观察，但结尾却转向了神话，“大地沉沉安眠，但空中却是一派生机。羽毛般的雪片徐徐飘落，仿佛是北方的哪位谷神统治了这里，将银白色的谷粒撒向大地”。事后，梭罗曾评论说，作者若想让语言达到自然的境界，必须拥有将事实与神话结合起来的能力。

梭罗的措辞之谨慎，为整篇文章增添了些“精雕细琢”的意味：“河水从小镇后方流过，我们可以用更新、更广阔的视角观察周围的一切……这里是大地的边缘，或者说，大地的外围……暴风雨的神秘和壮美让行路者感到格外振奋。”此外，文中还出现了独具梭罗特色的隽语："森林是大自然建造的城市，如果没有它们，人类的生活会变成什么样子?"他将"伐木工的小屋"比作"文明的中转站"，并且将雪花比作"铺在窗台上的温暖的棉絮"。

当梭罗将《冬季远足》的文稿寄给爱默生时，后者至少删掉了两页的篇幅，并且又一次在信中坦诚地指出，梭罗的文字过于矫饰和造作。爱默生认为，文稿中的许多表达无异于炫技，比如，用"闷热"来修饰"寒冷地带"，用"孤独"修饰"公众"，用"野性"修饰"家养的"(梭罗最喜欢用的表达)，用"城市和军队"来反衬"森林的庄严"等。对于爱默生的"自由篡改"，梭罗不仅没有生气，反而虚心地接受。不得不说，这份雅量是令人讶异的，因为后来，编辑进行的丝毫改动都会招致梭罗的强烈反对。或许梭罗已经意识到，爱默生的批评不无道理，隽语的滥用会使文章陷入程式化，令人生厌。不过在梭罗的思想和智慧中，正反对比和正话反说等手法仍然占据着中心地位，这是他无论如何也抹不掉的独特风格。《冬季远足》不仅仅采用了"温暖的雪"和"文明的森林"等文字游戏，更强调了森林对于人类"精神健康"的必要性，对大自然隐秘的力量进行了赞誉："大自然中潜藏着一股隐秘而幽暗的烈火，它永远不会熄灭，不会因严寒而失去温热。这股烈火最终将融化积雪。1月时，它隐藏在大地的深处；7月，它会渐渐地烧到地表。在最寒冷的日子里，它会四处流窜，融化所有树木上的积雪。"

《冬季远足》是梭罗的第一篇"远足体"散文，全篇重心放在季节上，所有梭罗风格的主题都在这里融汇，凝聚成一个由自然风光主宰的整体，用迫切、逼真、细致的笔触再现出来。此外，这篇文章带有明显的宗教寓意，作者在结尾处表达出对个人信仰的偏爱和对希伯来《圣经》的轻视。梭罗将伐木工视作人类的典型，从这个角度来看，这篇文章也宣扬了某种社会理念。梭罗对于叙事技巧的掌握为文章增添了权威性和亲切感，令每位读者都觉得仿佛在与作者直接对话。这是因为梭罗让他的叙述者变成了一个鲜活而具体的存在，一个我们信赖的播报员；另外一个原因在于，梭罗把读者当作散步的伙伴，文中很少提及真正跟他散步的人是谁，但在描述远足经历时，他从未将读者排除在外。即便在最严苛的环境中，梭罗也会用“我们”这类字眼来邀请读者与自己一道分享旅途的艰险和体悟。

> 一阵寒风吹过，驱走了所有的疾疫。没有什么能抵受住寒风的吹袭。但寒风也有美德。当我们站在山巅或身处寒冷荒凉的环境时，我们会对寒风的无知无畏、对它清教徒般的坚韧心生敬意。寒风袭来时，所有的生灵仿佛听到召唤般的躲了起来，那些依旧在外面挺立着的，定然是宇宙最初的框架。

梭罗的纽约之行可以用“失败”一词来形容。这种失败体现在很多方面。首先，他在威廉家的生活乏味透顶；其次，他没能顺利地进入纽约文坛。令他欣慰的是，格里利尽到了一位挚友和一名忠实读者的责任。完成那篇优美的《冬季远足》后，梭罗终于发现，他的心仍然留在康科德。当初他曾不顾一切地想要离开，如今却又心心念念地想着回去。纽约的经历唤起了他对故乡的眷恋，同时让他以更加现实的态度对待文学创作。这年8月，他在信中向母亲写道：

> 此时此刻，我最大的美德在于还能坚持着不睡去。除了少

数情况外，我几乎无法阅读和创作。不过总体来说，我比从前更坚韧了。我甚至可以一路步行，凭双脚环游世界。有时候我在想，应该把眼前能做到的事情一次性做完，而不是执着于眼前还做不到的事情。

10月末，他在日志中发表了一通见解，从这些文字中可以看出，这次的纽约之旅给梭罗带来了深深的挫败感，也让他从中得到了教训：

我的年纪已经足够大，足够让我认识到，在这种生存状态下，少年时代的梦想是绝不可能实现的。当我拨开时光的眼皮，与它无比沉稳的目光相对视时，我清楚地意识到，我的梦想化作了泡影。不过对我而言，这番体悟也是一种极大的快乐。

## 3. 铁路修到康科德

在《亨利·亚当斯的教育》（*The Education of Henry Adams*）一书中，亨利·亚当斯指出，19世纪40年代，随着“波士顿及奥尔巴尼铁路公司的成立，波士顿港湾出现了第一艘‘丘纳德’（Cunard）号汽轮，亨利·克莱（Henry Clay）与詹姆斯·K.波尔克（James K.Polk）当选总统的消息经电报由巴尔的摩传至华盛顿”。以上种种现象，标志着18世纪的波士顿已经不复存在。大约在同一时期，18世纪的康科德也因为同样的原因走到了尽头。1843年的感恩节，梭罗从斯塔滕岛赶回康科德，12月17日，他搬回家中居住了一段时间。当时的康科德正发生着翻天覆地的变化，其中最显著的莫过于铁路的开通，而随着铁路的到来，其他种种变化也随之而来。

19世纪40年代，马萨诸塞州的总体面积增长了34.8%。1840年，波士顿被选定为“丘纳德”号航线的终点。在接下来的几年中，波士顿作为港口城市，达到了其发展的顶峰。1843年，波士顿建造了第一台谷物升降机。尽管经济迅速增长，但民众的生活依然十分艰辛。从1837年梭罗大学毕业，到1843年他从斯塔滕岛返乡，在这6年中，小麦的批发价由1.77美元/蒲式耳跌到0.98美元/蒲式耳；羊绒的价格由0.42美元/磅跌至0.3美元/磅；批发价格指数由1835年的100上升至1837年的115，然后于1843年降至75；1843年，木匠等技工的日薪与1837年持平，为每日1.25美元，但非技工（如伊利运河的劳工）则没有那么幸运，他们的日薪则由1837年的0.88美元降至1843年的0.75美元。

早在1843年4月，梭罗在动身前往斯塔滕岛之前，他便已经听说“经过小城（康科德）的波士顿—菲奇堡铁路即将签约”。对于康科德而言，这个消息可谓好坏参半。1836年，波士顿至洛厄尔线竣工，尽管这条线路没有经过康科德，却影响了米德尔塞克斯运河的交通，因而承载着康科德众望的水运交通也受到了影响。1843年，受到洛厄尔铁路的影响，运河交通吞吐量降低了三分之二，且运河的利用率急剧下降。由于维修经费极其匮乏，政府不得不改变承租方式来增强水运交通的吸引力。1842年，菲奇堡铁路项目开始收购土地。1843年，铁轨铺到了沃尔瑟姆。同一年，康科德开始了修筑铁路的准备工作。在写给梭罗的信中，爱默生提到："小城里到处都能见到爱尔兰人，森林里随处都能见到工程师，他们分布在各个站点，手里拿着经纬仪和红旗，彼此呼喊着，汇报测量到的尺寸。"根据爱默生的描述，这年9月，康科德建起了高达18英寸的铁路地基，每日朝着站点的方向前进33英寸。铺设工作进展十分迅速。当然，所有的工作都靠人力完成，而不是靠埃茨勒所描述的新世界中的机械辅助。数千名爱尔兰人参加了铁路修筑项目，每日工作16小时，日薪只有0.6甚至0.5美元。这让爱默生想到了驱赶奴隶的场景。他写道，"可怜的爱尔兰人"让整个小城都心生怜悯，但在无情的经济状况面前，他也无能为力。"每天都不断有人来申请这份工作。在这种情况下，有什么办法能够减轻他们的负担呢？他们赚得的工资足够单身汉过活，养家糊口的人早晚会辞掉这份工作。"最终，第一列火车驶入康科德。从这里到波士顿只需1个小时，票价为0.5美元，相当于铁路工人一天的工资。相比之下，马车的路费高了整整3倍，时间成本高达4倍。

富有远见的爱默生准确地预见到了铁路带来的影响。他意识到，由于铁路的开通，康科德与波士顿的距离将被缩短，他所享受的宁静与祥和会被打破。他做好了迁居的准备，正犹豫着要不要离开康科德。1843年夏，铁路项目继续向前推进着。然而此时的埃勒里·钱宁发现，爱默生居住的小城依旧保持着往日的宁静。钱宁是给爱默生供稿的另一位诗人，他的几首诗作刚刚以诗集的形式出版。这年春天，钱宁搬到了康科德，他花了55美元，在剑桥郡公路的旁边租了一栋红色的农舍，租期为1年，这栋农舍恰好与爱默生家的花园相邻，房屋的修葺工作都是由梭罗帮忙打理的。钱宁注意到，外面的公路上，每天大约驶过4辆马车，除此之外，这里宁静得符合任何人的期待。“旧世界依旧昏昏欲睡，慵懒地吐着舌头。”钱宁这样写道。

在小城的另一端，瓦尔登湖的宁静被打破。刚刚落成的铁路线恰好在附近通过，高耸的路基静静地坐落在那里，仿佛必须要配上些噪音才应景。在瓦尔登湖的任何一个位置，都能明显地看到那条新修的铁路，康科德河和瓦尔登湖也因此加强了与外界的联系。从这个意义上来讲，说18世纪的康科德走到了尽头，显然是十分合理的。如果对于钱宁而言，旧世界仍然通过剑桥郡的公路“慵懒地吐着舌头”的话，那么瓦尔登湖的水面上已经回响起新世界工业资本主义的声响：首先是铁锹，其次是重锤，然后是蒸汽机。

## 4. 人类文明的内景

1843年秋，梭罗在纽约做出了最后一次努力。这年9月，他仍然试图将自己的文稿推销出去。在接下来的几个月里，他的心里极不平静，思绪时不时便飘回自己的故乡康科德，这或许是因为纽约让他感到越发陌生和沮丧。这年秋天，他写下的文字不像以往般内涵甚广，却时时触动着脑海深处关于春的记忆。9月29日，他的日志中首次出现了“春季的第一只麻雀”这样的描述，这些感受将逐渐变成《瓦尔登湖》中最出名的几篇文章。正如《冬季远足》写成于初夏一样，这篇描述初春的文章写成于秋季将至之时。这一点并不像看上去那样矛盾。梭罗最著名的作品与华兹华斯的诗歌相似，集合了他在宁静中累积起来的感受。不同的季节给他带来不同的愉悦感，这些感受经过时间与想象的过滤，最终以文字的形式表达出来，但这种表达所对应的并不是当时的外部季节，而是梭罗内心的季节。有趣的是，随着岁月的流逝，梭罗对季节的感知总是以回忆或展望的形式表现出来。春季刚过，他便已经想到了来年重回春天时的情景。

同样有趣的是，这篇关于春天的散文的开篇并没有提到大自然本身，而是展示了梭罗关于音乐的思考。他在开头写道："拧紧音乐盒的发条后，我松开手，发条积蓄的张力就像中世纪的喷泉般迸发出来。音乐与过去以一种奇异的方式连接起来——每个时代都有其独特的张力。音乐唤醒了我的记忆，为它增添了色彩。"接下来，梭罗没有任何过渡地直接写道："春季里的第一只麻雀。这一年的开端，孕育着更多的朝气和希望。一声声清脆的啼啭，在光秃秃、湿漉漉的田野里回响。"

此时距梭罗尝试着写下《瓦尔登湖》的初稿还有许多年时间，但这本书的理念、意象、主题等，此时均已在他脑海中成形，并对这本书的体例架构产生了决定性的影响。梭罗的写作方式是诗人式的。一开始，他只是在信封背面和纸片上零星地记录几笔，在外出散步时也不例外。回到家后，他会对日志、笔记本或是信件上记录的点滴灵感进行延伸。之后，他会将这些内容组织成一篇完整的讲稿或散文，或者回到熟悉的主题上，有些主题可能是几年前便已经想好的。由于记录的内容太过庞杂，他甚至为自己的笔记本编写了索引条目。从零星的想法到日志或笔记的书写，最后形成讲稿或散文，这就是梭罗惯用的创作模式，这中间要填充创意、打磨词语，进入日志或笔记阶段后，他会一次性写完一个句子、一个段落，或创作出一个完整的意象。

这年秋天，他再次回顾了《一周》的创作素材。在他的日志以及被他称为“长卷”的笔记本中，他曾用两段的篇幅对那次旅行中远足（两兄弟弃舟登岸后步行前往怀特山）的部分进行了描述，但在《一周》中，这部分内容却被略去了，似乎不知该如何展现远足的经历。在“长卷”中，梭罗似乎正酝酿着“叶子的史诗”（这个梦想最终被惠特曼抢先实现）。不久后，他又将注意力转向了从前的兴趣——冰花与树叶的相似之处。这一次，他注意到，“罐子上的霉菌展现出完美的树叶形状”。值得注意的是，梭罗在重新整理和表达这些素材的同时，似乎又想抛弃这些素材。当他以更为简洁的笔法再现梅里马克河之旅时，梭罗突然就此止笔，并在日志中疑惑地写道：“为何要将读者……引向这片狂暴的土地?”

同年10月，《冬季远足》在《日晷》杂志上发表。梭罗不仅没对爱默生的修改表示抗议，反倒在心里存了几分感激和欣喜。尽管梭罗的原稿只有一部分被保存了下来，但只消对比梭罗的《店主》（*The Landlord*）——这是一篇颇具查尔斯·兰姆[①]风格的散文，文中塑造了一个热情的北方旅店老板的形象。这篇文章最终发表在这年10月的《民主评论》（*Democratic Review*）上——与爱默生的修改稿就可发现，爱默生改后的文稿的确堪称上品，这篇文章无疑是梭罗发表的文章中最不具有梭罗特色的。这年11月，他那篇关于埃茨勒的评论也得以发表，在发表之前同样经过了修改，但这一次的修改是针对文章的充实程度，与文体和风格无关。

回家过感恩节期间，梭罗举办了一场题为“荷马、莪相[②]及乔叟”的讲座，那是他11月始终在筹备的事宜。在过去的几个月中，

① 查尔斯·兰姆（Charles Lamb，1775—1834），英国散文作家。

② 莪相（Ossian），凯尔特神话中古爱尔兰著名英雄人物，传说他是一名诗人。

他一直在阅读英语诗歌。他发现大多数诗作都不够理想，就连令他着迷的夸尔斯[①]的诗作也无法使他感到十分满意。他认为德拉蒙德（Drummond）的诗歌类似“拼词游戏”，“缺乏强烈的情感和实质性的内容”。他认为，斯宾塞[②]的《仙后》（*The Fairie Queen*）如果不运用“古风”的话，效果会更好。至于马韦尔（Marvell）的作品，他认为只有部分内容较为出彩，余者则没有价值。相比之下，只有马洛[③]具有“伟大诗人的种种潜质”。梭罗曾在一封书信中提到他骑着马“从众多英国诗人中间穿过，这些诗人纷纷投来厌恶的目光”。于是，在举办讲座时，他将主题转回到古代和古代诗人身上。他赞扬荷马的诗流畅得体，“就像是大自然的语言”，正因如此，才能流传后世。至于后来的诗人，梭罗认为他们“没有任何建树，只会抄袭荷马的比喻”，并坚称荷马的诗歌是“人类心灵最古老又最年轻的产物”。

梭罗发现，莪相与荷马之间存在诸多相似之处。这年秋天，他刚刚发现莪相的作品，从此便沉迷其中，无法自拔。正因如此，他才对詹姆斯·麦克弗森（James McPherson）那些颇具莪相风格的作品心生敬仰。在这一点上，我们没有必要过于苛责。不论麦克弗森的诗歌是否真实可信，他的作品的确为许多比他更优秀的作家带来了灵感。在莪相的作品中，梭罗（以及许多读者）发现了一个原始而高尚的世界，他看到了古代社会所具有的英雄精神和朴素的力

---

① 弗兰西斯·夸尔斯（Francis Quarles，约1592—1644），英国诗人。

② 埃德蒙·斯宾塞（Edmund Spenser，1552—1599），英国文艺复兴时期的伟大诗人。

③ 克里斯托弗·马洛（Christopher Marlowe，1564—1593），英国诗人、剧作家，代表作品有《浮士德博士的悲剧》《帖木儿大帝》等。

量，目睹了那个没有贫瘠的、未被毁坏，也没有野蛮和卑鄙的精神世界。莪相在作品中批判了霍布斯[①]，但对卢梭（Rousseau）给予了认可。他的诗歌被认为与荷马的诗歌平分秋色，被誉为北欧文学的奠基之作。在梭罗的心中，莪相的诗歌大致相当于我们心目中的《贝奥武甫》（*Beowulf*）[②]。“莪相笔下的英雄过着简单而充实的生活，相比之下，人类文明的进程不过是一部乏味的编年史，里面写满了时尚和奢华艺术。”随后，梭罗用一个十分精巧的句式将他阅读莪相的体悟表达出来：“在人类文明的内部，应属高尚的位置仍被野蛮占据。我们就是那群金发碧眼的萨克逊人，那些发黑体瘦的诺曼人。”

但是，梭罗演讲（讲稿最终发表在最后几期的《日晷》杂志上）的主题并不在于他对古代社会与宏大时代的仰望。讨论过荷马及莪相之后，他将重点转向了乔叟，他对于这位英国诗歌之父的论述远远多过前两位诗人。与荷马相比，乔叟并不是一个神圣的吟游诗人，身上也没有半点英雄气质。“他不会站在门口随时准备吟诵诗歌，或随时准备展现勇武之气。我们的乔叟是一个平凡的英国人，是诗歌艺术的培育者。”在梭罗看来，乔叟虽然失去了英雄的地位，却因为他伟大的人性而得到了补偿。“我们在乔叟身上发现的人性，是任何智慧都无法取代的。”之前，梭罗的兴趣在于那些原始而古朴、庄严而野性的题材，如今，这种偏好得到了平衡——他开始用一种不那么戏剧化的、更加成熟的态度来仰慕智慧、教养、理智，以及乔叟身上展现出的“令人无比信任和喜爱的性格”。

---

① 托马斯·霍布斯（Thomas Hobbes，1588—1679），英国政治家、哲学家。

② 英国盎格鲁-萨克逊时期的史诗作品，完成于公元8世纪左右，是欧洲文学三大英雄史诗之一，另两部为法国的《罗兰之歌》与德国的《尼伯龙根之歌》。

梭罗感动和仰慕的，是乔叟诗歌突显出的人性与文明。然而，梭罗对于上古时期的偏好以及他对文明本质的敬仰，与这场讲座的主题并不完全吻合。他在这场讲座中指出了一个问题，但暂时还没有得到答案：或许在文明人类的内部，野蛮取代了文明的位置，但对于人类真正的完整性而言，两者都是必需的。

## 5. 1844年春夏

对于梭罗而言，1844年的开头并不顺利，而且情况越发糟糕。在过去的两年半里，他一直与爱默生家族的成员生活在一起。如今，他又回到了位于正街的帕克曼公寓——他自己的家。到目前为止，他的文学事业暂时搁浅，他把大多数时间都花在与父亲共同经营的铅笔厂上。追求文学事业没有错，为父亲打工更没有错，但关键问题在于，梭罗到了27岁的年纪，还有两件大事没有解决：第一，今后的住处问题；第二，如何靠文学创作养活自己。1844年初，他似乎找到了答案：与家人一同生活，以及寻求家人的支持。

1月，波士顿掀起了一场大规模的社会主义运动，傅立叶派的改革精神正在兴起，新型公社正以前所未有的速度建立起来。如果说这就是当时的主流精神的话，梭罗与时代的主流毫无瓜葛。2月，爱默生以“年轻的美国人”为题举办了一次讲座。这年冬天，他与梭罗的差异在两人的交流中显露无遗。爱默生谈论起他对讲座事业的热情，并提到，讲座的关键“不在于旁征博引……而在于怀着火热的情感描绘自己的思想，用自己的热情去唤起观众的激情”。听众的在场点燃了爱默生的渴望，他渴望“面对观众，用和谐而宏大的声音尽情地表达自我”。他曾说过这样一句名言：“对于创作者而言，艺术才是成就事业的途径。”

以上种种体悟，梭罗全然没有感受到。他没有感受到讲座者与听众之间的关系是多么“自然”，而只看到“艺术邪恶的一面”。很显然，他还没有准备好全身心地投入讲座事业中。梭罗并不是通过艺术成就事业，而是靠制造铅笔。他对这份工作尽心尽力，发明了不少改进工艺和产品的新方法。但问题在于，梭罗的时间和精力是有限的，他同时只能做一件事。尽管他可以利用晚间来学习，但他还是对爱默生表示，他“可以在白天专注于发明切割石墨用的机器，也可以在傍晚和深夜发明轮子”。梭罗与爱默生的另外一个区别在于，后者每次只能专注于一份工作。爱默生曾表示，只有当另一项工作提上日程时，他才能做好手头的这项工作。像沃尔特·司各特[①]一样，他写作的目的在于避免自己漫无目的地乱写。

1843至1844年间的冬季，梭罗的日志中出现了长期的空白。这年4月，他不再给《日晷》杂志供稿，这份杂志曾是他发表文章的主要途径。的确，他在其他刊物发表的文章少之又少，只有《沃楚西特山之旅》、关于埃茨勒的评论，以及那篇题为《店主》的散文。

同年4月，一个名叫艾萨克·赫克（Isaac Hecker）的年轻人来到梭罗家借宿。这名年轻人一直在尝试布鲁克农场和“成果之乡”的生活方式，试图寻求一种更好的生活。躁动不安的赫克很快激发了梭罗旅行的渴望。他渴望一场真正的旅行——欧洲之旅，但不得

① 沃尔特·司各特（Walter Scott，1771—1832），英国小说家、诗人，著有《艾凡赫》。

不认真考虑这个想法的可行性。在此之前，他计划了一次短途旅行，但这次旅行却带来了灾难性的后果。1844年4月的最后一天，梭罗与哈佛大学一名大四学生爱德华·S.霍尔（Edward S.Hoar）（其父是康科德一名模范公民）到萨德伯里河的上游泛舟探险。两人捕了许多鱼，随后来到费尔黑文海滩，在一截朽烂的松木桩上生起一堆火，准备烹制鱼肉。但他们偏偏选择了一个最不合适的地点生火。当时正值天干物燥之际，木桩上的火焰迅速蔓延开来，火势顿时失去了控制。大火被扑灭之前，火势已经覆盖了300多英亩的森林。可以想象市民对于这件事的态度，也可以想见梭罗当时有多么的苦恼。整整6年之后，他才有勇气在日志中写下整件事情的经过。他时常梦到大火，以及狂风裹挟着火星如雨点般陨落的场景。后来，梦中的这些场景被他写入了《卡塔丁山》。

除此之外，这年再也没有发生任何灾难，但在接下来的日子里，梭罗的生活似乎失去了方向和意义。5月，在康科德居住了半年之久的埃勒里·钱宁搬到了纽约。6月，波士顿至康科德的第一辆列车开通，伊萨克·赫克怀着无比激动的心情，踏上了前往纽约的列车——这年5月，由诗人转为报纸编辑的威廉·卡伦·布莱恩特呼吁在纽约市中心建造一个500英亩的公园。7月，梭罗再次踏上远足之旅。根据计划，他会在伯克希尔山脉的萨德尔巴克山脚下与钱宁见面，两人会合后一同前往卡茨基尔山脉。梭罗先后翻过了莫纳德诺克山和萨德尔巴克山（如今称格里洛克山），与钱宁会面后，两人向西进发，到达哈德逊河畔后，他们乘船前往卡茨基尔山脉。梭罗曾在《一周》中花上好几页叙述爬山的经历，这次也不例外。事后，他对这次旅途的部分经历进行了记述，但不可否认的是，这是他人生中最无趣的一次旅行。8月，他在写给赫克的信中提到，这次旅行让他产生一种“淡淡的荒废感”，随后他解释说：“每次外出游玩回来，我便再也提不起对婆罗门教心灵修行的兴趣。”对于梭罗而言，那些最重要、最具文学意义的旅行，正在东方或北方等着他，那里的高山和大海正呼唤着他的到来。此后，梭罗在西方、南方或是内陆旅行的次数逐渐减少。

从卡茨基尔山脉归来后，梭罗收到了赫克的邀请，对方提醒他“为前往欧洲的旅途做准备”，“如果需要的话，我们可以徒步前往，如果不介意，我们可以在途中打工或是乞讨”。这个提议令梭罗有些动心，他对赫克表示：“我的内心意愿已经和外部截然分裂。”最终，他给赫克写了一封长信，婉拒了他的请求，善意地表达了自己的惋惜之情。反复思考之后，梭罗确定了自己的方向：他首先要探索自己的内心世界。“事实上，”他对赫克写道，“我想探索的是远方的印度群岛。我再也不能拖延下去了。你知道，这种探索所需要的是截然不同的路径和方法。”

## 6.1844年秋

从伯克希尔山脉和卡茨基尔山脉回来后，梭罗刚好见证了爱默生思想上的转变——公开支持废奴运动。1844年8月1日，在梭罗的母亲辛西娅·梭罗（Cynthia Thoreau）以及其他人的强烈要求下，爱默生在康科德举办了一次讲座，来自13个小城的代表云集于此，来倾听爱默生的发言。爱默生讲座的题目为“关于英属西印度群岛之解放的讲话”（Address on Emancipation in the British West Indies），当时恰逢1834年英国殖民地废奴法颁布10周年。总体而言，这是一场生动且发人深省的讲座，爱默生不仅戏剧化地描述了废奴史上的重要事件，更将细节精确到具体的日期和人名。他从1772年英格兰颁布法令宣布奴隶制非法讲起，一直讲到1807年奴隶贸易的废止，以及1834年8月1日废奴法案的实施——爱默生将它称为"理性、光明的法案……这一天为抽象的道德赋予了历史性的深刻内涵"。如今，爱默生的这篇讲稿已经很少有人问津，但从讲稿的风格来看，他已经从空泛的道德说教转向了具体的政治现实。这是一篇历史散文，风格明快而直率，材料翔实而具体。爱默生不仅指出了美国相对于英国的不足之处，同时还睿智地提出了一个经济学论点：英国商人将西印度群岛的每个奴隶都视作潜在客户。他的目的在于使听众真正信服，而不仅仅是空泛的训诫，或彰显道德上的优越感。

以上便是爱默生为公众事业付出的全新的努力，这也预示着，不断壮大的超验主义者群体正给予公共事件越来越多的关注。此时的超验主义者不再是一群乡村知识分子，他们已经分散到波士顿、纽约、西部等多个地区。在一场又一场的讨论会上，超验主义者正用实际行动和他们的作品来检验内心的信念。为了鼓励康科德民众的"选择精神"，爱默生于1844年初秋创办了"星期一傍晚俱乐部"。从他付出的努力和他铿锵有力的演讲中，我们可以看出，超验主义者的关注焦点已经由书斋转向了更为广阔的外部世界。可以说，爱默生的演讲无疑是成功的，但他的俱乐部在几次尴尬的聚会之后，渐渐没了声息。

爱默生的转变以及对废奴运动的积极态度，都令梭罗深感震撼。当第一教区的司事拒绝为讲座鸣钟时，梭罗"冲入教堂，双手死死地抓着绳索，让大钟发出一连串愉悦的声响，直到人们纷纷聚拢在这里，聆听爱默生的演讲”。事后，梭罗还曾为这篇讲稿的发表积极奔走。

这年的秋季是繁忙的。爱默生发表讲稿（9月9日）的第二天，梭罗的父亲购买了大量建筑材料，梭罗开始利用这些材料在康科德的得克萨斯街（如今的贝尔纳普街）旁建造房子。这是梭罗全家拥有或建造的第一栋房产，此前他们一直租住在别人的房屋中。梭罗挖了一个酒窖，并且为它立了一块纪念碑。虽然他这年秋季的大部分时间都在父亲的工厂干活，但也在闲暇之余学会了造房子。既然能给家人造房子，他当然也能够为自己建造一栋。

与此同时，梭罗开始着手创作一部作品。在超验主义者的社交圈里，只有梭罗一人没有出版过专著。他将“长卷”中记载的关于梅里马克河之旅的零星体悟全都抄写下来，随后又对此进行了整理。在此之前，他至少整理过两三次。“长卷”中的材料是根据日期而非主题编排的，而这些材料也开始逐渐得到扩充。在为这部专著选择“范本”时，梭罗最终选定了玛格丽特·富勒于1844年6月第一个星期出版的《湖畔夏日》（*Summer on the Lakes*）。

10月初，爱默生在瓦尔登湖畔买下了一片草场，并邀请了多位朋友参观。朋友们劝他说，这片草场显得不够完美，要将附近的松林囊括进来才好。于是，爱默生将那片林地也买了下来。他在写给卡莱尔的信中说：“如果我还有些余钱的话，这几天我或许会造一栋与树梢齐高的小屋或塔楼，日日夜夜住在里面。那里实在太美了，于我而言，这种美是永不褪色的。”

10月中旬，爱默生的第二部随笔集出版，这部集子仍然以《诗人》一文开篇。尽管对于梭罗而言，这篇文章具有十分重要的意义，但当时他的兴趣仍然停留在关于解放黑奴的讲稿上。10月14

日，他再次向爱默生索要了这份讲稿。恰好在同一天，一个名叫赫尔曼·梅尔维尔的水手刚刚结束了4年的漫游之旅，在波士顿的海军船坞谋得一份生计。除了密切关注废奴运动外，梭罗把主要精力花在了修筑房屋和继续打磨《一周》的手稿上。这年秋天是极不平凡的。根据来自皮茨菲尔德的威廉·米勒（William Miller）及其追随者的说法，1844年10月22日是世界末日。随着这一天的不断临近，米勒及其信徒在山顶和专门为末日而建的露天教堂中耐心地等待着。在康科德及其附近地区，有的人放弃了耕种，有的将自己的生计让给了他人。鸡蛋以每打18美分的价格零售；10月18日，一只火鸡的价格降至1美元。当10月23日的曙光照在瑟瑟发抖的米勒及其信徒们身上，鸡蛋仍然以18美分一打的价格出售，一只火鸡仍然只卖1美元。

## 7. 1845年春

“1845年3月末，我借了一把斧头来到瓦尔登湖旁的树林，这里离我打算建造房屋的位置最近。于是，我砍倒了几棵又高又细的白松做木材，这些白松树还年轻。最开始总是要借一些东西的，否则便无法开始。”瓦尔登湖位于康科德中心稍偏东南的位置。从湖畔北缘到小城的火车站最短的距离为1.25英里。瓦尔登湖面积约为61英亩，长为0.5英里，一侧是铁轨，另一侧是与之平行的瓦尔登路。沿着湖畔步行一周的距离大约为1.75英里。整片湖区都被森林覆盖，但当时的树木远不及如今密集。尽管铁路的路基截断了湖区的西南角和北侧大约11英亩的遍布老树桩的草地，这里仍然是个风景优美的所在——如今的风光比当时更美。

梭罗喜欢把它比作山区湖泊，这样说并非没有道理。湖水深而清澈，湖岸线清晰而明朗，周围是康科德常见的低地与沼泽，湖区不远处便是高地，整体地形从湖畔缓缓拔高，形成一个坡度。在那个年代，覆盖湖区的大多是松林，而不是如今清一色的落叶林。正如爱默生向卡莱尔描述的那样，瓦尔登湖配得上“小城最夺目的装饰品”这个称号。

去年9月底，爱默生以每英亩8.1美元的价格在湖畔北侧买下了11英亩的土地，然后又花费125美元买下了附近“三四英亩”的林地。梭罗常将瓦尔登湖与自己的童年记忆联系在一起。他在《瓦尔登湖》的《种豆》（*The Bean-Field*）一章中写道：“在我四岁的时候”，“我记得很清楚，当时我随家人从波士顿回到家乡，穿过这些森林和田野，来到瓦尔登湖”。之后，梭罗便爱上了这片湖水，他经常到湖边去，正如爱默生所言，似乎“这湖畔是他每日必来的场所”。长期以来，在湖边建房并在那里居住的想法一直吸引着梭罗，但直到1844年，这个想法才真正变为可能——爱默生购买了土地，恰好梭罗又学会了建造房屋。

这年3月初，梭罗的意图已经十分明显。他甚至把他的想法告诉了其他人。3月5日，身在纽约的钱宁回应说：“据我看，除了被我称为‘石楠烟斗’的那片土地，湖区附近并没有什么适合你的。你可以在那里建一栋小房子，开始‘将自我生吞活剥’的伟大事业。”没错，土地是爱默生的，斧头是借来的，但敢于到那里居住的，却只有梭罗一个人。他和钱宁都已经明显地看到，这番壮举远远不只是一次迁居这样简单。从一开始，梭罗所追求的便是一场重要的实验，一个全新的开始。

很显然，梭罗迁居之举与他的个性和内心的信念密不可分。但正如乔治·艾略特[①]所说，没有公共生活的语境，便谈不上私人生活。这一点在当时的历史背景下显得尤为突出。可以说，梭罗进行的是一场私人实验，但这场实验离不开三个独特的公共语境。

1845年春，一个名为国家改革协会的组织参与一场越发激烈的论辩中。这个组织位于纽约，由贺拉斯·格里利发起并领导。论辩的主题是，如何处置西部新建各州广袤的联邦土地。其中一种声音认为，但凡想要拥有土地者，都应该免费得到0.25平方英里——160英亩——的公共土地。格里利及其友人早就预见到了这一理念，而这一理念最终导致了美国1862年宅地法的出现。该法案引发了大量的投机行为，富有的个人凭借雄厚的财力将大量公共土地变为私有。格里利领导的协会不希望新增的公共土地落入投机商的手里，而希望这些土地由个体农民掌控。这年5月5日，国家改革协会在纽约市召开了一次全国性会议，协会理事埃尔文·E.博维（Alvan E.Bovay）阐述了协会的基本设想。“或许用不了多久，我们就会发现，如果一个人拥有生命权，那么不可避免地，他将有权拥有维持生命的基本元素，比如土地、空气和水。”该协会主张将土地出售而不是分配给个人，如此便可以避免因负债而导致土地被没收。此外，任何人只能购得不超过0.25平方英里的土地。根据协会的提议，土地只能由小农掌控，这会为19世纪末及20世纪的农业及农业经济带来繁荣，然而这不过是杰斐逊[②]补贴农业产业这一理念的延续而已。梭罗也曾试图购买农田，而这段经历让他意识到，

① 乔治·艾略特（George Eliot，1819—1880），英国作家。

② 指托马斯·杰斐逊（Thomas Jefferson，1743—1826），美利坚合众国第三任总统（1801—1809），也是《美国独立宣言》的主要起草人之一。

美国急需一场土地改革。很明显，他同情那些靠补贴生活的小农，而不是大型的商业农场。

在第二个公共语境中，梭罗选择在瓦尔登湖附近生活，不仅突显了个人的自立，更是对布鲁克农场、霍普代尔以及“成果之乡”等乌托邦公社给予回应。1843至1845年间，除了上述公社外，有33个新型的乌托邦公社问世。梭罗与这些公社的创始人一道对美国社会的竞争本质、对生产的工厂化模式、对当时的衣食住房等各方面的铺张浪费现象提出了质疑。瓦尔登湖是梭罗的“终极改革公社”，在那里，他让生活回归到了最质朴、最节俭的本源状态。

第三个语境显然最具政治意义。1845年3月1日，泰勒（Tyler）总统签署了合并得克萨斯州的法案。在当时的历史条件下，这无异于对墨西哥宣战。墨西哥曾经公开宣布，美国吞并得克萨斯州一定会引发战争。当然，这也意味着对蓄奴各州取得的重大胜利。两天后，佛罗里达州加入了废奴联盟。不到一周后，在这样紧张的政治氛围中，温德尔·菲利普斯[1]来到康科德做演讲。菲利普斯是一名热情、坚定而又雄辩的废奴主义者，他的到来引起了康科德民众的强烈反对。康科德大讲堂的保守派馆长因此引咎辞职，而节节胜利的废奴运动促成了爱默生、梭罗以及塞缪尔·巴雷特（Samuel Barrett）的当选。

3月11日，菲利普斯在康科德进行了演讲，对吞并得克萨斯州以及有可能到来的战争进行了谴责。这番演讲令梭罗大为震撼，他将菲利普斯比作斯宾塞的红十字骑士[2]，第二天便将演讲稿整理好，

① 温德尔·菲利普斯（Wendell Phillips，1811—1884），美国演说家、改革家，废奴主义者。

② 斯宾塞长诗《仙后》中的人物。

连同一封长长的书信一起寄给了《解放者报》(*The Liberator*),这篇讲稿于3月28日发表。菲利普斯的演讲中提到一个名叫弗雷德里克·道格拉斯(Frederick Douglass)的年轻奴隶,这名奴隶后来获得了解放,并以演讲者的身份引起了强烈反响。他还考虑过将自己的生平经历书写下来。令梭罗和菲利普斯大感愤慨的是,当时的民众逼迫道格拉斯噤声,防止他蛊惑人心。

对于梭罗而言,迁居瓦尔登湖无异于一种解放。这是一场关于自由的实验。有趣的是,他在《瓦尔登湖》中描述的生活与道格拉斯所说的自我解放十分相似(道格拉斯的作品于1845年6月出版),菲利普斯在康科德做完演讲还不到3个月,梭罗便搬到了瓦尔登湖生活。

## 8. 我走向森林,为了从容地生活

梭罗伐倒的几棵细高的白松最终变成了小木屋的总体框架。这是一栋只有一间屋子的小屋,面积为10英尺×15英尺。5月初,在埃德蒙德·霍斯摩尔(Edmund Hosmer)以及其他人的帮助下,小屋的房梁终于装好了。梭罗购买了一个小棚子,拆下它的木板做小屋的外墙。这栋木屋坐落于瓦尔登湖的北侧,地点是精心选择过的,恰好处于铁路与瓦尔登路的中间。小屋背靠铁路,离它大约500码。梭罗在修筑小屋期间,还雇了一匹马,在这11英亩的土地上开垦了2.5英亩的田地。大约15年前,这片土地上的林木便遭到过砍伐,到处都是树桩。梭罗将这些树桩清理出来,用作引火的木柴。6月初,他在开垦出来的田地上种了常见的矮菜豆、玉米和土豆。

从各个层面来看，梭罗迁居瓦尔登湖都是具有象征意义和代表意义的。首先，这意味着他已经从家庭和城市生活中解脱出来，建造房屋之举证明他有能力为自己遮风挡雨，种豆则显示出他可以自食其力，甚至还有余粮供养他人。在《瓦尔登湖》的《种豆》一章中，梭罗表示，他之所以在田里耕作，“只是为了寻求修辞方式和表达方式，希望有一天能够创造属于自己的隐喻”。不久前，约翰·富兰克林（John Franklin）从格林海斯动身前往泰晤士河——当时他正最后一次率领“埃里伯斯”号及“特罗”号去寻找西北航路——6周之后，即1845年7月4日，梭罗正式迁居至瓦尔登湖。

此番迁居由多方面原因促成。其中一个原因在于，梭罗多年来一直盼着能够独立生活。这年7月，他已经28岁了，之前不是住在家里就是住在学校，要么就是与爱默生一家生活，他没有资金，更没有稳定的工作，几乎负担不起独立生活的成本。尽管这次迁居来得较迟，梭罗却从中看到了无限的希望。迁居不仅意味着狭义上的个人自由，更意味着精神上的解放——这正是他在理解废奴运动时不自觉地在生活中寻求主观对应的结果。他所寻求的，正如迁居两天后他在日志中写到的那样，是“西印度群岛在思想领域和想象领域的解放”，“这股解放潮流不该仅仅局限于岛屿范围之内。解放的心灵和思想足以粉碎数百万奴隶的脚镣”。

瓦尔登湖“实验”也是一场小范围的社会改革，一种试图揭示布鲁克农场或“成果之乡”（“成果之乡”的地点差点就在1843年被定在费尔黑文湾附近的湖畔）内在含义的尝试，但这种尝试并非群体性的，而是个人对于社会改革、农业改革以及更简化的生活方式的体悟，这意味着更大程度上的自由。

然而与同时代的壮举相比，梭罗的迁居显然缺乏足够的探险精神。埃勒里·钱宁曾旅居伊利诺伊州的大草原，梅尔维尔作为水手在海上生活了4年，约翰·富兰克林在这年夏天从格陵兰岛出发，率领两艘帆船，由巴芬湾的亚北极水道进入太平洋；1846年，摩门教徒离开伊利诺伊州的诺伍市，浩浩荡荡地朝着犹他州进发……在探险精神方面，梭罗甚至比不上约翰·查尔斯·费尔蒙特（John Charles Fremont），更比不上数不清的小团体。1846年7月的最后一天，美国第一批唐纳队[①]离开福特·布瑞橘尔[②]，前往加利福尼亚山区。梭罗十分清楚，他迁居的目的并不在于征服自然的野性，而是进行一场象征性的实验，在一个类似实验室的环境中模拟自然环境。7月16日，他评论道，在他的想象中，“过一种原始的拓荒生活是某种优势”。随后，他又专门补充说：“当然，这种生活无法脱离人类的外向性文明。”从一开始他就明白，他的这场实验可以发生在任何地点，谁都可以进行。这场实验不需要远离社会，更不是消极隐遁或避世。对梭罗而言，这是他朝着解放、朝着新开端迈出的第一步。正如他在《瓦尔登湖》第二章所说的，这是一次觉醒，让他对生活中真实与重要的东西产生更为清醒的认识。

《瓦尔登湖》一书还突显了这样一个主题：直面本质。“我之所以搬到丛林里生活，是因为我期望着能够从容地直面生活的本质与现实，看看我是否能从中得到些经验教训，如此，我便不会在弥留之际突然发现，我还没有真正地生活过。”这种对于简朴的追求，对于“一个人真正需要多少衣食、住所和家具”的追问，正是本书

① 唐纳队（Donner Party），美国历史上曾爆发前往西部淘金的移民大潮，唐纳队是其中一支队伍。

② 位于美国怀俄明州。

的主要论点之一。有一点非常重要，那就是当梭罗开始在森林里生活时，他对自己的动机便有着清晰而明确的认识。在湖边居住的第三天，那栋小木屋中的“光线与氛围”便开始“营造出希腊艺术品的格调”。他在日志中写道：“我想面对生活的现实，那些重要的现实，那些上帝想要当面启示我们的现象和事实。所以，我来到了这里。生活！谁知道它的本质是什么？它的目的是什么？”

梭罗怀着诚挚而高尚的目的来到瓦尔登湖。他正在追问生活的本质。他在寻求一种简朴的生活方式，寻求能够让他专心创作的生活环境。

## 9. 树叶的史诗

梭罗在瓦尔登湖居住了两年零两个月，这段经历已经成为每个美国知识分子内心景观的永久性特征。我们会不由自主地将这段经历视作梭罗一生的巅峰，很多证据表明，梭罗在迁居的时候，心里也有这种感受。他保持着绝佳的身体状况和开放的心态，对周围的事物充满了前所未有的热情。简朴而自由的生活足够令人满足。在创作上，这段时间可谓梭罗的“丰产期”。在瓦尔登湖生活期间，除了那12蒲式耳的豆子、18蒲式耳的土豆，以及“一些豌豆和嫩玉米”外，梭罗还创作出了比他生平任何一个阶段都多的高质量的文章，涉猎的主题十分广泛。在这26个月中，他完成了两份《一周》的完整稿、一份《瓦尔登湖》的完整稿、一篇关于他在瓦尔登湖的生活的讲稿、一篇关于卡莱尔的讲稿，以及《缅因森林》手稿的三分之一（即后来发表的《卡塔丁山》）。从《一周》的挽歌体和牧歌体，到《瓦尔登湖》中人与自然的平衡，再到《卡塔丁山》中人类与野性且原始的大自然的遭遇，梭罗以散文的笔法记录着个人的成长和体悟。他曾指出："想在日志中写下任何时候都令我们感兴趣的文字并不容易，因为写作本身并不令人感兴趣。"然而在瓦尔登湖畔生活期间，梭罗却全然沉浸在创作中，持续记录着这段生活。最重要的是，他为这记录赋予了充分的、文学化的表达。梭罗一生中只出版过两部较为统一且连续的著作，而这两本作品的基本框架大多是他在瓦尔登湖畔居住期间形成的。

早在1842年8至9月，梭罗便开始搜集、挑选以及编排有关那次泛舟之旅的素材。约翰的去世令梭罗迸发出惊人的文学热情：哥哥去世半年后，他开始在那本"长卷"上积累材料——前177页便是在这个时期写成的，内容大多为粗浅的笔记和《一周》的初稿。三年后，梭罗迁居瓦尔登湖，此时的首要任务在于创作《一周》的手稿。这项工作于1845年秋完成。第二份手稿作为最终付印版本的基础，在1846年冬至1847年春两季完成。随着内容的不断充实，第二稿的创作重点发生了转向。总体而言，1842年版的手稿是一部游记，贯穿全文的主题是友情。1845年的手稿加入了对旅途细节的描述。除了友情之外，梭罗又在这一稿中加入了自然法则、人类与自然的关系等主题。1846至1847年的手稿则增添了大量的文学材料，其中大部分内容已经在《日晷》杂志上发表过了，此外，他还在其中增加了诗人如何表达自我和自然这一主题，从某种程度上来说，新增的内容掩盖了之前的主题，并削弱了其重要性。

在打磨1845年版手稿的过程中，梭罗遇到了一个棘手的问题。尽管他的记忆力好得出奇，手稿中也不乏生动的描述，但随着稿件体量的不断扩充，关于那次旅行的有限记录开始显得匮乏。由于缺乏细节性的材料，梭罗只好把诗歌、散文以及多年来的思考补充进去。第二年，当梭罗来到缅因州森林时，他会在现场做出详细的记录，回到家后便立刻动笔，趁记忆清晰时尽快把材料形诸文字。

《一周》的另外一个问题在于形式，或者说，在于结构。梭罗并没有事先确定作品的架构方式，而是随着材料的翻新不断更改形式。这本书与《瓦尔登湖》颇为相似，两者均符合柯勒律治“有机结构”的理念：形式就像枝头的梨子一样，是不断生长的，而不是像制陶人转轮上的陶碗一样。《一周》的框架是随着梭罗旅程的推进而建构起来的，此举可谓开了美国游记作品的先河。在这本书中，河水不再仅仅是水流或“时间之流”，而是变为作者的“意识流”。不过，《一周》仍然与那些按时间顺序编排的游记［地理学家哈克路特（Hakluyt）的《远行》（*Voyages*）、沙特克（Shattuck）的《康科德历史》（*History of Concord*）、托马斯·L.麦肯尼（Thomas L. McKenney）的《湖畔之旅速写》（*Sketches of a Tour to the Lakes*）以及《奇佩瓦印第安人的性格与风俗》（*Sketches of the Character and Customs of the Chippeway Indians*）等］存在着某种关联。

梭罗日复一日地扩充着《一周》的初稿，每日的新增内容他都标记了日期。除新增的细节描述外，梭罗还添加了评论性的文字以及他的个人思考。最终，这份手稿变成了一部包罗甚广的“大杂烩”，友情的主题被“解剖”得支离破碎，不由得令人联想到伯顿[1]那本《忧郁的解剖》（*Anatomy of Melancholy*）。

后来，梭罗将两周的旅行经历缩减至一周，删掉了兄弟俩陆路旅行的部分，将第一周星期四的内容与第二周的内容拼接在一起，

---

① 罗伯特·伯顿（Robert Burton，1577—1640），英国学者。

然后将全书分为多个章节，每章分别对应一天的经历。梭罗的《一周》像是17世纪诗人纪尧姆（Guillaume）描述上帝造物的同名诗集的“现代俗世版”。

在精神气质上，《一周》与同时代的许多作品十分接近，比如朗费罗的《海外朝圣记》。朗费罗曾表示，《海外朝圣记》是“关于法国、西班牙、德国以及意大利的速写作品”，它描述的是这些国家的“人物性格”，并收录了一些“突显当地风俗礼仪的故事”和一些“不那么特别的故事”。朗费罗曾将出版过的《古英语散文罗曼史》（*Old English Prose Romances*）一文添加到《海外朝圣记》中，而梭罗则将那篇论及佩尔西乌斯的文章和论及“荷马、莪相及乔叟”的讲稿加入《一周》当中。

在基调和主题方面，梭罗的《一周》与玛格丽特·富勒的《湖畔夏日》（1844）较为相似，后者是一部游记杂集，集合了散文、诗歌等多种文体，文风平实而不失犀利，笔调从容，用语通俗。在这本书中，富勒对尼亚加拉河的风光进行了赞颂，并认为欧洲的任何景致都无法与之媲美。此外，作者对美国印第安人抱有浓厚的兴趣。

在所有同类作品［华兹华斯的《远足》（*The Excursion*）、吉尔伯特·怀特（*Gilbert White*）的《塞尔伯恩自然史》（*The Natural History of Selborne*）等］中，歌德的《意大利游记》是最不容忽视的一部作品。这是梭罗唯一一本在《一周》中直接提到的书。歌德那令人讶异的客观视角、对自我成长的认知、书信体的叙事特色以及对植物“形变”法则的思考等，多年前便给梭罗留下了深刻的印象，如今又对梭罗于1845年秋写下的这部长篇叙事作品产生了影响。

## 10. 树叶的“新类型学”

“我之所以踏上这条奇妙的旅途……是为了在我看到的事物中发现自我。”歌德在《意大利游记》的开篇中这样写道。不管梭罗在开启那次泛舟之旅时心里是否存有同样的想法，当他1845年在瓦尔登湖畔度过那个漫长的秋天并动手创作时，他所思考的内容与歌德并无二致。梭罗为《一周》搜寻的材料可谓十分翔实，笔记里充满了睿智的观点，涉猎主题林林总总，时间段横跨多年，这些内容很难自发形成一个有机的整体，只有生活才能将它们融为一体。从这点来讲，梭罗做出的努力是颇具勇武气质的。他在《一周》中探寻的问题是：主宰人类个性的法则与主宰溪流、冰花和树叶的自然法则具有何种程度的相似性。如果对艺术有机论进行逻辑上的拓展，则不难得出这样一个结论：文学形式由作者的个性所创造，并随着作者个性的转变而转变。

“行走在巴勒莫公共花园中，”歌德在《意大利游记》中回忆道，“我的脑海里闪过一个念头：在植物的器官——我们习惯称之为叶子的东西——中，存在着普罗特斯的真身，他可以在所有的植物形态中隐藏或显现自己。从开始到结束，植物只不过是一片叶子而已。”随后，他又补充说：“这一法则适用于所有生命体。”

以上种种观点都被梭罗收入了《一周》的手稿中。“植被会时不时给人带来一种强烈的冲动，这种冲动没有任何人或事物可以阻挡。”他写道，“不论在哪里，大自然的使命都在于不断地创造新的叶子，并将叶子的形态应用于更多的材料。”大自然是“叶子的制造工厂，而叶子则是解读大自然的密码。叶子的形态无处不在，它时而出现在田间的野草上，时而在橡树枝上轻轻摆动，时而会一跃成为陶罐上的花纹；它时而出现在动物、植物、矿物上，出现在液体中，出现在或简洁或纷繁、或新鲜或陈腐的冰花上。它在很大程度上体现了大自然质朴的本性”。对一名作家而言，这一切意味着什么？接下来，梭罗得出了一个沃尔特·惠特曼和自己都视为真理的结论：“柯勒律治认为，塔索的《耶路撒冷的诞生》（*Delivery of Jerusalem*）已经用尽了最后一个史诗题材，但我认为，叶子足以成为史诗的主题。”

在《一周》的初稿中，我们可以找到以下主题：叶子中隐藏的自然法则及其在万物中的显现，以及人性、个性与大自然之间的关系。在手稿的初始部分，梭罗对康科德河中的鱼群进行了分类。他没有像荷马一样列表，也没有像惠特曼一般进行汇总，而是像梅尔维尔对鲸鱼的分类一般，对其进行了有条理的、清晰的分类描述，例如小梭鱼、大头鱼、鳗鱼、三文鱼、鲱鱼、西鲱等。在对鱼群进行分类时，梭罗感叹道：“与独裁专制相比，自然法则更具恒久性。尽管在日常生活中，自然法则显得十分严苛，但至少我们可以根据节气规律在夏日的天气中尽情放松自我。”

在随后的第三天，梭罗对自然法则进行了大篇幅的讨论，开篇便暗示了自然法则的永恒特性。他指出，在河流对岸的乡间，人们固守着永恒不变的生活方式：“那里存在着希伯来《圣经》和《论法的精神》（*Esprit des lois*）中的主题。”随后，梭罗将这一观点进行了拓展：

最坚固的物质材料也要遵循大多数液体所遵循的法则。树

> 木不过是汁液组成的河流；木质纤维丛也具有流动的特性，它们仿佛从空气中流溢而出，顺着树干流淌到大地上；树根则从地下“流”至地表。在天上，有星辰组成的银河；在大地的深处，有矿物构成的脉流，矿藏表面则覆盖着岩石组成的“河流”。我们的思想也是流动的、蜿蜒的。四季的流动形成了我们的“流年”。

河流与树叶一样无处不在。水流的法则适用于任何地方。水流与思想之流十分相似，因此，地质学能够提供关于心灵景观的种种线索。论述完河流后，梭罗开始援引东方（阿拉伯以及印度）的资料，着重讨论在任何时代都不曾变化的种种自然法则。像爱默生一样，他的论述是不受历史年代或时间顺序所限制的。在论述的过程中，梭罗提到了古代神学，但他的关注点在于“叶子的新形态学”，而不是历史悠久的“基督教救赎形态学”。尽管梭罗对救赎这一主题十分感兴趣，但当时的英语国家以及浪漫主义盛行的欧洲大陆推行的并非基督教的救赎理念，而是全新的、在自然中获得救赎的理念。

在《一周》的另外一章中，梭罗用较长的篇幅讨论了自然法则。在对第六天的经历进行记述时，他明确地将自然法则与人类法律和道德联系在一起。梭罗告诉我们：“对自然法则——重力、热度、光、湿度、干燥度——进行沉思，是健康而有益的。或许对于那些冷漠或粗心的人而言，他们观察到的不过是科学事实，但对于得到过心灵启蒙的人而言，他们看到的不只是事实，更是行为，是最纯粹的道德，是神性的生活模式。”或许我们有足够的理由去追问，从现实意义来看，观察这些事实究竟意味着什么？在接下来的一页，梭罗给出了答案——这答案甚至能让我们窥见《瓦尔登湖》问世多年以后占据梭罗晚年生活的重要项目：

> 若想认识事实，必须通过一种直接的方式亲自去体会。善于搜集事实的人，做事定然有条不紊，而哲学家则能让自己的思想“有条不紊”。但在诗人身上，不论两种条理性有多么脆弱，它们达到了奇异且恰当的平衡。从种子到根茎，从根茎到花朵，诗人能够对最广泛的哲学推论进行归纳——当然，目前为止，我们还看不到果实。

在《星期五》（记述旅途的最后一天——第七天）这一章里，梭罗叙述了兄弟俩返程的经历。他先是以优美的笔触描绘了秋天的景色（创作时恰好也是秋季），最后笔锋一转，谈起了他与大自然的关系：“在我与大自然进行最亲密的交流时，我感觉自己无限接近生活中最伟大的秘密。只有在宁静的状态下，我才能体悟到大自然的现实和蓬勃的生命力。或许，我对大自然的热爱就像他人心中的宗教情怀。”从以上文字可以看出，梭罗还没有体会到什么叫作“完美的自然生活”，但他随后谨慎地解释说，或许任何人都不曾有过这种体会：“不论在东方或是西方，目前为止，还没有任何人体会过自然的生活。这种生活保持着大自然的简朴和真诚，与大自然的美和庄严和谐共存，它的周围点缀着藤蔓，就连榆树也甘愿为它遮阴。”

指引梭罗创作出《一周》的法则继续引领他来到了瓦尔登湖畔。在这种法则的指引下，梭罗尝试并表达着全新的自然生活。

# 第五卷
# 1846—1849创作生涯

1849

## 1. 1846年冬：卡莱尔

1846年2月初，梭罗针对托马斯·卡莱尔的著作举办了一场公开讲座，阐述了卡莱尔对他早年产生的重要影响。这场讲座的文稿是梭罗最后一篇较为传统的评论性文章。当时的卡莱尔已经50岁，刚刚完成那部关于奥利弗·克伦威尔（Oliver Cromwell）的重量级作品——这部作品有一半内容是克伦威尔本人的书信、讲稿，剩下一半则是卡莱尔自己的“阐释”。在卡莱尔眼中，克伦威尔是“清教运动的灵魂人物”，而英国的清教主义则是“我们仅存的英雄主义”。克伦威尔曾遭到颂词作家和政敌的口诛笔伐，这不禁迫使卡莱尔追问：“难道人类的创作就是一种埋葬英雄主义的艺术吗？”卡莱尔表示，希腊人拥有《伊利亚特》，但英国却只有《柯林斯贵族》（*Collins' Peerage*）。为了改善这种状况，他创作了一部巨著，一部克伦威尔版的《伊利亚特》。

卡莱尔始终与爱默生保持着书信往来，爱默生则继续在卡莱尔和美国出版商（卡莱尔所谓的“可怜可鄙、饥饿不堪的鬣狗”）之间扮演中介人的角色。与此同时，爱默生正忙于他的讲座和散文创作，这些散文将最终组成他那部题为《代表性历史人物》（*Representative Men*）的文集。1845年12月中旬，卡莱尔的《克伦威尔传》（*Cromwelliad*）一书出现在康科德，梭罗终于有机会对他所谓“柯勒律治之后唯一能够履行英格兰诺言的人”进行仔细的研究。

首先，他为卡莱尔的风格进行了辩护，针对诸如“晦涩、玄虚、德国式造作”等指责予以驳斥。在他看来，卡莱尔的风格适合年轻人，年长的读者则“绝对难以领会”。他赞扬卡莱尔使用了“画家常用的令人一目了然的各种手段”，并且补充说：“你会十分讶异，如此长的篇幅中从未出现过强调字体或斜体字。这些文字是如此的自然和具有表现力，如此的不可或缺。”他在结论部分指出：“卡莱尔的散文风格是历来最为华丽的。”考虑到梭罗一直追求简朴和自然，这番赞赏自然是不够纯粹的。但以上评论说明，梭罗已经能够客观地看待卡莱尔，不再急于模仿后者。就在他将自己的风格和卡莱尔的风格区分开来时，对于卡莱尔提出的对他自我发展较为重要的一些观点，梭罗也能够冷静地看待。从梭罗的讲座文稿中可以看出，他对卡莱尔的几乎所有作品都十分熟悉，但这篇讲稿的重点在于《克伦威尔传》，特别是对《英雄、英雄崇拜以及历史上的英雄》的评论，因为这部“大胆而原创”的巨著基本涵盖了卡莱尔的所有作品。

在很多方面，梭罗依然赞同卡莱尔的观点，例如，对于英雄主义（英勇行为）重要性的强调。卡莱尔曾表示：“从本质上讲，普遍的历史，即人类所取得功绩的历史，都是由英雄人物的伟大事迹书写而成的。”而梭罗则怀着更加强烈的情感写道：“大自然依旧具有神性……英雄依然值得我们崇拜。”他认为，卡莱尔拥有“古代北欧英雄身上的英武气质”，认为他是一位“野性、坚韧、满怀赤诚”的作家，他的文字“好似雷神的重锤，能够在地表砸出一片山谷”。

卡莱尔的其他观点也时常能够引起梭罗的共鸣，比如，他在论述自然崇拜的合理性时曾这样写道：

> 这个世界的年轻一代，那些如孩童般朝气蓬勃却不失深刻庄重的人，他们不会认为，通过科学命名便可以穷尽天地万物之间的奥秘。他们认识到，要怀着敬畏之心去凝视。他们对自然和人类的人性有着更深刻的认识。他们理智地崇拜着自然，对人的崇拜远远超过自然界中的其他事物。

从最后一句话中，我们能够看出，卡莱尔与梭罗在“伟大人物”的认识上产生了分歧。卡莱尔用生动的文字说服我们——不论在异教或是其他任何宗教中，“只要我们参与其中，就本该有所信仰”。但在内心深处，他却坚定地认为，英雄或伟人要远远优于我们这些普通人。“常人对伟大人物的敬仰，比任何情感都要高贵。”在卡莱尔眼中，英雄崇拜是一种“源自内心的五体投地式的敬仰和服从”，是一种“烈火般的、永无边际的仰慕”。对于英雄和英雄崇拜的这样一种认知，无疑是客观的、缺乏民主精神的，其依据大多来自历史上的英雄［如奥丁（Odin）、穆罕默德（Mahomet）及克伦威尔］事迹或传说。在梭罗看来，爱默生的“英雄列表”更胜一筹，因为他所崇拜的是思想上的英雄，如柏拉图、莎士比亚以及歌德等。

然而不论是卡莱尔还是爱默生，他们的表述都有所缺失。两人从未提到过基督，也从未提起过那些“爱好和平且脚踏实地的英雄”［比如哥伦布（Columbus）］，更没有提起那些更重要的“时代英雄，那些踏实工作的人”。梭罗坚持认为：“很明显，还从没有人替他们发声。”

梭罗最终与卡莱尔分道扬镳的原因在于，后者认为英雄比常人优秀。在梭罗看来，爱默生的“英雄观”也存在缺陷，因为他所崇拜的伟人——尽管他们代表或象征了我们所有人的一些特质——仍不过是一些客观存在的历史人物。梭罗（以及后来的惠特曼）所关注的，是如何在繁忙而现代的19世纪过一种英雄般的生活，这就涉及主观上而非客观存在的英雄，一种内心的而非外界的英雄主义、一种当下而不是历史语境中的英雄主义。“难道我们不伟大吗?”梭罗追问道。在他看来，19世纪的英雄必须是代表自我的，是普通的、踏实工作的个体，他们与其他英雄同样优秀、同样伟岸。

“我希望你可以选择一位美国英雄……为我们讲述他的历史。”卡莱尔曾在信中对爱默生这样写道。爱默生没有照做，梭罗反倒抢先动了笔。在下一部作品中，他将自己塑造成了美国英雄。自此之后，梭罗与这位自己仍然仰慕的朋友渐行渐远，但与此同时，他开始避免使用“英雄的”或“英雄主义”之类的词，因为他发现，被卡莱尔称作“英雄式的”，以及尼采所谓的具有“酒神精神的”19世纪美国经验，恰恰存在于他所承认、命名并且赞誉的“野性”之中。

## 2. 新时代的亚当 · 斯密[①]

1845年秋，霍桑在海关总署谋得新职，并于10月初举家迁往塞勒姆。对于梭罗和康科德而言，霍桑的离开无异于一种损失。这一年，美国各地的经济问题开始涌现，大萧条带来的影响还未结束，又传来爱尔兰“马铃薯饥荒”的悲惨消息。11月，倡导经济改革的罗伯特 · 欧文（Robert Owen）（于19世纪20年代创立“新和谐”公社）来到了康科德。他的到来时时提醒着人们，经济改革仍然是当时社会面临的重大问题。

11至12月间，梭罗回到康科德，在家里居住了一段时间。与此同时，他开始粉刷湖边的那栋小木屋。这年秋天，他对金钱、资本、经济必需品等主题进行了思考。随着秋去冬来，梭罗已经完成了《一周》的初稿，开始转向《瓦尔登湖》初稿的创作。在《瓦尔登湖》的第一卷中，梭罗对前八个月的湖畔生活进行了描述和概括，字里行间透露出当时的家庭经济状况。当然，他的文字也有轻松愉快的一面。他自嘲般地提到，虽然自己一向缺乏资本，却努力保持着严格的经商习惯。根据这些细微甚至有些琐碎的描述，我们很容易发现，《瓦尔登湖》的开篇俨然是对本杰明 · 富兰克林[②]《财富之路》（*The Way to Wealth*）的戏仿。不过，梭罗的主要意图并不完全在于调侃，他所思考的对象也不仅局限于富兰克林。在我们看

---

① 亚当 · 斯密（Adam Smith，1723—1790），英国经济学家、哲学家、作家，著有《国富论》。

② 本杰明 · 富兰克林（Benjamin Franklin，1706—1790），美国政治家、物理学家。

来，他的日常开销低得有些不可思议，但事实上，在当时的经济环境下，这是十分正常的现象。据梭罗估算，在瓦尔登湖建房的开销以及前八个月的生活开支总计60余美元，日间劳作和出售谷物所得的收入只有40美元。

在马萨诸塞州，普通农夫的年均收入处于120到140美元之间，密歇根州的农夫则在50到120美元之间浮动。梭罗的开销账目显示，一栋简陋房屋的造价大体相当于一名日工半年或一年的薪水，或者相当于大学生一年的住宿开销——目前仍然如此，大学宿舍一年的租金可以用来购买一栋二手活动板房。

从《瓦尔登湖》的开篇中，我们可以看出梭罗对经济问题的关注度：《经济篇》（*Economy*）不仅是篇幅最长的一章，更是全书首个讨论的主题。除了对富兰克林的讽刺外，过于精确的统计（1.0475美元一餐饭）暗含着幽默与荒诞，一本正经地使用商业术语（与天堂帝国的交易）凸显出作者的讽刺。由此可见，梭罗的兴趣不仅在于日常生活中的经济，更在于那些足以改变世界的经济理念。

在《瓦尔登湖》的第一章里，梭罗对经济问题进行了深刻而周密的思考，这一点可以被解读为梭罗对新经济思想，特别是对亚当·斯密经济思想的回应。梭罗的兴趣点并不在于国家的财富，而在于国家的组成单位——个人的经济状况。他显然熟谙亚当·斯密、萨伊以及李嘉图[①]等人的作品，开篇的分析中处处体现着亚当·斯密的理念及术语在个案中的运用。

---

① 大卫·李嘉图（David Ricardo，1772—1823），英国经济学家，古典政治经济学的主要代表之一。

梭罗赞同亚当·斯密的基本理念，即财富的基础不在于黄金或白银，而在于生产性劳动。在著名的《国富论》中，亚当·斯密开篇便写道：

> 每个国家的国民每年的劳动本来就是供给他们每年消费的一切生活必需品和便利品的源泉。构成这些必需品和便利设施的，或是本国国民劳动的直接产物，或是从外国购进来的这类物品。

亚当·斯密使用的基本术语为梭罗提供了诸多主要论题。《瓦尔登湖》中的大部分内容都在追问：什么是必需品？什么是便利品？每个人应该付出多少劳动、必须产出或消耗多少产品？在梭罗看来，所谓的成本就是“短期或长期内维系生活所需的物品交换量”，这番论断显然是对亚当·斯密理念的一种解读。亚当·斯密认为：“对于一个人来说，任何东西的真正价格所包含的是要得到它而经历的艰难困苦。”梭罗和亚当·斯密都不赞同负债，两人都对拉丁语中“暂时有偿占有他人财富（aes alienum）”的谚语给了了讽刺。亚当·斯密强调劳动的重要性，认为它“是衡量一切商品价值的真实尺度，代表着商品的真实价格，而金钱只代表商品的货币价格”。对于这个观点，梭罗是十分赞同的。

然而，与亚当·斯密的分析相比，梭罗的探讨着重于个人经济。两人真正的分歧在于，什么是**真正的**财富，以及劳动分工的可取性。亚当·斯密认为：“一个人是贫穷还是富有，就看他能在多大程度上享受人生的必需品、便利品和娱乐品。”从这番言论中，梭罗读到的只是“由获取与享受、生产与消耗促成的无尽循环”。

在他看来，“一个人的富足程度取决于他在多大程度上不需要购买这些必需品、便利品或娱乐品”。这番幽默的表达中隐藏着梭罗与亚当·斯密的分歧，例如，在真正的富足是由哪些元素所构成这个关键问题上，亚当·斯密认为，与劳动分工密切相关。他指出：“在每个进步的社会中，农民就是农民，不是其他的，而制造者也只是制造者。”因此，“自分工完全确立以来，各人所需要的物品中，仅有极小部分的‘必需品、便利品或娱乐品’仰赖于自己的劳动，更大一部分则须依赖于他人的劳动”。

亚当·斯密自然是完全赞同劳动分工的，因为专业化的分工能够提高生产率，而恰恰是在这一点上，梭罗（包括此前的爱默生）与亚当·斯密发生了分歧。劳动分工导致了人性的泯灭与异化，因此，爱默生反对“让水手仅仅成为船上的一根绳索”这种观点，而梭罗的瓦尔登湖实验更是对“劳动分工对个体有益”这一教条发出的抗议。亚当·斯密却极力宣扬这样一种观点：将铁钉制造分成18道工序（一个人抽铁线，下一个人拉直，再下一个人切截……），有助于提高铁钉的生产率，但梭罗所倡导的劳动方式为，“由一个人负责所有工序，既充当水手，又担任船长；既是船主，又是保险商”。

在《瓦尔登湖》中，梭罗对过度的物质积累、工厂化的生产模式，以及铁路等耗资不菲但受益者较少的大型工程进行了批判。在梭罗的论点背后，隐藏着他与亚当·斯密的重大分歧：后者倡导消费最大化，而梭罗则希望将消费降至最低最简的程度。梭罗强调的不是个人的最大消费，而是最低消费。他对生产也抱有类似的态度。在瓦尔登湖畔居住的第二年，梭罗非但没有增加豆子的产量，反而缩减了种植规模。在《经济篇》的结尾处，他提到这样一则故事：真正享有自由的树木只有柏树，因为它从不结果实，因而摆脱了由索取和消费所统治的怪圈。

“人类的主要使命是什么？”对于这个问题，古老的教理所给出的答案是：“为上帝增添荣光，永远沐浴上帝的恩泽。”在梭罗看来，这个答案“有些草率”。亚当·斯密和让·巴蒂斯特·萨伊（Jean Baptiste Say）在《政治经济学教义》（*Cathechism of Political Economy*）中所订立的“财富准则”也没给出更好的答案。诚然，如果说人类的主要使命就是生产和消费，这个答案也是过于草率的。

## 3.1846年春：瓦尔登湖

如果说梭罗对于国民经济不屑一顾的话，那么对个人生计的维持的探索则是他的乐趣所在。从一开始，瓦尔登湖实验的目的便在于发现自己真正的需求。他并没有增加产量或是加大需求，而是选择简化物质需要，并最大限度地减少劳动。尽管他曾十分谨慎地指出，在任何地方都可以过一种简单的生活，但他却偏偏选择在野外独自进行这个实验，认为如此才更具戏剧性，更加令人满意。他之所以迁居瓦尔登湖，生活在“那片松林”中，是为了用实际生活来检验他的经济学思想以及哲学理念。“做一个哲学家，”他指出，“并非意味着……拥有微妙的思想或建立一个学派，而在于……过一种简朴的、独立的、宽容的和有信仰的生活。每一个人都应该拥有这样的生活。”

对于梭罗而言，这样的生活必须深入自然，远离车站、邮局、酒吧，接近“我们生活的本源”。他注意到，不论是在康科德还是波士顿，“民众大多倾向于城市生活”。在他看来，“在康科德，没有任何人向往自然生活”。当他迫于城市生活的压力，不得不转移对大自然的关注时，书籍则承载着他超越当下的城市生活，引领他走向过去和历史。在瓦尔登湖畔生活期间，梭罗偶然读起了《新月与十字架》(*The Crescent and the Cross*)，这让他颇为烦恼：“我究竟是病了，还是闲得难受，居然把宝贵的精力浪费在如此蹩脚、如此催眠的历史故事上?”这本“可憎的残次品”还没读完，他便将它弃置一旁，自我反问道：“如今这个时代，为何没有了那个时代的**精神**呢?”他声称：“这里就是我的卡纳克。”并着力强调了“我的”两个字：“我的周围生长着无名的树木、灌丛，每天清晨，它们都会被雕刻得焕然一新。”

经济、哲学、历史……种种理论最终都指向当下，指向在那永恒不变又瞬息万变的大自然中生活的每个自我。此时此刻，梭罗终于产生了自己的理论倾向。亨利·詹姆斯说过，真正的艺术家身上不会存在任何缺失。的确，詹姆斯身上从未缺少过丝毫的社会属性，而梭罗则从未丢失过丝毫的自然属性，这一点是任何其他美国人都做不到的。

梭罗坐在门口，把目光投向水面。深水处的碧绿，浅水处的淡蓝，湖水融汇的种种色彩，令梭罗联想到华兹华斯和他那些歌颂自然的经典诗篇。“这是属于我们的湖畔之国。”他不由得感叹道。瓦尔登湖畔松林遍布，特别是在冬季，松林更显茂盛。但除了松树外，梭罗的小屋周围还环绕着橡树、圣约翰草、漆树以及山胡桃树。与如今的瓦尔登湖相比，当时的湖畔更加开阔些，周围生长的漆树便是最好的证明。这里一年四季都能见到各类飞鸟：褐鸫，三两成群的野鸽子，还有绿霸鹟和岩燕等。3月中旬，歌带鹀与乌鸫开始回归；3月末，知更鸟开始回巢，夜晚的湖面上时常掠过成群的大雁和水鸭；此外还有山雀（被梭罗的一位好友——加拿大伐木工塞里恩——称作“信使”）、林鸫、韦氏鸫以及红眼鸟。有时候，他会看到一只鱼鹰俯冲下来捉鱼；有时候，他会听到潜鸟激越而高亢的鸣叫。夏日夜晚，当火车的“隆隆”声渐渐远去时，夜鹰准时在7点30分开始歌唱，一唱就是半个小时；当万籁俱寂的深夜来临时，悲戚的猫头鹰开始了“孤孀”般的啼鸣，令湖边的观察者梭罗想起“音乐中那黑暗和催人泪下的部分”。

湖畔的生活是简单而自然的，但这种生活的某些基本层面却始终不肯去繁就简。刚刚迁居湖畔不久，梭罗便意识到，他的内心产生了重大的分歧。“我有一种本能，这种本能将我引向一种神秘的精神生活，”他这样写道，“但另外一个自我却追求着原始而野性的生活。”一位伟大的现代物理学家说过，一切都该尽可能地简洁，而不是更加简单。梭罗一直未能弥合对沉思式的精神生活的渴望与积极而具体的现实存在带来的冲动之间的矛盾。当然，梭罗的伟大之处在于，他能够时常对这两种冲动进行客观的审视。他会问自己：“为何不过一种艰苦的生活？”梭罗曾宣称，他走向森林，“主要是为了从容地生活，去面对生活中最基本的事实”。但他并没有自欺欺人地认为，湖畔的生活就是原始而野性的。或许他可以过一种原始的生活，但这种原始不过是后院实验室中的产物。湖畔生活的意义在于它的实验性、代表性或象征性。他曾在日志中写道：“在我的想象中，即便身处物质文明当中，过一种原始的垦荒生活也是不无裨益的。”在接下来的几年里，梭罗曾反复提起这句话。再多的阐释和说明也不及这番表述明确——梭罗强调的重点是，这种原始的拓荒生活指的是一种个人内在的生活态度，并不需要真正到原始的荒野中去生活。梭罗的好友钱宁曾在伊利诺伊州的大草原上尝试过真正的原始生活，但并没觉得这种生活有任何优势，更没有激发他的文学灵感。重要的并不是你去看什么，而是看到了什么。

如果换个角度来看，湖畔的生活又是十分复杂的。梭罗习惯在清晨读书写作，下午则出门远足。可以说，他过着一种充满沉思和智识的生活，一种相对原始的户外生活。在此期间，梭罗一边创作着手头的作品，一边为另一部作品搜集材料。读者常常忽略这样一个事实：《一周》中的多数主题——如友情、定居、印第安生活、东方法律等——都具有强烈的社会属性。与此同时，梭罗为《瓦尔登湖》搜集的素材正逐渐凸显出鲜明的个人风格。在《瓦尔登湖》完稿之前，梭罗需要解决一个艺术性的问题：如何对自然界本身（不论是外部的自然世界还是内心的野性世界）进行表达。

为此，梭罗在瓦尔登湖畔开始了深刻的思考：在荷马时代，神话就是大自然的语言。神话的主题就是自然。如果这一点在古代成立，那么在当代也应该成立。但问题在于如何用现代神话表达“现代版”的自然。梭罗曾在《一周》中就这个话题进行过讨论，而在着手创作《瓦尔登湖》时，他已经不再满足于仅仅讨论神话，而是要创造现代神话。

## 4. 大觉醒

1846年3月初，梭罗计算出了他湖畔生活每日所需的开销。3

月3日，布鲁克农场的一栋在建的中心建筑被烧毁，有效地结束了这场改革全世界的想象性实验。3月中旬，梭罗再次见到了歌雀和乌鸫的身影，但湖面的冰层仍有1英尺厚。随着春雨的降临，截至26日，冰层已经完全消失，梭罗听到了知更鸟的第一声啼鸣。伴随春季而来的是天气的变化。梭罗注意到，此时已经不再是冬末，而是春天的开始。

此时，《一周》的手稿已经完成，梭罗正修改着那篇关于卡莱尔的文章，打算将原来的讲稿改编成散文。这个春季里最重要的事情莫过于《瓦尔登湖》的基本材料已经搜集完毕。早在2月那场关于卡莱尔的讲座上，就有许多市民向梭罗表示，想要了解他在瓦尔登湖的生活，为此，他打算用一篇论及经济的散文来回应，于是《瓦尔登湖》的《经济篇》就此成形。此外，他还在许多笔记本中积累了更广泛、更充实的材料，这些内容最终变成了他论及读书、声音以及访客的几篇散文。他还用不少篇幅描述了他的伐木工朋友塞里恩。更重要的是，他在这年4月搜集到的一些材料不久后形成了《瓦尔登湖》中的名篇——《我居于何处，又因何而生》(*Where I Lived and What I Lived For*)。

4月中旬，梭罗的注意力再次转回到希腊经典上。当春季到来、鸟儿飞回时，他开始阅读阿那克里翁、阿尔凯奥斯（Alcaeus）以及荷马的诗篇。他注意到，美的崇拜往往与春季密不可分，他发现古希腊的孩子们把燕子视作信使，并用童谣向它致敬。这时，梭罗再次对农事展开了思考，他又一次想起了希腊前辈们的论述。他认为，农事应被视作一种神圣的艺术，而这正是希腊人的一贯态度。耕牛被视作“农夫最忠诚的同伴”，并具有神圣意义，只有用作献祭和牺牲品时才可以被杀掉。然而现代农夫在乎的只是大农场和大的种植面积。

在阅读历史经典的过程中，梭罗总是将触动他的主题与当下联系在一起，这已经成为他的一种习惯。有一天，梭罗在做完关于希腊的阅读笔记之后，再次沉浸于这种无比愉悦的联想之中。他发现新英格兰的清晨充满着古希腊时代的生机与活力。4月18日，他写道："如果你对古希腊时代的生活有所了解，清晨一定会令你联想到理想的生活。我们不仅会看到曙光女神奥罗拉（Aurora），更会在清晨回想起英雄的时代。"清晨孕育着无数的可能性，我们的意志在清晨苏醒。"人类具有一种无可挑剔的能力，即通过自觉的努力来升华他们的生活，没有什么能比这种能力更令人振奋。"清晨是英勇的，因为它提振人的精神，给人注入活力。他写道："根据我的经验，所有难忘的经历都会在清晨时分浮现。"这番联想正是《瓦尔登湖》第二章的中心和关键。清晨意味着身体的苏醒，对于梭罗而言，它更象征着精神的觉醒。如果说神话是希腊人用来表述大自然的语言，那么奥罗拉的神话所要表达的，正是梭罗体悟到并想要重新表达的内容。他并没有专注于神话的经典形式，而是将注意力转向了现象以及现象中隐含的意义。他对现实生活中的清晨进行了拓展，与他对清晨的体悟和关于清晨的神话联系在一起。"清晨不在于钟表显示的时间，也不是概念上的时间或人们开始劳作的时间。所谓清晨，就是当我醒来时，心里就充满了曙光。"

从日志中的点滴感悟到于4月开始的一年内完成的《瓦尔登湖》初稿，再到第二章的修改稿，梭罗不断充实着关于觉醒的论述。《瓦尔登湖》的第一章较长，论述的是经济问题；第二章较短，强调的是想象力，"觉醒"一词在这章开头便反复出现。在第一章中，梭罗对古典经济学定义的"平凡生活"进行了批判（他认为这是现代经济学概念)；而在第二章中，他探讨了一个更加积极的主题——不是讨论如何生活，而是讨论在哪里、为什么生活。第一章的内容把重点放在对物质需求的讨论上，而第二章则将重点转向了现实。毫无疑问，梭罗呼唤的觉醒是精神上的，甚至或许是一种神秘意义上的觉醒，但他的呼唤远比其他作家更有感召力，因为读者可以从梭罗的文字中切实地感受到清晨的蓬勃与生机，也因为梭罗呼吁人们从幻觉中醒来，回归现实。所谓的现实，并不是刻板的“生活习惯或日常事务”，相反，如梭罗所说，这恰恰是一种虚幻的状态：

> 人们尊崇的真理是遥远的，在制度之外，在最远的一颗星星后面，在亚当以前，在最后一个人类以后……可是，所有这些时代，这些地方和场合，都是此时此地的啊！上帝之伟大就在于此刻的伟大。只有永远渗透现实，发掘围绕着我们的现实，我们才能明白什么才是崇高的。

把握当下，活在当下，这便是第二章的主要论点，更是全书的中心议题。梭罗在《瓦尔登湖》的第一章中呼唤我们从经济的幻觉中醒来，第二章则呼吁我们回归现实，接下来的章节始终以此为主题。觉醒的体验至关重要，因此，梭罗特别强调语言重振人心的效果和净化的功能。他没有暗示救赎的思想，甚至连“救赎”一类的字眼都没有使用。他所寻求的觉醒是希腊式的，而不是基督徒式的，更不是清教徒式的。他的语言中看不出，甚至不允许出现丝毫的加尔文主义思想。从最广义的角度来看，觉醒是一种宗教体验，但梭罗的文字显然摆脱了基督教的色彩，反而流露出印度、中国乃至希腊等地的宗教理念：

> 我向曙光顶礼，忠诚如同希腊人。我起身很早，在湖中沐浴；这是个宗教意味的运动，是我做过最好的一件事。据说在成汤王的浴盆上就刻着这样的字："苟日新，日日新，又日新。"我懂得这个道理。

《瓦尔登湖》的第二章记录着梭罗伟大的觉醒，但这种觉醒的目的在于令"生活常新"，而不是通过外力实现救赎。

## 5. 1846年夏：抵抗公民政府[①]

1846年6月12日，一场不合时节的严霜来袭，毁掉了梭罗种好的豆子、番茄、南瓜、玉米以及土豆，"瓦尔登湖实验"的农业项目就此遭受重创。关于这一点，梭罗很少在日志或是《瓦尔登湖》中提及。此时此刻，他并没有把精力放在这些问题上。完成那篇关于卡莱尔的文章后，他将文稿寄给了贺拉斯·格里利，随后将目光转向约翰·查尔斯·费尔蒙特在西部的探险经历，同时继续阅读印度经典，特别是《薄伽梵歌》(*Bhagavat Geeta*)。自公社居所失火以来，布鲁克农场已经失去了它的功用，但国内的改革风气依然浓厚。令人惊奇的是，爱默生的房屋被改造成了一栋寄宿公寓，平日由马斯顿·古德温（Marston Goodwin）太太打理，爱默生夫妇仅仅

① 梭罗所创作的文章题目，后改名为《论公民的不服从》。——译者注

以寄宿者的身份住在这里。这种生活模式持续了16个月，寄宿者人数最多时达到过16至18人。在此期间，爱默生（或许是受到了梭罗的影响）打算在瓦尔登湖自建一栋房屋，他把位置选在湖畔的高地上，与梭罗的房屋隔湖相望。

7月12日，梭罗迎来了他29岁的生日。不到两周，大约在7月23日或24日，他因为没有缴纳人头税而遭到拘禁，在康科德监狱中度过了一晚。直到一位身份未知的人物为他缴纳了税款，梭罗才在第二天清晨出狱。后来，此番遭遇被人们演绎为多种版本的故事，成为梭罗一生中最富传奇色彩的一段经历。其中的一个版本并无根据，却流传甚广，至今仍被传诵：爱默生在狱中见到梭罗后，问他在监狱里做什么，梭罗却反问道："你在监狱外面做什么？"不可否认的是，这段经历以及多种版本的传闻确有一定的价值。正是由于这段经历，梭罗才写出了那篇流传最广、在课堂上被阅读最多的文章。从某种意义上来说，这篇文章可以视作西方文学界发布的关于良知的宣言。

这篇文章的诞生显然与那晚的入狱经历有着直接的关联。在那些最优秀的作品中，梭罗不仅能对抽象的论题进行阐释，更能以生动而犀利的笔法再现个人经历，以此来佐证其道德论点。这是梭罗的一贯风格。此外，他的另一重风格在于文章的主题与时代主题相契合。这篇最初名为《抵抗公民政府》（*Resistance to Civil Government*）的文章之所以令人印象深刻，主要原因在于，文中的主题恰好是19世纪30至40年代人们反复争论和探讨的主题。梭罗以全新的视角审视着这些主题，提出了"个人高于国家"这一观点。雷蒙德·亚当姆斯（Raymond Adams）指出，梭罗的立场与爱默生不久前发表的《论政治》（*Politics*）中的观点极为相似，他的文章恰好是对佩利（Paley）《道德及政治哲学原理》（*Principles of Moral and Political Philosophy*）第六卷第三章中《关于公民服从政府之义务的阐释》（*The Duty of Submission to Civil Government Explained*）做出的回应，更是对与威廉·劳埃德·加里森（William Lloyd Garrison）、阿丁·巴鲁等废奴主义者联合发起的“不抵抗运动”做出的回应。

“不抵抗”是一种反对以暴制暴的理念。自《解放者报》于19世纪30年代初创立以来，加里森的思想便带有浓厚的“不抵抗”色彩。当时的梭罗刚刚离开大学。1837年11月7日，持枪捍卫报社的废奴主义者以利亚·洛夫乔伊（Elijah Lovejoy）被愤怒的暴民杀死在伊利诺伊州的奥尔顿。同年12月，加里森为《解放者报》重新编写了一份宣传册，在呼吁立即解放黑奴的同时，对以暴制暴的行为进行了严厉的谴责。这种观点引发了废奴主义者内部的分化，倡导“和平高于解放”的人士开始脱离群体。1838年9月，波士顿召开了一场和平大会，加里森在会上发表了《情感宣言》（*Declaration of Sentiments*），这份文件至今仍被视作和平运动的重要文献。加里森写道：

> 我们的同胞属于人类全体。只有热爱全人类的乡土，才谈得上热爱自己的故乡。美国公民的利益、权利和自由并不比全人类的更可贵……我们在此郑重宣誓，我们不仅仅反对一切主动或被动的战争，也反对为战争进行的任何准备。

随后，加里森的论述从国家转向了个人：“如果一个国家没有权力对抗国外的敌人或惩罚入侵者，那么任何个人都不具有这种权力。”

在若干年里，加里森始终在不抵抗理念和废奴思想之间保持着不稳定但有效的平衡。然而对于阿丁·巴鲁而言，不抵抗理念显然更加重要，不仅使他创立了霍普代尔公社，更积极倡导和平理念，为缔造和平树立典范。可以说，巴鲁掀起了一场属于自己的运动。1839年9月，他在新成立的“不抵抗学会”的第一届年会上发表了讲话。

1841年1月，康科德民众对不抵抗运动的关注度达到了顶点。康科德大讲堂里接连举办了两场论辩，论辩的主题是：暴力抵抗是否恰当。在两场论辩中，奥尔科特始终站在反方立场，第二场论辩中的对手是处于正方的梭罗兄弟。2月初，巴鲁来到康科德，就同一主题举办了一场讲座。19世纪40年代，不抵抗始终是一个备受关注的问题。1846年，巴鲁在他的新作中提到了基督教的不抵抗精神；1848年1月，查尔斯·哈德森（Charles Hudson）在《基督徒观察报》上对这部作品进行了评论；同月，梭罗首次就该话题举办了讲座。

1849年，伊丽莎白·皮博迪的《美学论集》（*Aesthetic Papers*）发表了梭罗的讲稿《抵抗公民政府》。这篇文章流露出鲜明的不抵抗色彩，使用的语言凸显出不服从、不合作的态度。他谈到远离政府、辞去公职、拒绝为支持战争和奴隶制纳税，但从未宣扬甚至从未提到过“暴力抵抗”，只有在《瓦尔登湖》中对暴力抵抗理念进行批判时，梭罗才用到这个词语。对于辩论对手的立场，梭罗并不陌生，而且颇为赞同，但后来，随着约翰·布朗事件进入白热化阶段，他终于挺身而出，呼吁使用暴力抵抗美国政府。

《抵抗公民政府》一文带有鲜明的加里森风格，兼具废奴主义与和平主义两种倾向。从本质上讲，文章的主旨在于反对战争、反对奴隶制，而不在于为个人权利进行理论辩护，更不在于记录个人事迹。作者在开篇提到了墨西哥战争，对战争及军队进行了嘲讽。此时的士兵已不再是人生战场上性格坚韧的英雄，不再是勇气的象征，只是一台机器，“一台被疯狂的掌权者所操控的机器”。此外，梭罗不再将美国政府视作自治政府或是民主的代表，而是“任何人都可以随意驱使”的大型机器。在这里，梭罗的政府理念与巴鲁十分相似。巴鲁认为，政府代表着“对他人行使绝对权力的意志”。

梭罗努力让自己的立场显得实际而合理，他宣称自己并非“无政府主义者（no-government man）”，但这篇文章却显示出与当时美国政府决裂的倾向，流露出加里森的道德绝对主义。在梭罗看来，佩利“将公民义务与私利相等同”，但“佩利似乎从未仔细考虑过，还有诸多私利并不适用的情形”。可以说，梭罗表述的观点是直白而明确的，没有留下任何令人存疑的空间。“如果要我用卑鄙的手段从溺水之人的手里强行夺走一块木板，那么我宁可自己淹死，也要将木板还给他……这个国家必须停止蓄奴，停止对墨西哥的战争。”这就是梭罗，一位真正意义上的极端主义者，一名“最郑重、最顽固的改革者”。他立志要“改革”那些私下反对奴隶制度或墨西哥战争，却仍然支持当前政府的自由派。他指出：“从本质上讲……按原则行动……就是具有革命性的。”他像加里森一样拒绝妥协，渴望促成改变。“这个社会存在着不公正的法律，我们是应当遵守它们，还是努力去完善它们后再遵守它们？或者干脆现在就对它们置之不理？”可以说，入狱的经历仅仅是一个开端，它引导着梭罗去追求更高尚的事业，并最终产生了深远的影响。“如果一个政府可以非法关押公民，那么，正义者的正确归宿便是监狱。”

梭罗与加里森最主要的区别并不在于基本立场上的分歧，而在于两人引用的论据不同。此时，梭罗的逻辑和修辞均已发生改变，论述的重点也从宗教转向了道德。他所关注的不是上帝的律法，而是人类的良知；他所倡导的不是尊重法律、民意或经典，而是尊重人权。尽管如此，他的文章中仍然掺杂着基督教道德观和儒家道德观，后者在他为约翰·布朗进行辩护时得到了体现。尽管如此，梭罗的首要目的在于超越《圣经》和《宪法》，将关注点转向个人的良知。就道德倾向和明快的文风而言，这篇文章大有杰斐逊的风范，它为个人的良知进行了标志性的辩护，认为个人良知才是道德权威和政治合法性的终极来源。

尽管这篇文章直到1849年才发表，其思想根源却可以追溯到30年代末至40年代初这一历史时期。但促成这篇文章的直接原因却是1845至1846年的多起历史事件，如吞并得克萨斯州、墨西哥战争、废奴运动的兴起，以及1846年7月的入狱经历。在这些历史问题上，梭罗的态度始终与时代精神保持着高度的一致。正如伯纳德·德·沃托（Bernard De Voto）在《决策之年》（*The Year of Decision*）中指出的那样："早在1846年8至12月期间，内战的序幕便已然拉开。"

## 6. 北双子湖与《卡塔丁山》

到1846年仲夏为止，梭罗已经在瓦尔登湖畔生活了一年。那里的生活给予了他前所未有的独处空间和创作所需的自由，湖畔既是他创作的总部，又是他隐居的场所。8月1日（出狱一周后），他在自己的小屋里主持了废奴者学会的年会。这次年会在纪念西印度群岛获得解放的同时，也时时警醒着人们，目前为止，美国人民还没有得到解放。8月末，他离开瓦尔登湖前往缅因州丛林，在那里进行了为期两周的远足。

他先是乘火车来到波士顿，然后换乘另外一趟列车抵达波特兰，在那里乘坐夜间汽轮前往班戈。这是他第二次沿着缅因州陡峭的岩石海岸旅行。当时覆盖沿岸的常青植物林虽不如现在浓密，却与科德角的沙岸或是人口密集的波士顿海岸全然不同。在那个年代，缅因州的海岸是用来运输木材和木柴的商业水道，荒山岛或其他地区尚未出现消夏避暑的游客。这片海岸没有在公众的想象中留下任何象征意义，也因此解释了此地没有美妙的爱情故事传世的原因，这里甚至没给梭罗这样一个善于观察的人留下深刻的印象。的确，他看到这片海岸，大多是在晚上，而且还会受到汽轮噪音和船速的干扰与影响。他自己也曾提到过，这梦幻般的地方让整场旅行都给人一种不真实感。有一点必须承认，那就是梭罗并不适应海上生活。在那个年代，当许多新英格兰的年轻人还在成长时，当他们望向大海、幻想着未来和生计时，梭罗却将目光投向了内陆——投向西部而不是东部。他将注意力转向了河流、高山、湖水和森林，而不是“大西洋沿岸冰冷的、绵亘的山丘”（西尔维娅·普拉斯[①]语）。几年后，当梭罗真正面对大海，并想从中寻求些体悟时，他并没有像达纳[②]或梅尔维尔一样选择海上生活，而是来到了科

① 西尔维娅·普拉斯（Sylvia Plath，1932—1963），美国女诗人。

② 理查德·亨利·达纳（Richard Henry Dana，1815—1882），美国作家、律师。

德角。

梭罗乘船来到班戈，随后与表兄乔治·撒切尔（George Thatcher）以及两名对木材生意感兴趣的班戈本地人一起向北，坐上了前往马特沃姆凯格的公共马车。随后，四人乘坐一艘平底船，沿着佩诺布斯科特河而上，经过几片湖泊和几条溪流后，朝着卡塔丁山进发。离开马特沃姆凯格后，他们开始逆流而上，在行驶25英里后进入了北双子湖。对于梭罗而言，这片区域是真正意义上的荒野。初见北双子湖时，它正沐浴在月光之中，附近没有小屋，也没有道路，“到处都是森林。对于初到的访客而言，这里是充满野性且无法穿越的”。他注意到，这片湖泊有一种“我从未领略过的野性”。即使在20世纪80年代，北双子湖依然保留着梭罗时代的风采。

行至索达汉克时，水路已经断绝，梭罗一行人抛下小船，徒步前往卡塔丁山。他们故意选在了昆虫早已蛰伏的夏末出游，即便如此，旅途仍然是艰难的。他们必须在草木丛杂、无路可走的密林中穿行。最终，梭罗只好抛下同伴，独自去爬山。来到山顶后，他发现那里冰冷潮湿、山风凛冽，全然一派原始气象。这次的登山经历既是整场旅途的高潮，也成为梭罗创作的核心素材。在爬山的过程中，他领略到了大自然的广袤、阴郁和冷漠。梭罗站在峰顶的岩石中间，迎着凛冽的山风，望着缭绕的云雾，不由心生感叹，仿佛自己是被锁在高加索山岩石上的普罗米修斯。在那里，自然不会对人类表露仁慈。可以说，在这次旅行中，梭罗经历了一场冰冷而严酷的顿悟。

旅途归来后，梭罗在日志中留下了几页零星而简洁的记录，例如“爬树—激流—宿营—离群—逆流而上—冷杉—湖水—岩石—云层—疲惫—露营—绿色的鱼—夜晚生火—峡谷穿行”。与梅里马克河之旅形成鲜明对比的是，这次旅途归来后，梭罗迅速整理好了日志的内容（他没有对旅途经历进行总体概括或描述，似乎怕打乱了事件的先后顺序），最终形成一份长达百页的旅行记录。在《卡塔丁山》的初稿中，梭罗还写了篇序言，这篇序言分为两个小节，从中可以明显地看出他最初的主题选择。

序言的第一节从北双子湖写起，记录了梭罗在**此处**离开文明世界，进入无人荒野的感受。梭罗眼中的北双子湖与瓦尔登湖形成了鲜明的对比，后者水草丰茂、土地肥沃，虽松林遍布，却有人迹可循。在提到北双子湖时，梭罗写道："这是我第一次意识到什么才叫作真正的'林中隐湖'。"随后，他继续写道："真是难以想象，世上居然存在如此荒凉的地带。我们总会不自觉地认为，就连地平线的边缘都有人居住。不论是身处荒野，还是生活在城市里，只有见到大自然的广袤、阴郁和冷酷时，我们才真正认识了自然。"

《卡塔丁山》的核心主题是原始主义、野性，以及人与荒野的关系，这些主题不断演变，与梭罗的早期主题——英雄及英雄主义——交汇并融为一体。从传统意义上讲，判断一个人是不是英雄，要看他是否为社会树立了榜样；而判断一个人是否具有野性，则要看他与大自然的亲疏关系。在梭罗早期的旅行经历以及《一周》这本书中，大自然是温和而仁慈的，人与自然和谐共存，大自然为人类提供庇护。然而在《卡塔丁山》中，梭罗写道："我终于深刻地体会到，这里的大自然并不仁慈，它拥有远古恶魔般狰狞的面孔……它是那样的原始、广袤、令人敬畏，却又如此美丽，永远不会被驯服。"事实上，卡塔丁山的自然环境仅仅算得上"对人类冷漠"，但以上描述似乎全然不同于梭罗笔下那个"仁慈、田园、文明"的自然——然而两者并不真正冲突。卡塔丁山带给梭罗如下启示：人类是大自然的一部分，而不是自然的领主。或许在山谷中，自然会对人类微笑，但仍然存在着不欢迎人类的地方。简言之，人类是有局限的。人类仍然是构成自然的一部分，但仅仅是一部分而已。人类不代表万物。自然可以孕育人类、滋养人类，但前提是，人类必须尊重并承认自己的局限性。

对于原始主义，梭罗向来不乏浓厚的兴趣。但他之前所体验到的原始，更像是人类学家所谓的"温和的原始主义"，类似于南方海岛上悠然而原始的生活。在为《卡塔丁山》积累素材时，梭罗开始阅读梅尔维尔的第一部作品——《泰丕》(*Typee*)，并深深为之折服。当时这部小说刚刚出版，引发了广泛的关注，各大文学报刊都对其进行了评论。《泰丕》所关注的恰恰是南方海岛的原始生活，以及这种生活对北方白人产生的吸引力。在《卡塔丁山》的初稿中，梭罗加入了关于《泰丕》的长篇评述，而这也是他在手稿中唯一提到过的作品。与南方的海岛生活相比，缅因州森林里的生活更接近"严酷的原始主义"，这种生活需要与大自然进行激烈而坚韧的对峙。因此，梭罗眼中的北双子湖和卡塔丁山远比梅尔维尔眼中的马克萨斯群岛更为野性，但这种差异并不能掩盖两人的共性：梭罗和梅尔维尔所关注的焦点均在于人类文明与原始世界（或人与自然）之间的冲突。文明与自然的关系正是《卡塔丁山》初稿的中心议题，但在最终出版的《卡塔丁山》中，梭罗对美国印第安人进行了着重强调，讨论的重点也转向了野性与自然的关系。

在序言的第二节中，梭罗提到了神话，他将神话称作历史的一个版本，认为其是通向"通用语"的路径。此时，他开始在神话中为他体验过的自然寻求表达。从这点来看，梭罗将卡塔丁山之旅与普罗米修斯联系起来并非偶然。他已经认识到，不必费尽心力去创作新的神话，而是要用古老的神话来表达个人经历，并为其赋予新的含义。神话包蕴意义和传达意义的功能是经过时间检验的，但问题在于，作者必须能够唤起神话的实质内容和内在经验，而不仅仅是模仿外部的形式或风格。

## 7. 在瓦尔登湖生活的第二年

在瓦尔登湖畔居住的第二年，梭罗始终保持着第一年迸发出来的创造力和高效的“生产率”。湖畔生活是自他大学毕业以来最为艰苦的一段日子，他的日志几乎很难做到每日一记，即便有所记载，也不是真正意义上的日志。还有一点需要记住，那就是这两年来，他必须持之以恒地为更大部头的作品付出努力。由于刚刚完成了几部重要的文学作品，他没有精力，更没有兴趣对每日的生活进行详细记录。

1846年秋，缅因州之旅结束不久后，梭罗便开始着手创作长达百页的《卡塔丁山》，其间还创作了《抵抗公民政府》一文。总体而言，梭罗这段时期的文字显示出，他的立场正变得越发极端，文风正变得日益雄健，他开始很少采用隐喻或讽刺的修辞。在《抵抗公民政府》中，梭罗争辩道，个人的良知才是政治生活的最终基础，而在《卡塔丁山》中，他则指出，人类生活，不论是个人生活还是集体生活，都不是大自然中最重要的事情，而仅仅是大自然中比较重要的一部分而已。在意识到人类的局限性后，梭罗在社会事件上表露出的极端个人主义有所缓解。可以说，这种意识是至关重要的。1846年冬和1847年春两季，在他孜孜不倦地创作《一周》

第二稿、题为《自我历史》（*The History of Myself*）的演讲稿（1847年2月发表），以及《瓦尔登湖》初稿的整个过程中，他始终保持着这种意识。在《瓦尔登湖》初稿还差4页便可以完结时，他给出了自己的结论：

> 在我们郑重其事地学习和探索周围的一切时，我们要求所有的事物必须保持其神秘、不可探知的状态，陆地和海洋充满着无尽的野性，我们无法去探知和理解，也永远无法穷尽。大自然的生命力，它的广阔和壮丽等，都会令我们精神振奋。例如，点缀着船骸的海岸、生长着枯木的荒野、预示着雷雨的乌云、连下三周后引发洪水的大雨，等等。我们必须认识到，有些生灵可以超越人类的局限，它们正在我们无可企及的地方自由觅食。

1847年初秋，当梭罗准备离开瓦尔登湖时，他已经完成了100页的《卡塔丁山》和117页的《瓦尔登湖》，以及《一周》的第二稿，此外还有一些散文和短篇。从这点来看，至少他的精力是没有局限的。

这一年，除了文学创作外，梭罗正迅速培养起对科学的兴趣。他在一封信中提到，“我不再像以往一样专心致志地观察鸟类”，但这主要是因为，他把更多的注意力转移到了对鱼类的观察上。这一年，他成了詹姆斯·艾略特·卡伯特（James Elliot Cabot）的助手，为路易斯·阿加西（Louis Agassiz）实验室寻找和运输鱼类以及野生动物的标本。阿加西刚刚来到美国不久，他是一名瑞士博物学家，也是当时闻名世界的鱼类研究者。这年冬天，梭罗看到一群人在瓦尔登湖切割和买卖冰块，于是对水温产生了兴趣，开始了他针对不同湖泊水温的第一项统计学研究。此外，他还对天文学产生了兴趣，与爱默生一道用佩雷兹·布拉德（Perez Blood）（生活在康科德）的85倍望远镜观察天空［伽利略（Galileo）的32倍望远镜已经能够清晰地望见月球表面的坑洼，而布拉德的设备则能够看到月球“阴暗部分的山峰所反射出的阳光”］。当时，哈佛大学已经配有一台2000倍的天文望远镜——此时的哈佛大学已经提高了对数学、化学以及其他科学分支学科的重视，不久后将任命阿加西为教授。在梭罗看来，此举“真正唤醒了哈佛大学的品格，使其超越了整个时代”。这番评论也适用于梭罗本人。尽管他不像阿加西一样，是鱼类分类或冰川研究的权威专家，却始终保持着对科学及科学认知方式的开放态度。他曾在日志中写道：“对于那些未能发现自然法则的人来说，这个世界是无法生存的。”梭罗对科学分类、统计学以及望远镜倍数的兴趣，与他的超验主义或唯心主义的理念并不冲突。他在对物质的关注与对心灵的关注上实现了巧妙的平衡，他对事实的追求与他对意义和神话的兴趣相辅相成。“唯一重要的是能够愉悦思想。”他写道。他之所以喜爱天文学，是因为天文学“能够印证预言，与先知或诗人的呼唤产生共鸣……能够看到肉眼看不见的许多事物”。在将天文学和诗歌联系起来的同时，梭罗也将历史与神话联系在一起：“神话是上古时代的历史，或者说，是为上古时代书写的传记。那些最古老的、依然没有被忘记的历史，最终变成了神话。神话是历史结出的果实，它非但不是虚构的寓言，反而包含着历史最基本的成分。”

繁重的创作任务与刚刚培养起来的科学兴趣意味着梭罗读书的

时间比平时少了许多。不过他还是重读了荷马、奥维德[①]、阿那克里翁以及《薄伽梵歌》，此外还阅读了夏多布里昂[②]的作品以及费尔蒙特的探险游记。尽管阅读时间很少，但每次阅读后，梭罗都会对所读的内容进行评注。《瓦尔登湖》的最初版本就是由这些读书笔记拼凑而成的。

这一年，除了全身心地投入文学创作外，梭罗还遇到了一些麻烦。出版向来是个问题，而在这一年，出版问题变得尤为突出。爱默生不断催促他出版《一周》的文稿，而热心又恼人的格里利则催促他不要考虑出版书籍，而要把精力集中在传记类文章的写作上。在格里利的帮助下，梭罗终于发表了那篇关于卡莱尔的文章，却迟迟没有得到稿酬。爱默生继续为梭罗的《一周》做着宣传，但始终没有出版商问津。1847年秋，梭罗离开瓦尔登湖时，他的《一周》已经被拒了四次。这极大地动摇了梭罗的自信心。这年夏天，他已经30岁了。虽已毕业十年，他却仍然过着单身汉般的独居生活。与此同时，他的文风变得越发雄辩和犀利了，即便不使用那些睿智的表达，也能轻易令那些诽谤者怒火中烧。在接受哈佛大学关于阶级问题的问卷调查时，他的回答中流露出积累多年的智慧："但愿我不会被贫苦阶级列入救济名单。如果这个阶层的任何人需要金钱上的援助，并且让我知道了他们的需求，我会给他们一些比金钱更有价值的建议。"

9月6日，梭罗离开了瓦尔登湖。不到一个月，他再次搬进了爱默生的宅邸。此时爱默生正要开启他的第二次欧洲之旅。尽管梭

① 奥维德（Ovid，前43—后17），古罗马诗人，著有《变形记》。

② 弗朗索瓦-勒内·德·夏多布里昂（François-René de Chateaubriand，1768—1848），法国浪漫主义作家。

罗可以像当初搬到湖畔时一样，对离开湖畔的举动进行巧妙的解释，证明自己是为了体验多种多样的生活才离开那里的。但事实上，离开湖畔最主要的原因是，莉迪亚·爱默生想让梭罗在她丈夫离开期间搬来与自己生活。爱默生向梭罗推荐了一份从事调查与撰写报告的工作。在哈佛大学的第10份年度报告上，梭罗写下了他满满的沮丧。这年春末，他在一封信中提到自己即将去远行。

## 8. 写给布莱克的信

“我不预备写一首沮丧的颂歌，可是我要像黎明时站在栖木上的金鸡一样放声啼叫，即使我这样做只不过是为了唤醒我的邻人罢了。”在梭罗将这句后来成为名言的句子写入不断丰实的《瓦尔登湖》手稿之前，他已在日志中写下了多篇关于沮丧的散文，“我可以讲一个与我有关的悲惨故事，再列出一张足够长的败绩清单，然后像个拾荒者一般尽可能卑微地四处寻觅”。离开瓦尔登湖后，梭罗始终处于低迷和消沉的状态，哈佛大学的问卷上写满了他的沮丧和忧伤。在回答“你目前从事什么职业”这个问题时，梭罗写道：“我不知道自己所从事的是一份职业还是一份生计。这个问题我还没有研究过。人们总是倾向于先实践，后研究。”

10月5日，梭罗搬回爱默生的宅邸。尽管他曾试着让自己振作起来，但整整一个秋季，他都没有摆脱消沉的状态，只是偶尔会跟钱宁和奥尔科特出门散步。在此期间，寄宿在爱默生家的福德女士突然向梭罗求婚。虽然她的各方面条件都不错，但消沉沮丧的梭罗还是拒绝了她。他以“冬天是学习的季节”为借口，终日躲在爱默生家楼梯口的那间小屋子里，准备以卡塔丁山、个人与政府的关系以及友情等为主题举办几场讲座。

内心深处的焦躁令梭罗变得极不耐烦。在评论一位斯维登堡派人士时，他写道："此人想法空泛，愚蠢透顶。"在评论一位名为H. N.哈德森（H.N.Hudson）的访问讲座者时，梭罗表示："他的内心笼罩着黑暗。"11月中旬，梭罗在写给爱默生的书信中说："整个世界就是一头挤不出奶的奶牛，生活并不容易。"此外，他在写给爱默生的书信中增添了许多近期的新闻，有的是家庭琐事，有的是他的情绪和感受。总体而言，这些书信是温情而充满敬意的。迄今为止，梭罗写给爱默生的信件是最出色的，但这些书信并不像其他作家的书信一样令人印象深刻。这一点梭罗心知肚明。他向爱默生——他的挚友和赞助人——倾诉说："我这一辈子几乎没写过什么像样的书信。"然而在1848年3月中旬，他收到了一封奇特的书信，寄信人是伍斯特的一名32岁的男人，名叫哈里森·格雷·奥迪斯·布莱克（Harrison Gray Otis Blake），两人之前见过一面。不久前，布莱克阅读了1840年《日晷》杂志刊登的那篇关于佩尔西乌斯的文章，他表示，梭罗的文笔给他留下了"挥之不去的印象"。在许多读者看来，布莱克的这封书信正是对梭罗一生的最好诠释：

> 上次我来康科德时，你提到过远离我们的文明（或许是梭罗去年5月在书信中提到的那次远足）。我问你是否会怀念那个由好友组成的社会。你的回答十分坚决："不会。我是微不足道的。"至今我仍然记得这番回答。从中，我能体会到你深邃的智慧，你远离社会的决心，以及宇宙的安宁与祥和。对我来说，这些都是无法想象的……如果我的理解足够正确，你这

一生的意义在于：远离社会，远离体制、习俗以及传统的魔咒，心怀上帝，过一种清新而简朴的生活。你非但没有用旧形式来束缚新生活，反而在内心开启了一段全新的生活……此时此刻与你对话……我十分仰慕你，因为你过着无为的生活，让灵魂尽可能地敞开，让自己成为某种可能。在这样一个喧嚣、充满肤浅表演的世界中，能够退守一旁说："我只是想简简单单地成为……"这是十分高尚的行为。

这番直抒胸臆的表达，换来了梭罗一封接一封的书信。在之后的许多年里，梭罗写给布莱克的书信总是充满哲学意味。然而遗憾的是，这些文采斐然的书信一直没有引起人们的重视。在第一封回信中，梭罗对布莱克提到的"远离社会"及"无为"等方面避而不谈，而是对自己所领会的关于旅途的隐喻进行了深刻的分析。他写道："我的确相信外部世界与内心世界相吻合。"在抛出这番毫无新意的超验主义论调后，梭罗并没有总结出"和谐"之类积极的结论，而是以冷静的口吻指出：

即便真的有人能过上更高层次的生活，其他人也无从知晓。差异和距离本为一体。过一种真实的生活，就是去遥远的国度旅行，被不同的环境和人群所包围；只要周围还是我熟悉的环境，我就知道，我还没有过上一种真正意义上的全新的或是更好的生活。

这封回信反映了梭罗"我确然信仰简朴"的根本信条，但同时也反映出梭罗所面临的最根本的挑战：

> 我认识许多人，他们不会被寻常的事物所欺骗，不相信空谈和妄想，只会把手里的钱财数得清清楚楚，知道如何用它们来投资。这些都是精明而谨慎的人，但在一生的大多数时间里，他们只能像银行出纳员般站在柜台旁，微微闪烁几点光芒后便立即生锈，最终离开人世。如果他们真的精明到了解任何事情，却为何要过这样一种生活？

从这封回信中可以看出，梭罗相信文学与生活之间存在着基本的关联，用人们常说的那句老话来说，“凡是能够用词语表达的东西，都可以在生活中表现出来”。另外，他用直白而质朴的语言提出了建议：“做自己所爱之事；知道自己喜欢哪根骨头：啃这根骨头，把它埋掉，再把它挖出来继续啃；不必恪守道德教条，否则你会受到蒙蔽，错失大部分生活；设定的目标要超越道德；不要单纯地一心向善，发挥所长更重要。”他仅仅在一件事情上对布莱克进行了纠正：“我没有做出任何关于社会、自然或上帝的构想。我仅仅是我自己。”五周后的5月2日，梭罗寄出了第二封信。在这封信中，他重申了对于大自然的基本看法：“自然之于心灵，恰如自然之于身体。她滋养着我的想象力，也将滋养我的身体。”总体而言，写给布莱克的这些书信足以证明梭罗对自己的心灵十分了解，它们给人一种平静笃定之感，也呈现出更加直率的语言表达。与梭罗的其他作品相比，这些书信可以说是最发人深省、最不具有讽刺意义与最不诙谐的了。这些文字不是为了大众读者所写，而是为了精神上的知己、一位信徒、一名信仰者所写。

1862年，梭罗去世那年，乔治·朗（George Long）翻译的马可·奥勒留《沉思录》(*Meditations*)正式出版。这部极具影响力的著作首次将奥勒留介绍给英语国家的读者，重新点燃了公众对古代斯多葛学派的兴趣。一年后，马修·阿诺德也发表了一篇关于奥勒留的文章。1864年，蒂克纳-菲尔兹出版公司在美国出版了《沉思录》，并寄给了爱默生一本。或许正是受到此书的启发，爱默生在编纂梭罗的书信集时才采用了同样的体例。

## 9. 斯多葛主义的完美诠释

梭罗写给布莱克的书信被爱默生编成了一部名为《书信集》(*Letters to Various Persons*)的文集。这部作品完美地诠释了梭罗的“美国式斯多葛精神”——这点常被人们忽略。对于大多数超验主义者而言，斯多葛精神意味着多种理念的集合，而不是一种刻板的个人性格。就像禅宗的理念一样，斯多葛精神中融汇着多种哲学信条和人生体悟，不仅包含着宗教信仰，同时包含着一种具有持久吸引力的生活方式。

斯多葛主义的源头可以追溯至城邦制解体后的希腊化时代。当时希腊人民对城邦的依赖逐渐减少，不再视城邦为道德权威或道德行为的终极裁判。此时，“个人该如何生活”的问题无法在城邦制中找到答案，在传统宗教或社会中也无法得到解答。于是，斯多葛学派的创始人芝诺开始将大自然奉为道德准则的可靠来源。斯多葛主义的基本信条在于，既不求助于国家，更不求助于上帝或社会，只求助于自然。

从芝诺到西塞罗、塞内加、爱比克泰德、马可·奥勒留等著名的罗马斯多葛学派信徒，斯多葛学派的中心使命始终没有发生改变，这种使命在于为道德生活寻求坚实的伦理学而非认识论基础。他们所追问的终极问题不是“我能了解什么”，而是“我该如何生活”。不论是芝诺还是马可·奥勒留，对于两者而言，若想回答“我该如何生活”的问题，必须为道德行为寻求合理的依据，在大自然的恩赐中探求获得个人福祉的方法——这里的个人指任何环境中的任何人。

斯多葛学派的思想由三大体系构成：物理学、逻辑学以及伦理学，其最大优势在于为伦理学赋予了无比崇高的地位。芝诺曾指出，理论探索如果不具有伦理意义，那么便没有任何价值。后来的威廉·詹姆斯也提出过类似的观点。斯多葛主义顽固而现实的一面就在于此：评判事物是否具有价值，完全取决于该事物能否给现实生活造成具体的影响。斯多葛学派认为，如果没有知识，特别是关于自然界的科学知识，便谈不上真正的道德。

此外，斯多葛学派援引赫拉克利特①的观点，认为世界的所有个体都是本源物质的不同表现。马可·奥勒留说：“要始终把宇宙看作是有机的生命体，它由一种单一的物质构成，具有单一的灵魂。”这番话恰好诠释了斯多葛学派的核心理念：“世界上存在这样一种法则，它既主宰大自然的轨迹，也主宰着人类的行为。”

既然自然和人类社会都由相同的法则主宰，那么若想认识人类社会的法则，则必然要对大自然进行研究。“要保留这样一项权利，那就是言行和举止都要与自然规律相合。”马可·奥勒留说道，“不要因他人的谴责或评论而烦恼，因为有些言语是合乎理性的，有些

① 赫拉克利特（Heraclitus，约前535—前475），古希腊哲学家。

则只是冲动的产物。你的目光不应被这些人所吸引，而应该始终凝视自我和自然的本质——两者本为一体。”马可·奥勒留最为极端和最具挑衅意味的言论是：“凡是发生在你身上的，都是大自然认为你应当忍受的。”

斯多葛思想还具有鲜明的宗教色彩。伊壁鸠鲁主义认为，世界的基本成分是原子和虚空；而斯多葛学派则认为，上帝才是万事万物的内在属性，上帝并不独立于事物而存在。时下流行的观点认为，斯多葛学派的圣人往往是凝重而阴郁的，但该学派的许多著作都流露出一种积极向上的精神。“哦，世界啊，”马可·奥勒留感叹道，“我始终与你伟大而和谐的音符保持着共鸣，不急不缓，一切都刚刚好。哦，自然啊，对我而言，你的四季产出的都是鲜美的果实。万事万物源自你，构成了你，并因你而存在。”

最重要的一点是，斯多葛学派强调个人及个人意志。我们时常在马可·奥勒留的私人日志（通常被称为《沉思录》）中发现这样的表达：“不管我被放逐到如何孤独的境地，我始终是命运的宠儿，因为我能够用命运的恩典来奖励自己……但在目前的处境中，不管你能否讲出最精彩的言论、做出最伟大的贡献，至少你拥有说话和行动的权利；你是自由的个体，请不要为自己找任何借口。”

尽管爱默生对马可·奥勒留表现出浓厚的兴趣，梭罗却从未提起过这位罗马皇帝，或许也不曾阅读过那本《沉思录》。不过，他却读过其他斯多葛学派信徒（如西塞罗、塞内加、佩尔西乌斯）的作品。他的日志中出现过关于芝诺的记录：“斯多葛主义创始人芝诺与世界的关系，恰如我与当前世界的关系。”梭罗的斯多葛精神虽然兼具希腊特质与罗马遗风，却不是两者的衍生品。正如人们常说的那样，梭罗具有一种独特的天赋，能够将他人的推测放到生活中去检验。对此，埃勒里·钱宁的评论可谓恰如其分，他认为，梭罗的斯多葛精神是带有自然特征的，并非“爱比克泰德或任何人所传授”。且不论这种精神源自哪里（或许是来自经典），梭罗极具生命力的思想核心中，无疑包含着斯多葛学派的基本信条。梭罗的思想具有强烈的伦理中心倾向，他的目的在于，在人类的平凡本性中为道德生活寻求稳固的支撑。他所追问的是，日常生活可以变得多么美妙。可以说，梭罗倡导的是这样一种理念：我们不应向国家、上帝或社会寻求道德，而应向自然寻求。在近200年中，梭罗正是这一理念最伟大的代言人。斯多葛学派的其他信条，如自信、自尊、自立等，是在任何时代都具有普世意义的理念，如果说爱默生是这些理念在美国的倡导者，那么梭罗则无疑是这些理念的**最佳践行者**。纵观梭罗的一生，他始终为诠释“自然的法则便是人类的法则”这一斯多葛理念而孜孜不倦地努力着。

## 10. 日神精神

布莱克提出了几个根本性的问题，其中一个问题是，梭罗的哲学中是否缺失了“悲伤的信条”。对此，梭罗颇有些自责地回答说，他不曾体会过极度的悲伤，仅仅体验过遗憾和苦恼，而且他常常像歌德一样，通过写诗来排遣这些情绪。当然，若说梭罗不懂得悲伤，实在是荒谬。他体会过失落，经历过疾病，体验过失望，目睹过亲人的去世——他的反应之强烈，往往会令他卧病不起。梭罗当然体会过悲伤的滋味，但对于他而言，关键问题在于如何克服悲伤。在这一点上，尼采对希腊人的评论同样适用于梭罗。前者曾在

《悲剧的诞生》（*The Birth of Tragedy*）中指出：

> 希腊人认识了且感觉到生存之可怖可惧。为了能生活下去，他们不得不在恐惧面前设想这灿烂的奥林匹斯之梦的诞生……快乐的奥林匹斯神统是通过梦神的爱美冲动，慢慢地从原来的恐怖的铁旦神统演变而成的，正如蔷薇的蓓蕾从多刺的丛林发苞那样。

面对布莱克的疑问，梭罗的总结不乏尼采的风范：“对我而言，完整性的经历只存在于我的视觉中。我所看到的，恐怕要比我感知到的更为完整。”这番回答至关重要，它让我们认识到，梭罗成熟的世界观本质上是具有日神精神的。沃尔特·奥托（Walter Otto）在论述日神精神时精辟地指出：

> 酒神的本性渴望陶醉，因此渴望亲近；日神则仰慕澄明（clarity）与理式（form），于是渴望距离感。这句话给人的第一印象是有些消极的，但它却暗示着所有事物中最为积极的一面——认知的态度。阿波罗排斥一切过近的事物——事物的纠缠、深情的凝视、灵魂的融合、神秘的陶醉，以及狂喜式的认知。他渴望的不是灵魂，而是理性……日神精神的本质，不是将人的注意力引向自我价值或深邃的灵魂，而是将其引向永恒不变的理式，引导人类超越自我……在阿波罗身上，我们看到一种高贵的认知精神——以绝对的自由直面生存和世界。这种纯正的希腊精神必然导致艺术乃至科学的产生。这种认知精神就像凝视的目光，将世界和生存视作一种理式，目光中没有贪

娄和对救赎的渴望。

梭罗认同日神精神，更认同他所理解的与日神精神相符的宗教观念。他的一生是对日神而不是对基督的模仿。虽然梭罗曾不无讽刺地指出，“在詹姆斯·K.波尔克出任总统期间”，“谈论阿波罗照耀着你的脸”这种做法显然是有些可笑的。但梭罗对于日神宗教的确有着深刻的理解。尽管他不了解沃尔特·奥托或是尼采，但他的认知却远远超越了维多利亚时代的简朴或是布尔芬奇（Bulfinch）的琐碎。他对荷马以及所谓的“荷马颂歌体”有着深刻的理解，对于K.O.穆勒（K.O.Müller）的《多里安人》（*The Dorians*）（关于古希腊多里安民族的权威之作）以及多里安人的观念、理念和文化有着深刻的领悟。在长达150页的《多里安人》一书中，作者描述了阿波罗如何跟着阿德墨托斯（Admetis）牧羊，如何为救赎做准备。或许梭罗正是在他最喜欢的神话中找到了自己的影子；或许正是作者对救赎和净化的强调，让他写出了关于俄耳甫斯的诗歌——《烟》（*Smoke*）；或许他还发现了阿波罗的多重身份：既是农耕之神、果园的热爱者、愉快与喜悦之神，同时也是战争的化身和毁坏者。在穆勒的作品中，梭罗还会发现，阿波罗被一本正经地描述成秩序的化身，所谓“秩序”是指，“所有事物的本质都处于适度的状态，具有系统性和规则性，所有的事物都在和谐与协调中存在；世界就是秩序的集合体”。

1847年3月，E.P.惠普尔（E.P.Whipple）见到了梭罗。他这样评价梭罗：“据说当别人在体验宗教时，他却在体验自然。”这番评价大体上是不错的。换句话说，梭罗的宗教更接近于多里安人的宗教，更接近对奥林匹斯之神——而不是现代的基督教——的信仰。

梭罗之所以始终显得有些冷漠，令人无法靠近，原因之一在于，他笃信日神精神。梭罗与奥托描述的古希腊多里安人相似，“他带着强烈的现实责任理解世界，正是由于这个原因，他们才在现实事物中勾勒出神的绝美轮廓”。对于那些致力于实现人类救赎或令人类超脱于现实世界的宗教，梭罗并不感兴趣。他寻求的是心灵的明澈，不是狂喜式的超脱；他渴求知识，而不是神的恩泽。他“倾向于在认知而不是意志中寻求道德抉择的动机”，在这一点上，他与希腊人十分相似。奥托解释道：

> 凡是领会到古希腊人世界观之客观性的人，凡是能够体会到这种世界观的外向性而不是内向性的人，凡是认识到这种世界观致力于探索世界的神话而非灵魂神话的人，他们会发现希腊人的世界观具有一致性，即始终强调认知，而不是意志或情感。

若想理解日神对于梭罗的意义，关键是要意识到，梭罗与他仰慕的希腊人之间具有某些共性：他所理解的**法则**（law）正是希腊人所感知到的**理式**。日神是理智、认知、个体自主性的形式表达。对此，叔本华做出过精辟的论述：“即便身在广阔无垠、巨浪滔天的大海中，坐在小舟里的人依然信任自己脆弱的船技。因此，即便身处世界的怒潮中，人们依然会静静地坐着，用个体化原理（principium individuationis）支撑着自己。”尼采引用了叔本华的论述，并补充说：“阿波罗本身可被视作个体化原理最神圣的形象代表。”梭罗的敬畏感来自他日神式的认知：神存在于自然世界中，存在于爱默生所谓的“自然形体的总和”中，而不是存在于奇迹、神秘、魔法或超自然中。就在基督徒渴望被救赎、酒神信徒渴望被支配时，日神信徒却渴望认知，渴望看得真切，渴望去感知。梭罗在《一周》中写道："我经历过最闪耀的事不是我做过或期望去做的事情，而是瞬间闪过的一个想法，或是一个幻想，甚至是一场梦。"他又补充道："我宁可用世界上所有的财富，用所有英雄的事迹去换取真实的图景。然而在这个世界上，我只是一名铅笔工人，我要如何与上帝交流，却不失去自己的理智呢？"

## 11. 1849年春夏："我选择了创作"

尽管梭罗勇敢地宣称，与创作相比，出版算不上多大的问题，但对他而言，出版始终是一件令人头痛的事。在湖畔生活期间，他创作了三部作品，其中《卡塔丁山》的出版较为顺利，《瓦尔登湖》则费力些，最艰难的便是《一周》。早在1847年秋，当他离开瓦尔登湖、搬进爱默生家时，梭罗就在信中对爱默生说，《一周》已经更换了四家出版商，除非自费，没有一家愿意出版。

1848年3月末，当梭罗开始与布莱克通信时，他将《卡塔丁山》的文稿寄给了格里利。尽管格里利认为这篇文章过长，不适合在杂志上发表，但他依然接受了稿件，并在回信中表示："文稿已收，如果找不到对你更有利的处理方式的话，我会先把稿费支付给你。"5月中旬，梭罗满怀感激地写了回信，对格里利的慷慨表示了感谢，并在信中用一个优美的长段谈到了自己。他在开头这样写道："在过去的五年里，我一直通过双手的劳动来养活自己。"总体而言，这个段落可以被视作一篇短小精悍的文章，用以谋生。梭罗这种自给自足的精神令格里利深受感动，他当即在《论坛报》（*Tribune*）上刊登了这个段落，将梭罗标榜为美国人“自立”的典范。多亏这位身在纽约的不知疲倦的编辑，《卡塔丁山》一文终于在1848年7月的《萨庭联合杂志》（*Sartain's Union Magazine*）上发表，稿费于11月分五次支付给了梭罗。

7月下旬，爱默生远游归来，梭罗则与钱宁开始了长达四天的远足。两人到了南部的新罕布什尔州，游历了安堪努克山、戈夫斯敦、霍克赛特、汉普斯特德、普拉斯托等地。11月，奥尔科特一家搬到了波士顿。在霍桑的请求下，梭罗在塞勒姆举办了一场题为“新英格兰的学生生活以及当地经济”（Student Life in New England and its Economy）的讲座。这年冬天，他又在康科德举办了两场讲座，其中一场重复了在塞勒姆讲座的内容，另一场讲座题为“白豆与瓦尔登湖”（White Beans and Walden Pond）。1848年秋以及1848至1849年的冬季，梭罗把主要的精力放在了充实和修改《一周》的终稿以及《瓦尔登湖》的第二稿及第三稿上。当时《瓦尔登湖》还只是一篇较短的散文，与《卡塔丁山》的篇幅相当，但经过反复打磨之后，《瓦尔登湖》的篇幅已经扩展了几倍，成为堪比《一周》的大部头作品。

1849年2月，梭罗再次寄出了《一周》的文稿，并继续用他那鲁莽的方式与出版商讨价还价。与此同时，他也多次考虑将《瓦尔登湖》的手稿交给出版方。然而令人恼火的是，蒂克纳出版公司只同意出版《瓦尔登湖》，却要梭罗自费出版《一周》。梭罗不甘放弃，于是转向门罗出版公司，对方开出的条件稍微好些，他们答应出版《一周》，但前提是，如果销路不好，梭罗要承担相应的成本。经过一年半的努力和修改，梭罗似乎认识到，他已经无法做得更好，于是便接受了门罗出版公司的条件。截至3月底，他开始着手校对。令人遗憾和颇感讽刺的是，就在这本纪念哥哥约翰的作品即将出版时，家里的另外一名成员——梭罗的姐姐海伦——却病倒了。海伦当时已经36岁了，身体向来不好，又患过结核病。1848年冬，她的病情已经到了无可挽救的地步。1849年2月，梭罗提到，他担心海伦已经撑不下去了。

5月中旬，《抵抗公民政府》发表在伊丽莎白·皮博迪的《美学论集》上，然而这份期刊没过多久就倒闭了。5月30日，梭罗的第一本专著终于出版。四天前，他已经动身去波士顿拿到了属于作者的样书，送给了布朗森·奥尔科特一本，后者认为这是一本"美国本土的作品，可在我的书架上与爱默生的作品并排摆放"。然而梭罗作品出版的消息并没有引起公众的注意，只有忠诚的格里利在《论坛报》上发表了一篇文章，或许是出自格里利本人之手，或许是乔治·里普利所写——自布鲁克农场的梦想破灭后，里普利一直生活在纽约，靠创作维持生计。

《论坛报》的评论于6月13日发表。从本质上讲，这篇文章写得还算客观，作者赞颂了梭罗对于自然的观察，认为散文部分比诗歌部分更精彩："几乎每一页都有本能的诗性表达，但韵律的使用颇显生硬，至多算是蹩脚的无韵文。"评论列出了梭罗的一些代表性作品，随后十分恰当地指出其泛神论倾向。作者无法欣赏或容忍梭罗这种日神式的宗教观，认为他企图"用这种误置的泛神论对基督教信仰进行攻击"。三年前，梅尔维尔的第一部小说也表现出类似的倾向，同样引起了类似的反响，但问题在于，梅尔维尔针对的是神职人员，而不是基督教本身。这篇评论虽然没有对梭罗进行全方位的赞美，但至少引起了读者的兴趣，促进了书的销量。

6月14日，《论坛报》评论发表的第二天，海伦·梭罗病逝。葬礼在家中举行。仪式结束后，梭罗起身打开音乐盒。所有的人都默默地坐在那里，直到音乐奏完。《一周》的创作与出版都与家人的死亡分不开，但这本书中并没有流露出死亡的阴影。许多证据表明，梭罗与家人的关系十分亲密，因此我们不难做出这样的假设：约翰的死让梭罗的创造力得到释放，而七年之后，海伦在挣扎了几个月之后撒手人寰，这让离开瓦尔登湖后屡遭出版商拒绝的梭罗稍稍振作了些。她的死或许还激发了梭罗的斗志，让他接受并宣示自己的平凡身份。目前为止，梭罗家的四个孩子中，有两个已经去世，这让梭罗无比强烈地意识到，他必须让自己的一生过得更值得。7月末，梭罗在写给布莱克的信中说道："我们必须朝着一个方向迅速地行动，我们的意志必须足够坚决，这样才能将我们的恶行抛至身后。纵然是彗星的尾迹，也会如星辰般闪亮。"1849年9月，他给哈佛大学校长贾里德·斯帕克斯（Jared Sparks）写了封信，请求获得使用哈佛大学图书馆的特权。与一年前的调查报告形成鲜明对比的是，这封书信的语气已经变得十分坚定，就连在讨论谋生这类敏感话题时，梭罗也充满了坚决。他对斯帕克斯着重强调说："我已经选择了创作，这就是我的职业。"

# 第六卷

# 1849—1851猎豹的语言：野性与社会

1851

## 1. 海难与科德角的拯救

1849年10月9日，梭罗与钱宁在科德角开始了为期一周的旅行。梭罗表示，他期待着“能看到更美的海景”。在结束科德角之旅前，他不仅欣赏到了美丽的大海和海岸风景，更饱览了一番新英格兰的早期风光，对当地的加尔文主义产生了更深的认识。在《科德角》（*Cape Cod*）中，梭罗用以实玛利式的幽默对救赎以及人类如何实现救赎进行了探讨。这篇文章与那场旅途一样，一开始便展现了一场令人震惊的灾难：我们刚到达波士顿就发现，本该于昨天日间抵达的“普罗温斯敦”号汽轮迟迟没有到来，这都拜那场猛烈的风暴所赐。我们在小街上发现了一张传单，上面写着：“死亡！145人命丧科哈西特。”于是，我们决定取道科哈西特。

仅仅在两天前，满载戈尔韦移民的“圣约翰”号双桅帆船在远海触礁。在狂风的吹袭下，船体在马萨诸塞州海岸线礁石最密集的区域碎裂。梭罗和钱宁抵达时，风浪仍然很大，许多遇难者的遗体正不断被冲到岸边。梭罗对这番场景的描写太过生动和冷静。100

年后，罗伯特·洛威尔（Robert Lowell）将他的整篇文章原封不动地引用过来，放在了《教友派信徒之墓》（*Quaker Graveyard in Nantucket*）的开篇。梭罗看到的是这样一番场景：

> 许多僵硬的脚和发丝蓬乱的人头随着衣物一同漂浮着，其中还有一个溺死的小女孩，她肿胀的身体上遍布伤痕和瘀青——不知道她来自美国的哪户人家，或许她正准备离家去谋生——破碎的衣物缠在她的身体上，她的脖子上戴着一条项链，但大半已经勒进了肿胀的皮肉里。除此之外，还有一具蜷曲着的尸体，皮肉破烂不堪，或许是遭到了岩石的剐擦，或许是被鱼吞掉了，骨骼和肌肉露在外面，但看不见血迹，只看到红白两色，一道道伤口仿佛一双双凝视的眼睛，失去了光泽，充满死亡的灰暗；又像是搁浅船只的舷窗，玻璃上沾满了沙子。

《科德角》恰好延续了《卡塔丁山》结尾提出的主题：大自然拥有最狂野的一面，以及对人类生命充满敌意和冷漠的一面。这些遗体的“主人”们相继赶到这片新世界，就像哥伦布和那些朝圣者一样，但他们发现的却只有死亡。海难引发了这样一个疑问：在如此惨烈的灾祸中，人类得到了怎样的救赎？在后文中，梭罗从三个不同的角度给出了答案。从基督徒的视角来看，躯体或许会死亡，但灵魂会得到救赎；从自然的视角来看，“如果这就是自然法则，如果抛掷并毁坏这些尸体的风浪仅仅是一种客观的自然现象”，那么，“我们为何还要浪费时间，心存敬畏或怜悯”？接着，梭罗提供了第三种视角，将人类生命的意义与遭受的命运区分开来。在对凄惨的海难场景进行描述后，梭罗以阴郁的笔调总结道："对于一个正直的人而言，任何礁石都无法撞碎他的意志。"可以说，这种阴郁的风格也为全书奠定了基调。"不知疲倦且无边无际的大海"与卡塔丁山的峰顶一样，对人类没有丝毫的善意。这片海洋就像一片广袤的荒野，一直延伸至欧洲。与其说《科德角》的关注点在于海洋描写，不如说它更关注对海岸、海滩以及海陆交界区域的描述。在梭罗看来，海陆交界区域是野性而怪异的，堪比弥尔顿笔下的"混沌"（他在《卡塔丁山》中也提到了这点），也像是T.S.艾略特[①]在《干旱的救赎》（*Dry Salvages*）中提到的大地的边缘。在这片区域里，"只有那些怪异而反常的生灵可以栖居"。从某种角度来看，海岸是一片"中立地带"，一片"野性而丰茂"的区域，这里没有谄媚。"这里是赤裸裸的自然，纯粹得不带丝毫人性，不会把心思浪费在人类身上。"所有这些思考和见闻都被梭罗用散文的笔法表达出来，他的文字意蕴丰富，既有梅尔维尔的诙谐，又不乏传道书的悲戚与别情。"我看见"三个字反复出现，为开篇及多处场景增添了《圣经》般的庄严。对船难的描写中甚至带着些令人恐惧的美感。梭罗曾明确表示，崇高源于恐惧。无须多言，海难就意味着恐惧。

梭罗着意突显科德角的苍凉、丑陋、荒芜，以及船难的普遍性。在那个年代里，几乎所有货物的运输都要经由水路，一支船队可能由上百只渔船组成。在科德角运河开通前，来往于波士顿和南方港口的所有船只都要从外海水域经过，那里没有任何保护性的屏

① 托马斯·斯特尔那斯·艾略特（Thomas Stearns Eliot，1888—1965），英国诗人、剧作家和文学批评家，诗歌现代派运动领袖。代表诗作《荒原》。

障，通航十分凶险。因此，船难已经成为科德角日常生活的一部分，而船难救援也成为当地经济的一部分。

在第三章中，梭罗以幽默的笔法对科德角的宗教生活进行了长篇描述。从早期的布道者到现代信徒的野营集会，梭罗的描述给人一种偏题的错觉，直到读完全篇，读者才意识到，所有的描述都是对神学救赎理念的讽刺性审视。梭罗将加尔文主义与崇高联系在一起："恐惧这一信条自然会产生崇高感，形成雄辩而令人印象深刻的风格。"同时，他又嘲笑加尔文主义"吹毛求疵"的倾向："根据那些旅人的说法，目前为止，在东方，在那些耶西迪人和崇拜魔鬼的迦勒底人中间，你仍然能听到关于这些宗教信条的批判。"最终，梭罗拒绝了那些传统教士宣扬的内容。这些教士或许是"他们那个时代的佼佼者"，但他们传播的福音中已经不具有任何救赎的成分。

在第四章中，梭罗又回到了海滩，总结了第一部分对科德角的描述，并为之后的叙事奠定了基本模式——随后的叙事时常转回到那片海滩，读者将再次面对那片阴沉、狂暴的海域，面对那片"野性的海洋"。"落水者拼命寻找船骸上散落下来的浮木或碎片"，他们以坚强的意志和惊人的忍耐力支撑着自己，他们"太过凝重，以至于笑不出声；太过坚强，以至于哭不出来，冷漠得如同一只只牡蛎"。然而在第四章的结尾，梭罗却用较长的篇幅对沿岸的避难窝棚进行了描述，笔调显然轻松了许多。他用极为细致的笔法和滑稽的口吻对其中一个避难窝棚进行了描述。这些本该用于救助落难者的窝棚和用于救赎的实用场所，不仅看起来毫无生气，而且连基本的救助设施都不完善。梭罗朝棚子内部望去，发现"里面根本看不到火柴、稻草或草垛，甚至连一张板凳都没有"（当时的条例这样规定）。的确，世界上所有美好的事物都会在这里遇险。"基督教关于救赎灵魂的誓言已经不再可信，不仅如此，就连现代社会用于救生的场所都不再有效了。”然而，这本书最终指向的现实——科德角的秩序问题——在另一个船难场景中得到了表达，那是梭罗在另一场旅行中看到的另一处满布船骸的海岸：“尸体掌控了整个海岸，并统治了这里。任何一个活着的灵魂，不论是谁，不论他打着哪个君王的旗号，都做不到这一点。”

## 2. 1849年秋至1850年春：印度唯心主义

1848年7月末，爱默生从欧洲归来。此后，梭罗便一直与家人生活在位于得克萨斯街的家里。如果说读书和写作是他的主业，那么他真正的生计来源则是铅笔制造，以及他撰写的越来越多的调查报告。1849年秋，他开始专门用一个本子为调查报告做记录。不久前，梭罗的父亲在康科德缅因大街73号新购了一处房产。冬天到来时，梭罗已经开始着手翻修这栋房屋。调查工作、铅笔制造以及木工活占用了他越来越多的时间。在这段时期，他重新对印度思想产生了兴趣。大约在1849年秋天，他阅读并摘录了《马萨诸塞州季刊评论》（*Massachusetts Quarterly Review*）上发表的《古印度哲学》（*The Philosophy of the Ancient Hindoos*）一文。这篇文章由詹姆斯·艾略特·卡伯特创作，并由他本人和西奥多·帕克共同编辑。

卡伯特是梭罗一生的挚友，也是爱默生传记的作者。作为一个年轻人，他对建筑很感兴趣，做过路易斯·阿加西的助手，还发表过一篇关于康德的评论。这篇文章十分出色，曾在1844年被《日晷》杂志列为头条文章。在那篇发表于1844年的论及印度教的文章（卡伯特自认为这篇文章讨论的是“印度唯心主义”）中，卡伯特引用了大量当代学者的成果，并频繁引用了H.H.威尔逊（H.H. Wilson）的观点。他强调一种广泛意义上的泛神论倾向的世界观（所有事物都统一于神性，所有事物的身份都来源于神性），认为印度思想的本质在于“将一切现实简化为纯粹、抽象的思想”。此外，他对比与讨论了印度唯心主义与康德及费希特的唯心主义（尤其是费希特）三者间的共性。换言之，卡伯特将印度唯心主义理解为另外一个版本的超验主义，只不过它在另一种文化中产生，被赋予了不同的名字而已；但卡伯特也指出了一些显著的差异。在他看来，西方思想中充斥着一种二元对立的倾向（思想与存在、心灵与自然），而东方思想则反映出一种先验倾向。

> 印度人倾向于将现实视作一种纯粹的思想。对他们而言，最高形式的现实是心灵，心灵中排除了一切物质痕迹，是抽象的灵魂。对我们而言，最重要的神学教条是上帝的存在；但对于印度人而言，关于上帝的最高表达是永远超脱于轮回的灵魂。对于这样的灵魂而言，存在不过是一场用来自娱的虚幻表演。印度人的神性是纯粹内省式的，与自我平等且同质，是一种纯粹的、抽象的思想。

卡伯特为梭罗提供了额外的动力，促使他不断了解印度教，将印度教思想视作对唯心主义核心思想的充分阐释。1849年冬和1850年春两季，梭罗阅读了大量有关印度教的文献。但从这些文献看来，这位博物学家、统计学家和调查员并没有抛弃超验主义。尽管梭罗对实证科学与机械技术产生了越发浓厚的兴趣，他依旧保持着对唯心主义思想及其美学的热情。

在进行系统阅读的同时，梭罗开始寻求一些熟悉的、内心一直期待着的内容。之前他早已熟谙《摩奴法典》，1849年9月，他又阅读了《摩诃婆罗多》（*Mahabarata*）的某些章节，通读了加西恩·德·塔西（Garcin de Tassy）的《印度及印度斯坦的历史》（*Histoire de la littérature Hindui et Hindoustani*，巴黎，1839）。1850年1月，他阅读了一些重要的早期经典，如印度教的核心经典《毗湿奴往世书》（*Vishnu Purana*），该书由H.H.威尔逊于1840年翻译成英文，在印度国内被视作最权威的译本。与此同时，梭罗还阅读了琼斯翻译的《数论颂》（*Icvara Krsna or Samkhya Karika*）和印度诗人及剧作家迦梨陀娑（Calidasa）的经典著作《沙恭达罗》（*Sacontala*）。1850年4月，他又回到了之前的吠陀经典，例如史蒂文森（Stevenson）翻译的《娑摩吠陀》（*Sama Veda*）、早期吠陀资料的合集及译文集——包括罗木·罗伊（Rammohun Roy）撰写的《奥义书》（*Upanishads*）。罗伊是一名印度教思想家，也是一位改革家，曾于1816年试图复兴《吠陀经》和《奥义书》中的一神论倾向。他的作品被新英格兰的一神论信徒广泛阅读，其名气和声望与爱默生齐平。

梭罗对印度思想的兴趣最初集中在《摩奴法典》上，随后又转向宇宙秩序、宇宙法则等概念。此时，梭罗的这份兴趣已经发生了变化。从某种程度上来说，他的关注焦点转向了哲学上的唯心主义，但最重要的是，他把印度教当作实现个人自由的实用路径。《薄伽梵歌》中的一个问题曾令梭罗感到困惑（他曾在《一周》的最终版本中提出过这个问题），那就是，在他看来，奎师那（Krishna）并没有给予阿朱那（Arjuna）足够的理由去战斗。梭罗直率地写道："阿朱那似乎信服了，但读者并没有。"这个问题一直持续下来，始终没有得到答案。随后，1849至1850年间，梭罗阅读的印度经典大多关于隐忍（不抵抗运动宣扬过的"有所不为"的理念）和解放这两个主题。

在《吠陀经》中，梭罗读出了某种"印度人的斯多葛精神"："吠陀说，克制激情、克制身体的外在知觉，以及行善之举等，都是神性思想中不可或缺的部分。"他从《诃利世系》（*Haricansa*）中摘录了一篇较长的文章，将其译成英文，并命名为《七个婆罗门的轮回》。从这篇文章和梭罗的笔记来看，梭罗关注的焦点在于"如何获得最终的解脱"。读过《数论颂》后，梭罗得出了一番颇具爱比克泰德风格的结论："求索的目的在于，探求脱离……人生之苦的方法。"随后，他又转向一个全新的话题，写道："真正的模式（方法）在于，带着某种'鉴别力'去认知——不是去做什么，而是去认识——行动是偏颇的，只有认识才是最重要、最具普遍意义的。你所观察到的事物就是你的本质。如果不经观察就采取行动，则没有半点裨益。"

从他感悟最多的《毗湿奴往世书》中，梭罗摘录了卡伯特的部分译文，又从原文中摘录了30页内容。此时，梭罗开始体悟到："人只要活着，就会陷入无尽的苦恼之中。"这番体悟恰好回答了布莱克关于"悲伤的信条"的疑问。接下来，梭罗又迅速转向了"解脱"这个主题。获得真正的解脱后，"就不会再有分别心。对事物本质有了全面的认识后，所追求的事物与最高精神之间便不再有任何差别。差别不过是缺乏真知导致的结果"。此外，《毗湿奴往世书》还为梭罗提供了许多重要且实用的道德理念："积极的义务并不会束缚我们；帮助我们获得解脱的知识才是真知；其他所有义务只会令人疲倦，其他一切知识不过是艺术家的小聪明。”由此可见，梭罗寻求的“隐忍”与“有所不为”并不是一种脱离社会的消极愿望，而是对个人自由的积极向往。梭罗的伟大使命始终在于获得解脱。这种解脱能够带来的快乐，远远超越了斯多葛学派“个体自主”带来的快乐。梭罗关于《毗湿奴往世书》的最后一则评论，恰好印证了他关于“灵魂觉醒”的隐喻：“所有的聪明才智，都在清晨苏醒。”这点并非巧合。

## 3.1850年春

这年春天，康科德河水和湖水的水位比平时都要高，梭罗的精神更是前所未有的高昂。5月中旬，他去黑弗里尔开展调查；6月末，他又独自回到了科德角。这一次，他主要游览了普罗温斯敦和查塔姆之间的海岸，然后再度回到科德角，在高地灯塔附近逗留了几日。这个春季里，梭罗那紧迫的使命感稍稍松懈了一些。“最明智的做法是，”他在日志中写道，“过一种没有具体目标的生活。”在回想往事时，梭罗想起了那场出意外引发的火灾事故。在此之前，他始终不愿去回忆此事。到这年7月，梭罗也不过33岁而已，但他始终奉行着“不回顾”的原则。如今鼓起勇气回忆的他，终于感到了一丝欣慰：“我的想象，我的爱，我的敬畏，我的仰慕，以及我对奇迹的感知，不是由任何事件激起的，而是由儿时的记忆所唤起的。”

然而这年春季，主导梭罗的并不是怀旧情绪，而是对未来的憧憬，以及当下的满足感和愉悦感。“难道人类不跟那些植物一样，享受着这个春天吗?”他密切观察着绿色渐浓的山野,发现了我们平时不曾注意过的几个“季节”,比如,6月1日左右正介于春夏交替之际,草色变绿,牛群被赶出去吃草。他的日志中写满了春季带来的强烈感受:“山胡桃树的花蕾散发出清甜的芳香,令我有些迷醉……林鸫绷紧的身子上,隐藏着一个美丽而野性的世界。”这些表述明显流露出他的希望和愉悦之情。

梭罗连续写了几年日志。从这年秋天开始,他的记录开始变得更有规律。尽管大部分内容都是对自然现象的详细描述,但暂时还看不出从哲学思考转向事实描述的显著迹象。可以说,这些更加全面、更加连续的记录,并非真正意义上的日志,无法完整地再现梭罗的生活。除了这本日志外,梭罗还写下了大量描述性的文字。从某种意义上来说,写给布莱克的书信已经取代诗歌的位置,成为梭罗的一部关于心灵的传记,而这部传记的主题仍然介乎现实与世界、存在与行为之间。此外,广泛的哲学阅读也反映在梭罗的文学笔记和这些书信中。的确,这年春天,梭罗的生活显得异常和谐与完整。一方面,他广泛阅读着有关科德角的材料;另一方面,他多次外出旅行,积累全新的体验。此时的日志里开始出现关于那次火灾的叙述,他提到,“哪怕只有一片浅浅的沼泽,许多生灵就能活下来”。此外还有海龟捕捉鳕鱼的故事(“它躲在一个秘密的地方,或许是藏在水塘底部的淤泥里,只露出两只眼睛,等着鳕鱼游过来”),以及关于声响的描写(“就在我说话的工夫,我听到浅浅的泥水中响起一阵泼刺声”)。

就在梭罗详细记录着自然界的微观现象时,他也在多本新书中阅读着无比宏大的主题:《毗湿奴往世书》、亚历山大·冯·洪堡的《自然面面观》(*Aspects of Nature*)以及他那本名为《宇宙》(*Kos-*

*mos*）的杰作，此外还有柯勒律治的《更为全面的生命理论》（*Hints toward the Formation of a More Comprehensive Theory of Life*）——单是书名便令人欲罢不能。《毗湿奴往世书》的副标题为“印度神话体系及传统”，这本书可谓包罗万象，从宇宙的形成谈到宇宙的毁灭以及再创造。读完洪堡那本文笔生动、引人入胜的《自然面面观》后，梭罗又读起了长达5卷的《宇宙》。在这部刚被译成英文的作品中，洪堡对物质世界进行了探索，试图“将自然作为一个伟大的整体、一个由内部力量驱动并赋予其生命力的整体表现出来”。《宇宙》是19世纪最具野心的一部作品，它不仅对物理世界的大地和天空进行了探索，而且用很长的篇幅追溯了从古至今人类对于大自然的兴趣。在第二卷第一章“自然研究之动力”这一部分中，洪堡对“不同时代与种族的人在思考自然时感受到的兴奋”进行了描述。在这一章中，梭罗读到了亚里士多德的一部作品（如今已佚失），并摘录了其中的部分内容。亚氏用极具想象力的方式举例说明，我们对神性的感悟可能来源于自然：

> 如果在大地的深处，在装点着雕塑与画作的居所里，存在着某些生灵，如果我们所谓的幸福中包含着一切富足的事物，如果这些生灵在这些地方能够接收到上帝的讯息，感受到他的力量，那么，他们就该被带出隐藏的居所，来到我们居住的地表。他们会立刻注意到大地、大海以及苍穹，注意到广阔的云层和凌厉的狂风；他们会崇拜太阳的伟大、美丽和灿烂；最后，当夜幕降临、大地陷入黑暗时，他们会凝视点缀着星光的天空，注意到月亮的圆缺，发现星辰沿着永恒的轨迹升落；他们会喊出真理：“原来上帝真的存在，这些伟大的事物都是上

帝的杰作。”

这番描述恰好表达出梭罗在这年春季所感受到的惊奇与讶异。

在阅读《毗湿奴往世书》和《宇宙》两部作品期间，梭罗对柯勒律治的《更为全面的生命理论》进行了评注。柯勒律治将生命定义为“个体化原则”，“这一原则‘最普遍的法则’在于‘极性’……于是，我们将生命看作两个极点之间的部分，或是二元对立的统一”。这年春天，梭罗将他读到的内容运用到了生活中。在这段时期内，他的阅读和创作都可以用个体化原则来概括。对宏观宇宙的探索与对微观细节的积累具有同样的意义。梭罗不仅阅读着有关生命的宏大理论（个体化原则），同时也密切关注着5月林中茂盛的枝叶。他用“个体化”的笔触写道：“此时的树叶已经长到老鼠耳朵一般大。”

## 4. 1850年7月：“伊丽莎白”号的沉没

春天给梭罗带来了新生和愉悦，令他再次焕发了精神的活力，并拓展了自己的思想。他的心中充满了希望和幸福，认为自己拥有了“某种自制的神性”。然而种种美好在7月的一天戛然中断。纽约传来噩耗，玛格丽特·富勒遭遇海难，在火烧岛附近溺水身亡。在爱默生的请求下，梭罗赶到了事故现场，开始了搜寻遗体这项残酷的任务。对于梭罗而言，这既是一项体力劳动，也是文学上的一种探索。

玛格丽特曾积极投身罗马革命，革命失败后，她打算从意大利返回美国。海难发生时，新婚不久的她正在返美的途中，与之同行的有丈夫马尔切斯·奥索利（Marchese Ossoli）以及他们年幼的儿子。此外，她还随身带着一部书稿，是根据革命经历写成的作品。“伊丽莎白”号是一艘体形庞大的双桅帆船，重达530吨，建成于五年前，船上装满了大理石等货物。由于船长罹患天花，在直布罗陀海峡病逝，这艘船由大副H. P.邦思（H. P. Bangs）指挥。7月18日，“伊丽莎白”号迎着清新而徐缓的东南风，沿着百慕大与新泽西州之间的海岸行驶。19日凌晨2时30分，风势渐猛，船员收起船帆，开始吃力地划行。邦思先生测试了水深，得出的结果为21寻（126英尺），他认为并无大碍。他以为船只已经驶离新泽西海岸，行驶到了五月角和巴尼加特之间的水域，也就是离现在被称为大西洋城的地方不远的位置。于是，他指挥船只继续向北行驶，朝着他所认为的深海区行驶了60至70英里。他本可以命令暂时停航，等待天亮，可他并没有这样做。在风势渐猛的情况下，他如何能够准确地判定位置？他为何要一意孤行，命令船只在黑暗中继续前进？有一种说法认为，他可能看到了光线，误以为那是纳维锡克高地上的灯塔发出的光亮——纳维锡克恰好位于纽约港入口的南部，但实际上，他看到的却是火烧岛的灯光，这道光线照亮的是位于火烧岛四分之一英里外与之平行的一片狭长的沙洲，那里位于纽约湾入口的东北方。或许他认为，即将到来的风暴会将船只吹入海湾，可以绕到桑迪胡克海湾后方寻找避风港。不管出于什么原因，邦思先生还是下达了继续前行的命令。凌晨3时30分，“伊丽莎白”号行驶到火烧岛灯塔以东5英里处，迎面撞上了那片沙洲，船上的乘客都从铺位上摔下来。

随之而来的巨浪攫住船尾，将整个船体掀翻，较宽一侧的船舷与沙洲发生了碰撞，重达150吨的卡拉拉大理石纷纷散落，好在乘客并没有因此发生死伤。天亮后，众人才发现，出事地点离海岸只有几百码的距离。尽管天色越来越亮，但狂风仍在继续，疾风骤雨阻挠了本已迟到的救援。中午12点到下午1点之间，海岸卫队的冲锋舟和抛绳枪就位。救援人员发射了五条绳索，但由于风势过强，绳索还没接近遇难船只就纷纷坠海。由于海浪过猛，救生艇也无法出航，种种常规救援手段均告失败。事实上，当时众人遭遇的是一场飓风。据纽约的报纸记载，许多树木被连根拔起，烟囱被吹倒，船只或被海浪推上沙岸，或搁浅在码头的邻接区。

在“伊丽莎白”号上，部分船员和一名乘客抱着木板跃入水中，只有船长的妻子、代理船长邦思以及几名船员成功游到了岸边。整整一个早上，船上的人都可以清晰地看到对岸的情况——流浪汉正在那里捡拾冲上岸的救援物品。玛格丽特·富勒意识到，在这凶猛的风浪中，两岁的尼诺（Nino）绝无幸存的可能，于是坚持不肯跳海求生。最终，下午3点左右，更为猛烈的风浪袭来，“伊丽莎白”号开始解体。在一片嘈杂和喧闹中，一名船员带着尼诺朝岸边游去，遗憾的是两人没能生还。几分钟后，尚且温热的两具尸体被冲到了岸边。最终，玛格丽特夫妇被海水吞没，遗体一直没有被找到。

三天后，7月22日星期一深夜，噩耗传到了康科德。爱默生立刻回复了格里利，认为他能想到的最好的办法就是“托梭罗先生赶过去，让他代表我们所有的人，尽最大的可能从遇难船只中抢救出残存的手稿”。[船难发生后第二天，贝亚德·泰勒（Bayard Taylor）便赶到了现场。他报告说，截至星期天，海滩上已经发现了数千具遗体，在附近三四英里的范围内，四处散落着破碎的木片、桅杆、木箱以及货物。］23日，梭罗立即离开康科德，第二天（星期三）便抵达纽约，赶上了上午9点开往长岛的火车。船难发生五天后，梭罗终于赶到了现场，却发现那里几乎什么也没有留下。人群不断从各地赶来，其中包括亚瑟·富勒、埃勒里·钱宁、W.H.钱宁以及小查尔斯·萨姆纳（Charles Sumner，Jr.）（他的兄弟贺拉斯也在本次事故中遇难）。第二天清晨，梭罗在史密斯·奥克斯（Smith Oakes）家中（海难幸存者曾在那里避难）给爱默生写了封信，以仓促而惊颤的笔调描述着他拼凑起来的故事：

> 凌晨4点，帆船撞上沙洲，所有的船员——大多穿着睡衣——立刻朝前甲板的船楼跑去。海水瞬时涌了过来。乘客们困守在船楼里，船员站在船楼上方，尽最大努力挽救局势。9点钟，大副游上了岸。从9点到中午，又有一些人游了上来。涨潮时分，大约在3时30分左右，船体完全解体，乘客纷纷逃出船楼，玛格丽特背靠着前桅，双手放在膝盖上——她的丈夫和孩子已经溺亡——一个巨浪涌来，将她卷走了。

四个人的遗体始终没有被找到，包括玛格丽特、奥索利、贺拉斯·萨姆纳（Horace Sumner）和一名水手。众人埋葬了尼诺的遗体后各自离去，史密斯·奥克斯家中只留下一张残破的桌子、几张不重要的报纸以及几本书。相比之下，那些赶来发海难财的人却收获不菲。梭罗雇了一艘小船前往现场打捞，但这次出海仍然一无所获。后来，他以狄更斯般的笔触描述了这次出海经历，他提到那群荷兰人沿着海岸漫无目的地划着船，但即便在雾气弥漫的浅水海域，醉醺醺的他们依然能精准地辨明方向。最终，一无所获的梭罗回到了岸边。星期五，他又找到了几件衣服，包括奥索利的外套，他从外套上取下了一粒扣子。不久后，他听说有些人的骨架被冲到了岸边，于是星期六一大早便再次匆匆赶到了岸边。两天后，他在写给查尔斯·萨姆纳（他兄弟的遗体仍然没有被找到）的信中表示，那具骨架已经残缺不全，他“不懂解剖学，因而无法确定，甚至连遗体是男是女都无从知晓”。那个星期六的清晨，梭罗在空荡荡的海滩上徘徊着，四处寻找着遇难者的遗体。这番经历给他留下了难以磨灭的印象，他将当时的种种感受写进日志，并最终收录进了《科德角》这本书。

> 想在如此空旷、如此平滑的海滩上寻找如此渺小的对象，必须要非常仔细才可以……走了大约半英里，我只发现一截不起眼的木桩……它被埋在沙土中，看起来像是破损的船桅……接着，我看到了那具残缺不全的遗体……它静静地躺在那里，承受着海浪的拍打……在海滩风景的映衬下，它并没有给人带来感官或精神上的不适，只是微微给人一种不甚协调的感觉……在这片如平原般广阔的沙滩上，它是那样的显眼，仿佛是一座纪念碑，经过一代人的努力才屹立在那里……它统治着整片海岸，拥有了这片海岸，任何一个活着的人都做不到这点。

从去年10月“圣约翰”号遇难后尸体堆满科哈西特的岩石海岸，到“伊丽莎白”号沉没，残骸和躯体绵延5英里之远，在这期间，梭罗已经见证过太多次的海难。所谓的“遗物”令人不忍目睹——只有几根骨头、几件衣服、一颗扣子、几张报纸和几本书，此外别无他物。一周后，梭罗在写给布莱克的信中说："在我们的一生里，只有思想具有划时代的意义。其余的一切，不过是我们存在的时候由风书写的日志而已。"

## 5.1850年8月和9月：书写百万康科德人的材料

这份悲哀而残忍的差事像"圣约翰"号的残骸一样，考验着梭罗的斯多葛精神，挑战着他的唯心主义理念，但并没有对两者造成毁灭性的打击。它迫使梭罗再次面对死亡。这一次，梭罗没有像哥哥约翰去世时那样，在文字中直接提到这次经历。不过，在写给爱默生和布莱克的书信中，在他的日志以及《科德角》的开篇中，都流露出了他内心的焦虑、矛盾以及紧张。梭罗似乎知道自己该保持理智，但在情感上依然不能接受死亡——不论是自己的死亡，还是他人的死亡。"我并不认为现实有什么大不了，"他在日志中写道，"现实是我们早该超越的东西。它就像是一堆呕吐物，只有魔鬼才喜欢在里面打滚。"然而，在写给布莱克的书信中，这份怪异而强烈的情感却被梭罗进行了修正。他在开篇中冷静地写道："我发现，现实中发生的事件往往会引发我们的密切关注，但它们却远不如我的想象真实。"接下来，他谈到"我在海滩上从奥索利的外衣上扯下的一颗扣子"，这颗纽扣与海滩上的那堆骸骨一样，没有半点血污，没有丝毫感情，不具任何含义，只不过是物质限制的一小部分而已。"将它举在空中，它会遮挡阳光——毕竟是真实的扣子——与它相关的那些生命对我来说都不够重要，也无法使我产生多少兴趣，甚至比不上我最朦胧的一场梦。"最终，他给出了前文提到的那番结论：除了思想之外，所有的事物都像风一样微不足道。可以说，这番结论正是对思想的先验性与更高的实在的肯定。

在写给布莱克的书信中，梭罗直接提到的关于那次海难的内容仅止于此。接下来，在这封信的主体部分，梭罗谈到了他从那堆毫无意义的骸骨或纽扣中得出的结论。见证过死亡之后，梭罗反而坚定了他对工作和生活的热情。“我对自己说，要多做一些真心喜欢做的事情。”塞缪尔·约翰逊说过，“没有生病的时候就要好好地活着。”这番话所描述的恰好是梭罗当时的心态。“至于健康问题，权且当自己是健康的人好了。”要有自己的思想，也要常怀疑惑，“如果疑惑给你造成了困扰，就不要纠结其中”。此外，死亡还给梭罗提出了新的律令：“去做一些别人无法为你做的事情，其他的事情都可以忽略。”死亡带来的另外一个影响在于，它促使梭罗去获得更广泛的体验，更加专注地生活。“在远方的海洋和荒野中，我发现了书写百万康科德人的材料。这点让我倍感欣慰，真的。”接着，他又发人深省地补充说，“如果找不到这些材料，我就会迷失自我。”

从此以后，“海难”成为梭罗常用的一个隐喻。若想理解《科德角》这部作品，关键在于理解这重隐喻。“伊丽莎白”号沉没后，贝亚德·泰勒（《论坛报》旅游专栏的记者，也是一名经验丰富的游客）对海难现场进行了描述。除了大海和船骸之外，他还着重描写了保险公司调查船骸的场景。他的描述就像一幅宽阔的画卷，以细致的笔法勾勒出残骸遍地的海滩景象，以及人群拥向事发地点的场面。

船舱中的所有货品——丝绸、麦秆草帽、高帽、羊绒、杏仁等——刚刚被冲上岸，便被疯抢一空。星期天，这片海滩上聚集了近千人，他们大多来自洛克威和蒙托克之间的海岸地区，至少有一半人都在忙于抢夺和寻觅那些看起来值钱的物品。

泰勒的描述可谓如实而生动，但他的重点在于突出人群的行动和当时混乱的场面，目的在于引发公众对于沉船事件的强烈反响。梭罗的做法恰好相反，他将重点放在了那颗纽扣和那堆骸骨上，完全过滤了公众的表现，给读者造成一种孤独感和广阔空间中的迷失感。死亡与生命一样，两者都要受到个体化原则的支配。在后来的日志以及《科德角》中，梭罗重申了这一观点，并以死尸统领海岸的意象作结。

《科德角》中体现出的孤独感、人类可悲而无助的宿命感，以及死亡造成的荒凉感和空旷感，远比梭罗的其他作品更为强烈。在《科德角》中，梭罗面对着比《缅因森林》中更为冷酷、更为无情的大自然，并且要直接面对死亡。颇具讽刺意味的是，梭罗之所以敢于面对死亡，敢于面对救赎的虚伪性，并不是因为家庭成员的死亡给他带来了勇气，而是因为玛格丽特之死给他带来了震撼。梭罗与玛格丽特并不相熟，但她的死却给梭罗人生的风景投下了一片暗影。回到康科德后不久，梭罗写道："今晚的夕阳灿烂得有些怕人，云层显得无比忧郁……深黄色的天空中飘着几抹淡淡的、鱼鳞般的彩霞，它们很快便散去了，只留下殷红如血的天空。"

## 6.1850年秋：加拿大之旅

9月末，梭罗仍不时回想起“伊丽莎白”号的沉船事故，同时也默默规划着下一场旅行。尽管他声称：“莱戈恩与纽约之间的海域太过凶险，观看杜松子或是品尝苦涩的杏仁不值得我们冒险出行。”然而，还不到一周时间，他便和钱宁以及1500名“美国佬”踏上了为期一周的加拿大之旅——原因很简单，旅行社开出了“往返只需7美元”的特价。他们首先乘火车到达佛蒙特州的伯灵顿，然后坐汽轮穿过尚普兰湖，抵达纽约的普拉茨堡，再乘火车来到蒙特利尔，然后换乘汽轮到达魁北克，最后返程。除了在城市里观光游览外，众人还参观了圣安尼大教堂和蒙特莫伦西瀑布。用T. S.艾略特的两行诗来概括，这次旅行是“一次毫无收益的出航/一次经不起回味的捕捞”。

出发时，梭罗看到的景色中仍然残留着海难的阴影，但他文字中的隐喻已经由海难转向了战争。在他看来，忍冬的叶子仿佛被“树木流出的鲜血染红了”，这些树木的“伤口大得无法缝合……因为血色的秋季已经到来，森林里掀起了印第安部族的战争”。总体而言，梭罗对这场旅途的描述是平淡且充满抱怨的。在尚普兰湖上，他看到“几艘白色的帆船”，它们“像海鸥一样平凡，不值得一提”。事实上，从一开始，梭罗便没有敞开心扉去拥抱这次旅行。“这次加拿大之旅的唯一收获在于，我患了一场感冒。”的确，梭罗在旅途中患了感冒，但正是由于这次旅行，他才对北美的历史产生了全新的认识。

当然，他的抱怨并非没有原因：这次旅行的游览项目太少，旅行社的安排又不够便利。与此同时，他发现当地的人很无趣，并且缺乏进取心。不过，梭罗厌恶加拿大的主要原因在于，他们在城市里游览的时间远比在其他地方多。在他的眼里，城市的色彩过于单调——只有军队和教堂里常见的黑红两色——见到的人大多是修女、神父以及士兵，城市景观大多被宏伟的教堂和防御工事所主宰。一开始，梭罗曾为蒙特利尔圣母大教堂的宗教氛围所触动，他表示，“但凡有思想和信仰的人，都会认为这种氛围很神圣”。但在描述的结尾处，梭罗却写道：“各色石材建筑高高耸立着，压抑而不是解放着我的心灵。”总体而言，梭罗并不反对天主教，而是厌恶教会。他对天主教思想的批判程度远不及《科德角》中对清教主义的批判或《一周》中对基督教的批判。令他感到压抑的是加拿大的封建体制。“加拿大这样一个荒凉而偏僻的所在凭什么以比美国更古老的城市的身份触动我们？因为她的体制更古老？”旅途中，梭罗对加拿大的封建氛围和新英格兰相对自由的氛围进行了对比，他最终得出的结论正是弗兰西斯·帕克曼（Francis Parkman）在《法国、英格兰以及北美》（*France and England in North America*）中展现的主题。在关于这场旅行的记述中，梭罗流露出一丝令人讶异且较为隐晦的爱国主义，对家乡事物表现出一种整体上的偏好。这并不是一种狭隘的地方主义。正如马修·阿诺德所言，地方主义并不知道以什么样的标准来评价你的作品。这种爱国主义不过是梭罗惯常的矛盾心理所致。在美国，他可以思考自己的法国背景；而在法属加拿大，他则是一个完完全全的“美国佬”。

回国后，梭罗根据这次旅行的经历创作了《加拿大的美国北佬》（*A Yankee in Canada*）一书。这部作品分为5章，共90页，其中部分内容被梭罗改编成了讲稿以及一系列的散文。总体而言，这本书给读者带来一种压抑和闭塞之感。梭罗在开篇描述了新罕布什尔州基涅市宽阔的街道，随后笔锋一转，在全书的高潮部分（第四章）对墙壁和士兵展开了冗长而压抑的讨论。只有在结尾处，当他用灵动的笔触描写波澜壮阔的圣劳伦斯河时，读者才感到一丝解脱和豁然。梭罗表示，圣劳伦斯河是“加拿大最引人入胜的风景，是全世界最壮美的河流”。的确，这条河的河口宽度达到100英里，淡水流量占全球地表淡水流量的一半。作为进入北美大陆的绝佳通道，它也是早期拓荒者（大多为法国人）的勘探路径。“曾有人指出，如果这条河在纽约所在的位置入海该多好！如果真是这样，这片大陆的历史又会变成什么样呢？”

在全书的结尾处，梭罗总结说，或许英国人更擅长**殖民**，但他更钦佩那些在北美**拓荒**的法国人和西班牙人。此处梭罗流露出的兴趣，将《加拿大的美国北佬》与《科德角》的最后一部分联系起来。两部作品的成书时间大体相仿，都是在加拿大之旅结束后；且两者都从梭罗阅读的游记作品中得到了启发。加拿大之旅结束后，梭罗阅读了大量游记作品，例如，卡迪尔（Cartier）的《加拿大之旅》（*Voyages de découverte au Canada*），尚普兰（Champlain）的《全新的法国之旅》（*Voyages de la Nouvelle Fraunce*）、《尚普兰游记》（*Voyages du Sieur de Champlain*），以及莱斯卡波特（Lescarbot）的《新法国史》（*Histoire de la Nouvelle-Fraunce*）。这些都是他在1850年10月末至11月中旬从哈佛大学图书馆借来的作品。他曾懊恼地表示：“在任何一部英语作品中都找不到有关1604至1608年间，法国人在新英格兰探索的完整或正确的描述。”在对“新英格兰‘前清教徒时代’的历史”进行探索时，梭罗指出，约翰·史密斯（John Smith）虽然对新英格兰进行了命名，但实际上，他所做的不过是重命名而已。在很长一段时间里，新英格兰可被视作“新法国”——早在1535年，卡迪尔就到达了蒙特利尔，比第一批清教徒到达普利茅斯早了整整85年。当时，法国人在新英格兰的海岸地区进行了广泛的探索，为各地——特别是尚普兰地区——绘制了精确的地图，在英国人尚未到来之前，法国的水手便早已开始使用这些地图。如今，沿海的许多地区还保留着当初的法语地名，例如：奥特岛、佩蒂曼娜以及荒山岛等。据1607年在新斯科舍附近的一位法国渔船的船长说，他每年都会从法国赶到这里捕鱼，并且坚持了整整40年。法国人不仅在海岸附近建造了许多小渔村，还在卡斯廷、圣克洛伊岛以及罗亚尔港（如今是新斯科舍的安那波利斯市）等地建立了许多永久性的居住区。最后，梭罗总结道：“只有摆脱了法国人的影响，英国人书写的新英格兰史才真正开始。”梭罗对流行于新英格兰的种种观点提出了质疑，例如，帕克曼认为，白人在北美的历史始于清教徒。或许是因为梭罗具有法国血统并引以为傲，他坚持认为，法国人到达北美的时间远比英国人早。如果新英格兰的清教徒将自己视作上帝的选民，视作被上帝选中的以色列信使，那么梭罗的质疑显然有力地抨击了清教徒的历史观。在他看来，法国远在英国之前便开始了在北美地区的殖民活动。

## 7. 红色的面孔（之一）

梭罗究竟何时对美国印第安人产生了持续一生的兴趣，这一点还不得而知——因为梭罗习惯于同时在多个笔记本中记录，却从不标明日期——但最近一段时期内，他的兴趣轨迹明显清晰了许多。

大学毕业后，梭罗曾以玩笑的口吻给约翰寄去一封“印第安人”信件，随后又突然获得了一种寻找箭头的“能力”。这些都表明，梭罗对印第安人保持着一种年轻人特有的漫不经心的兴趣，将印第安人视作勇武的典型和高贵的猎手。尽管在当时，梭罗的兴趣难免受到主流观念——认为印第安人是“野蛮的代表”——的影响，但他始终对印第安人保持着几分同情和共鸣。从一开始，他就表现出对印第安人的强烈认同感，并且珍视印第安人的价值观。

《一周》的初稿（于1845至1846年间在瓦尔登湖畔写成）中包含着一些关于印第安人的材料，这些材料中提到的大多是美国殖民史上较为著名，但早已作古的印第安人。在讲述美国农民如何驱赶印第安人时，梭罗的语气中充满着哀婉与同情，对印第安人的消失表达了遗憾。在当时，印第安人已经不再是敏感话题，因此，梭罗的描述中充满了崇敬和友善。

1846年，在游历卡塔丁山的途中，梭罗偶遇了几名真正的印第安人。他们过着一种卑微的、半同化式的生活。那个名叫路易斯·尼普顿（Louis Neptune）的印第安导游一直没有出现，因为他到别处去饮酒狂欢了。在《卡塔丁山》的初稿中，梭罗只不过略微提到了一些关于印第安人的细节，由于全书的主题是野性，以及野性与文明的对立关系，有关印第安人的部分，梭罗则一笔带过。当梭罗在北双子湖畔支起帐篷，躺在人迹罕至的丛林里，仰望着仲夏夜晚的星空时，他感到自己仿佛是第一个发现这片大陆的人，而不是像一个被人发现的原住民。

在创作《卡塔丁山》初稿期间，梭罗阅读了梅尔维尔的《泰丕》，书中的原始主义主题引起了他的共鸣。更重要的是，他还细细品读了夏多布里昂的《巡游记：从巴黎到耶路撒冷》（*Itinerary from Paris to Jerusalem*）。与《雷内》（*René*）和《阿塔拉》（*Atala*）相比，这本书显得更为理智、更加精彩，也更值得阅读。遗憾的是，当代读者普遍忽略了这部作品。小说《泰丕》表明了这样一种观点：原始主义并不是对南方海岛居民生活的描述，而是现代欧洲人关于海岛生活的想象，因为欧洲人渴望一种原始而单纯的生活。由于原始主义作为“野蛮”的代名词，始终站在文明的对立面，因此欧洲人从没有认识到，原住民也拥有自己的文明。梅尔维尔的作品让梭罗对这一点有了更加清醒的认识。据夏多布里昂本人表示，《巡游记》是对他早期美洲游记作品的补充和修正。在东游的途中，夏多布里昂常常将东西方的原始主义作比较，将阿拉伯人与美国印第安人进行对比。当然，他向来以偏见著称，更加偏爱印第安人。在他看来，印第安人是这样的：

> （他们）过着令人羡慕的独立生活……他们的出身与伟大的文明国家毫不相关；他们祖先的名字从未被写进帝国的历史……简言之，在美洲，所有的一切都散发着野蛮的气息，美洲人尚未进入文明的阶段；在阿拉伯，所有的一切都在显示，文明的人类又重新回归于野蛮的状态。

夏多布里昂涉猎的主题十分广泛，但全书的主题并不在于欧洲见闻与美洲印第安人形成的强烈反差，而在于欧洲人对于非欧洲人的看法——从梭罗的日志来看，他对全书主题的把握没有发生偏差。从本质上讲，夏多布里昂仍然是一名纯粹的种族中心主义者。

在阿拉伯人身上，他看到了欧洲人那些令他恐惧而厌恶的秉性，于是对其进行了大肆批判；另一方面，他在美洲印第安人身上发现了令他欣喜的自己的影子，于是对其大加赞扬。亨利·柏岱（Henri Baudet）在《人间天堂》（*Paradise on Earth*）中明确指出了这种立场的本质：

> 19世纪的社会浪漫主义对建立在新技术和新经济工业革命基础上的社会结构进行了批判，并提出了改革的口号，但在我看来，不论他们如何反对，如何闷闷不乐，不论他们喊出何种口号，他们似乎从不打算对欧洲世界之外的任何美德加以颂扬。

随着梭罗对19世纪“白人美国”的不满情绪渐渐高涨，他越来越渴望做一件柏岱所谓的“还没有人做到过的事情”，那就是在自己的认知体系中，承认美国印第安人的地位，承认印第安人本身，承认印第安人所珍视但为欧洲人和可悲的白人所摒弃的价值观。

从《一周》的修改稿以及《卡塔丁山》的终稿（两本书均完成于1848年初）中可以看出，梭罗对原始主义产生了全新的认识，他在书中添加了为印第安人辩护的段落。尽管当时的“印第安人”仍然是一个模糊的代称，但正如菲利普·古拉所说，他们“为美国人看重的种种美德树立了典范”。因此，梭罗在《卡塔丁山》的最后加入了那段关于印第安人的出色描写：

> 他坐在一艘由树皮做成的小船里，手里挥动着角树做成的

船桨。船上点缀着云杉的树根。他的身影有些暗淡，有些模糊，良久才在树皮小船和木桨之间摆动一次。他不用木材建造房屋，而是住在用兽皮缝制的帐篷里；他吃的不是热腾腾的面包和甜美的蛋糕，而是麝鼠和麋鹿的肉，以及熊的脂肪。他沿着米利诺基特河逆流而上（这段描述完全来自梭罗1846年的记忆。当时，醉醺醺的路易斯·尼普顿正消失在河面上），消失在我的视线里，远远望去，就像一层淡淡的薄雾，消失在空间里。就这样，他朝着自己的命运走去——就这样消失了，那个人红色的面孔。

## 8. 红色的面孔（之二）

1850年秋，从加拿大回国后，梭罗开始如饥似渴地阅读关于早期地理大发现的材料。在这个过程中，他对美国印第安人的兴趣发生了转向。如果仅仅用“阅读”一个词来概括的话，十分容易引起读者的误解。事实上，梭罗的阅读更像是一种学术研究。他列出了一张关于加拿大早期历史的文献清单，从其中的26本书中摘录了大量内容，随后对不同版本的材料进行了对比，对史实和谣言进行了区分，又利用手边所有可用的地图，对海滨地区的地名由来进行了详尽的考证。这年秋天，梭罗在被他称为“加拿大笔记”的本子上写下了大量的读书笔记。从这些笔记的内容来看，他当时阅读的作品包括沃伯顿（Warburton）的《霍齐拉加》（*Hochelega*）、布谢特（Bouchette）的《加拿大南部地形学描述》（*Topographical De-*

*scription of Lower Canada*)、卡迪尔的《游记》、简·阿方斯（Jean Alphonse）的《路迪尔》（*Routier*）、德·拉·坡瑟里（de la Potherie）的《美洲游记》（*Voyages de l'Amerique*）、罗伯瓦尔（Roberval）的《航行日志》（*Voyage*）、布谢特的《英属美洲》（*British Dominions in North America*）、莱斯卡波特的《新法国史》，等等。

渐渐地，梭罗对地理发现及地理探索的兴趣开始转向描述北美沿海风情的早期游记，这一点可以在《科德角》的最后几章以及《加拿大的美国北佬》中得到印证。不可否认的是，在探索欧洲地理发现的过程中，梭罗找到了新的创作主题——“发现者”与“被发现者”之间的冲突。从“加拿大笔记”中，我们可以清晰地看到，梭罗的兴趣由加拿大转向了北美大陆的历史。用他自己的话说便是，“北美大陆的历史与北美印第安人越发紧密地联系在了一起”。1850年秋，在继续研究加拿大史料的同时，梭罗开始认真地阅读关于印第安人的文章，并详细地摘录了大量内容。这些材料都收录在他的“印第安笔记”中。目前，这本笔记存放于摩根图书馆，标题为《印第安人材料摘录本》。这些笔记共有11本，摘录的内容分别来自270部不同的作品——单单是体量便足以令人震惊。当然，梭罗摘录的内容大多为事实，具有较强的客观性。

首先，梭罗抛开了那些为人熟知的、探讨“高贵的野性”的作品。因此，夏多布里昂、卢梭以及布干维尔（Bougainville）等人的作品并不在他阅读之列。同时，他放弃了大多数诗歌和小说作品，只关注游人、访客、探险者或牧师的直接叙述。根据当时梭罗的知识渊博程度来看，他足以对搜集到的材料进行有效的甄别和筛选。其次，梭罗逐渐意识到这样一点：后人的叙述大多建立在前人的基础上，因此前人的叙述——包括1630至1690年间的《耶稣会报道》

（*Jesuit Relations*）——更有价值，更具可信性。最终，梭罗搜集到的这些材料以及从中得到的体悟，足可以媲美当时的一些著作，比如：亨利·罗伊·斯库克拉夫特（Henry Rowe Schoolcraft）的《北美印第安族裔：1851—1857》（*Information regarding the Indian Tribes of North America*，1851—1857）、以法莲·G.斯奎尔（Ephraim G.Squier）的《蛇之象征与美洲的自然崇拜》（*The Serpent Symbol and the Worship of the Reciprocal Principles of Nature in America*，1851）、斯奎尔与戴维斯（Davis）合著的《密西西比山谷的古代石碑》（*Ancient Monuments of the Mississippi Valley*，1848），以及梭罗同时代的刘易斯·亨利·摩根（Lewis Henry Morgan）所著的《易洛魁人联盟》（*League of the Iroquois*）。摩根的这部著作于1851年出版，恰逢梭罗对印第安的兴趣日益高涨之际。这本书被约翰·韦斯里·包威尔（John Wesley Powell）称为"首部对印第安民族进行科学描述的著作"，至今仍被视作"关于印第安民族的最佳通识读本"。除《易洛魁人联盟》外，摩根后来还出版了一部论及族裔谱系的作品，对马克思和恩格斯产生了重大影响。尽管摩根认可《耶稣会报道》等材料的价值，并且承认自己只读过其中的一部分内容，但他后期的创作几乎完全建立在第一手材料上。相比之下，梭罗关于印第安人的研究大多基于历史资料，但这并不意味着他的"作品"不如摩根的作品，应该说，梭罗的材料正是对摩根作品的补充。尽管两人的方法不同，但他们的目的和创作精神却惊人地相似。摩根曾指出："文明既具有侵略性，又具有进步性……因为社会体制的关系，印第安人被牢牢束缚在土地上，却没有稳定而牢固的土地占有权。相比之下，文明社会的人拥有最稳定的土地占有权，能够牢牢地占据土地，任何力量都无法将其从土地上赶走。"

不难看出，以上论述与梭罗的理念十分相似。

或许，梭罗在1850年秋开展的“印第安笔记项目”还受到了其他因素的启发。这年秋天，几名印第安人来到康科德河畔，在那里支起帐篷宿营。听到消息后，梭罗曾专门赶去拜访。此后，他的笔记开始显现出与之前全然不同的风格。除了少数的归纳和对比外，多数笔记都是简单的观察。在对印第安人的鹿皮小船、烹饪方法、捕兽陷阱进行详细记录的同时，梭罗似乎更注重记录印第安人的看法，更注重活生生的印第安人本身。

## 9. 1850年11月至1851年4月：棕色语法[①]

这年秋天，随着梭罗的印第安人研究变得越来越学术化和客观，他开始对内心深处的野性——令他对印第安人产生兴趣的野性——进行挖掘，并给予了认可。在散步的过程中，他时常会见到野苹果、野草、野猫、野外的麝鼠，以及生活在荒野里的人，这些都让他对自然之野性——他所谓的荒野——产生了越发浓厚的兴趣。1850年秋冬两季以及1851年的头几个月，梭罗的日志中出现了关于野性的思考。他将这些思考融汇一处，于1851年4月举办了一场题为“荒野”（The Wild）的讲座。这场令他最为满意的讲座随后又举办了多次，其中的部分内容被单独拿出来，形成了另外一场讲座的主题——行走。最终，梭罗将两场讲座的文稿合并起来，

① “棕色语法”一词源自西班牙语 gramatica parda，表示一种大自然母亲的智慧，一种极具野性的、幽暗的知识。——译者注

并于1862年发表，题目为《行走》。

《瓦尔登湖》是梭罗的代表性著作，而《行走》则是梭罗的代表性文章。文中提出的“野性”主题至今仍被视作独具特色的“梭罗式主题”。所有人都感受到了梭罗身上的这种野性的萌动。他本人曾提到过这样一种冲动：想要抓起一只土拨鼠，并将它生吞活剥。蒙丘尔·康威（Moncure Conway）认为，梭罗正是霍桑《玉石人像》中那个名叫多纳泰罗（Donatello）的有着农牧神耳朵的野性的年轻人的原型；钱宁则认为，或许梭罗已经获得了“他所向往的野性”；爱默生也发现了梭罗身上的野性，并表示感到恐惧：

> 亨利·梭罗就像是丛林之神，魅惑迷路的诗人，将他们引向“广阔的洞穴和虚无的沙漠”，将他们赤身裸体地留在那里，让他们用树枝和藤蔓编织衣裳。从城市迈向丛林的最初几步是诱人的，但它们最终却只能走向欲念和疯狂。

这一次，向来正确的爱默生却错了。他无法理解梭罗的野性，更无法与之产生共鸣。或许，正是这种分歧为两人的关系蒙上了一道暗影。

这年秋天，梭罗关于野性的表达与他对其他事物的表达并无太大分别——他所使用的语言大多来自他所阅读过的游记类作品。最终，《行走》一文也以游记的形式问世，它象征着梭罗的神圣之旅或“十字军东征”，而等待他收复的圣地正是其内心深处最原始的野性。“我们前往东方，”梭罗写道，“为的是了解历史……我们去往西方，则是为了面向未来。”他广泛引用米修（Michaux）、洪堡、居约[1]、海德（Head）、布丰[2]以及林奈等人的著作，将西方对新世界的地理探索隐喻为对心灵深处野性的探索。对于梭罗而言，后者的探索更为重要。“我所谓的西方，不过是野性的另外一种称呼罢了。”很显然，他为野性赋予了最为崇高的价值。“我准备讨论的是，”他继续讲道，“世界存在于野性之中。”总体而言，这就是梭罗乃至后来美国人的环保伦理观。然而如何理解这种伦理观，取决于我们如何解读梭罗所谓的“野性”。

在《行走》一文的开篇，梭罗给出了一系列定义：“我想为自然，为绝对的自由和野性说句话。这里的自由不同于公民自由或文明教化。”接着，他提到，自己感兴趣的是绝对自由，他认为野性是文明或教化的对立面。与此同时，他认为野性的地位堪与爱神相比，人类构建文明的种种热情均源自野性。梭罗争辩道：“野狼哺育了罗慕路斯与雷穆斯[3]，这绝非荒诞不经的寓言。每个强大的国家在建国之初，都是从相似的充满野性的源头获取养分和活力。”为了尽可能地为野性赋予极高的道德价值，梭罗不惜与畏惧野性的传统分道扬镳。他改写本·琼森的诗句为“**野性**最接近至善”，随后又坦诚地表示：“生命由野性构成，最具生命力的事物同时也是最具野性的。”

随后，他又试图引用文学作品中有关野性的表达，但并不尽如人意。梭罗认为，“最野性的人所做的最野性的梦”中存在着真理，“善意的男女怀着原始的情感，在最野性的梦中相会……所有善的

---

① 居约（Arnold Henry Guyot，1807—1884），瑞士裔美国地理学家。

② 布丰（Georges Louis Leclere de Buffon，1707—1788），法国博物学家、作家。

③ 罗慕路斯（Romulus）与雷穆斯（Remus），罗马神话人物，两人为亲兄弟，是罗马城的建造者。

事物都是野性而自由的"。很显然，梭罗想表达的是，野性并非来自外部，而是"我们内心深处的一种品质"。他认为，关于野性的认识不同于常识，它是猎豹的知识，是"棕色的语法"。感悟到野性的精髓时，我们就已突破了常识的藩篱。"我们所能获得的最高层次的认知并不是知识，"梭罗说道，"而是与智慧的共情。"到达这种境界后，我们就摆脱了卑微的处境，就可以自由地生活。若想让内心与野性达成共情，我们必须听从野性的召唤，让野性指引自己的行为，最终获得自由。这就是《行走》一文的核心与内涵。

从本质上讲，梭罗的观点与18世纪意大利哲学家维科（Vico）有些相似，但并非由维科的理念衍生而来。这位哲学家认为："我们获得的人性最初由野性演变而来，野性存在于人性的各种形式、各个发展阶段之中。"卢梭也认识到："我们每个人都有野性的一面。"杰弗里·西姆科克斯（Geoffrey Symcox）曾指出，对于卢梭而言，重拾野性意味着"**情感**的回归，以及对情感的再度发掘。他本能地感觉到，这种发掘对理解人类和人类社会是至关重要的"。梭罗的立场十分鲜明，对他而言，重新开掘野性的一面，意味着重新发掘本质意义上的**自由**，但值得注意的一点是，在他看来，承认内心的野性具有重要的意义，此举能让人类在情感和认识上恢复到自我最本质的状态。发掘野性的过程，恰恰与人性异化的过程相反。重新发掘野性的本质在于，让人类通过"棕色的语法"，与最高尚、最具活力的自我重新建立关联。

正如海登·怀特对马克思、弗洛伊德以及尼采等人的评论一样，他认为梭罗也是一个伟大的激进分子。怀特曾表示："救赎的问题是关乎**人性**的问题，唯一的解决办法在于，重新审视**人类创造性的**表现形式。因此，每个人必须尽力恢复到原始状态，去想象未经开化的原始人、游离在社会体制之外的‘野性人’，想象他们处于何种状态。”这或许也解释了《行走》一文带有鲜明的世俗特征的原因。梭罗对于野性的信仰是对基督教信条的一种戏仿。“我信仰森林，信仰草地，信仰那使玉米得以生长的夜晚。”这也解释了为何文中会出现“更新的《新约》”“此刻的福音”等表达。也正是由于这个原因，梭罗才在文章结尾处指出，真正“伟大的觉醒”不是加尔文主义的复兴，而是重新发现我们内心的野性和自由。

在《行走》一文的结尾，梭罗描绘了“启蒙”和“觉醒”两个意象，描绘了一幅我们可以称之为“世俗性的”辉光派图景：“就这样，我们朝着圣地信步前行，直到有一天，阳光会变得更加耀眼，启蒙之光将照进我们的头脑和心灵。我们的生活从此被点亮，就像秋日的河畔，温暖、宁静，闪耀着金色的光辉。”

## 10. 技术保守派

在《瓦尔登湖》的初稿中，梭罗表现出对铁路、工厂以及所谓的种种现代文明的批判态度。多年后，他修改了文稿中的措辞，却没有改变当初的态度。在评论制造业时，他表示：“我们的工厂体系并非为人类提供衣物的最佳模式。”关于铁路，他的评价是：“建造一条横跨全球、全人类共享的铁路，无异于在地球的表面画格子。”不过有时候，他的感受也会发生变化。火车的鸣笛声以及远远就能望见的蒸汽，都为湖畔的景致增添了几分兴味。有时候，他会陶醉于电报线上掠过的风声，仿佛这是工业时代的风琴曲，传达着连工程师都不曾梦到的讯息。总体而言，梭罗对现代化及其影响有着怀疑甚至是不友好的态度，但这并不意味着他排斥机械或技术。

梭罗十分擅长数学、机械以及实用的技巧，他能够巧妙地使用各种工具。他曾为莉迪亚·爱默生的椅子加装过一个抽屉，用来放置她参加礼拜时戴的手套；还为她养的小鸡缝制过“爪套”，防止她在菜园里被小鸡抓伤。他还制造过一艘带轮子的平底驳船，以便在泛舟时停泊。对于埃茨勒描绘的巨型风能设备，梭罗虽感到厌恶，但又为之触动。他对望远镜、应用型教育，以及哈佛大学在19世纪40年代引进的现代科学设备等，产生了浓厚的热情。凭借着过人的数学天赋，梭罗成了一名专业的测量员。

19世纪40年代末，梭罗开始搜集关于河床高度的数据。这并不说明他已经丧失了想象力，恰恰相反，梭罗的想象力太过丰富，他想试着从统计学角度得出更加新颖的见解。后来，他对康科德的种种自然现象进行了研究，包括种子的散播过程。支撑这些研究的基础，正是充分而细致的观察以及平日积累的大量数据。自大学毕业后，梭罗便涉足家族生意，从事与磨制铅笔芯（石墨）和铅笔制造相关的工作。在这个过程中，他贡献了一系列的原创发明和技术改进措施。沃尔特·哈丁曾对这些贡献进行过细致的总结，他认为，梭罗曾打破将杨梅蜡、胶水以及鲸蜡油相混合的传统制铅笔芯方法，将石墨与质地细腻的巴伐利亚黏土混合在一起，制作出了更为顺滑的铅笔芯；后来，他又设计并制造了一台打磨机，制造出了质地更细腻、书写更平滑的铅笔芯；此外，他还发明了烤制石墨及黏土混合物的方法以及切割整条铅笔芯的锯子；不久后，他又意识到，不必切割便可以直接烘烤出尺寸合适的铅笔芯；最终，他发明了在木头上打孔的方法，如此一来，便不必将木头切割成两半，再将它们粘到一起了。凭借非凡的创造力，梭罗使他的家族品牌足以与当时任何一款美国产品相媲美。如果他足够投入的话，甚至有可能在制造业取得成功。且不论梭罗对机械化持何种态度，他显然拥有使用机器、制造机械的天赋。

1851年1月1日，梭罗受邀前往马萨诸塞州的克林顿市，在当地举办了一场关于科德角的讲座。讲座期间，他参观了当地最大的棉纺厂。在那个年代，各地都涌现出了数不清的工厂。1850年，新英格兰拥有896家纺织厂，且整个产业仍在不断扩张。康科德与周围的城镇一样，拥有属于自己的工厂。早在1838年，梭罗在梅里马克河上泛舟游览时，这条河就已成为纺织厂的动力来源。工厂代表着“机械进步的先锋”。有人指出，工厂在很大程度上“塑造了这个国家的技术观”。工厂意味着将人类从无谓的辛苦劳作中解放出来，工厂的噪音与瀑布的声响交汇融合，共同演唱着“胜利的歌曲，为自然与人类的胜利结合而欢呼”。

克林顿市有一家名为“兰卡斯特”的棉纺厂，专门生产条纹棉布。这家工厂坐落于康科德以西、艾尔以东的纳什维尔河畔，厂区主体面积为1.875英亩。据梭罗记载，这家工厂拥有578台花织机，由河水提供的300至400马力不等的动力驱动，此外还有一台200马力的备用蒸汽机，用来在水位低时提供动力。这里提到的动力远比我们如今想象的更强。我们可以采用以下标准来进行对比：“一家工厂的动力”相当于“每秒25立方米的水量由30英尺的高处落下所产生的动力”，或者“大体相当于60马力”，根据当时的计算，这些动力足以驱动一家5层楼高（每层楼的面积为150乘以40英尺）的工厂中所有的机械设备。

机器的操作者大多为女性。梭罗对整个操作过程进行了描述，言语中没有丝毫的讽刺，也没有使用任何科技类的词语：

> 在那些数不清的线轴上，各种颜色的丝线被抽出来，并被恰当地混合排列在一起。操作者需用手拿住丝线的一端，并把它穿过花织机上的孔洞。操作者十分熟悉排列的顺序，先是红色，然后是蓝色、绿色等，每条线都被分配了固定的编号，只需将它们从不同的孔洞中穿过即可。

梭罗总是能找到每个词语的源头，并且引以为豪。他欢快地记录道："接着再引入纬线，接下来，棉布就能被**编织**出来了！"

梭罗的客观描述与梅尔维尔形成了鲜明的对比。几乎在同一时期，梅尔维尔在《少女的地狱》（*The Tartarus of Maids*）中对马萨诸塞州西部的一家造纸厂进行了描述。他将造纸的过程比作人类的生育过程，借此对"机械化的人生"进行辛辣的讽刺。对于梅尔维尔来说，工厂已经成为一种符号，工厂的机械象征着生产的机制，而女人则被这种机制牢牢地束缚着。相比之下，梭罗对工厂的描述更为客观，甚至流露出一丝惊叹。爱默生第二次前往英格兰时，曾经被工厂强大的生产能力所震撼，但他不由得为操作机器的工人忧心。在谢菲尔德的罗杰斯工厂内，有人告诉爱默生："高质量钢材的生产过程中并不存在运气的说法。机器不会犯错，成百上千根钢材中，每一根都品质上乘。"但爱默生却认为：

> 操作者要付出大量的劳动。采矿、冶炼、纺织、酿造、铁路、蒸汽泵、蒸汽犁杖，机械化的体制、机械化的警察、规则至上的法庭、商店的规章制度等，这些都迫使人类的行为和习

> 惯服从机械化的规律性。可怕的机器占领了大地，占领了空气，占领了男人和女人，它根本不会想到，这些人原本是自由的。

菲利普·斯莱特（Philip Slater）认为，美国最为不幸的遗产在于技术极端主义与社会保守主义的融合。客观来讲，梭罗正好代表两种“主义”的反面：一方面支持社会自由主义，特别是废奴运动；另一方面却对科技给日常生活造成的影响持有一贯的怀疑态度。梭罗并非不欣赏新型机器的优点，在看到工厂的诸般缺点的同时，梭罗也从中得到了启示，于是对过度的机械化采取抵制态度。从克林顿市归来几天后，他写道：“艺术总能给人带来无尽的启示。但就像工人织布一样，如果缺乏细致和忠诚，一码的布匹都织不出来。创作也是一样的道理。”

## 11. 神话与野性

《行走》一文中突显出三个主题：散步、野性以及神话，每个主题大多在1851年2月就已完成。散步的人最适合体验野性，而神话恰好是对这种体验最充分的表达。梭罗所谓的野性与“野蛮”或“残暴”并不是同义词，与凶猛或破坏性的力量也存在着明显的差别。这体现在以下两点：首先，比起勇士来，散步的人和诗人更容易体验到这种野性；其次，与战场相比，神话能够更好地表达野性。正是基于这两点差别，梭罗指出，在19世纪，“那些专属于骑士的品质——骑士精神和勇武精神，如今似乎存在于那些散步者的身上。”在《行走》一文中，他明确地指出，散步者寻求的野性不能在耶路撒冷的围城中找到绝佳的表达，而是在被称为神话的文学形式中才能得到完美的再现。这番体悟出现在梭罗1851年1月中旬的日志中，它代表着梭罗对神话的功能和性质已经形成了成熟的看法。

从《一周》的初稿到终稿，梭罗始终认为神话是早期历史或神学在形式上的流变。在《一周》的《星期天》这一章中，他指出："在某种程度上，神话不过是最古老的历史和最古老的传记。”在接下来的几页中，他补充道："在当今的这个时代，基督教的寓言相当于对古老神话的补充。”作为一种文学形式，神话同样是现代诗人所能写出的最好的作品："所谓诗人，就是能够写出纯粹的神话的人。”

至1848年修改《卡塔丁山》时，梭罗对神话的看法已然发生了转变。在《卡塔丁山》中，神话所表达的，不再是历史或传记，而是自然本身。刚刚捕捉到那条鳟鱼时，梭罗凝望着它那鲜亮的颜色，不由得感叹说，活着的时候，“它们像最美丽的花朵一般闪耀着”。尽管它们长期潜伏在幽暗的水底森林，人们看不见这鲜艳的颜色。随后，他高深莫测地补充道："因此，我能更好地理解神话的真意，理解普罗特斯的寓言。”普罗特斯是古希腊神话中能够随意变幻外形的神。梭罗此处提到普罗特斯，是指活鱼在由生到死的过程中，其颜色发生了微妙的变化。此处，神话已成为自然现象的口头表述形式。此外，《卡塔丁山》中多次提到普罗米修斯，将梭罗的爬山经历与普罗米修斯的神话联系在一起。这种类比虽稍显牵强，却表达出这样一种体悟：神话不仅是自然的文学表达，更是野性特征的表达。在《行走》一文中，这种观点十分清晰和明确。

简要地回顾梭罗的创作经历便可以发现，从一开始，他就把神话理解为一种文学形式，唯一发生变化的是，他对神话形式能够表达何种内容的认知。1851年冬，在创作《行走》一文以及对野性展开思考时，梭罗在沉思，应该用什么样的形式来表达令他如此着迷的野性？就这样，他的关注点再次转向了神话。“从吟游诗人的时代到湖畔诗人的时代，从乔叟、斯宾塞到莎士比亚、弥尔顿，英语文学似乎从未发出过任何新颖或野性的声音。”梭罗写道。在他看来，英语文学总体上是驯服和文明的，它告诉我们“大自然中的野生动物何时灭绝，却没有指出，人类灵魂中的野性何时枯竭”。接下来，梭罗又指出，他无法想象，“居然没有一位诗人充分表达出对野性的渴望”。最有趣的是，在这一点上，梭罗的思想同时朝两个方向延展开来。一方面，他展望着未来，认为“美国人需要”重新引入野性，唤醒我们内心的野性；另一方面，他继续回到诗歌之前的时代，重新对神话进行了审视。在重读奥维德的过程中，梭罗得出了这样一个结论：“希腊神话所扎根的大自然，要比孕育了英语文学的大自然富饶得多。”接下来，他再次提到了美国：“滋养着神话的自然丰饶依旧。神话是古代世界产出的庄稼，那时候，土壤的肥力还没有枯竭。西方（这里指野性的陈旧的美国式表述）正准备将它的寓言与东方的寓言合二为一。”

如果能在古老的神话中找到野性的最佳表达，那么现代作家面临的挑战就在于如何为野性找到一种可与神话相媲美的文学形式。因此，梭罗对神话的兴趣渐渐转到了这个具体问题上来。这也解释了梭罗为何对文学中的虚构元素感兴趣。在阅读希腊神话和印度神话的过程中，梭罗留下了大量的笔记。在此，这些笔记的重点开始转向叙事技巧。他之所以翻译七位婆罗门轮回转世的长篇故事，是为了证明如何用具体的叙事形式展现抽象的轮回概念（当然，翻译行为本身也是文学的某种轮回或变形）。梭罗对奥维德作品中关于“变形”的生动描述进行了认真的研究。例如，法厄同（Phaeton）的妹妹兰珀提厄（Lampetie）突然被树根抓住，姐妹俩“被变成了两棵树，两人徒劳地恳求着母亲，求她不要砍断她们的树枝”。梭罗已经意识到，神话中的题材恰好反映了野性的诸多方面，接下来，他可以全身心地投入神话研究中，把它当作现代文学形式的一个问题来进行研究。

在散文和日志中，梭罗频繁地尝试着寓言创作，或是对神话进行戏仿，试图为现代体验寻求一种现代的神话形式。他试着想象“这样一群人，他们宁可烧毁篱笆也不肯砍伐森林”，试着去创作自己的神话变形或轮回。

> 我看到那些被焚毁了一半的篱笆，它们的两端消失在草原中间。一些世俗的守财奴带着测量员般的表情，探索着各自的边界。天堂在他身边显现，但他并没有看到四周的天使，只是在天堂中间寻找着从前的篱笆洞。我再次看了看，发现他正站在一片漆黑无比的沼泽中央，周围环绕着魔鬼。毫无疑问，他找到了自己的边界。原来扎着篱笆桩的孔洞里塞着三块小石头。我看了看近处，发现为他测量尺度的人，正是撒旦。

与其说这段文字的风格更接近奥维德或《哈瑞旺萨》（*Harivansa*），倒不如说更加接近班扬[1]或霍桑。读者能立刻从以上文字中看

① 约翰·班扬（John Bunyan，1628—1688），英国作家、诗人、布道家，著有《天路历程》。

到梭罗的一种倾向：他正试着用叙事手段——一种虚构的形式——来表达他所感受到的内心的野性所带来的种种变化。他把我们的种种得失写成了属于自己的神话。

# 第七卷
# 1851—1852新作品，新世界

1852

## 1. 1851年春：苹果的命名

亚当·斯密曾为许多事情沮丧不已，其中之一就是人类生活中缺乏适当的劳动分工。亚当·斯密指出，一个人如果同时从事多种工作，“他在从一项劳动转向另一项劳动的过程中通常会变得有些懒散”，最终不会养成严谨的商业习惯，而是养成“散漫、懒惰、粗心的习惯”。为了表达对这种观点的嘲弄，梭罗将“散漫”转变为人类所能企及的最高尚的事情。他甚至从词源学的意义上解释“散漫”（saunter）一词，认为它最初源于“sainte terre”（神圣的土地）一词，从这层意义上来讲，散漫的人便成了“游历圣地的人”。梭罗的《行走》一文有着严肃和野性的一面，但同时也有其幽默、朴素、立足现世的一面，其创作素材根植于梭罗的乡村生活，来源于他在康科德无数次的散步经历。

1851年1月，他以“科德角”和“瓦尔登湖畔的丛林生活”（Life in the Woods at Walden）为题举办了两场讲座；4月和5月，他又就“散步”和“野性”为主题举办了讲座。春季，他再次对《瓦尔登湖》的手稿进行了修改。5月初，他拔掉了所有的牙齿，换上了一副假牙。当然，他从未提起——至少从未在日志中提起过——这件事，只是描述了令他颇感新鲜的麻醉剂的效果［1846年9月，波士顿的W. T. G. 莫顿（W. T. G. Morton）医生首次采用麻醉剂拔牙］。据他描述，当时他感到身体仿佛在膨胀，似乎穿越到了“一个从未去过的更为广阔的空间”。但经过仔细思考后，他认为，只要能够通过思想跨越空间，那么就没有必要采用麻醉剂。

或许他可以补充说，通过散步也可以实现这种效果，因为在这期间，特别是在5月，他经常外出散步，有时在白天，有时在晚上伴着月光。他对季节变化的敏感，以及他对树木产生的兴趣，都给人留下了深刻的印象。5月10日，他看到了这年的第一只沙锥鸟；12日，他看到了飞回来的第一只金色知更鸟和歌雀。随着年纪的增长，梭罗对于季节的渴望——特别是对春季和夏季的盼望——总是比实际的季节来得早，而他那双锐利的眼睛总能提前发现一些期盼已久的季节更替的证据。他发现，12月的第一个暖天恰好预示着春季的到来。在仲春季节，他会突然察觉到夏天的气息。这年5月18日，梭罗发现，周围的景色突然间“增添了新的生命力，被注入了光明”。他感叹道，只要经历“一个夏日，就能得到整个夏季”。

这年5月，他正在阅读关于树木的书籍——米修的《北美的森林》（*North American Sylvae*），一部语言优美、色彩瑰丽的作品。此外，他还阅读了G. B. 爱默生（G. B. Emerson）的《马萨诸塞州树木及灌木报告》（*Reports on the trees and shrubs ... of Massachusetts*），这本书被誉为“19世纪美国自然史上惨遭忽略却令人愉悦的作品”。在散步的过程中，梭罗花费了大量的精力去分辨树木的种类，学习各种木材的不同用途：洋槐最适合做木钉，即衔接木梁的“铆钉”；

黑桦木最适合做船桨；白雪松适合做木瓦；黑云杉适合做椽子；白蜡树适合做耙头；柔毛山核桃木适合做耙齿；金钟柏做成的篱笆围栏能够使用60年。在与自然和谐共处的过程中，梭罗感到一种全新的可能性。这年春季，他满怀喜悦地说道："我认为，生活在大自然中的人类是最具神性的，他们是所有事物中最令人惊奇的。"这番感慨颇有些惠特曼年轻时的风格。

在散步的过程中，只有新英格兰的野苹果能给他带来无比的喜悦。从这年的晚秋到冬季，梭罗一直在"捡拾独属于这片土地的野果，自儿时起，这些古老的果树就开始相继死去，却始终没有绝迹"。当时，不论是在欧洲还是在美国，人们已经开始采用嫁接技术，将野苹果培育成各类品种的水果，而这些水果大多用来酿苹果酒。在那个冰箱尚未出现的年代，苹果酒与红酒和啤酒相似，是用来保存谷物或水果营养价值的，酒类不易腐败，可以用于冬季饮用。作为一种饮料，当时苹果酒的地位与如今的红酒相当，而当时苹果的种类远比如今葡萄的种类多。梭罗的读者对那些五花八门的苹果名称一定不陌生，只不过许多名字如今已经不再使用。

在梭罗生活的年代，"夏季苹果"的品种包括皮尔曼、红魁、伯诺尼、比万的最爱、博哈南、卡洛琳六月红、早熟果、早熟梅、早熟乔果、加勒森早熟果、金色甜果、凯西克青果、莱曼甜瓜、马诺米特、奥斯林、夏美人、天堂甜果、夏玫瑰、夏女王以及红酒果等；此外还有"秋季苹果"，例如：亚历山大王、秋思晚、肯特美人、贝丽斯拜、克莱德美人、奥尔登堡女公爵、金外衣、皮品秋果、福临德、皇家果园、檫木甜、上品红、安妮女王、少女红、莱曼甜、波特、皇家果、果王等；第三种是"冬季苹果"，这种果树生长周期最长，一直持续到冬季。其中一些果名听起来并不陌生，但有一些苹果的名字则像那些曾经遍布新英格兰森林的农舍一样，早已消失在人们的记忆中。冬季苹果包括西伯利亚山楂果、冬海棠、博拉萨、风铃果、贝丽果、卡特豪斯、牧师果、红绞、弗拉沃特、迈阿密福特、王果、乔纳森、林伯特、母亲果、波米阿、神父果、奥特雷、派克甜、皮克曼、伯来红、洛利简、罗赛金、优品先、冬季红、红酒汁、红酒果等。

19世纪50年代，美国境内的苹果品类至少有上千种，据估计，截至1870年，仍有更多的苹果种类在不断培育中。1851年，梭罗表达了他的担忧，他认为随着嫁接技术的广泛运用，人们将不再采用新英格兰的野酸果酿酒。嫁接的苹果大多被赋予各种烂俗的名字，但野苹果却连“亚当”这样的名称也得不到。为此，梭罗迸发出乔伊斯般的对于“文字游戏”的热情。这年5月，他开始为那些野苹果命名。有些是拉丁语名字，体现出林奈分类法的冷静与庄严；有些则是美国的本土名字，适合乡村野果。这些名字大多没有任何实际意义，正如他自己所说，名字的含义本就是偶然的，“就像鲍斯或特雷一样，没有任何含义”。但实际上，梭罗不过是剔除了名字中的隐含意义而已。与林奈相比，梭罗的命名更具善意，因为林奈曾将敌人的名字强加给一些丑陋、有毒的植物。梭罗给苹果取的名字大多带有积极的意义，象征着那些可能被文字所陶醉，或在思想中穿梭的人。

梭罗认为，可以把某种苹果命名为蓝色杰果、林谷果，或者懒虫果、路边果、天女果、新英格兰红酒果、康科德果、闲散果、阿塞拜特果、铁路果以及老窖果，更不用说，还有许多如今已经很难寻见的苹果。梭罗将“我们年轻时吃过的无处不在的苹果”称作“我们专享的苹果”，他认为，苹果的名字就像家猫的名字，“你不能在任何目录上找到它们”。

## 2.1851年6月：亨利·梭罗的四重世界

梭罗的一生中充满着无数的悖论，或许最具启示意义的一个悖论在于，这位以“居家”著称的美国人，这位“固守几亩土地”的人，居然将自己视作一名旅行者。可以说，梭罗的这种看法在很大程度上是正确的。旅行就像梭罗喜欢使用的“隽语”一样，既是他内心的一种渴望，又是外部生活的一种需求。他所出版的文章和著作大都采用游记的体例，其内容更是与旅行密不可分。他所谈论的旅途始终以瓦尔登湖和康科德为中心，康科德既是文章的出发点，也是终点。的确，梭罗不仅仅是在一个世界中旅行，更是在四重世界中往来穿梭，每一个世界都以康科德为中心，这四重世界仿佛四个同心圆，每一重世界的范围都在逐渐扩大，每一重世界都是一本独特的游记或旅行手册。

第一重世界是现实中的康科德。梭罗时常“像印第安人一般，迈着沉重的大步”，穿着耐磨的鞋子和厚厚的灰色裤子，朝着康科德的各个方向外出远足，随身“带着一本古老的乐谱，用来压制植物书签，兜里揣着日志、铅笔，以及用来观察鸟类的望远镜和显微镜，还有一把大折刀和一团麻线”（爱默生语）。在当地远足时，他所参考的旅行手册可谓种类繁多。这年夏天，他选中了比奇洛（Bigelow）的《药用植物学》（*Medical Botany*）以及米修的《北美的森林》。康科德及其周围的区域组成了一个梭罗永远无法完全了解的世界。在《行走》一文中，他认识到：“事实上，一次午后远足所能达到的极限是10英里，这方圆10英里内的景色与人类70岁的寿命之间存在着某种和谐的关系，但你永远都无法真正了解这种关系。”

第二重世界比康科德构成的世界更广阔——北美。不管是乘火车、坐船还是远足，梭罗总会在胳膊下夹一把雨伞，手拎一个朴素的褐色包裹，包裹用麻线系着，里面装着备用的衣物。他的足迹遍及缅因州、加拿大、科德角、纽约、长岛、哈德逊河谷等地。在去世前，他还造访过明尼苏达州。不论是在临行前还是旅途归来后，梭罗都会阅读一些游记、历史书籍或回忆录，最重要的是阅读那些由探险家、游客以及博物学家所写的描述性文字。他阅读并研究过十几本关于加拿大的书籍、十几本关于科德角的作品，有些北美游记中所记载的地方，他从来没有去过。1851年6月，梭罗正在阅读F.A.米修的《阿勒格尼山脉西部之旅》（*Voyage à l'ouest des Monts Alleghanys*）。或许他没注意到，当时已经能买到这本书的英语译本，但多种证据表明，梭罗的法语功底很好，因此从来没有过阅读译本的打算。米修曾经从费城起程，向西进发，到过萨斯奎哈纳河和俄亥俄河流域的多个地区，途经肯塔基州和田纳西州，然后沿蓝岭山脉返程，最终到达南卡罗来纳州的查尔斯顿。从某种意义上来说，通过阅读米修和其他人［如卡尔姆（Kalm）、赖尔（Lyell）、霍尔（Hall）、刘易斯（Lewis）和克拉克（Clark）等人］的游记作品，梭罗拓展了他在北美旅行的经历。这些作品构成了一座桥梁，引领着梭罗走向第三重世界——旅行者的世界。

如果说，梭罗的北美之旅有一部分是在阅读中完成的，那么他的旅行者的世界则完全是在书籍中建构起来的。一方面，他凭想象去旅行；但另一方面，他又很少在想象的旅行中放纵自己。约翰·

克里斯蒂（John Christie）总结得十分恰当：梭罗在阅读中游历了整个世界。多年来，他如饥似渴地阅读着关于南北美洲、非洲、亚洲、北极以及太平洋地区的游记。不久前，他开始阅读雷亚德关于尼尼微[①]的描述。雷亚德对中东地区耶西迪人的“魔鬼”崇拜进行了记述，其中的部分内容被梭罗写入了《科德角》。1851年6月，他仔细地阅读了查尔斯·达尔文的《一位博物学家的环球之旅》（*Voyage of a Naturalist Round the World*），这本书将对他产生无比巨大的影响。

梭罗的第四重世界是思想的世界，即梅尔维尔所谓的“心灵的世界”。梭罗在这个世界所使用的探索工具，是一系列独特而伟大的、具有划时代意义的作品，每一部作品都为他展示着一个完整的“思想的宇宙”。此类书籍包括《摩奴法典》、洪堡的《宇宙》，以及林奈的《植物学哲学》（*Philosophia Botanica*）。对于梭罗而言，思想的世界既是前面三重世界的客观延伸，又是对这几重世界的主观类比，它拓展了梭罗所能触及的范围，为他“思想领域的历险”提供了主要的隐喻和重要的原则，使他展开心灵的旅行，像游历美国海岸一般游历自己的内心世界。“一位旅行者！我喜欢这个称呼，”他在7月初的日志中写道，“旅行者理应得到人们的崇敬。他的职业是我们人生的最佳象征——从某地到某地。这是我们每个人的历史。”

就这样，梭罗在康科德及其周边，在北美的各个地区，在自然界和思想的世界中尽情游历着，所有的旅行都始于康科德，且大多在康科德的范围之内。当梭罗表示“我在康科德进行过无数次的旅

① 尼尼微（Nineveh），西亚古城，亚述帝国都城。

行”时，他并没有半点讽刺的意味，只不过是一种简单的、斯巴达式的简洁表述而已。

## 3. 梭罗、达尔文，以及《“贝格尔”号环球航行日志》[①]

梭罗的游记阅读与思想探险往往是同步进行的，有一个最为戏剧化的实例能够证明这一点。1851年6月，梭罗沉醉于达尔文的《“贝格尔”号环球航行日志》中不能自拔。达尔文于1831年12月27日从英格兰出发，开始了长达5年的海上航行。他先是在佛得角停留了一阵，随后前往南美沿海进行科学调查，并造访了加拉帕戈斯群岛等外海群岛。在返程前，他曾穿过太平洋，抵达澳大利亚。这次旅行是达尔文毕生著作的基础。1837年，梭罗大学毕业这一年，达尔文回到了家乡，并于7月开始创作“物种演化初稿”。在这部手稿中，达尔文提到自己是如何在“去年3月被南美的化石以及加拉帕戈斯群岛上的物种特性所震撼”的。“这些事实正是我全部思想（特别是后期思想）的起源。”1838年，达尔文开始阅读马尔萨斯[②]论及人口的文章，那时起，他便形成了“自然选择”（所谓的“自然选择”是指，在物种演化的种种形态中，适应自然的形态能够存活下来，而不适应的形态会在求生的过程中灭亡）的理念。1839年，达尔文30岁时，他的《“贝格尔”号环球航行日志》被收入《英国皇家舰船历险记》（*HMS Adventure*）与《英国皇家

---

① *The Voyage of the Beagle.*

② 托马斯·罗伯特·马尔萨斯（Thomas Robert Malthus，1766—1834），英国经济学家。

“贝格尔”号》(*HMS Beagle*),作为该系列三卷本的第三卷出版。梭罗阅读了1846年纽约市面上的版本,并做了详细的读书笔记。这些笔记表明,对达尔文的许多观点,包括他细致入微的观察技巧、对自然**变化**的痴迷、他的创作风格,以及这本书的形式结构(一半是游记,另一半是博物学家的日志)等,梭罗都怀有一种异乎寻常的认同感。

达尔文在航海日志中提到,“贝格尔”号驶离陆地几百英里后,甲板上就积起了一层细细的灰尘,这些灰尘中包含着大量淡水环境中特有的单细胞物种。这番描述引起了梭罗的兴趣。梭罗对种子播散现象产生兴趣,即便不是因达尔文而起,也是受到了他的影响或启发。在各个群岛间航行之际,达尔文开始集中精力思考物种分布的问题,即哪些地区生长着哪些物种的问题。梭罗从达尔文日志中摘录的内容和他的笔记显示,当他看到达尔文摒弃了那些浪漫的先见时,他的注意力变得前所未有地集中。在圣保罗海岸的岩石上,达尔文没有发现,“这里没有任何植物,就连苔藓都没有”。在此之前,关于生命进化历程的描述,向来是“重复过无数次的”这样一种说法:生命起源于“外形庄严的棕榈树以及种种高贵的热带植物”,随后演化出鸟类,最后演化成人类。然而达尔文却发现,“地球上的首批居民是那些以羽毛和泥土为生的、寄生性的昆虫和蜘蛛”。此外,梭罗十分赞同达尔文的另外一个观点:“相比侧芽繁殖、压条繁殖和嫁接繁殖,种子繁殖产生的个体更具原创性。”在加拉帕戈斯群岛调查时,达尔文发现,“周围都是从未见过的鸟类、爬行动物、贝类、昆虫、植物,以及数不清的生命形态……我眼前是极为生动的画面,是加拉帕戈斯群岛温和的草原,是智利北部干旱炎热的沙漠”。令梭罗深感触动的是,达尔文观察到,尽管这些群岛相距不远，彼此都在目力所及的范围之内，但它们不仅拥有独特的植物和动物群落，每个群岛的物种也独具个性，各不相同。梭罗仔细地阅读着达尔文的早期作品，等到1859年《物种起源》出版时，梭罗早已做好了接受它的准备。

达尔文的魅力不只在于他的思想。他的文笔优美，姿态谦逊，并不以科学家自居。在这一点上，他与自以为是、在剑桥市引发轩然大波的阿加西可谓截然不同。达尔文把自己描述为“一名自然历史的爱好者”。在《“贝格尔”号环球航行日志》的开篇，他提到自己对本职工作以及旅行的热爱。他与梭罗一样，对自然界的各种声响十分敏感，他的文字与梭罗日志的风格颇为相似，两者都是从对旅途的整体描述过渡到无微不至的细节描绘。梭罗对重要细节的把控能力似乎与达尔文密不可分。例如，达尔文对蚂蚁大军的描述不仅凸显了最为客观敏锐的观察力，更凸显了生动灵活的叙事技巧：

> 有一天，在巴伊亚，我的注意力被一群蜘蛛、蟑螂和其他昆虫所吸引。还有一些蜥蜴，它们焦躁不安地从裸露的地表匆匆爬过。后方的不远处，每一根草茎和每一片草叶上都趴着一只黑色的小蚂蚁。穿过裸露的地表后，蚂蚁大军分成几队，朝着一面破旧的墙壁爬了上去。如此一来，每只蚂蚁都找到了避难所。为了避免死亡，每一只可怜的小生物都付出了艰辛的努力，这一点真令人感到惊奇。

达尔文在蚂蚁大军中放置了一块石头，望着它们奋力地攻击而不是绕开那块石头：“即便被人袭击，这些雄狮般勇猛的小小武士根本没有想过也不屑于放弃。”

这段描述以及另外一段关于蚂蚁和蜘蛛大战的描述，与梭罗在1852年1月修改《瓦尔登湖》手稿时增添的“蚂蚁大战”颇有相似之处，这显然不是巧合。达尔文细致入微的观察力，以及他那专业而生动的描绘技巧，不仅为梭罗展现了一片新天地，更强化了梭罗的创作技能。毫无疑问，梭罗从达尔文的思想和文字中得到了启发，并且与之产生了共鸣。他或许已经发现，达尔文曾在5年的时间内先后多次造访同一个地点，反复经过之前的航线，但在叙述航海经历时，他对重复的内容进行了删减，直到他的叙事更加明晰、更加令人满意。“为了避免不必要的重复，”达尔文写道，“我将日志中提到的同一地区的多次经历进行了删减，因为我不可能始终分清造访同一地点的先后顺序。”同理，梭罗在叙述他在瓦尔登湖畔度过的两年零两个月时，也删去了多次造访同一地点的冗余部分，最终版本的叙事按照季节顺序展开。

对于梭罗而言，达尔文的作品是无比重要的。这位英国的博物学家描述了一幅绚烂多姿的风景图，在这幅图画中，“每一种形态、每一片阴影都无比壮丽，远远超过欧洲人在本土所见到的景象”。他用细腻的笔触描述了闪电击中石英后形成的“玻璃管状物”，在他的笔下，这种地质现象显得那样奇异和奇妙，却又是那样自然，这正像是梭罗对黏土河岸解冻场景的描述。总体而言，达尔文被事物变化的能力所触动。梭罗曾摘录过他的一段评论：“地质学家每天都会在心中提醒自己，没有任何事物——就连吹拂着的风也不例外——能像大地的外壳一样不稳定。”多年前，刚刚毕业不久的梭罗曾潜心阅读博物学家歌德的作品，学着用歌德般犀利的目光去观察事物。而如今，达尔文的作品促使梭罗提高了自己的专注力和观察力。变化、个体化、形态变易、轮回转世……所有的一切都在指向一个事实，那就是成长本身，而不是所成为的事物，恰恰是隐藏在自然中的伟大现实。

## 4.1851年夏：实践的超验主义

梭罗与柯勒律治一样，是一个“链条式”的读者——一本书把他引向其他书，这些书又会指向更多的书。此时，他可以使用波士顿自然史学会的图书馆、哈佛大学的图书馆，以及爱默生的私人图书馆。在阅读的同时，他还在各种摘抄本中留下了内容丰富的笔记，这些笔记同时涉猎多个主题，每个主题都朝着不同的方向拓展。我们能从他阅读达尔文作品的方式中清晰地看到他的阅读过程。比如，在阅读《“贝格尔”号环球航行日志》的过程中，他不仅想起了科策布（Kotzebue）和库克（Cook）船长的航海日志，同时还提到自己想阅读阿萨拉（Azara）、海德及赫恩（Hearne）的作品。正如约翰·克利斯蒂所示，达尔文在航行日志中提到过19本游记，梭罗阅读了9本，其中只有1本是在阅读了达尔文之后才读的。这些作品包括赫恩、海德、拜克（Back）、帕克、刘易斯、克拉克、布丰、洪堡以及楚迪（Tschudi）等人的著作。每次碰到一本令他触动的书，梭罗都会将这个阅读过程重复一遍。

这年夏天，除了在游记和自然历史类的书籍中尽情畅游外，梭罗还开始了自己专属的旅途计划，当然，这些计划算不上宏大。7月末，他乘火车来到波士顿，随后坐船前往霍尔，然后又一路步行，经过南塔斯科特抵达普利茅斯，随后又游历了科哈西特（大约两年前“圣约翰”号沉没的地方）、达克斯伯里、锡楚埃特以及马什菲尔德等地。在达克斯伯里，他搭乘一艘载重47吨的捕鲭帆船，前往3英里外的克拉克岛。尽管梭罗详细描述了捕鱼的过程（他们一离开海港就开始捕鱼），但从本质上来讲，这种只能坐等涨潮的枯燥的生活丝毫无法引起他的共鸣。想去旅行时，梭罗就会立刻动身。此时，他又习惯性地将注意力转向了内陆生活，大海的旋律似乎无法留住他。这次经历与尚普兰湖之旅相似，没有给他留下更多的记忆，他只提了一句：“我坐在一艘捕鲭船上游览了一番。”

捕鲭鱼的经历并没有进入梭罗的写作计划，他也没有足够的意愿对此进行钻研。不过总体而言，这年夏天，梭罗把旅行和研读的节奏安排得十分紧密。6月，读完达尔文后，他转向了博物学家以及旅行家的作品——当然，这些旅行家大都是博物学家。8月，他读了巴特拉姆[1]的《卡罗来纳州南北行》（*Travels through North and South Carolina*）、阿加西与古尔德的《动物学原理》（*Principles of Zoology*）、居维叶[2]的《动物王国》（*The Animal Kingdom*）以及彼得·卡尔姆（*Peter Kalm*）根据1748至1751年的航海日志写成的三卷本《北美之旅》（*Travels into North America*）［三卷分别为《自然史》（*Natural History*）、《种植园估算账目》（*A Circumstantial Account of its Plantations*）与《农业概况》（*Agriculture in General*）］。9月，他阅读了加图的《农业志》（*De Re Rustica*）。

所有这些书籍都包含相同的主题，这个主题不是旅行，而是自然史。受到达尔文作品的启发后，梭罗异常关注这些作品中的细

---

① 约翰·巴特拉姆（John Bartram，1699—1777），美国植物学家、探险家。

② 乔治·居维叶（Georges Cuvier，1769—1832），法国18至19世纪著名的古生物学者。

节，他的摘录本中写满了引用的语句，日志中记录了各个地域的细节。“在描述植物的叶子和其他部分时，植物学的语言是多么准确，多么丰富啊！”梭罗写道，“单从术语的精确程度来看，植物学便值得一学。从植物学中，我们不仅能够学到词语的价值，更能学到系统的价值。”三个半小时的远足便能让梭罗写出长达9页的描述。如果这天的经历足够丰富，梭罗还能多写13页。有时候，他甚至完全陷入细节当中无法自拔。这年夏天，他突然强烈地意识到，这是一个问题。8月中旬，在像往常一样定期自省时，梭罗沮丧地写道：

> 我有些担心，这些年来，我积累的知识开始变得精细化、科学化。为了获取天空般广阔的视野，我的视角反而变得像显微镜般细微。我看到的是细节，而不是整体，甚至连整体的影子都未曾见到。我只见到其中一些部分，然后就说：“我知道了。”

当然，梭罗的观察方式正变得日益细微，他害怕自己在琐碎的细节中越陷越深。但有一点可以肯定，他所担心的智穷才尽的一天还远没有到来。意识到这个问题后，梭罗始终保持着现实与理想之间的平衡。

早在这年5月，梭罗在思考印度经文时就曾提到过，“道德哲学家要有自然哲学家的规范，因为熟悉自然研究的人在人性研究方面具有很大的优势”。6月初，他的态度又开始向另一端倾斜：

> 我的务实精神到底是不值得信任的。的确，大多数时间

> 里，我都依靠自己，但我那些肤浅的常识却被惯例绑缚在近处的事物上，它极力逼迫着我，尾随着我，令我勃然大怒。换句话说，我开始变得更加超脱，开始追逐自己的内心。

7月，当梭罗被阿加西、古尔德以及居维叶等人的分类数据所淹没，被当地的俗事纠缠时，他终于为自己“沉迷于琐事的习惯”感到愤怒了。他以约翰逊的口吻写道：“忘掉那些无用的事情比忘掉不快的经历更难。”梭罗望着海伍德布鲁克河倾泻而下，流入费尔黑文湖，心中开始思考——或者说，**尝试**去思考——“在我的血液中循环流淌的那道纯净的瀑布。”在调查和测量城市的边界时，梭罗又找回了从前的自我。“寻找自我。”他这样写道。

34岁生日这天，梭罗十分沮丧，觉得“自己没有任何进步”。他感到，“有时，我会在理想和现实之间徘徊，而在很多情况下，我对现实的执着近乎顽固”。当然，梭罗夸大了实际情况。尽管这年夏天，他的思想摇摆不定，但在8月，他终于实现了平衡——至少意识到了这种平衡的可能性。这时，他的隐喻开始变得丰富，变得更具内涵：“多数人的智慧都是贫瘠的，既没有养分，又不能为他人提供养分。”接着，他对理想与现实之间的关系做出了最精辟的概括：

> 只有灵魂与自然的联姻才能让智慧结出果实，才能产生想象力。当我们死去，变得像马路般干枯时，那些哺育过我们的健康的思想将把我们与自然联系起来，与她产生共鸣：一些飘浮在空中的营养花粉会纷纷落在我们身上。霎时间，整片天空都变为一道彩虹，充满着芬芳。

以上文字是不乏预言色彩的。不久后，梭罗就会进入另一个丰产期，并着手对《瓦尔登湖》的手稿进行全面修改。过去三年的阅读积累和旅途经验都将出现在手稿中。然而，促成这一进展的，正是现实与理想之间、细节与理想之间的平衡。

可以说，梭罗这种现实的超验主义恰好是卡莱尔“自然的超自然主义”的美国版本。在阅读的过程中，达尔文、卡尔姆以及巴特拉姆的旅行和描写，与印度经文崇高的唯心主义、德国唯心主义以及弥尔顿之间，达成了平衡。同理，在现实生活中，当梭罗坚持自己的核心理念时，现实与理想便能和谐共处。8月末，梭罗再次写道：“我忽略了那些异常的自然现象——台风和地震——转而对平常的现象进行描述。这就是诗歌的魅力之最，这才是诗歌真正的主题。”

## 5.1851年秋：这里就是我的故乡，我的土地

1851年秋，梭罗一生中的各条线索——社会的、个人的、身体上的、思想上的——不仅没有分散，反而交缠得更加紧密。9月末，他帮助一个名叫亨利·威廉姆斯（Henry Williams）的人逃亡到加拿大。威廉姆斯是一名奴隶，从他的主人——也是他的父亲——那里逃了出来。这年秋天，他频繁地到河边散步，有时候会沿着河流一直走，有时则独自一人或跟钱宁一起泛舟。在梭罗眼里，钱宁的诗歌只算得上“草率的崇高”，于是建议对方用拉丁语创作，借此弥补语法上的不严谨。这年秋天，他时常与爱默生见面。尽管两人

感情深厚且惺惺相惜，但在梭罗看来，他和爱默生都十分自傲，这给两人的友谊带来了一些麻烦。此外，他还与爱默生的姑母玛丽·穆迪·爱默生（Mary Moody Emerson）交流了一阵子，她是梭罗眼中“最睿智、最活泼的女人”。对于梭罗而言，她的谈话，特别是关于哲学和诗歌的谈话大有裨益。从某些层面来说，这是一个充满社交意义的秋天，也是无比充实的秋天。12月12日，梭罗表示，这年秋天，他在调查工作上已经花费了二三十天。

随着社会活动的不断增多，这年10月和11月，梭罗的日志变得越来越短，然而记录的内容却丰富如常。从梭罗这年秋天写下的文字来看，他当时正处于一种平静的沉思状态，正不断充实着自己和自己的作品。随着内心感受和外部资源的不断汇集，他越发感觉到，自己已经做好了准备：“我突然有一种不同寻常的感觉，似乎已经准备好创作一些文学作品了。”9月初，他这样写道：“但我还没有确定方向。我不准备沉思，而是要进行强有力的表达。不论在体力上还是精神上，我都已经做好了准备。我感受到的不是音乐，而是随着音乐的节拍前进的步伐。”这年秋天，似乎所有的一切都强化着他的自我意识和身份。这时候，最具“梭罗特色”的主题再次浮现出来，在新的体验和新的阅读中得到了复苏和升华。

8月11日，梭罗从奥尔科特那里借来一本《农业志》，9月2日正式开始研读。他在这本书中读到了加图的《论农事》（*De Agri Cultura*）一文，以及瓦罗、科路美拉和帕拉弟乌斯（Palladius）的文章。《论农事》是现存最早的拉丁语散文，更是一本实用的农业手册，里面包含着大量关于农业技术的细节和信息——“如果你想建一座油坊，并让四个油桶两两相对，那么就要采用两英尺厚、九英尺高（包括凸榫）的支架来固定油桶”。身为一名改革家，加图希望重新唤起罗马人对原始简朴的农耕生活的向往。对于那些反对将希腊文化引入罗马的普通罗马公民，加图给予了支持。在记述第二次布匿战争[①]的作品（已佚）中，加图对交战双方的贵族只字不提，“只愿为迦太基军队中那只勇敢的大象萨鲁斯高唱赞歌”。在本书开篇，加图指出了这样一个现象：罗马的法律更加偏爱小偷而不是银行家。根据法律规定，小偷只需以双倍价钱赔付失主即可，而银行家却要付出4倍的赔偿，且附加利息。加图的思想立刻引起了梭罗的兴趣。《论农事》在开篇便对农业经济进行了长篇论述，随后按照季节次序，列出了各个节气内应该完成的农事。梭罗在创作《瓦尔登湖》时，大体也遵循了这样的次序。在他的眼里，加图与后来写出《农事诗》的维吉尔一样，将罗马的农业题材与生动的日常生活融为一体，向人们证实了这样一个道理：在任何年代、任何地区，乡村生活的本质都不曾发生改变。另外，加图用来展示主题的手法较为客观和直白，文风紧凑而犀利，这些都令梭罗心生仰慕。他那句“抓住主题，文字自然会随之而来”的名言，恰恰是梭罗尊奉的信条；那句“一家之主应该养成出售而不是养成购买的习惯”更是说出了梭罗的心声：“农夫和一家之主应该是卖家，而不是买家——这句拉丁语名言比任何英语警句都能更好地表达出人类的贪婪及其意志的坚定。”在阅读拉丁语作品的过程中，梭罗针对词语的用法展开了最细致和最深刻的反思。他在翻译加图的作品时注意到，“‘-cious’这个后缀能加强词语的力度，它就像是贪婪的嘴唇——动物在进食的时候，会用下颚咬住食物，用贪婪的嘴唇将食物送进嘴里——以‘tenacious’这个词为例，词语的前半部分就

① 布匿战争，古罗马与古迦太基之间为争夺地中海西部统治权进行的战争。

像是下颚，后面的词缀就是嘴唇”。梭罗的志向在于，用英语再现加图那种硬朗、简洁、毫无赘述的文字风格。多年前，在阅读维吉尔的作品时，梭罗便感受过这种风格。构成优秀风格的要素就像乡村生活的本质一样，不会随着时间而改变。加图的散文是可以效法的，即便在今天也不难模仿，因为我们可以在任何一本现代日历中体会到这种风格。梭罗翻译加图的文字：“学着将粪便堆起来，小心地保存它们，当你要把它们弄到外面去时，要清理一番，然后将粪便敲成碎渣。”随后，他又补充说：“这让我想起了我们每个秋季都要做的工作。”

对于梭罗而言，各个时代所共有的知识以及身份认知正不断强化着他的自我身份。自9月初阅读过加图的作品后，在剩下的整个秋季里，梭罗感到越发安适和愉悦。他仿佛听到了文学的召唤，在坚定决心的同时，不断地积累着文学资本。此前，梭罗将野性视作独立的、原始人类的特质，认为其是文明生活的兴味所在。如今，他开始强调，“随着野性的不断增强，大自然的文明程度也在增加”。同时，他直率地表示：“疾病并不是个体遭遇的事故，更不是一代人遭遇的不幸，而是生活中的意外事件。从某种程度上来说，疾病是生活中某种永恒的状态。”这种认识恰好激发了他的反抗意识。“生活是一场战争，也是一场斗争。”在重申这个观点的同时，梭罗已经做好了反抗的准备。这年秋天，他终于看到了一丝光亮，继《瓦尔登湖》之后的另外一部即将占据他生活的作品正逐渐成形。“对于青草或一片树叶而言，或许一年的时间就是它们的历史。”电报线上响起的风声正用怪异的曲调触动着梭罗，让他产生一种飞蛾对星空的渴望。他在这乐声中听到：“我知道我的目标很邈远，但为了它，付出一生的努力也值得。”

如今，创作成为梭罗的全部，让他超越了“对批评的恐惧和对赞扬的渴望”。与此同时，他努力寻求着一种表达方式，希望能对事实进行“简单而充分”的表达。他认识到，关于事实的所有陈述不过是某种说法的种种变体，“它们最终都指向某种传统或已经存在的体系”。他想要寻求更好的表达：“真实和纯粹的事实超越了常识的藩篱，获得了一种神话的或普遍的意义……要表达这样的事实，而不是表达自我。”10月初，梭罗外出远足，在丹尼斯山丘上发现了一把印第安人的半圆凿。他将这把半圆凿捡了起来，试着用它敲了些白橡果吃。拥有这样一件轻巧的“法宝”之后，他感到“再次与最初的人类产生了关联”。10月末，冬季过早地降临康科德，但11月初却出现了短暂的回暖天气。梭罗在日志中写道：“我觉得自己是受到祝福的。我热爱我的生活。我对大自然的一切都感到温暖。”几天后，他与钱宁来到威兰德附近的长池散步，随后坐在湖畔吃起了午餐。其间，他再次强调了自己的公民身份。“这片沙土中藏着我的挚爱。”他写道，“这里适合埋葬与保存一个种族的骸骨千年之久。这里是我的故乡，我的家。我是一个新英格兰人。”

## 6.1851年12月至1852年2月：冬季的短暂时光

此时，梭罗的一些习惯已经固定下来。每天清晨，他会在自己的屋子里读书，下午则出去散步。他日程表上的内容很少发生变化，但凡有所变化，就能被一眼看出来。他将勇武的清晨时光留给了自己的创作，而创作也占据了他越来越多的时间。冬季的闭塞与内敛使梭罗产生了更强烈的躲在屋里探索知识的冲动。1851年到

1852年的那个冬天，他参加了伊丽莎白·奥克斯·史密斯（Elizabeth Oakes Smith）举办的关于女性的演讲、T. W. 希金森（T. W. Higginson）关于穆罕默德的演讲、一个名叫布莱修斯（Blasius）的教授关于飓风的演讲，以及好友钱宁以社会为主题的演讲。1月初，他在林肯和康科德做了几场关于加拿大的讲座。与此同时，他还阅读了格里利的《先驱周报》（*The Weekly Tribune*）——虽然他对许多报纸成见颇深，却对这份刊物青睐有加。这年冬季，他阅读了塞缪尔·兰恩（Samuel Laing）的《挪威诸王史》（*Chronicle of the Kings of Norway*），书中的一些人名，如索尔·赛尔（Thorer Sel）、索尔·哈恩德（Thorer Hund）、卑微的索尔等，令他大感兴趣。另外，他还在拉洪坦（Lahontan）的《游记》（*Voyages*）中寻找加拿大的背景。不过总体而言，梭罗在这年冬天的阅读主要集中在植物学上。他阅读了自己写给玛丽·穆迪·爱默生的书信手稿，与此同时，他也与爱默生发生了多次莫名其妙且令人焦虑的争吵。他在日志中沮丧地提到，这段友谊正朝着他不愿看到的方向发展着。他漫不经心且不够客观地表示，目前为止，他还没有从这位前辈那里“听到任何有价值或热心的建议”。话虽如此，他却常常引用爱默生的言辞，并把他的话当成神谕。每当他打开自己的作品随意翻看时，映入眼帘的第一句话往往是爱默生的表述。

在散步时，梭罗特别关注落日的景象，他试图用文字去捕捉夕阳的色彩和形状，并再现傍晚时分那金灿灿的天空。12月20日，他登上了费尔黑文山。站在峰顶眺望，他“看到一只硕大的老鹰在一棵松树上空盘旋”。他将这只鹰比作“美国”号双桅帆船。当时，这艘新式帆船刚刚完成它的英格兰之旅，并且在怀特岛附近举办的那场53英里的航赛中夺冠，成了人尽皆知的热点新闻。“美国”号采用了最新设计，流线型的船身以及叠云般的船帆（长度是现代美国赛船的两倍，承载量则是其三倍）赢得了所有人的青睐。作为人类现代智慧的结晶，它看上去是那样优美、那样高雅，仿佛翱翔于天际的雄鹰。在梭罗看来，鹰还“象征着思想，它时而高飞，时而低旋，盘旋的轨迹时而渐渐分散，时而渐渐聚拢”。与朋友的交往给梭罗带来了“困难”，他觉得自己十分冷漠（“我的本性就像石头一样”）。于是，他在这年冬天开始思考自己与那只鹰和那棵白松树的关系。“我们与所有自然事物之间都存在着某种联系，”梭罗写道，“不管是有生命的，还是无生命的事物。”他宣称：“白松树就像我们的朋友一样重要，令人难以忘怀。”12月30日，在梭罗的注视下，两个男人伐倒了镇子里最高的一棵松树——直径4英尺，高105英尺，90岁树龄。梭罗对松树被伐倒的过程进行了细致的描述，在他眼里，这个场景颇具象征意义，不是象征着他的跌倒，而是象征着，当别人摔倒时，他依然能像松树一般傲然挺立：“山丘的空地上站着一个人，他的身旁没有一个同伴。这名孤独的旅人抬起头。他不知为何同伴都被带走，只有自己被留下了。”

随着冬季的到来，康科德周边及森林里的伐木活动变得越发频繁。1851年至1852年的那个冬季，伐木的范围再次扩大到瓦尔登湖附近。梭罗一面感叹着周围景致的变化，一面积极地修改着《瓦尔登湖》的手稿。自1849年后，他一直没有想好该如何修改稿子，每次只改一小部分。1851年，他的手稿中似乎多了些印度经文中的篇章，经文中的某些表达以及这些年发生的某些事件全都出现在了他的日志中。1852年1月，梭罗开始修改第四稿。直到两年半后《瓦尔登湖》正式出版前，这次修改都不曾中断。这一次，梭罗并不仅仅是改稿，而是对瓦尔登湖畔的生活进行了重写。为他提供动力的，正是1851年12月的一次经历。当时，他正站在河畔的铁路旁，望着路基上的黏土渐渐解冻。

多年来，他始终想不明白，为何在严冬季节，太阳的热度依然能融化河岸，使泥沙随河水奔流而下，溅起暗红色的水雾。这年12月，这番熟悉的景象给梭罗带来了灵感。当然，这主要归功于他当时正潜心阅读的植物学书籍。

## 7. “生长的石头”

1851年6月，梭罗已经读完了达尔文的作品。截至这年8月，他一直在广泛地阅读卡尔姆、居维叶、阿加西及古尔德等博物学家的作品。11月，他又重读了之前读过的作品，试图对自然史产生更为系统的理解。此时，他对植物学的兴趣已经远超动物学或地质学，但并没有放弃对其他两个领域的关注。读过劳登（Loudon）的《植物百科全书》（*Encyclopedia of Plants*）后，他又开始阅读林奈以来的现代植物学著作。通过阅读施特弗尔（Stoever）的《林奈的一生》（*Life of Linnaeus*），他对林奈之前的植物学史有了大概的了解。在施特弗尔与普尔特尼（Pulteney）合著的《林奈作品概观》（*General View of the Writings of Linnaeus*）中，林奈被奉为植物学发展史上的权威。梭罗之所以对林奈产生兴趣，不仅因为对方为不同的植物命名，还因为他是一名现代意义上的科学家，一个用体系化的方法来积累知识的科学家。当然，他还无法确定，林奈是将知识体系强加于自然，还是在解读自然的体系。如果说林奈的作品是一部“词典”，而约翰·林德利（John Lindley）提出的“自然系统论”是大自然的“语法”的话，那么梭罗眼中的植物学则与神话无异，因为它提供了表述自然的语言。从梭罗的日志来看，他对所谓的“植物学的语法”和“冰块缝隙的语法”产生了持久的兴趣。1851年12月的最后一天，梭罗再次前往铁路附近观察路基上的泥沙。几天前，由于流水的侵蚀，路基的泥沙层出现了一些看起来像是“完美的美洲豹脚印”的痕迹。这说明，“大地的内部和表层都是运动着的，是有生命的、不断生长的……我脚下的土地并不是死气沉沉的物质。它是一个躯体，有灵魂，有生命”。他认为，这显示出一股“类似于成长原则的原始生命力”。

自大学毕业后，梭罗便开始阅读歌德，并且始终对冰花与树叶之间的共性十分感兴趣。自从铁路的路基延伸至瓦尔登湖以来，梭罗便发现了这样一种现象：流动的泥沙竟呈现出一些奇异的植物形态。在《瓦尔登湖》的最终版本中，这种“泥沙枝叶”成为梭罗最具原创意义的象征符号——它象征着在充满绿色与鲜花的春季到来之前，大地上早已显现出春的痕迹。梭罗曾颇意味深长地指出，“没有什么是无生命的”，这番话并非源自林奈，而是他切身的体悟。在不到半年的时间里，梭罗便读完了有关林奈的大量作品；随后，在这年2月，他开始静下心来阅读林奈的核心著作——《植物学哲学》(*Philosophia Botanica*)。读过这部令人惊喜的作品后，梭罗不禁感叹自己“之前花费了太多时间阅读那些研究花卉的作品”。他这样写道：“如果你想读植物学类的著作，不妨从这门科学的始祖那里开始，不妨先读林奈的作品……它启发了上百本科学手册的创作，并且比这些手册更简单、更全面、更容易理解。”

在梭罗认真研读并摘录过的第一页中，林奈提出了几条首要原则。他将这个星球的万事万物分为两类：基本元素与自然事物，并将基本元素丢给了物理学家去研究。他声称，自然科学就是研究自然事物的科学。所有的自然事物都可以归纳为三个类别：矿物、植物和动物。林奈表示："矿物会生长（从形成到最终样态）；植物会生长，而且有生命；动物不仅能生长、有生命，而且拥有情感和知觉。"在这句话中，令梭罗印象最为深刻的是"生长"一词，意指从出现到成形，再到成长的整个过程，相当于"创造"一词的动词形态。亚里士多德和经院派哲人都没有使用过这个词，只有卢克莱修和西塞罗使用过。他们和林奈一样，用这个词来表达"整片大地都具有生命"这一理念。梭罗在《瓦尔登湖》终稿的《春季篇》中写道："这些泥沙枝叶的惊人之处在于，它们突然间就出现了……这说明，春天来了。"

> 大地不只是已死的历史的残片，也不是书页般层层累积的堆砌物，等着地质学家和古董学家去研究。它是有生命力的诗，就像一棵树的叶子，早于花朵和果实，就像大地，它不是僵化的，而是活生生的。与它伟大而核心的生命相比，所有动物和植物不过是寄生物而已。

以上文字不仅是《瓦尔登湖》的中心思想，更是现代环保主义的基石。这种理念不仅构成了全书的高潮，更足以促使梭罗在1852年2月后的几个月内对《瓦尔登湖》的结构进行重大调整。毫无疑问，这些思想与林奈有些关联，但此时的梭罗已经偏离了林奈的方向："通过人为的（比如林奈）的分类系统，我们学习到不同植物的名称；而通过自然分类系统［此处指雷伊（Ray）首创的自然分类系统，该系统为林奈的分类系统奠定了基础，在达尔文的《物种起源》中得到了最终认可]，我们了解了不同植物之间的关系，但人和植物之间的关系尚有待探索。在这个领域，诗人做出的贡献比任何人都要大。”这年冬天，梭罗十分肯定地认为，真正属于他的题材恰好隐藏在离故乡和大地不远的地方：“我认为，一个农场的历史（或诗歌），不论是其自然形态还是最高级的耕种形态，都比耶路撒冷的围城更加贴近现代史诗的真正题材。”

在修改《瓦尔登湖》手稿的同时，梭罗的脑海里跳跃出更多的文学主题。除了那本日志外，他还积累了几个摘录本，分别用于记录自然历史、诗歌、印度经文，以及美国印第安人的相关材料。与此同时，他还筹备着一场关于加拿大的讲座。1852年1月末，他首次将自己的日志视为一部作品，一部可以出版的有关康科德生活的作品，而不仅仅是私人生活的记录，或其他著作的摘录本。

## 8. 一份足够长的“败绩清单”

《瓦尔登湖》是对人生的一种肯定——不是那种不痛不痒的赞许，而是一个人在同失落、孤独以及年龄增长带来的衰落感进行长期斗争后对人生的肯定。梭罗之所以选择为生活高歌，并不是因为贪图虚荣：

> 如果有人认为我虚荣，认为我把自己凌驾于他人之上，因他人之卑微而幸灾乐祸，那么让我告诉这些人，我可以讲一个与我有关的悲惨故事，再列出一张足够长的败绩清单，然后像个拾荒者一般，尽可能卑微地四处寻觅。如此一来，这些人便

会从我的失败中受到鼓舞。

从第一稿开始，《瓦尔登湖》便触及了失败和失落两个主题。梭罗从这些主题中得到启发，创造出比从前更巧妙、更著名的一些隐喻：

很久以前，我弄丢了一条猎犬、一只斑鸠、一匹枣红马，如今，我仍然不断地追逐着它们的踪迹。我跟许多旅行者提起过它们，描述过它们常去的地方、它们听到怎样的呼唤会给予回应。在我遇到的旅行者中，有一两个人听到过那只猎犬的叫声，还有那匹马的蹄声，还有人见到过那只斑鸠消失在一片云中。他们似乎比我更急于找到它们，仿佛是他们自己丢了什么一般。

当那些咬文嚼字的读者追问这段文字的含义时，梭罗会这样回答："我想，每个人都经历过失落。"他把一生中的大部分时间花在了追寻这些失落的事物上，但找到的事物却并非总是令人满意。"你花费了半生时间，徒劳地追寻那些东西，直到有一天，你在与家人吃晚饭时，突然发现所有的失落都已找回。你像追逐一场梦一般追逐着它们，一旦找到之后，你就成了它们的牺牲品。"随后，他在写给布莱克的信中习惯性地补充道，"当然，首先我要有所失落，然后才能有所发现。"

在1851年，特别是在1852年的头几个月里，梭罗越发频繁地回想起他所失去的且大部分再也找不回来的青春。新英格兰的一些道路早已废弃，路面上长满了野草，道路两旁还有废弃的农场和空荡荡的酒窖，这些景象在梭罗心底唤起一种强烈的怀旧感，他所怀念的，并不是失落的美国，而是一去不返的青春。1851年7月，他忍不住怀念“那一条条古老而蜿蜒的两侧早已没有人烟的道路”，认为走在上面便能“找回失落的童年时代”。尽管当时梭罗还不满35岁，他却已然感到自己正在衰老。他发现一个不好的“兆头”，因为他谈起傍晚的时候越来越多，谈起清晨的时候越来越少。这是衰老的预兆。有时候，他会满心恐惧地思考未来。1852年3月的最后一天，梭罗没能按计划早起，于是沮丧地写道：“或许我们变得越来越老，直到再也感受不到季节的轮回，直到我们的冬季永远不会结束。”

就算我们可以对此置之不理，认为这是梭罗“后清教主义”良心发现而产生的絮语，但日志中的大量记录却不容忽视——所有这些记录都在表明，梭罗产生了一种哀伤和自怜的心态。在修改和扩写《瓦尔登湖》第四稿期间，梭罗在日志中提到，他开始接受一些黑暗的、几乎是梅尔维尔式的现实。他指出：“没有人是真正健康或无恙的，但每个人都理所当然地将健康视作常态，将疾病看作例外。”梭罗认为，这是一个令人惊奇且重要的发现。他呼吁人们承认自己的局限，面对现实：“事实上，疾病才是现实生活的常态。”在细雨蒙蒙的秋季，梭罗一边散步，一边观察着枯死的叶子，不住地感叹年岁将尽，为秋季的悲剧色彩而喟然叹息。梭罗问自己为何会从“风暴的吟啸”（艾伦·修厄尔曾经使用过“大海的吟啸”这一表达）中得到快乐，他的答案是：“因为风暴会让我们晴日般的生活变得十分渺小，至少会为它增添一丝悲剧色彩。”对于此时的梭罗而言，疾病和悲剧构成了他命运中无法剔除的一部分。自1846年起，特别是在攀登过卡塔丁山之后，他开始承认，自然有着对人类并不友善的一面，而这阴暗的一面，不论是它的范围还是重要性，都在不断扩大。1852年10月，他写道：

> 与白人相比，印第安人的心灵构成似乎更加积极。他们更加熟悉自然的另外一面。他们用冬季而不是夏季来衡量生命；他们用太阳来度量一年的时间，但很多时候也会把月亮作为标尺；他们的月历不是靠白天，而是靠夜晚来量度；他们把握住了大自然阴暗的一面，而白人只看到了光明的一面。

此时，梭罗不再认为（如果他曾经有过这种想法的话）邪恶就是善良的缺席，是积极的对立面——消极。1853年1月，当地的一家面粉厂发生爆炸。梭罗在40分钟内赶到了现场，只见尸体遍卧，“身无寸缕，全身焦黑，四肢和肠子四处散落着，一颗头颅远远地离开了躯体，脚上没有鞋子，头发变得焦脆”。这场事故让他回想起“圣约翰”号和“伊丽莎白”号的沉没，让他认识到“人类的生命并非是无罪的”，或许大自然中存在着一股复仇的力量。然而当轻柔的西风掠过脸庞时，他“意识到，一轮玫瑰色的夕阳就要出现了”。眼前的种种景象让他很难相信，大自然的背后存在着一股绝对而统一的力量。“难道存在着两股力量？”梭罗追问道。

比人类生命失去“清白”更令人忧心的是，梭罗越发意识到，随着时间的流逝，他变得更加冷酷，如同一块石头会冰冻他那春日般的诗情。1852年2月，梭罗行走在“冰封雪盖的河面和湖面上”，他感到生命“被抛掷到了最低点”，他感觉到：“我的心覆盖着同样的冰霜。”有人指出，之前出现在日志中的几句话恰好印证了梭罗最大的忧虑：“最近一段时间，我的缪斯女神已经很少现身了，就像在冬季很少见到鸟儿的踪迹一般。”一个月后，即这年的3月，梭罗在瓦尔登湖散步时发现：“年轻时常去散步的树林已经被砍伐一空。这是不是意味着我该停止歌唱了？”

这年冬天，除了思想越发消极外，梭罗还感受到了死亡的逼近，他感到自己的精力正在枯竭，体力正在衰退。1851年到1852年的冬天，他的消极情绪已经到了极点。所幸的是，3月依然会来，大地依然会焕发春的生机，而梭罗也会再次迸发出文学的活力。1852年3月12日，梭罗望着那些曾经深深触动过他的“泥沙枝叶”，不禁为春天强大的“治愈力”而心生感叹：“大自然还没有失去原始的活力，发现这一点的人也是如此。”

从严格的意义上来讲，属于梭罗的“诗的春天”已经过去，但随着岁月的流逝和生活的磨砺，他的散文却变得越发铿锵有力。他不再忽视或轻视生命中的失落、失望和遗憾，而是将它们写成诗歌——尽管是以散文的形式，但本质上依然是诗歌。可以说，《瓦尔登湖》的作者正是历史上最伟大的为失落而高歌的人，他的地位堪比朗费罗、弗罗斯特[①]以及艾略特，他的诗吟唱着那些无法追回的失落，告诫着我们，不要和这些失落一起沉沦。

## 9.1852年4月：威廉·吉尔平，以及风景的回响

4月13日这天下了雪，积雪厚度达到1英尺，随之而来的是多

① 罗伯特·弗罗斯特（Robert Frost，1874—1963），美国诗人，被誉为“美国文学中的桂冠诗人”。

雨的春季。据称，这是63年以来雨水最多的一个春季。雨从早到晚落个不停，持续了一整个月，“晴日几乎没持续过两天”。一场风暴自东北方袭来，持续了整整5天之久。康科德河水位漫涨，镇里的桥大多被河水漫过，徒步无法穿越。整个4月，梭罗的身体状况还算不错，但到5月中旬，他开始抱怨身体不好，无法到户外去体察季节的变化。4月，他经常冒雨出门，一边观察着草地，一边反思着他所说的“康科德的心灵”，并与钱宁一道，在户外度过了不少时光。在修改《瓦尔登湖》的同时，他从手稿中拣选出部分内容用作讲座的材料。奥尔科特建议他将讲座的主题定为森林。对于梭罗而言，这年的4月极为充实，单单是日志便已经扩容到了120页。至于这个月究竟有多么充实，在哪些方面是充实的，梭罗在一年后的一篇文章中给出了答案：

> 他是最充实的人，能够最充分地利用大自然的素材，为诗歌创作提供原始材料，为描述生活提供象征符号。如果说这些金柳编制成的大门对我有所影响的话，那么这些影响与我即将踏进的美和希望的经历密切相关。如果我的身体里流动着生命力，如果我拥有丰富的经历却缺乏表达方式，那么大自然就是我的语言，这种语言是充满诗性的。

作为一名极具创造力的读者和作者，梭罗从这年的阅读中得到了许多启发，他能够将自然视为一种语言，以此来表达自我。林奈教会了他如何为植物学最细微的单位命名、如何区分不同植物间最微妙的差异。4月，梭罗发现了威廉·吉尔平的作品。这位著名的英国游记作家十分强调文字的“画意”（picturesque）。梭罗尽可能全面地搜集了吉尔平的作品，然后开始了阅读和研究。从这年4月到《瓦尔登湖》出版，他对吉尔平的兴致变得越发浓厚。如果说林奈向梭罗展示了如何描述每一片叶子的不同部分的话，那么吉尔平向梭罗展示的则是宏大的“风景的语言”。

威廉·吉尔平（1724—1804）本是一位牧师，因倡导“画意”而非“美感”而出名。在吉尔平看来，美丽的事物因其自然状态而给人带来感官上的愉悦，而具有“画意”的事物则在“能被画面展现的层面”带来愉悦。他辩称，“粗犷”或“粗糙”构成了“美感与画意”最本质的区别。美感是平滑的，是经过打磨且规则的；而画意则是粗糙且不规则的。“具有画意的审美排斥艺术，只能从自然中获得愉悦……艺术充斥着规则性。换句话说，充斥着**平滑感**，而大自然的形象则充溢着**不规则感**。换句话说，就是**粗糙感**。”

吉尔平不仅是一位理论家，更是一位细致的观察者和出色的作家。在周游不列颠群岛后，他创作了一系列作品，并亲自为这些作品提供了插图。与他同时代的英国作家常常用生动的笔法描述自然，对此，吉尔平向来持否定态度。他的文字能够为读者展示大自然、再现大自然，将他们看到的画面转换成语言的素描。例如，在论及19世纪美国风景画家萨尔瓦多·罗莎（Salvator Rosa）的创作习惯时（罗莎常在背景中添加几棵枯树），吉尔平在《森林风景》（*Forest Scenery*）（梭罗阅读的第一部作品）中写道：“这些枯树是绝妙而庄严的，它们能够以年轻人无法企及的雄辩，直接与想象对话：它们记录着风暴的历史，记载着闪电的狂怒，见证着种种伟大的事件，将宏大的理念转变为风景。”吉尔平的风格不仅生动，而且极具力量。谈到落叶松时，他写道：“阿尔卑斯山地区的农民经常砍伐它们，在森林里留下一个个豁口，这些豁口就像一张张打呵欠的嘴，最终连在一起，在悬崖与悬崖之间开辟出一条宽阔的通道。在遥远的悬崖下方，瀑布发出巨大的轰鸣声，在阵阵水雾中若隐若现。”

从本质上讲，吉尔平是一位细致的观察者。虽然他以画家和绘画理论家的身份出名，但他同时也是一名诗人、一名作家。他所关注的不仅仅是再现风景的技巧，更多在于风景的“视觉化”。在《画意与美感三论》（*Three Essays on Picturesque Beauty*）（梭罗于1853年11月阅读过这部作品，他对吉尔平的兴趣足足持续了一年半之久）中，吉尔平指出：“语言与光线一样，是一种媒介。真正的哲学风格，就像北侧窗口透入的光线，能够清晰地照亮物体，而不会将注意力引向自身。”即便我们没学过绘画，“对自然的强烈印象仍能帮助我们去评价一幅画作。自然是画作的原型”。

吉尔平的作品中随处可见细致入微的描述，歌德式的客观的外部自然占据着最重要的位置。但与此同时，他也意识到如何将自然作为象征符号来使用。在《森林风景》的第一卷中，他写道：

> 我漫不经心地坐在窗口，目光落在一棵高大的洋槐上。它高高地耸立在我眼前。这让我意识到，我可以用它的形象去再现一个国家，一个划分为多个省份、城镇和家庭的国家……我坐在那里，就这样望着它，望着许多金色的叶子……它们接二连三地飘落，回到大地母亲的膝头。这个场景正是大自然衰落的象征，是道德明确的表现形式……众多的树枝中间，有一根已经完全枯萎，上面的叶子早已干枯，但依然附着在上面。这可以用来表现饥荒：生命的养分已经断绝，生命还在被勉强维系着，但每一个生命的形态都已憔悴萎缩。

吉尔平这种解读自然、再现自然的能力，对美国想象造成了巨大的影响，但这种影响一直没有引起研究者的足够重视。吉尔平的《森林风景》和尤维达尔·普莱斯（Uvedale Price）的《画意论》（*On the Picturesque*）深得F.L.奥姆斯特德（F. L. Olmsted）的青睐，在他看来，这两本书“比任何出版过的作品都更能激发我对艺术的判断力。这两本书刚刚被拿进办公室，我就把它们交到学生的手里，对他们说：‘你们要认真阅读这两本书，就像法律系的学生对待布莱克斯通（Blackstone）的作品一样。’”吉尔平的风景观为奥姆斯特德的设计提供了基础——在奥姆斯特德为美国设计的许多公园（从纽约的中央公园到密尔沃基市的狮子头公园）中，都能看到吉尔平的景观理念。对于托马斯·科尔和弗雷德里克·丘奇（Frederick Church）（前者为哈德逊河派创始人，后者是最伟大的辉光派画家，被誉为美国绘画界的特纳）而言，吉尔平的影响无疑是巨大的。通过科尔和丘奇两人，他的理念深深影响着美国的景观设计和风景画创作；通过梭罗，他又给美国自然主义文学带来了深远的影响。

## 10. 风景的回响

自大学毕业后，梭罗便开始阅读歌德的作品，从当时的读书笔记来看，他已经对风景的文学表达产生了兴趣。因此，这种兴趣并非始于吉尔平。从《冬日远足》开始，他的作品开始更加关注对风景的描绘。在他的眼里，风景描绘无异于他的“主业”。这也解释了为何吉尔平的作品会在1852年对梭罗产生如此重大的影响。可以说，吉尔平对风景主题的挖掘要晚于梭罗，但比梭罗更深入，其作品拓展了梭罗的视野，丰富了他的色彩表达，提高了他的视觉敏感度。梭罗后来认识到，吉尔平并不具有道德家的气质，只拥有一双艺术家的眼睛。但这点微小的瑕疵并不能否定吉尔平的描绘天赋。在梭罗大幅修改《瓦尔登湖》时，吉尔平的描绘技巧曾给他带来了"解放性"的影响。

尽管梭罗每隔一定的篇幅就要加入风景描述的文字，但他的描述并不总是成功的。例如，1851年9月24日，他写下了一段描述性的文字。从任何一个角度来看，这些文字都算不上是成功的风景描写。但不可否认的是，他采用了典型的吉尔平风格："在这晴好的天气里，近处的山丘（比如诺博斯科特山和纳什欧巴山）已经失去了原有的翠绿，换上了明显属于大地的色彩。但还是给我一些晴朗吧，尽管这意味着我的天空看起来会更加遥远。"1852年3月4日，梭罗提到要"为冬季的短暂时光涂上颜色"。第二天，他用饱含水彩意蕴的文字写道："下午的雾气很浓，但天气很暖，仿佛要下雨。站在瓦尔登湖边上（东侧已经沦为一片废墟），透过隐约的雾气，可以望见些有趣的题材：四分之一英里之外有座小山，山坡上有几个人在行走，远远望去，仿佛是海市蜃楼一般。"两周后，梭罗从哈佛大学图书馆借来了吉尔平的《森林风景》，从日志中"喜不自胜"的文字来看，他几乎立刻对这本书产生了热情。"吉尔平提到了小灌丛、峡谷等等，这说明，即便是散步常去的那些地方，也可以被我们进行巧妙的分类，传达出无穷的意蕴。"吉尔平与林奈一样，为梭罗提供了一个分类体系，更重要的是，为梭罗的景物表达提供了方法。4月1日，梭罗在日志中写道："吉尔平说得不错，薄雾是‘既远又近’的。”接着，他对《森林风景》一书给予了赞誉，认为它“像森林般温和、适度、优雅、宽广”。读到这些溢美之词时，我们不禁联想到当初他对《一周》所抱有的期待。接着，他指出了吉尔平如何将风景转化为语言：“掠过灌丛的清风被转化为符合语法的优雅的句子，读来给人一种清凉感。”

整个4月，梭罗几乎每天都在阅读吉尔平的作品，要么时常在日志中提起对方，要么频繁地模仿他的创作风格。吉尔平带来的影响表现在两个方面：首先，他为梭罗提供了描述某种效果和外观的语言。在描述的过程中，这些效果和外观得到了显现。从这个角度来看，一个人所见到的，都是他期待见到的。因此，第二重影响在于，他给梭罗带来了更多的期待。吉尔平用生动的笔触描绘着光线、距离、雾气以及各种天气效果，他的书中附有大量色彩缤纷的插图，这些插图引发了梭罗的密切关注，更为他研究过的视觉艺术做出了巨大的贡献。此后，梭罗越发注重景色描写，其内心的诗情被再度唤醒。他用“坚毅的痛苦”来形容橡树，将白松描述为“我一生的象征”，并创造了“蓝鸲的背上承载着天空”等表达。

在吉尔平身上，梭罗看到了“眼睛自身的种种意图”，然而其中最新鲜、最实用的“意图”莫过于吉尔平非凡的色彩感知力。他书中的插图全部为水彩绘制，许多图画都采用了单色调。他时常提到色彩，不论是风景的色彩，还是风景画的色彩。1854年1月8日，梭罗从吉尔平的《风景素描艺术》（*Art of Sketching Landscape*）中摘录了如下内容：

> ……因此，当你用水彩描绘完全部图景时，不妨这样做：在地平线处着一些淡淡的色彩，可以是清晨的淡粉色，也可以

稍浓一些，采用傍晚的淡红，或是接近金黄或淡灰的色彩……当你为整幅画涂上这样一层色彩时，你就为和谐奠定了基础。

值得注意的是，梭罗在刚刚接触吉尔平时，便早已在日志中尝试起对色彩的描绘。1852年4月1日，他写道："除了那些常青树外，眼下的树木大多是黄褐色的，有的更偏红色，有的更偏黑色。这些是枯叶和枯枝的颜色。相比之下，泥土的颜色则要淡些，近似于枯草的颜色。我倒想看看，这些树木要多久才会换上新的颜色。"

17天后，梭罗第一次看到了他所谓的"马醉木现象"。4月中旬，他看到一片马醉木，从大多数角度来看，这些花朵是灰褐色的，因为叶子将阳光反射了出去。但如果迎着阳光看，当阳光照进叶子间隙时，整个花丛都被"醉人的暖意"点亮了，"我将这股暖意称作'印度红'，那是最圆润、最成熟的暗红色"。尽管还是同样的光线，时间、天气以及地点都没有变化。后来，梭罗又对这个现象进行了反复的描述。从大多数角度来看，叶子呈现出一种"斑驳的亮色或灰色，然而当阳光穿透叶子时，它们呈现出'比教堂玻璃更加温暖、更加丰富的红色'"。这番体验曾在梭罗的脑海中一再重现："最令我欣喜的是，在这三天里，我发现了马醉木现象。"这年4月，梭罗经常在这片树林里散步，这种现象或许他早就见到了，但不曾留意过。可以说，正是因为吉尔平的作品，梭罗才能在家乡那片尚未消失的森林中获得更多的新发现。

自1849年至今，梭罗已在瓦尔登湖畔居住了两年半之久。此时，他准备对《瓦尔登湖》的手稿进行再次扩充。在这个时期内，对梭罗来说最重要、最具启发意义的阅读并不是文学阅读，尽管他总能从阅读的材料中获得文学创作的灵感。达尔文、加图、林奈、吉尔平等人都具有一个共同点——对大地及大地的产物给予了密切的关注：达尔文关注的是不同物种的分布及物种间的差异性；即便在19世纪，加图的手册依然能为农夫提供借鉴；林奈则关注着植物及植物各部分的细微分类；吉尔平所关注的是风景要素的宏观组合。对于梭罗而言，这些人都是伟大的作家。研读过这些人的作品后，他开始对“人与自然”这一主题进行了第二阶段的打磨。

梭罗教会了无数的美国人如何观察自然，而他的老师则是达尔文、加图、林奈以及吉尔平等人。在这些人的帮助下，梭罗凭借着融会贯通的天赋，创造出一种当时极为罕见的观察方式。这种观察中融合了种种自然观，例如，将自然视作一种力量、一种能量，或将自然视作风景。正如文森特·斯库利（Vincent Scully）所说，梭罗复兴了古希腊的宗教传统，在这种传统中，“土地不是一幅画，而是一种纯粹的力量，具体而言，是一种主宰世界的力量”。通常情况下，我们不得不赞同斯库利的以下看法：“只有当这片土地上的诸神全部灭亡，当人类生活完全脱离自然时，风景画、如画的建筑以及关于风景的描绘……才开始成为艺术无比眷恋的主题”，古希腊的大地观才开始消亡。因此，《瓦尔登湖》最大的贡献之一在于，作者同时提出了他的自然观与大地观。梭罗的自然观之所以至今仍魅力不减，是因为他将自然视作一种力量、一股能量，一个过程，一道风景、一种角度、一个场景或一幅画卷。

## 11. 人类的“开花期”

从1852年那个多雨的4月开始，一直到整个夏季结束，梭罗把精力全都放在修改《瓦尔登湖》的第四稿上。此时，他无比珍视的那段友情出了问题。爱默生指责他单独外出散步，从不与人做伴，并且称他为“冷漠而聪慧的怀疑论者”。对于梭罗而言，这番评价不仅有失公允，更伤害了他的感情。他在日志中沮丧地提到，但愿“我生命的源泉”会因爱默生的“诅咒”而干涸。对于这种“李尔王”般的愤怒和苦楚，格里利看得清清楚楚。身在纽约的他时常写信鼓励梭罗，还专门请他撰写一篇关于“爱默生及其作品和生活”的文章。尽管在梭罗的眼中，爱默生的地位堪比卡莱尔——他青年时代的导师，但这番请求终究来得不合时宜。梭罗当即拒绝了格里利。在这段时间里，他经常与钱宁散步，但时常抱怨钱宁的粗俗。令他颇为欣喜的是，霍桑在这年5月中旬回到了康科德。这一年，梭罗写给妹妹索菲亚和布莱克的书信中依然流露出他的热情，但这种热情是颇具私密性的，因为他当时正在思考一些有关情感的事情。这年的某些时候，或许是在9月，梭罗将论及“爱情”和“肉欲”的两篇文稿寄给了布莱克。

很难想象还有哪些文章能比这两篇更不像梭罗的风格。N. C. 韦思（N. C. Wyeth）曾说过：“我想做的事情，除了男女之私外，都可以在梭罗那里找到源头。在这方面，他还差得远，用克莱斯特的话说，就是欠缺经验。”最近，有一位作家从不同视角讨论过这个问题。他认为：“梭罗、库珀、梅尔维尔以及惠特曼，主要描写的是男性，而不是女性和孩子。他们描写的男人，要么见证过经济上的重大事件，要么经历过生态上的重大事件。即便偶尔谈起维多利亚时代的习俗和道德时，他们往往对女人和孩子避而不谈，即便有所提及，也会囿于**传统的**描写方式。”对于当时仍在酝酿中的女性主义大众文化，梭罗既缺乏直接经验，又不愿有所触及，因为这种文化形式对于婚姻的强调显得过于煽情和拙劣。即便如此，他还是觉得有义务对爱情和性事表达自己的观点。自1846年起，他开始着手创作这两篇文章。从有关《沙恭达罗》的阅读笔记来看，梭罗当时正在搜集有关爱的材料。他的日志和摘录本中偶尔提到了性的话题。从现存的手稿来看，《论爱》（*Love*）和《贞操与肉欲》（*Chastity and Sensuality*）这两篇文章并非一挥而就，而是像梭罗的其他文章一样，经历了反复修改及校正的过程。

梭罗曾写过一篇名为《爱情与友谊》（*Love and Friendship*）的文章，从标题来看，《论爱》也是他早期严肃题材的拓展。不论是对于爱情还是对于友情，梭罗都采取了一种最高的、最不可能的评判标准（这或许有些令人沮丧），因为他笔下的朋友或情人更像是“神或女神”。在寻求这种不可能得到的爱情或友情时，梭罗的语言流露出一种对于代词的“虔敬主义”。“我希望你能亲自去认识事物，而不是道听途说。我之所以跟我的挚爱分手，是因为有件事我不得不告诉她。因为她曾追问过这个问题。”如果这番话的所指，是他与艾伦·修厄尔的感情，那么在这番表述中，梭罗已将那个争取不到的女孩变成了那个他不愿拥有的女孩。

除了这些荒谬的自我辩护外，他还明显表露出对婚姻的怀疑态度：“诗人之间很少存在友情，但许多诗人都会结婚。这个事实的确令人惊讶……在大多数婚姻中，占据本质地位的往往是善意，而不是理智。”梭罗在开篇提出的观点令人联想到玛格丽特·富勒的一句名言：通常情况下，男人是理智而柔情的，但“除非男女双方都满怀爱意，都能够保持理智，否则便谈不上真正的理智、真正的爱”。尽管这篇文章缺点甚多，如过于理想化、语言煽情、转折突兀、分段不清晰等，但令人眼前一亮的是，梭罗为避免煽情做出过一番努力："在爱情和友情中……首先遭受伤害的往往是想象力而不是人心……反之，较之于想象力受到的伤害，人们更愿意为受伤的心寻找借口。"

在写给布莱克的"投稿信"中，梭罗并没有提到《论爱》这篇文章，只说写了几句还不完整的话。但随后他又表示，自己怀着羞怯与耻辱，将一些"关于贞洁与性事的想法寄给对方，不知道在多大程度上能代表所有男人的真实状况，或者，在多大程度上暴露了自己独有的缺憾"。当然，在梭罗创作这篇文章时，性的主题还从未在任何文学作品中被公开讨论过。霍桑曾背负将"法式小说"引入美国的骂名，因为他的《红字》（*The Scarlet Letter*，1850）已经尽可能地接近了性的主题。尽管在几年后，惠特曼公然将性的主题引入诗歌，但在1852年，即梅尔维尔出版《皮埃尔》（*Pierre*）这一年，美国民众大体上还处于保守状态。梭罗显然意识到了这个问题，于是在开篇表示，尽管"人人都会思考"性的话题，但人类却一致决定"对其保持缄默"，只在污言秽语中偶有提及。他认为，在"一个纯洁的社会当中"，性事应该得到"自然而单纯的讨论"。当然，这一点他自己也没有做到。在他的文字中，根本找不到任何关于性的露骨的讨论。可以说，在呼吁大众公开讨论这一主题时，梭罗自己却退缩了。对此，他也产生过怀疑，认为性事大抵类似于动物间的温存或交配，但矛盾的心理促使他在日志中反复谴责着自己的"冷漠"。

在寄给布莱克的书信中，梭罗坦率地指出，"贞洁"是"积极的"，并将女子的贞洁比作花朵。在这篇文章以及《瓦尔登湖》的初稿中，梭罗用一种极其无礼的"植物学"语言来讨论性的主题。他在《瓦尔登湖》中写道："贞洁是人类的开花期。"对于指代性事的“采花”这一隐喻，梭罗似乎并没有提出异议。在文章的后半部分，大胆的植物学隐喻以及明显的林奈风格频频出现，明显多于他对隽语的运用。当然，促使他谈论性这一主题的主要动力，并非源自亲身经历或不曾经历过的性事，而是来自他对林奈的兴趣。除分类法之外，林奈最伟大的成就在于，他发现所有的植物都具有性特征。在此之前，人们通常认为，只有少数植物才有性行为。林奈创建的闻名于世的分类系统，就是建立在对植物花朵性征进行区分的基础之上的。梭罗阅读过林奈的大量作品，并研究过林奈的科学分类法，因此，在论及贞洁的这篇文章中，我们会发现这样一段话：“在林奈编辑的《美好的植物学》（*Amoenitates Botanicae*）中，J. 比尔伯格（J. Bilberg）曾指出（以下为笔者从拉丁文翻译而成），在动物王国中，生殖器官大部分被大自然隐藏起来，仿佛它们会引发羞耻感；而在植物王国中，这些器官却暴露在所有人的眼前。”以上文字意在说明，植物的性表现为花朵的形式。在这篇文章中，梭罗寻求的（尽管不甚成功），是一种谈论贞洁主题或禁欲主题的方式，他试图用自然界中植物的开花现象来类比人类的性事。

梭罗对于贞洁——或他所谓的“纯洁”——的兴趣，还可以从另外一个视角来解读。杰出的人类学家玛丽·道格拉斯（Mary Douglas）曾指出，尽管在世俗社会中，上帝已经被自然所取代，但神职人员尊奉的传统仪轨往往会演化成种种新形式。“从前，强烈的情感往往集中在信仰的纯洁、仪式的纯洁以及性的纯洁上，”道格拉斯写道，“但这些情感如今似乎被转移到了环境的纯洁上。”林奈根据植物的性对植物王国进行了重新分类，而梭罗则试图将他的自然观与人类的性行为联系在一起。梭罗的文章恰好见证了这样一个关键的转折点：信奉上帝的传统宗教已经转变为信奉自然的新宗教，而将自然视作神圣、将污染视作亵渎的现代观点正开始萌芽。

## 12. 我的观察年

1852年7月12日，根据以往的习惯，梭罗整个清晨都在阅读和写作，下午两点左右出门散步。在这个特别的日子里，他脱掉了鞋子，踩着“温润而肥沃的淤泥”，沿着阿塞贝特河谷一脚深一脚浅地走着。日暮时分，他再次出门散步。在两次散步的过程中，他都随身带着一个笔记本，将他看到的一切详细地记录下来。这天恰好是梭罗35岁的生日，虽然他并没有感受到“中年危机”的临近，却隐隐产生了一丝不确定感。7月7日，他沮丧地写道：“我比去年又老了一岁。从今早到明早的间隔越来越长，剩下的日子却越来越短。”7月14日，关于青春流逝的戏剧化表达再次出现在他的日志中。“青春将他的资料收集起来，建起一座通向月亮的桥，或者在大地上建起一座宫殿或神庙。而最终，中年人却建造了一栋供自己居住的小木屋。”这番感叹我们大多数人都曾体会过，但对于梭罗而言，他所鄙弃的小木屋正是《瓦尔登湖》一书。

6月末，他再次抱怨起来，认为科学太过追求确定性，且充满了假设，它像迷信一样，对我们寻求本质性的真理毫无裨益。当时，他正在阅读莫顿的《美洲人的头骨》(*Crania Americana*)。莫顿曾“为了测量头骨的容量，在头骨内部填满白芥末种子”。对于这种做法，梭罗颇为不齿。7月，他在写给索菲亚的信中提到：“悲哀的是，我已经变得像个科学家了。”然而这年的春夏两季，梭罗阅读的书籍大多仍与林奈和吉尔平有关。从林奈的作品一直读到当代植物学著作，梭罗不仅认识到了分类体系的重要性，更培养了敏锐的观察力。

7月21日，梭罗怀着矛盾的心情向布莱克抱怨说："最近这几天安闲得有些荒唐，一直没有给你写信。"随后又提到，他"几乎整天都待在外面"。然而仅在几周前，他却在写给妹妹的信中这样描述自己："松弛而布满锈迹，就像这个季节里的电报线，风无法在我身上奏响任何乐曲。我再没发现大象或乳齿象的足迹，只成功地寻到一串可笑的老鼠爪印，这些根本无法满足我的想象力。"7月13日，梭罗在日志中提到，他在散步时看到了正在成熟的越橘，并把自己的喜悦之情详细地记录下来。随后，他还没等气息平稳，便动手写下了一篇序言，这篇序言是为"一本日志"所写，"这本日志将记录你所有的喜悦和强烈的情感"。

这年夏天，对梭罗来说，最重要的事情并不是抱怨，而是他对日志的重视。在继续打磨《瓦尔登湖》手稿的同时，他阅读了更多林奈和吉尔平的作品、关于动物学和爬虫学的作品、莫顿论及大脑的文章、卡佛（Carver）和德雷克（Drake）的游记，以及斯库克拉夫特探讨印第安人的文章。然而最重要的是，梭罗在这年夏天开始将日志里的内容汇总起来，渐渐形成了一项宏伟的文学工程。

当初，梭罗是在爱默生的建议下开始写日志的，此时，他并没有忘记爱默生的功劳。当爱默生称其为"冷漠的怀疑论者"时，梭罗在日志中进行了回应。他表示，如果爱默生所言不虚，他希望这本日志永远不会给他带来"快乐或活力"。爱默生所给予他的，同样可以被爱默生收回。之前，日志对于梭罗来说具有无比重要的意义，但现在，它已经变成了一项文学工程，不再是仅仅用于摘录材料的本子。他日复一日地观察着“我们的草地呈现出的不同形态”，因为它们折射出“康科德的心灵感受”。此时的梭罗开始意识到，一年就是生命的一个轮回。于是，在这一年，他系统地列出了康科德所有的树木、花草等植物，详细地记录着它们的生长、抽叶及开花的过程。他开始密切关注鸟儿的踪迹、河流及湖泊的水位、天气，以及这一年中康科德发生的所有自然现象。他怀着无比严肃的态度，系统地记录着周边所有植物的每一个生长阶段。1860至1861年，这项宏伟的工程终于迎来了最辉煌的时刻——梭罗已经编制出一张巨幅图表，图表的顶部写着1852至1860年间的所有年份，图表的左侧列出了每年的月份，月份一栏又列出了每一天。他将每日、每月观察到的自然现象详细记录在相应的表格里。尽管直到1861年梭罗才完成这张表格的填写工作，但1852年以来积累的详细记录足以让这项伟大的工程成为可能。正如他在1852年7月初所说，这是“我的观察年”。

不久后，梭罗写道：“每一年不过是每一天的延续，如果我能为每一天分配一些任务，那么把这些任务组合起来，就形成了这一年的历史。”凭借着敏锐而细致的观察，梭罗注意到：“大自然从不会错过任何一天。”可以说，任何事物都逃不过梭罗的观察：“我这种习惯性的观察已经细致得超过了必要的限度。”他在9月的日志中写道：“我的感官一直得不到休息，始终处于长期的压力之中。”这年夏天，梭罗的日志显得充实、灵动，且富于文采。他不仅以热情而细致的笔触描述着自然现象，偶尔还会留下几篇优美的散文。频繁的抱怨背后，隐藏着他内心的热情以及外界带来的兴奋感。8月末，他写道：

> 我长期潜伏在惯性的思维中，忘记了还有外面的世界，现在意识到这一点，我自己都觉得惊讶……空气中涌动着某种活力，我那足够独特的感官告诉我，那是真正的风从大地表面刮过。我来到窗前，望向窗外，呼吸着新鲜的空气。这番充满光芒的内心体验，大多数人都曾有过。既然如此，为何要诋毁外面的世界？对于任何一个理智的人而言，关于外部的感知永远都会带来奇迹般的效果。

梭罗这种细致的观察力和习惯性的关注力，在阅读林奈和吉尔平作品的过程中得到了强化。对于梭罗而言，科学家、艺术家以及诗人具有相同的气质，而他最好的作品也同时体现出科学性和艺术性。“每个诗人都会在科学的边缘颤抖。”他在7月中旬写道。正如阿尔弗莱德·诺斯·怀特海德（Alfred North Whitehead）所言，梭罗拥有科学家的必备品质——“对细节抱有热情，对抽象原则怀有同样浓厚的热诚”。从这时起，梭罗的文字开始凸显出一种特质，怀特海德称其为“全然科学化的思维，这种思维方式本能地认为，所有事物，不论大小，一律体现着主宰世界的普遍原则”。在梭罗最好的几部作品中，科学家的视角与诗人的视角实现了完美的融合。他认识到，如果自然法则具有普适性，那就“应该用敬畏的目光去观察所有的自然现象”。“如果要观察自然，就要带着人性的目光去观察。换句话说，大自然的风光必须与人类的情感相连，比如，人类对家乡的情感。”的确，大自然既是主观的，又是客观的。然而在这年夏天，大自然似乎并不青睐友情。在以上引述的那篇文章中，梭罗继续写道：“她（大自然）对于爱人来说是最为重要的。热爱自然的人拥有一个显著的特点，那就是热爱人类。如果我没有朋友，那么自然对我又有何意义？”

## 13. 1852年8月与9月：乡村生活

19世纪中叶，采集植物标本是美国人的普遍爱好。梭罗对于这项爱好的热情或多或少地影响了他的家人和朋友。就连钱宁也突然对此产生了兴趣，这让爱默生颇为讶异。8月12日，爱默生在布利斯特泉附近采集到一株珊瑚兰，并且撰写了一篇报告。18日，伊丽莎白·霍尔（Elizabeth Hoar）在怀特山游玩时，带回一些苔藓和多种草莓树。9月22日，梭罗提到，索菲亚在康科德发现三株他从未见过的植物（螺纹红朱兰、波状延龄草及串叶铃铛花）。尽管梭罗沉浸于植物学分类的精致与细微之中，醉心于不同属种的植物间的微妙差异，但他却未曾如此着迷于历史的细节。比如，在这段日子里，奥尔科特开始对自己的家族谱系产生兴趣，对此，梭罗只是抱着一种嘲讽与鄙夷的态度。

对于梭罗而言，这年的8月和9月是积极参与社交活动的时期。8月9日和10日，奥尔科特来到康科德。梭罗与爱默生之间的关系也得到了缓和。接近8月末，恰逢夏秋更替之际，他再次去河上泛舟，就像多年前他与约翰开启的那次旅行一样。9月第一周的周末，他与钱宁踏上了前往莫纳德诺克山的旅途。途中，两人听说了前几代人的故事。据说，莫纳德诺克山的峰顶曾经覆盖着茂密的森林，为狼群提供了栖身的天堂，但后来，这些树木被一场大火焚烧殆尽。9月的最后一天，梭罗到户外去捕捉蜜蜂，并对捕蜂的复杂过程进行了详细的描述。

1852年，梭罗的创作事业达到了高峰。60年前，奥德尔·谢普德（Odell Shepard）在整理日志内容并将各种资料融汇成一部极具影响力的著作时，便注意到了这点：《瓦尔登湖》在不断修改的过程中逐渐得到充实，许多之前的手稿即将发表，新的作品也渐渐有了眉目。这一年，他的文字焕发出全新的激情和活力。从他的日志来看，此时梭罗所青睐的并非虚构叙事，而是关于乡村生活的"速写"或短篇故事。对于如何用石头围井、如何测量一棵大榆树的直径、如何找到蜜蜂树，或如何从湖中取冰等细节，梭罗总是观察得十分细致。这年1月，他在日志中为比尔·惠勒（Bill Wheeler）写了一篇悼词，这位醉汉在冬日的一个清晨不幸被冻死了。可以说，这篇悼词讲述了一个关于生命的感人故事。梭罗的日志中还有许多类似的故事，但其中最优秀的要数那些关于动物的故事，或者动物与人相遇的故事。

梭罗独具一种与动物相处的天赋。在许多人看来，他仿佛拥有所罗门王的指环，能够与动物进行顺畅的交流。他曾经讲述过自己如何小心翼翼地追踪狐狸，如何在盖满大雪的山坡上兜圈子（后来，他仅凭气味就能寻找到狐狸的踪迹！）的经历。另外，他还描写过海龟与噘嘴鱼打架的场景，记述过他与土拨鼠的"交谈"。田鼠和小鸟会从他的手掌中取食，丝毫没有怯意。梭罗喜欢观察猫。在1861年的最后一篇日志中，他描述了小猫第一次学习走路、吐口水、磨爪子以及"喵喵"叫的经历。在此之前，他曾提起过那只名叫小民的马耳他猫：在寒冷的夜晚，这只猫连续5个晚上都没有回家，2月里的一天，它终于出现了。梭罗拿出"家中最好的食物给它吃……它先是安安静静地睡了一会，然后又起来吃了些东西"，最终回到了"火炉下方的老位置，准备把自己的脑袋煮成一锅汤"。

还有一次，他在瓦尔登湖附近发现一只潜鸟，于是便欣赏起它那神出鬼没的潜水技巧来。“天色有些阴沉，四下里一片寂静。我没听见鸟叫，却看见它破水而入的瞬间。平滑无比的湖面清晰地倒映着它白色的胸脯。”然而梭罗最终也没有接近那只潜鸟，“最后，我向前走了50杆左右，它突然发出一阵悠长而怪异的叫声，仿佛在祈求潜鸟之神的帮助。霎时间，一阵东风吹来，湖面荡起一圈圈涟漪。接着，空中落下了细细的雨丝”。

此外，他还写过很多故事，其中一则描写了一只走失的猫咪；另一则比较有趣，讲的是他沿着康科德的街道追捕一只逃窜的小猪的故事。就连邻居普拉特（Pratt）的故事也被他记录下来：普拉特朝着一只燕子开了枪，燕子中弹了，落在地上，接着，他看到“另外一只燕子从身后飞来，用尽力气‘啄’着那只受伤的燕子，仿佛想把它抬起来，让它继续飞行。就这样，两只燕子相互扶持着，渐渐消失在他的视线中”。这则故事与梭罗的许多优秀故事一样，并非他亲眼所见，而是从别人那里听来的，其中大部分故事都来自米诺特（Minott）。如今，他的日志里仍然记录着米诺特讲述的疯狗的故事。米诺特的详细回忆加上梭罗生动的叙事，令这则故事读来尤其动人：

> 他还记得当时的情景：傍晚时分，在邻居家［离本·普莱斯科特（Ben Prescott）的旧宅不远］的谷仓下面，几个男人抄起棍子，朝着一只奇怪的狗敲打起来。那是一只花斑狗，体形不大，但叫起来很凶，而且咬人。他们好几次都险些被它咬到。这些人并不知道，这是一只疯狗。最终，在众人的合力驱赶下，那只狗逃走了。

米诺特跟出去望了望，发现一只火鸡被咬掉了脑袋，于是尖叫道："疯狗！"

> 接着，米诺特看到哈利·胡珀（Harry Hooper）赶着一群母牛从路上走来。他大声叫着，让胡珀小心，因为那是条疯狗。但对方已经走到了路中央，两手正张开着，加上他个子很矮，那只狗纵身扑到了他敞开的胸口上，对准喉咙就是一口——所幸的是它没有咬中。尽管如此，哈利还是吓坏了。米诺特跑上前去，叫道："你怎么搞的，哈利？要是被它咬中，你肯定会没命的。"

从这则故事中，我们看到的不是观察的细微程度——至少不是梭罗本人的观察，但可以看到梭罗的叙事技巧。他的语言精练而明晰，虽然大多为白话口语，但丝毫没有影响叙事的简洁与明快。我们之所以相信这则故事的真实性，而不会把它看作无稽之谈，是因为叙事者的立场十分客观。《瓦尔登湖》中还有许多类似的"速写"或短故事，但不论是那只半驯化的老鼠，还是蚂蚁大战，或是盘旋于天空的雄鹰，都没有日志中的故事这般风趣。关于疯狗或抓猪的故事，或者以下这则狗和松鼠的故事，已经达到了完美得无可挑剔的地步。以下这则故事也是出自米诺特之口：

> 米诺特住在贝克家时，贝克养了一条名叫莱恩（Lion）的狗。这条狗以喜欢追逐松鼠而闻名。附近有许多灰色的松鼠，它们偶尔会跑到房顶乱蹿。这是一栋老房子，屋顶斜斜地垂向

地面，地面与屋顶之间立着一架梯子。一天，一只灰色的松鼠跑到了屋顶上，莱恩紧跟着蹿上了梯子，满屋顶地追着松鼠跑，最终一个不小心，从正面摔了下来。下坠的过程中，它还伸出了一根脚趾。松鼠们可从来没把脚趾伸出来过。

当然，梭罗的行为现实主义（如果可以这样概括的话）不仅局限于他的日志，尽管他总是在日志中练习写作，直到写得完美为止。《瓦尔登湖》是一部更为翔实、更为可信的作品，因为其中收录了许多轻松有趣的故事，通过生动而简洁的描述，这些故事被赋予了重要的意义。这就是乡村生活的平凡所在，也是惠特曼所说的“具体的事物及其英雄主义”。

# 第八卷

## 1852—1854《瓦尔登湖》，或“有机原则”的典范

1854

## 1. 前哥伦布史

1852年的大部分时间里，梭罗的创造力像潮水一般高涨。这一年，他几乎把精力全都投入了大型文学项目的创作当中。3月，他将《加拿大的美国北佬》的手稿寄给了格里利。11月，他又将长达百页的手稿——《科德角》全部手稿的一半——寄给了《普特南》（*Putnam*）杂志的编辑乔治·威廉·柯蒂斯（George William Curtis）。这一年，梭罗的日志超出了700页，这本可以称为“康科德手册”“康科德年历”或“康科德日历”的日志，也被视作是一部重要的文学著作。在阅读植物学著作的过程中，梭罗不仅增强了系统分类意识，更深化了对自然规律的认知，为提高观察力和创作能力奠定了基础。与此同时，他继续创作着描述性的散文和短篇故事。随着自我意识的不断加强，梭罗开始自觉地表达观察过程、创作过程以及自己的情绪。“我清楚地意识到一部分自我的存在，并且对这部分自我进行了批判。但这一部分自我并不是我的一部分，而是一位旁观者，他不会跟我分享任何经历，只是单纯地记录着经历。”这与T.S.艾略特的观念有些相似。艾略特认为，具有自我意识的诗人就像是审视自我的旁观者。

梭罗在这一年中观察到的所有细节全都被他记录在日志中。一些细节开始围绕着几个普遍的关注点渐渐汇聚起来，就像是磁铁周围的铁屑。这一年，他对花朵给予了不同寻常的关注，他注意到，有些花朵可以一直开到深秋。直到11月23日，他才不得不承认，开花期彻底地结束了。此外，他对种子以及种子播散的过程产生了更加浓厚的兴趣。12月的最后一天，他用较长的篇幅叙述了栗子如何借助一层厚厚的叶子来实现种子的播散。可以说，1852年见证了梭罗的“播种”过程——为那本尚未出版的《种子的散播》（*The Dispersion of Seeds*）做好了准备。

这一年，梭罗的《瓦尔登湖》已经改至第四稿，在原有的基础上增加了67页，加入的部分包括第二章《我居于何处，又因何而生》。在这部分内容里，梭罗增加了对作者想象力的强调。此外，新加入的章节还包括《声音》（*Sounds*）、《孤独》（*Solitude*）、《访客》（*Visitors*）和《湖》（*The Ponds*），以及《更高的法则》（*The Higher Laws*）中论及欲望的段落，还有《春》（*Spring*）中有关奥维德的部分。在这一部分中，梭罗提到，“春天的来临犹如混沌初开，寰宇重现，预示着黄金时期的到来”。最明显的变化在于，这一版本的手稿中增添了有关动植物的细节，例如，《声音》一章中关于猫头鹰和沙樱桃的描写。

当然，在这极不平凡的一年里，梭罗取得的成就远远不止这些。他继续阅读着林奈、伊夫林（Evelyn）、吉尔平以及其他游记作家和博物学家的作品，在自己的“自然历史摘录本”中分别做了读书笔记，并在“印第安人笔记”中为“我的前哥伦布史”项目积累着材料。到目前为止，我们还无法确定，梭罗为何要开启这个项目。他在一张纸（这张纸目前被收录在第一册“印第安人笔记”中）上将“前哥伦布史”与斯库克拉夫特那本长达数卷的《北美印第安部族史》（*History of the Indian Tribes of North America*）进行了对比。正文标题《我的前哥伦布史》的下一行是“土地及人口概观”。1853年12月，梭罗在提交给科学进步协会的一份问卷中列出了自己的独特兴趣——研究“阿尔冈昆印第安人在与白人文明接触之前的风俗习惯”。此外，他似乎对“新世界”的植物及动物群落产生了浓厚的兴趣。从梭罗做出的零星评述和罗列出的主题，以及多年来阅读的作品中，我们可以看出，他似乎在酝酿着一部作品，这部作品的细节与广度可与弗兰西斯·帕克曼的《北美的法国及英格兰》（*France and England in North America*）或是塞缪尔·艾略特·莫里森（Samuel Eliot Morison）的《欧洲人所发现的美洲》（*European Discovery of America*）相媲美，但梭罗强调的重点在于“欧洲人在北美的发现，而不是强调发现了北美的欧洲人”。为了这个项目，梭罗积累了满满10个笔记本的材料，但他似乎从未创作过初稿，也从未举办过这方面的讲座。尽管他从没打算过，更没写过任何关于北美及其居民的作品，但这一主题却贯穿在他的许多著作中，比如《加拿大的美国北佬》的手稿、《科德角》、《缅因森林》的后半部分以及《瓦尔登湖》的后期手稿等。

最终，梭罗积累的有关印第安人的材料半分也没有浪费。正是由于对早期北美图景及居民的共情与认同，他这部成熟的作品才显得如此多姿多彩。在为艰巨而枯燥的“北美”项目积累素材时，梭罗阅读的《耶稣会报道》等史料以一种有趣的方式为他带来了意想不到的收获。

## 2.《耶稣会报道》

1852年10月，梭罗开始阅读《耶稣会报道》。1632至1672年间的报道足有一本书的厚度，这些材料记述了耶稣会士向加拿大印第安人传教的事迹，经魁北克的修道院院长寄回法国后出版。出版后的《耶稣会报道》长达40卷，当时广为阅读，并引起了广泛的讨论。这些材料是研究早期加拿大历史的重要文献，但凡阅读加拿大历史的人，都不可避免地会触及这些材料中的记述。梭罗应该在多年前便听说过《耶稣会报道》。加拿大早期历史专家夏洛瓦（梭罗十分熟悉他的作品）指出："若想深入调查这个国家的早期居住史，历史学家必须对这些材料了如指掌。"从这个角度来看，梭罗想要阅读这些文献不足为怪，至于为何他最终只阅读了其中的33卷，并一一加以摘录，则是另外一回事。

1852年10月，梭罗从哈佛大学图书馆借阅了《耶稣会报道》的前两卷，这两卷内容由保罗·勒·热恩神父（Father Paul Le Jeune）主笔。1633年的《耶稣会报道》共计216页，1634年则为342页。这些报道风格鲜明，充满了生动的细节，作者显然对印第安人的生活状况抱有真诚的兴趣。在我们对这些神父的观点表示不屑一顾或嗤之以鼻之前，不妨先看看刘易斯·摩根（Lewis Morgan）对耶稣会士表达的敬意：

> 英国人完全忽略了印第安人的精神福祉；在向印第安人传播基督教这一方面，法国人付出了不懈的努力。为使印第安人

> 转信基督教，耶稣会士所忍受的贫苦，他们的热情、忠诚和奉献精神，在基督教历史上是无人可以超越的。他们孤身穿越美洲森林，没有任何保护，平日里居住在荒野深处，没有遮风挡雨的场所，有时甚至连衣服都没有……从某些层面来讲，法国耶稣会与易洛魁印第安人之间的交流，构成了双方交流史中最美妙的部分。

《耶稣会报道》，特别是勒·热恩撰写的部分，文笔优美且极具可读性，令人不忍释卷。可以说，耶稣会士把全部精力都放在了印第安人身上，包括他们的习惯、风俗、语言、服饰、行为、信仰以及历史。相比之下，有关新英格兰的历史记录则远远不及这些内容丰富。勒·热恩采用了简洁的日志文体，按照年份顺序描述了他去过的地方以及所见所闻。在超过40年的时间里，《耶稣会报道》对北美地区进行了详尽的记述，总体而言，这可以算作一部终极旅行手册。

勒·热恩仅仅用几页的篇幅对1633年进行了概述，随后便对印第安人如何晾晒鳗鱼进行了细致的描绘："这项工作完全由女人承担。她们先掏空鱼的内脏，小心翼翼地把它们洗净，然后在鱼背而不是腹部切开口子，将它们悬挂起来用烟熏烤。在此之前，要先把鳗鱼挂在小屋外的杆子上晒干。"（梭罗阅读的是法语原版的《耶稣会报道》）印第安人为神父烤了一条鳗鱼，于是，"我跟孩子们一起分享起那条鳗鱼来。随后，我向一个孩子讨水喝，他用一个树皮做的盘子给我盛了些水。那个男孩在递过那条烤熟的肥腻的鳗鱼后，把自己的头发当作纸巾，在上面擦了擦手，另外几个孩子则把手上的油抹在了几条狗的身上"。勒·热恩记录下他与印第安人的种种文化差异，但他是怀着学习的态度进行观察，没有表现出丝毫的轻蔑。他用生动而简洁的法语写道："油脂就是他们的糖，吃草莓和覆盆子的时候，他们都要在上面涂抹油脂。他们对我说，最丰盛的菜肴就是肥肉或油脂。有时候，他们会像我们吃苹果那样，咬下一口凝固的白色油脂来吃——这是他们最富足的生活方式。"

勒·热恩对见到的一切事物都进行了描绘，比如：那面一人来高、装饰繁复且手感轻薄的盾牌；如何用树皮做的器皿煮饭（使用烧热的石头）；印第安人如何跨越陡峭的雪坡（年长者坐在雪橇上，由人推行着从坡顶滚下来）和冰封的河面；如何用生鹿皮（不防水）制作鞋子；男女如何分工，男人如何躲避"女人的工作"；年轻人如何对待年长者；等等。此外，他还提到耶稣会士居住的地方十分寒冷，连砚台上的墨汁都被冻成了冰。一名印第安人告诉勒·热恩，她的祖母特别乐于描述"当他们第一次看到法国船只抵达海岸时"印第安人的惊讶之情。他们不知道如何描述巨大的船帆，还以为那是一座移动的小岛；当看到甲板上站着那么多人时，他们的惊讶之情更是无以复加。他们说："法国人饮血，吃木头，因此就用血和木头来代指红酒和饼干。"

勒·热恩时常提起神父为学习印第安人的语言所付出的不懈努力。他们编纂了语法和词典，巧妙地劝说一些印第安人为他们讲解，还同当地的印第安人到村里去学习本土语。他们认为，语言学习是传教的第一步。从一开始，耶稣会便产生了这样的兴趣：将基督教经典翻译成印第安语，而不是强迫印第安人学习法语。

即便在今天，《耶稣会报道》也极具可读性。这些传教士的使命感中并不存在多少侵略的成分，这一点没有逃过梭罗的眼睛。他在10月15日的日志中写道："勒·热恩神父时常纠缠那些可怜的印第安人，向他们推销他的上帝（他们或许会认为，神父不过是一厢情愿而已）。”但耶稣会士的真诚是不容怀疑的。正如梭罗所言，“印第安人不会因此怀疑他心存不轨。这些未开化的人观察能力不弱，更不缺乏思考能力。由于付出了艰辛的努力，这些教士必然会取得成功”。

最终，传教士每年撰写的报道，以及他们留下的印第安人材料，均对梭罗产生了强烈的吸引力。毕竟《耶稣会报道》与梭罗的文字之间存在着诸多共性。首先，《耶稣会报道》是根据时间顺序撰写的，并采用了日志的形式，内容大多与游记或细致的观察有关。这些材料的关注点在于文明生活与野蛮生活之间的边界，并对后者满怀同情，对前者保持绝对的忠诚。可以说，不论是在形式上，还是目的上，《耶稣会报道》都与梭罗的作品十分相似，难怪梭罗对它的兴趣可以持续若干年之久。从某种意义上来说，梭罗的作品也是某种“报道”，是关于他在缅因州、科德角以及瓦尔登湖等地传教经历的报道。

## 3. 泛神论

1852年至1853年的冬天，降雪量少得有些不寻常，多数时间里，地面上根本看不到雪。从12月下旬到次年的1至2月，梭罗做了大量的调查工作。2月末，他提到在过去的76天内，他每天能赚1美元。他之所以如此辛苦地工作，主要是为了偿还《一周》的出版债务，雇用的人手令他觉得十分愚蠢，而且太不值得。截至1月21日，梭罗的心情已经差到极点，任何事情都无法令他高兴起来。

他对科学表达着愤怒，对太阳距离地球9500万英里的说法愤慨异常："这种说法不能给我留下任何印象，因为我从没亲自跨越过这段距离，因而无法信服。"同样令他感到沮丧的是他所谓的"人类关系的腐化"。他梦到自己在"挖掘死人的墓穴"，他在日志中抱怨说："死神与我形影不离，生命正离我远去。"尽管冬天里的雪花、寒冷的天气、随处可见的冰花、冬日里的声响和风景可能会令他感到欣喜，但漫长的冬季和短暂的白日依然令他沮丧。他满怀渴望地，甚至有些偏执地期盼着春天的到来。1852年的秋冬之际，梭罗的日志中出现了空白，只有在他寻觅春的迹象时，日志才继续下去。他不想让这充满花朵的季节溜走。日志中提到的欧蓍草、艾菊、毛茛等植物，显示出他的记忆仍然停留在11月中旬。12月1日，他观察着冬季里特有的淡红色及褐色，在这个多雨而和暖的冬季还未来到的三周前，他便已观察到"有些花蕾正在成形，为来年的春季做好了准备"。1853年1月7日，他拨开柔荑花的花蕾，惊讶地发现，"花蕊已经变成明显的黄色，这预示着春天要来了"。1月尚未结束时，梭罗乐观地写道："下午已经能够闻到春天的气息。"随后，他列举出一些"抽叶十分明显"的植物，并且发现"河流底部的"水田芥已经变为"嫩绿色"。

这年冬天，还有一件事情令梭罗产生了沮丧的情绪，那就是不管他的创作进行得多么顺利，在出版过程中还存在着一个重大问题。当时他仍在偿还出版《一周》所欠下的债务，更糟糕的是，他在1853年1月与《普特南》杂志的编辑发生了冲突，因为后者未经他允许便擅自删改了那篇关于加拿大的文章。听到这件事后，一向耐心的格里利怒气冲冲地给梭罗写了封信——这期间，他仍然在纽约积极鼓励梭罗创作——信中指出，他本人认为，那篇文章不该匿名发表，“（匿名发表）把所有功劳都归于编辑；但如果实名发表的话，难道不该剔除一些明显的异教（比如你那具有挑衅意味的泛神论倾向）成分吗？”这番言语击中了梭罗的要害。从此之后，他开始频繁使用“泛神论”一词，借此表达内心的受伤与蔑视。他给格里利写了回信，在感谢对方帮忙的同时，任性地补充说，他不知道该如何避免这一问题，“因为我生来就是个泛神论者，如果把这顶帽子扣在我的头上，那我的行为也要符合泛神论者的身份”。

在梭罗35岁这年的冬季，在修改《瓦尔登湖》第四稿和第五稿的间隙，他的思想发生了什么样的转变？在此之前，他像许多睿智的人物一样，并不赞同轻率地给任何人贴“标签”，每次当他使用“标签”时，语气中总包含着一丝讽刺。但这年冬季，他开始承认这一点：从本质上讲，某些“标签”不乏一定程度的准确性。3月初，他再次接受了科学进步协会的问卷填写任务。他觉得“我和他们一样，与自然保持着同等的距离”，却不属于他们所在的群体，“尽管他们所信仰的科学与统摄万物的至高法则无关……但事实上，”他继续写道，“我是一个神秘主义者，同时也是一名超验主义者、一名自然哲学家。”此外，梭罗还将自己视作一名学者，并不断地提醒自己，作为一名学者，他的使命不是开展调查，而是应该“接近生活，为生活做出贡献，既不违背自己的意志，也不伤害想象力”。

梭罗十分清醒。这年2月末，他在写给布莱克的书信中提到，自己从未产生新的信仰：

我在亚述牧羊的时候，星辰望着我。如今我成为了一个新英格兰人，它们依然照耀着我。你站在越高的山峰，视野就越

> 不可能发生变化，不论经过多少年、多少个世纪仍是如此。到达一定的高度后，根本不会发生改变……我的灵魂只出生过一次（原谅我这样说），不管现在是下雨还是下雪，不管我是哭是笑，不论我跌至谷底或攀升至自己想要的高度，不管是皮尔斯[①]还是司各特当选，我的头顶都不会闪耀新的火花。只有那永恒的、令人惊讶的星光永远照耀着我。

梭罗本该为“泛神论者”的标签感到愤怒，但格里利在使用这个词时心中并无恶意，况且他的话并非完全不准确。梭罗显然不是任何通常意义上的基督徒。他曾表示，自己宁可徒步去拉特兰，也不愿一路走向耶路撒冷，这表明，在他的思想体系中，根本没有人类崇拜的位置。当时，宗教自由主义者通常认为，人类崇拜就是基督崇拜，“上帝曾在布满火焰的灌丛中向摩西现身，如今，他会在布满霜雪的灌木丛中向路人现身”。1月初，梭罗在一场暴风雪后这样写道。在表达他对自然的热爱时，梭罗从来不使用传统宗教语汇，但这种情感并不弱于宗教情感。“我热爱自然，部分原因在于她不是男性。”这年1月，他写道，“上帝的教会无法控制或主宰她。大自然中盛行的是另外一种权利……他（男性）意味着束缚，而对我来说，她则意味着自由。他让我对另外一个世界充满期待；而她则让我对这个世界心满意足。”

梭罗并非始终躲避着宗教语言。这年1月初，在描述毛茛的花蕾时，他使用了明显的宗教语言，但避开了基督教特有的表达：“它静静地坐在那里，或许在沉睡。它的心里充满了信仰，早已获

---

① 指富兰克林·皮尔斯（Franklin Pierce）。

悉春之将至的消息。春的希望与春的预言塑造了一座东方风格的神殿，在这座神殿里，一个花蕾形的穹顶笼罩着一切。”

梭罗相信，每个时代都是好的，每个生命都是所有生命的缩影，他在康科德的生活象征着各地人民的生活。这就是梭罗内心最深刻、最纯粹的信仰。这不是他的教条或忏悔，而是接近现实生活的具有实用价值的原则——正如他在《行走》一文中所言，这是更新的《新约》，是此刻的福音。1月末，梭罗在日志中写道：“不论是在夏天还是冬天，特别是当世界开始更新面貌时……我所谓的具有‘创世’意义的清晨……能够带领我们超越摩西的戒律……在这些清晨里，人们已重获新生，每个人的身体里都埋藏着生命的种子。这应该成为我信仰的一部分。”如果说，泛神论者崇拜的对象是大自然——因为自然意味着生命，而生命又是所有事物中的重中之重——那么梭罗显然是一名泛神论者。

3月末，他来到蛤壳山附近散步，在翻动一小块草皮时，他发现了“一片外形罕见的美丽的冰花”。仔细查看之下，他发现那并不是冰花，而是“一滴晶莹的水晶般的露珠，纯净得近乎看不见”，它牢牢地附在野草细细的根须上，“在这枯萎的野草抽出新叶之前，草皮底下的动静是看不到的，看不到野草的纤维，看不到它体内的化学物质和生长机制。如果能对这看不到的部分进行充分的描述，那么这种描述一定会取代神的启示”。

## 4. 美国

从某些层面来讲，梭罗对美国的态度要比他对自然的态度更加复杂，部分原因在于，他对美国的思考远不及他对自然的思考频繁、积极。对于美国政府、美国的特性和价值观，梭罗的种种态度即便不是相互冲突的，也算得上是相互矛盾的。他非常注重对美国生活的各个层面进行细致的剖析，因而对于不同事物的态度往往也不尽相同。写出《抵抗公民政府》的那个年轻而愤怒的梭罗曾反复且明确地指出，他所反对的是美国**政府**。“海军船坞那里的水兵就是美国政府的产物。”更具体地说，梭罗反对的是美国政府在蓄奴问题上的立场，“我们该如何对待当今的美国政府？我的答案是，有了这样的政府，任何人都不可能摆脱耻辱。这个政治机构是**奴隶制的**政府，因此，我绝不承认它是**我的**政府。”然而，拒绝美国政府并不代表拒绝美国的一切。在梭罗看来，自由的生活、西部的开发以及人民的教育，这些都与政府无关。相反，他认定“美国人民的固有性格才是这些功绩的缔造者”。因此，在《抵抗公民政府》一文中，梭罗一方面对美国的内政外交进行了强烈的批判，另一方面又对美国人民以及美国理念表现出热诚与激情。

在《行走》一文中，梭罗对美国理念进行了明确而翔实的论述。他认为，美国理念最明显地体现在西进运动的某些层面中。“出门散步时……我的方向标始终停留在介乎西方和西南偏南方之间的位置……朝东方走，我只需要武力；而朝西方走，我是奔向自由……让我在自己喜欢的地方生活吧：这一侧是城市，另一侧是荒野，而我总是离城市越来越远，离荒野越来越近。”的确，这是梭罗生活的绝佳写照，“这一点是我的同胞所表现出的普遍倾向，否则我不会如此看重。我必须朝着俄勒冈州进发，而不能朝着欧洲前进。可以说，整个国家都在朝着这个方向前进。必须指出的是，全人类都是从东方向西方前进。”《行走》是一篇论及西进运动精神的经典之作。在这篇文章中，梭罗表示："我们去往东方，目的是了解历史，研究艺术及文学经典，回顾人类种族所走过的每一步；而去往西方，则是为了面向未来，怀着一种进取心和探险精神。"

然而，梭罗关于西方的概念并不是对"文明的西进运动"或"文明之转型"的赞颂。对他而言，西方的含义恰恰是与之相反的，他所指的西方，意味着承认内心的野性，并根据野性的指令行事。因此，他将美国视作西部并加以颂扬，极力描绘美国西部风景之美。此举的目的在于，重新定义"西部"一词："我所谓的西部是野性的代名词，我接下来准备讨论的是，世界存乎野性。"

梭罗在这篇文章中对美国进行的赞颂常被误解为带有民族主义色彩。然而事实上，梭罗的赞颂背后隐藏着这样一个事实：他不愿贬低当下的时光以及他生活的这片土地。他曾说过："如果美国的天空无限高远，美国的星辰无限明亮，那么我相信，这个国家的人民在哲学、诗歌及宗教上所能达到的高度也是无限的。"接着，他继续说道："因此，我不会认为，生活在天堂里的亚当比生活在这个国家偏远地区的人更惬意。这样想会令人羞愧。"

由于梭罗太过清高，而他的家人、朋友以及他自己又生活在美国的土地上，因此，他不允许自己过多地贬低美国。他那犀利的目光总能清晰地分辨出哪些是冠冕堂皇的辞令，哪些是现实。他的文章并没有局限于对美国政治的批判。1852年1月27日，梭罗在日志中写下了一首凄美的长篇挽歌。在开篇处，他望着"广袤的平原向西方的阿克顿延展"，就像亨利五世望着法国乡村的废墟一般。他提到，"那宁静、萧条、令人心碎的乡村，那承载着一代代的生命却不断退化的乡村。那里远离邮局，看不到周报，新婚媳妇忍受不了孤寂的生活，年轻的男人只能骑马去参加社交活动"。这番关于新英格兰乡村的不甚浪漫的描述，随后出现在萨拉·奥恩·朱厄特（Sarah Orne Jewett）以及玛丽·威尔金斯·弗里曼（Mary Wilkins Freeman）等本土作家的文章中。然而与这些作家相比，梭罗最先看到了这种本土风景：

> 农夫的儿子中，没有一个人愿意成为农夫。苹果树正在腐烂，酒窖的数量远远超过了房屋，篱笆围栏上布满了青苔。年老的女仆打算卖光家当，搬到村里去，但等了二十多年也没有实现心愿，这么多年来，她只粉刷过一间屋子，其余的屋子不论内外，一律没有粉刷过油漆或灰泥。就连印第安人也早早抛弃了这片土地。农夫越来越少，曾经的林地变为谷地，谷地又变为草场……此刻站在这里，望着眼前的情景，我无法承认，这就是充满希望的、年轻的美国，这就是以进取精神闻名世界的美国，这就是人口稠密、新英格兰风情浓厚的美国。

对于民族主义修辞，梭罗向来持反对态度，包括由清教主义演变来的民族主义修辞。他公然拒绝救赎的语言（1852年4月15日，他在日志中写道："只要我们还能表达观点，只要摩擦还能产生火花，我们就不需要救赎者。"）以及表现宿命的语言。1853年2月，他在写给布莱克的书信中指出：

> 这个国家的整体事业不是向上发展的，而是朝西方，朝着俄勒冈州、加利福尼亚州、日本等地的方向发展。不管他们是徒步前进，还是通过太平洋铁路前进，对此，我丝毫不感兴趣。这里不值得考虑，不值得为之动情，没有人愿意在这里定

居，甚至没有人愿意摘下手套……他们会朝着各自的命运前进，但我相信，那绝对不是我的命运。

梭罗并没有全然断绝与文明的联系，更没有拒绝所有的公民身份或是对故土的热爱。但他时常追问，是什么赋予他公民的身份？他对自我身份的界定并非总是或并非在很大程度上与美国性相关。亨利·詹姆斯曾说过，与其说他是英格兰公民或美国公民，还不如说他是詹姆斯家族的一员。因此，对于梭罗而言，他既是家庭的公民，也是康科德的公民；既是新英格兰的公民，又是大自然的公民。所有身份加在一起，才构成他的美国公民身份。每一重身份都远比抽象而宏大的美国身份更重要。

## 5.1853年春：金色的大门

这年的1月和2月，梭罗为了筹钱，把多数时间花在了调查而不是讲座上。1月，《加拿大的美国北佬》开始在《普特南》杂志上按月连载。3月，在连载第三期后，梭罗终止了合同。春天的脚步越来越近，梭罗把那艘新造的平底船涂上了油漆，同时想方设法不让靴子的根部磨损得太快。另外，他还充分发挥美国佬的机智，解决了鞋带系不紧的问题。每次出去散步时，他的鞋带总会松掉。他对钱宁分析说，或许“鞋带的价值”在于，它们至少可以充当可靠的尺子，用来测量长度。他试过一些用国外材料制成的鞋带，比如“南美驴皮”做的鞋带。或许是认为万国博览会上的产品质量不高，梭罗开始充分发挥他的创造力（就像当初设计铅笔一样），打算亲自设计一款标准鞋带。有一天，他突然意识到：平日里，他总是习惯“把一根鞋带压在另一根上面，然后打两个简单的结扣”，但他完全可以换一种方式打结。就这样，亨利·戴维·梭罗于1853年7月发明了平结。后来，当他提起鞋带的问题时，立刻有人告诉他，鞋带之所以经常松动，主要是因为这么多年来他一直在使用“祖母结”（外行平结）。

4月，梭罗包揽了更多的调查工作。向来慷慨的爱默生资助了钱宁100美元，让他根据三人的作品编纂一部文集，这部文集被命名为《信步乡野》（*Country Walking*）。在这段时间里，梭罗曾花一天时间与钱宁和索菲亚出去远足，与奥尔科特一同游玩，还曾试着与爱默生交流。总体而言，这是一个充满社交活动的春季。在这个季节里，梭罗对生活的意义、对自我生活的代表性再次给予了肯定。5月末，他提到：“在我的生活中，某些事件的寓意远远超过它们的现实意义，”而这些事件“往往与我的主观哲学相契合”，这令梭罗感到颇为满意。这个月，他还为“富有”一词赋予了全新的内涵。他的定义可以追溯到之前的亚当·斯密，与后来亨利·詹姆斯的观点也有几分相似。亨利·詹姆斯曾说：“一个人如果能够满足想象力的需求，那么他就是一个富有的人。”梭罗的定义则更加具体，他将财富等同于艺术家或作家的表达能力。“最富有的人是这样的：他能够充分利用自然的原始材料创造修辞和象征符号，并用它们去描述自己的生活。”梭罗关于自然的体悟为他描述生活提供了语言。

大自然与书籍一样，不仅为梭罗提供了知识，更强化着他所思考的或正在酝酿的信念。他在书中得到的往往是他已经在生活中探寻到的东西。多年后，梭罗在反思这个过程时，曾这样写道：

> 一个人能够得到什么，往往要看他准备接受什么，不论在现实中，在思想上，还是道德上，都是如此……我们所听到的和能够理解的，只有那些我们已经了解了一半的事物。根据以往的经验，或是凭借智慧进行判断，任何与我无关的，或是与我的原则不符的事物，都不会引起我的兴趣，不论它多么新奇或不可思议。即便有人谈论，我们也听不进去；即便有人书写，我们也读不进去；即便我们读过，也不会在心里留下任何印象。因此，每个人都是在生活中、在倾听和阅读中、在观察和旅行中，**追寻自己**的足迹（此处的隐喻来自狩猎）。

阅读与写作之间存在着一种动态关系，在以上论述中，梭罗用最为睿智的语言，对这种关系进行了表达。当他踏上一条小路时，会立刻联想到他人描述过的类似的小路，不论走到什么地方，他都能产生类似的联想。阅读让梭罗坚定了自己的信念，为自己的表达树立了信心，同时也为他创造新语汇、提出新论点提供了新的范例。于是，从书中摘录的内容可能会出现在他的手稿中，或是对他的下一部手稿产生影响。梭罗的阅读是积极而非消极的阅读，阅读是为了印证而不是探索，是为了满足当前的兴趣、印证他的思考。

1853年1月，梭罗读起了理查德·丘奇的《文字研究》（*On the Study of Words*），这本书于1851年首次出版，后来被奉为标准的语言教科书。这部作品正是《牛津英语词典》（*Oxford English Dictionary*）的最初动力。梭罗之所以选中丘奇的作品，或许是因为他阅读过大量语言类的新著，也或许是因为丘奇的理念与“一位美国著名作家”的观点——“语言是石化的诗歌”——极为契合。丘奇接受并拓展了爱默生的这个观点，认为文字是石化的道德、石化的历史。他与爱默生一样，乐于为抽象化的文字寻回最初的具体含义。他重新将“荒废”一词与“摇摇欲坠的房屋或宫殿”联系在一起，并指出“山脉”（sierra）一词（如“内华达山脉”）的最初含义为参差不齐的“锯齿”。梭罗受到丘奇的启发，开始将“异教徒”（pagans）一词与“乡村”（pagani）、“村民”（villagers）或“平民”（civilians）等含义联系在一起；另外，他还指出，“对手”（rivals）一词原指同一条河流的两岸居民。然而最吸引梭罗的是丘奇运用文字的技巧，比如，“我们用来表达超验感和愉悦感的词语”，丘奇列举过四个类似的词语——“运输”（transport）、“着迷”（rapture）、“陶醉”（ravishment）以及“狂喜”（exstasy）——并对这些词语中的“超验”含义进行了解释：“运输”一词带有“**载着**我们”的含义；“着迷”与“陶醉”一样，最初的含义为“撕扯”，具有“将我们的灵魂撕扯出来，使之超脱”的含义；“狂喜”也具有相同的含义，只不过源自希腊语汇。

梭罗几乎立刻为之触动，同时联想到爱默生《论自然》中提到的“透明的眼球”：“这些就是我想要的词语，这就是音乐的效果。这些词语令我着迷，甚至令我神魂颠倒。这些是真正的诗歌的语汇。我从中得到了启发，得到了升华，得到了充实。”在丘奇和查尔斯·克莱斯蒂尔（Charles Kraitsir）论述语言的作品中，梭罗发现了一些令人兴奋的内容，这些内容恰好印证了他和爱默生长久以来的信念——语言与自然之间存在着原始性的关联。1852年末，梭罗才开始认真研读克莱斯蒂尔的作品。克莱斯蒂尔指出，语言表层下隐藏着哲学意义上的共性——所有语言都由基本音素构成，这些基本音素源于人、心灵以及自然的交互作用。早在语言形成之前，这些基本音素便已存在，融入语言之后，基本音素变得更加精确。从这个角度来看，所有语言都是由人类熟知的基本音素演变而来的。这再次证明了这样一种观点：不同时代的人具有本质上的共性。丘奇和克莱斯蒂尔都注重口头表述，这让梭罗认识到——用菲利普·古拉的话来说便是——“从最根本的意义上来说，语言是自然世界的反映。”声音是语言的关键要素。在梭罗重新修改《瓦尔登湖》手稿、重写《声音》及《春》等篇章时，以上见解结出了丰硕的果实。

在丘奇的作品中，梭罗还发现了野性与意志的关联。可以说，这种关联是新颖且大胆的：“丘奇说，拥有野性的人就是**拥有意志**的人，也就是说，他是一个根据意愿来行事的人，一个充满希望、面向未来的人。不仅是他的倔强中充满了意志，就连他的常态和坚持也不例外。”接下来，梭罗在一段精彩的旁白中暗示：对于整个19世纪而言，加尔文主义的真正遗产在于，它引发了公众对意志的重视。与以往不同的是，梭罗的这番评论中没有丝毫的讽刺：“圣徒的毅力是一种积极的意愿，而不是被动的期盼。”丘奇对于语言的兴趣以及他运用文字的技巧，随后都反映在梭罗的作品当中，但这主要是因为，梭罗的创作和他对自然的观察一样，其最终目的在于印证之前的洞见。

## 6. 1853年夏：《瓦尔登湖》第五稿

7月初，霍桑举家迁往利物浦。纳撒尼尔·霍桑在美国驻英国利物浦领事馆谋得一份生计，想借此机会为他的同学——当时的美国总统富兰克林·皮尔斯——写一部传记，以便支持他的大选活动。当初与妻子索菲亚来到康科德时，霍桑还是个名不见经传的作者，如今，49岁的他已声名鹊起，尽管这份名声来得较迟。1850到1853年间，霍桑出版了《红字》、《七个尖角阁的老宅》（*The House of the Seven Gables*）、《福谷传奇》（*The Blithedale Romance*）以及其他六部作品。这年7月，梭罗36岁，他仍孜孜不倦地修改着那些似乎永远也无法完结的手稿。对于梭罗而言，这是一个充满社交意义的7月，他与爱默生的交流再次变得频繁，他还时常与钱宁夫妇出去散步和游玩。前来拜访爱默生的蒙丘尔·康威发现，当时的梭罗正忙着照顾一名逃跑的奴隶——这名奴隶前一天晚上才逃到康科德。

尽管如此，梭罗还是把多数时间花在了阅读和写作上。这年仲夏，他起早贪黑地读书、写作、修改手稿——用他自己的话说，是在“整理我的文章”。的确，梭罗有许多材料需要整理，因为他同时开启了至少四项文学工程。第一项也是最紧迫的一项工程，是整理《瓦尔登湖》的手稿。此时，梭罗已经连续创作出一份又一份的手稿，截至1853年，《瓦尔登湖》已经改至第五稿，新增了112页的内容；1853年末，他开始修改第六稿，额外增添了119页的内容，最终于冬季完稿；然而1854年初，他又写出了第七稿，新增了46页篇幅。此时，梭罗还有足够的修改时间来向出版社提交一份整洁的终稿。然而最终版的手稿并没有保存下来，甚至连篇幅页数也不得而知。直到1854年8月，《瓦尔登湖》终于付梓。这一年，除了反复打磨《瓦尔登湖》的手稿外，梭罗还在日志中记录下他对自然的观察，每个月的记录足有50页之多。与此同时，他继续广泛地阅读着有关美洲印第安人的史料，并在“印第安人笔记”中做了详尽的记录。在阅读自然史的过程中，他择取了大量篇章，一一抄录在自然史摘录本中。

1852年完成的《瓦尔登湖》第四稿渐渐得到充实，变成了《经济篇》以及早期手稿中的其他篇目。第五稿经历了大幅修改，加入了一些早期的材料，但最主要的调整集中在作品的架构上——除了按季节顺序编排内容外，梭罗还对最后几章的内容进行了拓展，令各章的篇幅形成巧妙的对称。此外，梭罗在叙述湖畔生活的同时，还增加了他对社会问题的探讨。对比最终出版的《瓦尔登湖》，我们不难发现，梭罗把最初的完整叙事拆分成了不同章节，又为每个章节重新添加了标题。

在迅速改完前几章后，梭罗增添了关于印第安人、因纽特人以及耶稣会士的内容，并对描述加拿大伐木工塞里恩的冗长段落进行了删改。《湖》这一章也经历了大幅调整，原来的季节背景被改为秋季，从而使整体的编排符合季节顺序。在这一章里，梭罗对湖面、光影以及种种色彩进行了精彩的描绘（1853年初的日志中也凸显出他对色彩的敏感）。他笔下的瓦尔登湖颇似库珀在《杀鹿人》（*The Deer-slayer*）中对格林美格拉斯湖进行的优美描写。他与库珀一样，着意突显出湖畔风光的宁静与澄澈：

> 在这样的一天里，9月或10月，瓦尔登湖是森林的一面十全十美的明镜，它四面用石子镶边，似乎是珍贵而稀有的。再没有什么像这一个躺卧在大地表面的湖沼这样美，这样纯洁，同时又这样大了。秋水长天。它不需要一个篱笆。民族来了，去了，都不能玷污它。

在《更高的法则》一章中，梭罗增加了论及野性的部分，包括他想生吞活剥一只土拨鼠的著名描述，以及关于渔猎的看法。在《禽兽比邻》（*Brute Neighbors*）一章中，蚂蚁大战的部分得到了拓展，他增添了关于山鹑、潜鸟以及鸭子的故事。此外，《室内取暖》（*Housewarming*）一章也加入了较多的内容，包括关于秋季、火炉以及森林的描述。

除了将某些季节略去，形成统一的季节顺序外，梭罗最重要的改动在于增添了对社会问题的讨论。关于加图·英格拉哈姆（Cato Ingraham）、吉尔法（Zilpha）、布莱斯特（Brister）以及芬达·弗里曼（Fenda Freeman）的讨论，目的在于将读者的注意力转向这样一个事实：瓦尔登湖附近的区域正是康科德的黑奴曾经生活过的地方。1853年5月末，梭罗开始阅读亨利·梅修（Henry Mayhew）的《伦敦的劳动者与贫民》（*London Labour and the London Poor*，1851）。在“对**愿意**劳动的人、**不能**劳动的人以及**无须**劳动的人进行生活状况和收入状况的详细对比”时，梅修表现出了热情与愤慨。他表示，这部作品旨在提醒那些身居高位的人不要忘记“改善贫苦阶层的生活状况”。“这座‘世界第一大城市’拥有巨额的财富和伟大的知识，同时也拥有一群悲惨无知、冲动暴力的底层人士。可以说，这是我们的国耻。”在这部作品中，梅修用巧妙而生动的笔触，结合数据和大量实例，对贫苦阶级的各种现状进行了描绘。他怀着林奈对生物进行分类般的热情，将“街头人士”分为以下六种：街头小贩、街头乞丐、街头拾荒者、街头艺人（画家、表演家）、街头技工以及街头苦力。在近百页的篇幅中，他对底层民众的真实生活进行了分类和详尽的描述：

> 接下来，我们会看到街头拾荒者，正如前文所说，他们真的靠“捡拾”公众的垃圾为生。这些人是“纯粹”的拾荒者。还有一些人，他们靠捡拾狗屎和烟头生活，这些人被称为“拮据者”，他们从污水沟中捡拾雪茄烟头，晾干后卖给更加贫苦的人——拾煤人、清沟人、拾骨者、阴沟猎人等。

接下来，梅修对其余几类街头人士进行了细致的描述。有趣的是，梭罗居然对这些街头人士产生了或多或少的认同感。总体而言，当时的康科德尚未出现如此贫苦的阶层，与之境况最为接近的要数黑奴、醉鬼以及游手好闲的人。当然，梭罗的文章中从未缺席过因修建铁路而来到这里，随后又惨遭抛弃的爱尔兰人。与那些过着平静生活的公民和所谓的“村民”相比，这些爱尔兰人更能唤起梭罗的同情。

在《瓦尔登湖》的第五稿中，梭罗加入了关于好友的内容，他以感人而慷慨的笔调向诸位朋友表达了敬意。他将钱宁称作“诗人”，提到他“从最远的地方……来到我家”。提到奥尔科特时，梭罗写道：“仅剩的哲学家中的一员。”

## 7.1853年秋：朋友

《瓦尔登湖》中关于“访客”的内容不止一章，却没有关于“友情”的章节。在同代人的眼里，梭罗对正常的社交行为颇为不屑，因而背负着冷漠、内敛、禁欲以及粗鲁的指责。然而从某些角度来看，友情对于梭罗而言是至关重要的，不仅是他早期的创作题材，更在过去的15年里频频出现在他的日志中。对待康科德最富有的市民或是来访的牧师，梭罗的态度或许有些冷漠或粗鲁，但对家人和康科德的孩子们，梭罗总是友善的。由于梭罗对康科德了若指掌，当地的孩子们对他十分仰慕，以为是梭罗先生创造了康科德。此外，他与一小群仰慕者保持着紧密的联系，比如布莱克、里基森、他曾筹款救助过的爱尔兰人，以及他帮助过的那些逃出来的黑奴等。在梭罗的眼里，霍桑、格里利、普拉特、米诺特以及梅尔文（Melvin）等人都是值得珍视的朋友。那些秉持相同理念的人也与他保持着特殊的交情，比如，超验主义思想的忠实信徒、作家同行，以及同他一起散步与旅行的奥尔科特、钱宁和爱默生。

这一年，四位"圈内"好友的感情比以往都要亲密，这主要是因为，他们共同开启了一项文学工程。1853年4月，爱默生为困窘潦倒的钱宁提供了100美元（钱宁年收入的四分之一）的资助，让他编纂一部题为《信步乡野》的文集。这部文集以"奥尔科特、爱默生和梭罗的对话"为主，记录他们"在康科德的交谈以及散步的经历"。截至7月1日，钱宁的编写工作已经取得较大进展，爱默生将完成的文稿读给奥尔科特听——或许最先提出这个想法的人正是奥尔科特。10月1日，整部文集编写完毕。

但从其他层面来看，这年的10月无异是钱宁的一场灾难。在众人的印象里，钱宁是个粗鲁而极其情绪化的人，不论是作为一名丈夫还是一名父亲，他都算不上称职。他经常在饭桌上大发雷霆，动不动便对妻子艾伦恶语相向。10月初，艾伦终于决定带着孩子离开。自此以后，钱宁孤零零地住在家里，身旁只有一只病恹恹的小狗做伴，不久便陷入了困扰和绝望，开始自弃自怜起来："有些想法折磨着我，"他在日志中写道，"如果能抛开它们，我就能活下去。小狗很安静，仿佛死了一样，但我不会去打扰它。如果明天不下雪，就喂它些牛奶……我可能连走都走不动了……暴风雪越来越猛烈，天色阴沉下来。”自1850年起，钱宁就一直住在梭罗家对面，两家之间只隔着一条街道。多年来，他几乎每天都陪着梭罗散步。梭罗向来不宽恕钱宁的家暴行为，更无法容忍他文字上的粗俗。除此之外，两人的关系还算亲近。后来，钱宁为梭罗创作了一部自传，由于彼此十分了解，他有足够的资格评价说，梭罗的“首要信条是，对一切事物、所有思想以及各个时代充满信念”。两人都喜欢散步，除了创作之外，都没有稳定的工作。最重要的是，两人都梦想着成为作家。然而钱宁的传记作者却表示，梭罗与钱宁之所以如此要好，主要原因在于两人都被视作康科德的失败典型：“没有责任感，游手好闲，不能为家乡增添光彩，只会给家人增添负担。”

当时，钱宁已经出版了三部诗集和一部散文集，这些作品虽令爱默生赞不绝口，但没有一部称得上佳作。梭罗出版过一部作品，但销售状况并不理想，卖不出去的部分在这年10月被退了回来（1000本书被退回了706本）。对此，梭罗自嘲般地说道：“我的藏书室里收藏着近900部作品，其中的700多部全是出自我手。”可想而知，梭罗的挫败感该有多么强烈。修改《瓦尔登湖》手稿期间，梭罗增加了《往日的居民与冬天的访客》（*Former Inhabitants and Winter Visitors*）这一章，以此怀念他与钱宁在瓦尔登湖畔度过的时光。彼时的钱宁幸福快乐，如今却在街对面的家里黯然神伤。“有一位访客，他从最远的地方冒着最猛烈的风雪来到我的小屋。他是一位诗人。不论农夫或猎人，战士或记者，甚或是哲学家，都会被这阴郁的天气所吓倒，但诗人不会。因为激励他前行的是纯粹的爱。"

奥尔科特是梭罗在《瓦尔登湖》中称赞的第二位朋友。尽管他与梭罗存在理念上的分歧（奥尔科特认为，人类必须在大自然的每一个角落留下印记，而梭罗的看法正好相反），但两人之间的友情不可谓不长久，这种友情近乎早已过时的"惺惺相惜"，只有出身乡野的人才会拥有这种情感。梭罗将奥尔科特称作"信仰最坚定的人"。奥尔科特对梭罗的评价为："敦厚、正直、睿智、风趣，与那些不常来往的人也能保持一生的友谊。"奥尔科特始终对梭罗保持着那种亲切、赞许和近乎父亲般的情谊，有了这份情谊，即便理念上存在分歧也无伤大雅。为奥尔科特作传的奥德尔·谢普德指出，从奥尔科特那些从未发表过的日志来看，他对梭罗的成长所表现出的兴趣不亚于他对女儿路易莎的关注。奥尔科特也向来被人们视作空想者和游手好闲的失败者。他是奥尔科特太太的负担，是个不称职的一家之主，然而梭罗从不吝惜他对奥尔科特的溢美之词。"他的文字和态度，"梭罗写道，"往往凸显出他优于常人之处，倘若假以时日，他绝对不会令自己失望。"

到目前为止，梭罗与爱默生的友情可谓最重要，但也是最复杂的。而随着时间的推移，这份友情也变得越发令人不快。截至1853年初，两人的关系始终处于紧张状态，偶尔还会给彼此带来痛苦。5月24日，梭罗在日志中抱怨道："我与R.W.E（爱默生）谈了谈，或者说，试着跟他交谈过，但我不仅浪费了时间，还险些失了自己的身份。他有些疑神疑鬼，认为我们之间存在分歧，说了些我早就知道的话。我不得不浪费许多时间，试着把自己想象成一个跟他有过节的人。"爱默生认为，梭罗性情乖戾，爱与人唱反调，且常常满腹牢骚。更严重的是，他认为梭罗缺乏志向，宁可去捣豆子也不愿去征服帝国，宁可举办越橘派对也不愿参加工程师的高档宴会。“他在小城里可谓无足轻重，这个事实足可以证明，他的身上存在着不可否认的缺陷。”1851年6月，爱默生写道，“他在大讲堂或聚会上发过言，但没有任何新意，话刚刚讲完就被人遗忘了。”在爱默生看来，梭罗变得越来越孤僻，正逐渐陷入狭隘与封闭的怪圈，令人无法接近。1851年10月的一天傍晚，爱默生与梭罗出门散步，事后回忆起散步的经历时，他写道：“我们又一次陷入了悲伤乃至永久性的孤独中……我认识的所有人为何如此地狭隘、可悲和孤独！”

梭罗时常出现在爱默生的日志中。爱默生也曾在弥留之际表示，梭罗是他最好的朋友。尽管他后来患有老年痴呆症，记忆比他的智慧瓦解得更快（他想不起“雨伞”一词，只会用“访客们随身携带的那种东西”来指代），但他与梭罗的友情却比记忆更长久。有一次，爱默生不得不这样问：“我最好的朋友，他叫什么名字来着？”爱默生写过一篇论及梭罗的文章，这篇文章至今仍是他的经典之作。相比之下，梭罗却没有留下过任何与爱默生有关的文字。或许他认为，爱默生与钱宁或奥尔科特不同，对方不需要他的“高见”。1853年11月，爱默生的母亲去世，在操办葬礼等事情上，梭罗帮了不少忙。几天后，梭罗在日志中坦言：“我们之所以与人争吵，很可能是由于那个人对我们抱有合理的期望，而我们却辜负了这番期望。”在当时正在修改的《瓦尔登湖》手稿中，梭罗在表达了对钱宁和奥尔科特的赞扬后，写下了这样一句话：“此外还有一个人，他住在村中自己的家里，我跟他有过‘极融洽的共处时间’，令我永远难忘，他也不时来看我。”这是整本书中最令人伤感的一句话，因为有许多情感没有也不愿被表达出来。梭罗一生中最重要的一段友谊就隐藏在这平平淡淡的一句话中，没有浓墨重彩，没有更直白的表达。

的确，没有哪种表达能比这句更简洁，这是令人感到悲哀的。然而同样令人悲哀的是，不管梭罗多么受人尊敬和爱戴，他总是被至亲至爱的人所误解。对于梭罗在读什么书、写什么文章，爱默生早已不再关注，他以为，这位立志写出《吠陀经》般伟大经典的年轻人早已抛弃了他的志向；在索菲亚看来，梭罗的《一周》读来令人费解，“有些部分甚至像是在亵渎神明”；而钱宁也曾坦言：“他所表达的人生，我始终没有读懂。”

## 8. 奇森库克湖

这年秋天，梭罗本该一鼓作气完成《瓦尔登湖》手稿的修改，不料却因为另外一件事情耽搁了。9月下旬，他踏上了前往缅因州森林的第二次旅途。13日，他动身前往波士顿，乘坐汽轮驶入了“外海”线路，直接朝着蒙希根岛进发。蒙希根岛位于佩诺布斯科特海湾的入口处，历来被视作海上的路标。天还没亮时，梭罗和乘客们便看到了这座岛屿。随后，梭罗在班戈市登陆，与表兄乔治·撒切尔和导游会合。他们的导游名叫乔·艾特恩（Joe Aitteon），是个印第安人，也是个伐木工。三人沿着佩诺布斯科特河逆流而上，朝着位于慕斯海德湖与卡塔丁山之间的奇森库克湖赶去。撒切尔此行的目的在于猎鹿，而梭罗则是为了学习印第安人的风俗习惯。这次旅途分为三个阶段：首先，他们乘坐小木船来到慕斯海德湖，随后换乘汽轮渡过湖面，穿过丛林后，最终抵达奇森库克湖北端。

三人的确捕到了一头野鹿。将鹿尸运回营地后，三人开始剥皮割肉。从梭罗的描述来看，整个过程中充满着血腥、歉疚以及“悲剧”色彩。三人的足迹遍布丛林的许多角落。除了四处开展“大型狩猎”外，梭罗还将最近习得的植物学知识运用在对森林的描述上。他对整片森林，特别是他最爱的白松进行了优美而动人的描写，同时花费了许多时间尽可能多地学习印第安人的语言。当他躺在黑暗中听着印第安人用“原汁原味的印第安语言”交谈时，这场旅途迎来了最令人振奋的时刻。据他描述，他们的语言里带着“完全野性的、原始的美洲腔调……我连一个音节都听不懂”。回顾以往获得的知识，梭罗似乎认识到，只要印第安人还保留着他们的语言，白人便没有在真正意义上占领整个美洲。回到康科德后，梭罗花了些时间准备12月中旬的一场讲座，这场讲座的主题便是猎鹿。随后，他对讲稿进行了扩充，把讲座的题目改为“鹿、松树以及印第安人”（The Moose，the Pine Tree，and the Indian）。

令人遗憾的是，梭罗从未创作过关于印第安人的作品，如果真的存在这样一部作品，它一定能够增进读者对印第安人的了解，并唤起他们的同情。埃尔伯特·凯泽（Albert Keiser）曾在1928年评论说：“残酷的命运扼杀了一部伟大的作品。”的确，梭罗曾计划撰写一部《前哥伦布美洲史》，也打算创作一本关于“阿尔冈昆部族风俗习惯”的作品。多年以来，他已经积累了11个笔记本的素材，以及长达2800页的摘录材料及评论。虽然早在19世纪50年代初期，梭罗便开始了深入的历史研究，但他并不擅长直接的历史叙事，或许他本人也意识到了这个问题，因而连初稿也不曾写过。

还有另外一些原因导致他迟迟没有动笔——当时已经有人推出了同类作品。梭罗对这两个主题产生浓厚兴趣时，至少已经有三部重量级作品面世。这些作品内容翔实，对印第安人的命运充满同情，至今仍然能够引起人们的关注。比如，斯奎尔与戴维斯合著的《密西西比河谷的古纪念碑》（*Ancient Monuments of the Mississippi Valley*，1848）、斯库克拉夫特的《美国印第安部族历史》（*History of the Indian Tribes of the United States*，1851—1857）以及摩根的《易洛魁人联盟》（*League of the Iroquois*，1851）等。作为"美国国立博物馆知识系列丛书"推出的第一卷作品，斯奎尔与戴维斯的合著至今仍然是被低估的作品。这本书记录了中西部印第安人坟墓的精巧构造，指出印第安人的艺术水平和工程水平在很多方面可与英格兰埃夫伯里的巨石阵相比。最近的研究表明，这些墓冢的建造者与巨石阵的建造者同处于文化的进化阶段。即便梭罗真的创作了一部关于印第安人的作品，其影响力也无法超越以上这些著作。或许他早已意识到了这一点。

如果说第一次缅因州之旅（卡塔丁山之旅）打断了梭罗在瓦尔登湖的生活，那么第二次的缅因州之旅则打断了他修改《瓦尔登湖》手稿的计划。毫无疑问，这次旅行与上次一样偶然，是由他的表兄乔治·撒切尔发起的。然而对于梭罗而言，两次旅行都具有十分重要的意义，每一次旅行都促使他将真正的野性世界与那个更温柔、更驯服、更文明的《瓦尔登湖》中的世界融为一体。

梭罗对第二次旅行的描述甚至比第一次更为平淡。与《卡塔丁山》中普罗米修斯式的悲壮口吻相比，《奇森库克湖》（*Chesuncook*）突显出《耶稣会报道》所特有的沉稳、平实和不矫饰的风格。前者的情感重心在于，人类在峰顶与原始的自然相遭遇时心底的那种无法言说的狂喜，而后者则将重点放在了捕杀麋鹿和剥鹿皮上。《卡塔丁山》宣告梭罗发现了真正的野性，而《奇森库克湖》

则用冷静的口吻述说野性与自然之间的复杂关系。如果说梭罗的这篇文章有所倾向的话，他更加偏向文明。

很显然，对于原始松林，对于其“野性、潮湿、粗糙”的景观，对于“无数腐败倾倒的树木”，梭罗依旧保持着极大的热情。他在文中写道，地面上“到处都湿漉漉的，铺着软绵绵的松针”。从远处望去，他看到两名伐木工人以及他们的营地，于是迫切地想要了解他们过着怎样一种充满孤独和探险的伐木生活。此处，梭罗异常罕见地表达了他的渴望：“从那以后，我便一直渴望着与他们生活在一起。”但他所渴求的并不是完全野性的生活，而是偶尔到荒野中度假和放松的生活。“我想，或许可以在这树林里待上一年，钓钓鱼，打打猎，这足以让我恢复体力，令我心满意足。”此时的梭罗不再渴望永远离开文明。相反，在森林里度过两周之后，他怀着欣慰的心情回到了文明世界。“真是令人欣慰，我又回到了这个规则而多彩的世界。如果要选择永久性的居所，荒野远远不及这里，因为前者不过是文明的源头、文明的背景，以及文明的原始素材。”《奇森库克湖》被视为美国自然保护运动的“奠基性宣言”，其显著之处在于，它用冷静而平和的声音宣布，荒野并不是文明的对立面，不是文明的商品，而是它的原始材料。《奇森库克湖》中提出的自然保护伦理观，并不排斥文明或贬斥人类社会，且没有消极避世的含义，它秉持的是这样一种态度：真正的文明需要时不时地融入些野性。“诗人应该偶尔去伐木工和印第安人开辟的小径上走一走，此举不只是为了恢复体力，更是为了欣赏自然之美，从缪斯的泉水中获得更多、更新鲜的鼓舞，在遥远的荒野中小憩一会儿。”

梭罗在撰写《卡塔丁山》的初稿时，梅尔维尔的《泰丕》为他的原始主义主题提供了背景；而在书写《奇森库克湖》的过程中，吉尔平的《英格兰西部见闻》（*Observations…on the Western Parts of England*）以及伊夫林的《森林》（*Sylva*）为他关注的重新造林、自然保护等主题提供了启示。《森林》又称《树木的话语及木材的繁殖》（*A Discourse of Forest Trees and the Propagation of Timber*）（1644年初版，1679年第三版），是另一部被忽略的英语文学史上的杰作。伊夫林通常被视作不入流的环保日记作家，地位与佩皮斯（Pepys）相仿。他的《大地的哲思》（*Terra，a Philosophical Essay of Earth*）、《论果树与苹果酒》（*Promona，Concerning Fruit Trees in Relation to Cider*）以及《园丁年鉴》（*Kalendarium Hortense*）等作品，梭罗几乎全部读过。《森林》一书表现出伊夫林对森林的功能以及森林之美的兴趣，其他作品则涉猎甚广，不仅讨论了木材对于国防（海军）的重要性，还谈到了森林在古人心目中的神圣地位，但他最主要的兴趣在于林木的繁殖，且特别关注种子及其散播。梭罗也在这个主题上花过不少工夫，并显然与伊夫林产生了共鸣。当然，伊夫林之所以呼吁保护自然，部分原因在于，从功利主义角度来说，木材是建筑材料。但与此同时，他对森林是不无热爱的。看到人们“不仅伐树，还要彻底毁坏林地、彻底铲除我们祖先所珍视的森林”时，伊夫林感到无比的愤慨。梭罗从《森林》一书中摘取了大量的内容，他将摘录的重点放在林木繁殖、自然保护，以及伊夫林对这一主题的热爱上。“伊夫林的优秀品格不逊于古代那些督伊德教的祭司。他的《森林》是一本全新的祈祷书。为树木增添荣耀，并享受这种荣耀，是他一生的使命。”《奇森库克湖》带有强烈的伊夫林风格，梭罗将最精彩的文笔用在了对树木的描写上，从这里可以看出，梭罗的自然保护伦理观与伊夫林在17世纪提出的自然保护的理念，要么是前后继承关系，要么是相互平行的关系。

在《奇森库克湖》中，梭罗提到了英格兰的帝王和他们的园林，并质问为何美国人不能修建自己的园林，为何“我们的森林……”不能用来“为我们提供启发，不能用于真正的消遣和娱乐”。从这个角度来看，《奇森库克湖》为保护荒野发出了最早、最冷静且最平和的声音。在当时，不止梭罗一人提出要用公园来表达文明与自然之间的关系。1853年5月，纽约市政府批准了建设大型中央公园的计划。1857年，F.L.奥姆斯特德与卡尔弗特·沃克斯（Calvert Vaux）提出的“草坪”方案在设计竞赛中胜出。这份方案与《瓦尔登湖》一样，目的在于“在城市中央”展现原始生活及拓荒生活的理念。两者都表现出内战之前的乐观主义态度，希望让自然成为美国城市生活永久的一部分。

《奇森库克湖》不仅表达了平和的呼声，而且对《瓦尔登湖》终稿的修改也产生了影响，将它特有的温和与节制注入这部作品当中。此时的梭罗不仅对自然充满渴望，对文明也产生了强烈的认同感：

> 在森林覆盖率最高的城镇中，我们无须为越橘发生争吵。原始的沼泽到处可见，但不会淹没城镇的气息。或许，我们的森林和田野可以使公园、绿化区、花园、凉亭、小径、街景等城市景观变得更加完美。它们是人类艺术和精致生活的自然产物。拥有森林和田野的村庄才是真正的天堂。相比之下，所有耗资不菲、构建精巧的公园和花园不过是微不足道的模仿品而已。

在这段时间里，梭罗的理想主义与自然现实主义得到了融合，对自然的兴趣与对社会问题的关注得到了巧妙的平衡。正是在这最平衡的人生阶段中，梭罗写出了《奇森库克湖》，并完成了《瓦尔登湖》的终稿。唯一不够平和的是梭罗强烈的创作冲动。在12月19日写给布莱克的书信中，梭罗表达出坚定的创作意志："为了片刻的存在，我们要付出百倍的努力"，就像麝鼠凿洞一样。这封信几乎每隔几行便流露出强烈的情感，对此，布莱克或许会感到迷惑。"工作—工作—工作！……不论我们是狂喜还是沮丧，都必须要努力工作……严肃认真、持之以恒，即便失败，也要败得悲壮……工作—工作—工作！"在敦促布莱克努力工作时，梭罗也重新燃起了热情，并以近乎癫狂的状态投入《瓦尔登湖》手稿的修改中。

## 9. 1854年1月：《瓦尔登湖》第六稿

1853年12月的最后一天，一场梭罗记忆中最为猛烈的暴雪袭来，狂风夹杂着雪花，以近乎水平的角度横扫而过。很难在这样的天气外出。暴雪停时，地面的积雪已达两英尺厚。随着新年的到来，冰雪渐渐开始融化，但很快，一场冻雨过后，地面再次铺满了冰霜。由于无法观察雪花，梭罗大感沮丧，幸好他还可以去研究冰层、霜晶以及他向来喜爱的冰花。这个月，他大多数时候都待在屋里读书和写作，继续阅读着《耶稣会报道》、约翰·乔斯林（John Josselyn）的《新英格兰游记》（*Account of Two Voyages to New England*）以及关于画意运动的文献。同样是在这个月，梭罗阅读了吉尔平的《画意三论》（*Three Essays on the Picturesque*），他很快便认识到，这是吉尔平所有作品中最重要的一篇文章。此外，他还阅读了尤维达尔·普莱斯的《画意论》。

这个月，他再次读起了加图的《农业志》。加图在书中指出，一个人只有在接近36岁时才适合建造房屋。对于这番建议，36岁的梭罗十分赞同。随后，他又阅读了瓦罗和科路美拉等罗马农学作家的作品。1854年1月，瓦罗引起了他的关注。这位作家与恺撒生活在同一时期，作为庞培的拥护者，他积极参与公众事务，被誉为罗马人中最博学者。遗憾的是，他的作品大多已经佚失。瓦罗一生中留下了74部文学作品，《论农业》是他在80岁这年写成的。瓦罗与加图一样重视细节，文风也如加图般充满乡土气息和农民的常识，两人都密切关注着日常劳作。尽管瓦罗与加图之间存在着诸多相似之处，但在梭罗看来，前者的独特之处在于他对语言本身以及语源学的兴趣。瓦罗可以将“spica”（谷物的耳穗）的含义追溯至“spes”（希望），将“villa”（别墅）追溯至“veho”（携带），“因为别墅是这样一个所在：人们将物品从那里带走，或者将物品带到那里”。

1月中旬，梭罗发现，比起“奥古斯都时代的作家”，他更喜爱“青铜时代”的作家。对于梭罗而言，这种偏好并非首次出现。比起那些经后人打磨和完善过的作品，他更喜欢充满活力和泥土气息的早期作品，但在这个月里，这种偏好开始变得越发强烈。他更喜欢农学作家而不是史诗作者；更喜欢《耶稣会报道》而不是复杂的历史著作；更青睐描述自然的吉尔平和普莱斯，而不是描述（以自然为对象的）艺术的拉斯金①。这种偏好可解读为梭罗对文学形式的执着。或许他也曾憧憬着自己的作品终有一天能达到青铜时代的

① 约翰·拉斯金（John Ruskin，1819—1900），英国艺术批评家。

高度，像那个时代的作品一样自然、充满活力和田园风情。

不过，这年冬天，梭罗的主要任务在于修改《瓦尔登湖》的第六稿。这版手稿从1853年末开始动笔，到1854年初的某个时候完结——或许是在1月。这是梭罗最后一次对手稿进行大范围的调整，他在原有手稿的基础上增加了119页的内容，将原来的版本拆分成多个章节，在形式上与最终版本十分相近。之前强调“想象力”的部分以及对绝望情绪进行劝诫的部分，被他加入第二章中。他对《孤独》这一章进行了改写，将重点转向野外的风景和秋季的雨景。此外，他还加入了伊夫林的名言以及将农事视作神圣职业的观点。在最初被命名为《动物的食物》（*Animal Food*）但后来又被改为《更高的法则》的这一章中，梭罗表达了对狩猎和钓鱼的排斥，这体现出奇森库克湖之旅给他带来的触动。在《禽兽比邻》一章中，他增添了一些关于猫狗的动物故事，在《室内取暖》这部分，他提到自己渴望的是“黄金时代”而不是“镀金时代”。正如尚利（Shanley）教授所言：“（《瓦尔登湖》第六稿）三分之二的部分都经历过重写，包括《往日的居民与冬天的访客》、《冬日的动物》（*Winter Animals*）、《冬日的湖泊》（*The Pond in Winter*）以及《春》等章节。结语部分采用的是第一稿的内容。”在《瓦尔登湖》的第五稿中，增添的内容大部分都被用来充实与秋季相关的章节，但在第六稿中，梭罗对有关冬季的部分进行了扩展，借此突显季节次序和形式上的对称。

《瓦尔登湖》一书的内容按照一年四季的顺序编排，梭罗的修改显示出他对结构重心的细致把握，但与此同时，梭罗也对其他层面的统一性给予了足够的重视，比如，关于想象力的看法、神圣感，关于劳作与大地的散文和诗歌、自然的两重性（风景和力量），

《更高的法则》一章中体现的超验主义核心思想，以及结语中提到的现实主义道德律令等。虽然整体构架按照季节顺序编排，但不该过度强调这一结构设计。首先，按照季节排序并非梭罗首创，在他当时阅读的书籍中，许多作品的叙事都是按照季节顺序推进的。例如，瓦罗曾试图编写一部农事日历，但采用了两种不同的季节顺序进行编排：他将一年分为人们熟知的春夏秋冬四季，这是根据太阳历进行的划分，以春分和秋分作为季节的界限，每个季节又被进一步划分为两部分，一年开始的日期为2月7日；第二种划分方法则没有严格遵照太阳历，他将一年分为六个季节：准备季、播种季、培育季、收获季、储藏季和消费季。这种划分方法较为主观，更像是根据人类需求来划分的。然而这种方法的真正内涵在于，不论将一年分为四季还是像古代中国人一样划分为二十四季[①]，季节划分这一理念本质上具有人文属性，是人类观念投射到自然之中的结果。

在《论农业》一书中，科路美拉也用较长的篇幅展示了他的"农事日历"，并且将具体的农事精确到每一天。他将一年的开始定在1月13日到2月1日之间，即"仲冬至西风渐起"这一时间段。他与加图和瓦罗一样，旨在编撰一部实用的农事手册。

> 1月1日之后不久是种植胡椒草的最佳时节。2月要开始种植芦笋或播撒芦笋种子，种植洋葱或韭菜，或者播撒两种蔬菜的种子。同理，如果想在春夏两季收获，此时应该在土里埋上萝卜或芜菁的种子……在这个季节里，最后播种的应该是普通

① 此处的二十四季指中国古代的二十四节气。

的大蒜或非洲大蒜。

在17世纪，伊夫林编写了一部园丁日历，按照月份列出了园丁应在果园或菜园中从事的劳动。他的日历从每年的1月开始。梭罗十分熟悉伊夫林的这部日历，他还知道，林奈也曾编写过一本《植物日历》（*Calendarium*），并在其中标记出每种植物开花的时间，人们可以据此开展“农业经济的某些劳动”。此外，梭罗还熟悉多种版本的18世纪的日历。吉尔伯特·怀特曾在《塞尔伯恩自然史》的最后一段写道：“每当我从事手头的工作时，都想把它添加到一本《一年十二月自然史》（*Annus-Historico-Naturalis*）中。”怀特之所以没有这样做，是因为来自沃灵顿的艾肯（Aiken）先生已经完成了“类似的工作”。后来，艾肯还专门从怀特的《博物学家日历》（*Naturalist's Calendar with Observations in Various Branches of Natural History*，1795）中摘录过一些内容。在怀特这本著作出版之前，戴恩斯·巴灵顿（Daines Barrington）就已经发表过类似的作品，并在书中记录下他对自然现象周期的观察，而且专门列出一栏“用于气象解读，指出花鸟鱼虫出现与消失的时间”。巴灵顿每年都会出版一部作品，怀特也曾借鉴过其中的部分内容。对于这种精确而详尽的日历，梭罗始终保持着浓厚的兴趣。由此可见，他那份惊人的“康科德自然现象日历”是从博物学家的日历中得到的启示。

在修改《瓦尔登湖》手稿的过程中，梭罗无法将他对自然现象的观察全部纳入其中，且必须顾及季节顺序。《瓦尔登湖》是讲述四季自然故事的绝佳之作，但梭罗必须解决另外一个棘手的问题，那就是避免《瓦尔登湖》落入博物学家日历般的俗套中。这本书有别于之前所有自然观察类的作品，或许要数吉尔伯特·怀特的《塞尔伯恩自然史》与之最为相近，这恰恰是梭罗最喜欢的一部作品。

怀特出生于1720年，比梭罗早了将近100年。他那本传世之作于1789年出版，而这一年也发生了许多令人印象深刻的历史事件。怀特研究过雷伊和林奈的作品，从他们那里得到了这样的启示：要将自然作为有生命的事物进行研究。怀特与梭罗相似，他经常待在家中，从未离开过英格兰，只去过中部和南部的一些郡县，一生的大多数时间都在塞尔伯恩及其周边度过。他的作品用书信体写成，其中记录着他耐心而清晰的观察。怀特的一位编辑曾睿智地指出："怀特很有趣，因为自然很有趣。"怀特对地方历史很感兴趣，在他看来，地方史应该包括当地的物产、历史事件以及文物古迹。由于怀特的观察细致，文笔生动，且带有典型的地方风格，他的作品至今读来仍令人感到耳目一新。可以说，他的作品是名副其实的。不过，怀特的《自然史》与《瓦尔登湖》截然不同。我们能从前者中读到观察和事实，却看不到观察者，捕捉不到作者本人的形象。怀特是一个充满好奇心的人，但他的好奇并没有在书中体现出来。《自然史》说明，细致的观察报告存在着某些局限。相比之下，在《瓦尔登湖》中，几乎每一页都隐藏着观察者梭罗的影子。怀特的作品是绝对客观的，华兹华斯的《序曲》（*The Prelude*）则纯粹是主观的，而梭罗则做到了将主客观相结合，既向读者展示了观察者的形象，又展示了他观察到的事物。

对于这一点，梭罗有着绝对清醒的认识，并且把它作为一个创作目标。或许是从瓦罗"主观性"的季节划分中得到了启示，这年1月末，梭罗在日志中写下了一段长长的文字，仿佛是为了从冬季中获得更多的感悟："每个季节的果实都是为了人类而存在。"他在开篇中写道。4月，他仍然关注着这个主题："我所感兴趣的不仅仅是现象。世界上存在着无穷无尽的自然现象，但只有那些人类体验过的现象才能引起我的兴趣。”5月初，他再次重申了《瓦尔登湖》中的观点，并将这部作品与之前所有的自然史类作品区别开来：

> 根本不存在绝对客观的观察。如果想让你的观察具有趣味性、具有深意，那就不可避免地会带有主观色彩。不论是哪位作家，不管他们来自哪个阶层，他们所指出的不过是人类的体验而已，诗人、哲学家或科学家，概莫能外。最具科学精神的人也是最具活力的人。他的生活就是伟大的历史事件。超出人类经验范围的感知没有任何意义。不管你去哪里旅行，不管你走多远，这些都不重要，因为往往走得越远，越没有意义。真正重要的是你拥有多少活力。

我们往往过于重视《瓦尔登湖》的季节次序结构，因而会轻易地认为，这本书想要传达自然的季节轮回就是终极的智慧这种观念。这类观点过于主观和保守，且具有一定的悲剧色彩，从本质上讲，这并非梭罗想要表达或传达的意义。首先，本书的开篇没有论及自然，而是用夸张的篇幅讨论经济，详细地列举了个人日常生活中的经济问题。其次，本书的结尾没有论及自然，而是以极大的热情鼓励人们接受挑战。这种挑战并不在于墨守季节循环的铁律，而是要比前人生活得更为充实。没有哪部19世纪的美国作品能像《瓦尔登湖》的终篇一样发人深省、振奋人心。不论是爱默生还是惠特曼，都不曾以如此杰出、如此细致的文笔呼吁大众，让他们鼓起勇气，充实地生活。最后，《瓦尔登湖》并不宣扬屈从于自然的观点，也不倡导“个人”高于“群体”。大自然教导我们，要拥有超越自然的渴望。《瓦尔登湖》的终篇则呼吁我们，不论我们的生活处于何种境况，不论独居还是群居，不论生活在丛林或是城市中，都要鼓起勇气，听从想象力的召唤，追求梦想中的生活。

## 10.1854年2至3月："有机原则"的典范

冬日渐渐过去，梭罗的心底再次迸发出春回大地的生命感和胜利感。对他而言，1月是"最难熬的日子"，是唯一一个完全属于冬季的月份。"12月属于秋季，比11月多了些寒意。2月属于春季，比3月多了些冰雪。"用米诺特的话说，梭罗"凭借坚强的意志挨过了这年冬季"。2月初的几天十分和暖，冰雪渐渐开始融化。阳光的温度足以融化冰层，让湖畔的泥沙流动成叶脉的形状。河流裹挟着泥沙奔流而去，当这令人兴奋的奇景展现在梭罗眼前时，他意识到，春天真的来了。"大地中的冰霜开始解冻，春天来了。就像神话和诗歌等文学作品中所说的，它比鲜花和绿叶来得更早。"泥沙枝叶是他为春天寻得的最佳隐喻。大地仿佛真的"活了过来"，并且表达着自我。从很久之前开始，梭罗对冰晶、结冰的过程以及冰花的形成产生了持久的兴趣，但随着时间的流逝，梭罗发现，流动的泥沙似乎能够更准确且更适合用来表达春天的真意，这个隐喻也更加令人兴奋。

这年2月，除了修改《瓦尔登湖》的第六稿，以及对第七稿进行细枝末节的修补之外，梭罗还对《春》一章中有关泥沙的描述进行了戏剧化的扩展。这个自然现象发生在2月2日，梭罗在日志中写道："多壮观的泥沙枝叶啊！它让我坚信，自然仍然处于她的青春时期——这样华丽的事实，神话中只是略微提到过而已——这让我坚信，原来大地也可以被写进寓言里，就像你我一样。它像婴儿一样，朝着各个方向展开着手指，光秃秃的眉毛下方流出一缕缕新鲜的沙痕。”不难从以上简洁的描述中看出梭罗在《自然史》中读到的种种思想：“所有的一切都是有生命的。大地不只是已死的历史的残片，也不是书页般层层累积的堆砌物，等着地质学家和古董学家去研究。它是有生命力的诗，就像一棵树的叶子，早于花朵和果实；就像大地，它不是僵化的，而是活生生的。”

梭罗最早的日志记录是关于歌德的。1837年秋，他第一次写日志的时候，正巧读到歌德的《意大利游记》。当他读到歌德将叶子视作植物学的基本单位，并赋予叶子重要的意义和中心地位时，他怀着兴奋之情，将这些记到自己的日志当中。这番体悟的内涵在于，世界上存在着某种法则，它指引着所有的自然过程。同样在这年秋天，梭罗发现了叶子和冰花的共性。1837年11月末的清晨，大地万物披上了一层厚厚的白霜，梭罗感叹说：“美妙的冰花……令我震撼。这些鬼影般的叶子（冰花）与形态类似的绿色叶子是同一种法则的产物。”

梭罗从未停止对万事万物的观察。随着时间的流逝，他的“法则”意识变得越发强烈。1854年春末，他在日志中写道：“溪流根据**规律**找到小河，鸟类根据**本能**往返迁徙，人类根据**认知**驾驶船只、环游世界。有谁能区分以上种种‘法则’呢？”这年的2月和3月，望着流动的泥沙，他仿佛意识到，这泥沙也遵从着叶子的法则：“你能在每一粒沙子中读出叶子的期待……原子已经学会了遵守法则……难怪大地会以叶子的形态来展现自己……叶子的理念存在于表象之下。永远高悬的叶子在这里看到了它的原型。地球孕育着法则。”

以上表述不仅凸显出梭罗积极拥抱自然的“有机原则”[怀特海德所说的反熵性（anti-entropic）的生命力]，更表现出他视自然高于历史、断然拒绝历史的沉重感。1853年12月，在阅读雷亚德笔下的古尼尼微的发现之旅时，他写道：“让我远离建立在古城废墟上的城市吧，因为这座城市的建筑材料正是另一个城市的遗迹。在这样的城市里，活生生的人生活在死人的墓穴中间，这里的土壤无比贫瘠，且遭受了诅咒。”在《瓦尔登湖》的《春》这一章中，梭罗对解冻的河岸进行了重点描写，最终将泥沙枝叶的地位抬高到化石之上，将自然事实的地位抬高到历史遗迹之上，将生命的地位抬高到死亡之上。

这年2月的第一周里，梭罗始终处于亢奋到令人疲惫的状态。然而好景不长，继“和暖而明朗”的几日后，天气发生了变化，暴雪和严寒随之而来，“和暖的日子没有超过三天”。这段时间里，他不断地修改着《瓦尔登湖》的手稿，时而做些调整，时而从全书各个部分中删除大段内容，从《经济篇》到《春》，没有一章未经删改的。

就在这最重要且筹划时间最久的一本书最终成形，但尚需更多时间去打磨时，家里的铅笔生意大部分落在了梭罗的肩上。他心甘情愿地承担起了这份责任，从未因为家里生意上的事情抱怨过。尽管如此，在他这年4月初外出调查时，又一次习惯性地抱怨起来，仿佛阿波罗在抱怨为阿德墨托斯牧羊一般。

随着3月而来的，是“极端多变的、雾蒙蒙的天气”，强风足以吹倒柯南特姆的旧谷仓。到3月中旬为止，《瓦尔登湖》的出版事宜终于敲定，梭罗给格里利写了封信——此时的格里利仍在催促他提供更多的稿件——而格里利也立即向他表示了祝贺。3月28日，第一批《瓦尔登湖》的样稿寄到，等着梭罗去校对。这一年距离梭罗第一次拿着斧头在湖边伐树和建造小屋过去了将近9年。

## 11.1854年春夏：安东尼·伯恩斯[①]

整整一个春季，梭罗都在忙于修改《瓦尔登湖》的样章。他的修改似乎永无止境，即便把稿子寄了出去，他也依然停不下来。“当我把手稿寄给印刷厂后，一些讨厌的句子和表达不停地干扰着我，这些都是我之前不曾发现的。”尽管改稿占据了春天的大部分时间，梭罗还是抽出空闲打理家族生意和陪伴家人，他时而还会出去散步、到河上泛舟。这年的4月和5月，他开始弥补春天错过的美景：观察树上的叶子、灌木丛和花朵，并按照林奈的方法，精确地排列出植物抽叶的先后顺序。与此同时，他还密切关注着鸟类的踪迹，倾听着鸟鸣。他借来一台望远镜，没过多久便看到一只白头鹰。

梭罗向来难以忍受无聊，这年春季也不例外。他的身体状况不错，日志中只有一次提到过“只要身体稍稍松懈和闲适些，就会引发疾病乃至死亡”。然而他固执地认为：“在这些方面，每个人都是命运的主宰者。身心安泰的人没有时间去生病。”他一如既往地忙碌着，依旧抱怨着大多数科学语言对自然的描述都是没有价值的。他提醒自己，对自然的观察既要是主观的，也要是客观的。从梭罗

① Anthony Burns.

最精彩的描述中，读者能够看到他所观察到的事物，更能体会到事物对他造成的影响。例如，他在描述一个晴日时写道："这是晴空如洗的一天，大风吹起层层波纹，万事万物都是那样的明亮。" 5月9日，梭罗种了些西瓜，这项专长为他在当地赢得了一些名声；盛夏时节，他会邀请好友和邻居参加他的西瓜派对。

尽管《瓦尔登湖》的样章正等着他去修改，春季等着他去记录，家族生意等待他去打理，但梭罗还是对波士顿的安东尼·伯恩斯产生了兴趣。1854年初，斯蒂芬·道格拉斯（Stephen Douglas）推行了一则法案，允许民众在堪萨斯及内布拉斯加地区（基本上包括密苏里及爱荷华以西、得克萨斯以北的全部地区）定居。梭罗赞同北方人的观点，认为这道法令存在着许多重大问题：首先，美国曾与印第安人签署过条约，条约规定，"只要青草还在生长，河水还在流"，多数争议地区始终属于印第安人。其次，道格拉斯提出，由这些地区组成的新州是否保留奴隶制的问题，应该由这些地区的绝大多数居民决定。多数北方人对这项提议表示出愤慨，因为此举不仅置生效30多年的《密苏里妥协案》（*Missouri Compromise*）于不顾，一旦允许密苏里州以西、纬度36度30分以北的地区延续奴隶制，更是对这份法案的公然践踏。1850年的《妥协案》中，很重要的一部分内容由新颁布的《逃亡奴隶法》构成，北方州大多不赞同这项法令，有些地区因为仰慕丹尼尔·韦伯斯特[①]的名望，甚至公然拒绝执行该法令。

考虑到北方的抵抗态度，最新提出的《堪萨斯—内布拉斯加法

① 丹尼尔·韦伯斯特（Daniel Webster，1782—1852），美国政治家、法学家和律师。

案》（*Kansas-Nebraska Act*）是否通过，只能通过投票的方式来决定，以此规避敏感的逃亡奴隶问题。5月24日，逃亡奴隶安东尼·伯恩斯在波士顿被捕。25日，美国国会通过了《堪萨斯—内布拉斯加法案》。26日，波士顿的一群“暴民”试图从法院营救伯恩斯，但没有成功。随后，伯恩斯的身份得到确定，他被带到港口，上了一艘返回南部的船。在押送安东尼·伯恩斯时，美国政府竟然派出了一个炮兵营的兵力和四个排的海军兵力，外加州长警卫团和22名民兵。最终，伯恩斯作为最后一名遣返黑奴，回到了马萨诸塞州。这件事在民众之中引起了强烈的反响，梭罗也给予了强烈的回应。他开始构思讲座和演讲，准备宣传“臣服于不公正的法律”所带来的危害。这个主题仿佛根植在了他的心里，时时萦绕在他的脑海中。每次出门观赏百合或享受湖畔的宁静时，这件事就会涌上他的心头。7月4日，迁居湖畔的9周年纪念日这天，他在弗雷明汉以“马萨诸塞州的奴隶制”（Slavery in Massachusetts）为题举办了一场演讲。

在这场发人深省的演讲中，梭罗虽然没有公开呼吁暴力抵抗，却也与之相差不远。相比之下，日志中记录的这场演讲的语气则平缓了许多。在他看来，关键问题不在于逃亡奴隶法是否该被纳入宪法，而在于这项法律本身是否具有合理性。“我要请诸位同胞仔细想想，不论人类制定出何种法律，没有任何一个人、任何一个国家可以针对任何一个身份卑微的个体，采取哪怕是丝毫不公正的行动而不受制裁。”这项法律本身是错误的，不该被遵守；如果国家让人民遵守，那么国家就是错的。接下来，梭罗用隐晦的语言提到了暴力，但始终没有公开说明。“如果必须要这样做（遵守《逃亡奴隶法》），那么很难说，我会点燃哪根火柴、炸毁哪个体制。尽管我热爱生命，但我会站在光明一侧，让黑暗的大地在脚下滚过。”在讲稿中，梭罗对州长、法院以及报纸媒体（“我在每个专栏上都能听到臭水沟发出的汩汩声”）进行了强烈的批判，但值得注意的是，这篇讲稿反映了当时大部分民众的情绪。毫无疑问，梭罗对这一事件的反应无比激烈，激烈到足以让他采用基督教的修辞。不论在讲稿中还是在演讲现场，梭罗都一改常态，反复使用了“天堂”“地狱”“天使”“魔鬼”等词语，凸显出威廉·劳埃德·加里森、温德尔·菲利普斯以及弗雷德里克·道格拉斯等人的演讲风格：

> 或许，我生活在这样一种幻觉之中：我在介于天堂和地狱间的某个地方生活着，但现在，我无法说服自己并没有完全生活在地狱当中。在我看来，那个政治组织的所在地——马萨诸塞州——已经在道德层面落满了火山渣和灰烬，颇似弥尔顿所描述的地狱景象。

梭罗是不能没有自由理念的，尽管许多关于自由的表达已经沦为陈词滥调，或正受到怀疑。然而不论是革命的一代追求的自由，还是内战的一代追求的解放；不论是20世纪上半叶自由的概念，还是现代人追求的解放，唯一发生变化或遭到抛弃的，并不是自由的理念，而是关于自由的表达。梭罗这一生最重要的意义在于将自由或解放当作律令来捍卫，这也正是《瓦尔登湖》所传达的深意。可以说，《瓦尔登湖》的出版和印刷，与梭罗再次投身废奴运动，与安东尼·伯恩斯事件引发轩然大波，是同步进行的。梭罗迁居瓦尔登湖之举与弗雷德里克·道格拉斯的出现及其叙述的自我遭遇并非没有关联。《瓦尔登湖》提倡的自我解放，并不是以牺牲他人的自由作为代价，并不意味着个体可以忽略外部世界存在的问题。因此，追求个人自由的梭罗，不可避免地参与到废奴政治运动中。随着时间的流逝，他的热情非但没有消退，反而越发高涨。

## 12. 1854年7月和8月：《瓦尔登湖》

梭罗重新强调了古希腊斯多葛学派有关“自治”的理念，将印度“灵魂的终极解脱”的概念融入美国本土语境，将自由的理念与他所理解的野性（一切文明与文化的质料和来源）等同起来。通过以上种种方式，他对《瓦尔登湖》中的自由理念进行了内涵上的拓展，并赋予它现代含义。在印度的文化传统中，通过广泛探索内心的自由，个人最终能够实现对外界暴政的默许。而梭罗则超越了这一理念，将自由、自主的个体等理念与随着不同“鼓点”阔步前进的个体联系起来。从某种意义上来看，梭罗改善了印度的传统理念，让它可以更好地运用于实践。二十世纪，印度人开始“回收”经梭罗改善过的理念：甘地明确引用了梭罗的话，在论及“印度自治”问题时表示：“真正的自治是自我约束或自我控制……如果一个人认识到，忍受不公正的法律是懦弱的表现，那么没有任何人的暴政能够奴役他。这就是自治或自我管制的关键。”

梭罗在《瓦尔登湖》的开篇中表示，他之所以搬到森林里生活，是为了聆听森林的教诲。当我们读到结语部分，读到那扣人心弦的生命赞歌时，我们才会恍然大悟，梭罗关于“探索自我”的颂扬和告诫是为了回答开篇提出的那个问题——接近自然的生活能够教会我们什么？

梭罗得到的启示为：若要避免绝望的生活，则必须认识到勇气的必要性和自由的绝对价值，将自然视作法则的理念，尊重法则对我们的制约，认识到个体“完整”的必要性。“我认识到，至少我是从这场实验中认识到，一个人若能自信地向着他梦想的方向行进，努力经营他所向往的生活，他是可以获得意想不到的成功的。”梭罗得到的第一点启示是勇气：没有勇气，其余的体悟则毫无用处，也无法在生活中得到运用；没有勇气，自由仅仅是一个词语，有了勇气，自由便成为反抗奴隶制的力量，成为人类生活的绝对基础。“如果奴隶制没有错，”林肯说道，“那么世界上便没有什么是错的。”

另外，梭罗体会到了法则的内涵以及局限的必要性。大自然中遍布着法则，存在着一些我们必须尊重的局限和界限。这番体悟并不是为了贬低、轻视或告诫人类。在他看来，法则能将表面看来孤立的现象联系起来。接受了自然的法则，也就接受了自然。只有接受了自然，才能接受自我、接受超越自我的事物。从《瓦尔登湖》的第一稿开始，梭罗便一直强调：

> 我们绝不会对大自然感到厌倦。我们必须从无穷的精力和广大的巨神似的形象中得到重生，必须从海岸和岸上的残舟，从旷野上生意盎然的和腐朽的林木，从雷云，从连下三个星期后导致水灾的雨，从这一切中得到精神的焕发。我们需要看到自己的局限被打破，需要在一些我们从未游荡过的牧场上自由地生活。

林中生活也让梭罗认识到“完整”的含义。当埃里克·埃里克森（Eric Erikson）将人生的最终阶段描述为“在完整感、绝望感和厌恶感之间挣扎”时，他所谓的完整与梭罗所理解的完整具有相同的意义。对于埃里克森而言，完整就是“从自我中产生的对秩序和意义的渴望。这是一种超越人类自恋的体验，一种能够表达世界秩序和灵魂意义的经验，一种我们不计代价也要寻求的体验”。相反，生活中的不完整则很容易理解。简单来说，不完整意味着绝望：“倘若一个人缺乏或丢失了自我的完整性，往往会体现在对死亡的恐惧上：他无法接受死亡是生命周期唯一的终结点。绝望代表着这样一种情感：时间太短暂，短暂得来不及开启另一段生命，来不及尝试另外一条通向完整的路。厌恶是绝望的伪装。”

在《瓦尔登湖》一书中，梭罗曾重点论述过完整与绝望的问题。早在埃里克森之前，他就已经认识到对方提出的生命周期的最终阶段或第八阶段。在《瓦尔登湖》初稿的第七段中，梭罗明确提到过“普通劳动者的完整性”这一问题。1852年修改手稿时，他又添加了三个段落，并提出一个令人惊讶的论断：“大多数人都过着一种平静而绝望的生活。”随后，他对绝望的内涵进行了阐释。在反复修改手稿的过程中，梭罗增添了关于绝望的论述以及关于完整性的例证。从他的朋友身上，从他散步的经历中，以及从他阅读的书籍中，梭罗已经积累了足够多的实例，足以让他得出“完整是心灵对秩序和意义的渴望”这一结论。在结语部分，梭罗再次将我们带回了这一主题，并反问道：“为什么我们要这样急于成功？为什么要从事这样荒唐的事业？”为了回答这个问题，梭罗讲述了一个伟大的寓言：柯洛城中有个追求完美的艺术家，为了做一根完美的手杖，这位艺术家表示：“哪怕一生中不再做其他任何事情，也要把手杖做得十全十美。”就在他“从不着急，也从不懈怠”（歌德语）地寻找适合的材料时，“他的朋友们先后弃他而去，因为他们在劳作的过程中渐渐变老，最终死去了。但艺术家丝毫没有变老，他一心一意，坚定而又高度虔诚，这一切让他在不知不觉中得到了永久的青春”。时光飞逝，柯洛城已经沦为废墟，坎达哈王朝的时代已经结束，就连他的种族也渐渐绝迹，但他依然打磨着那根手杖。“当他磨光了手杖时，卡尔伯已经不再是北极星；他还没有装上金箍和饰有宝石的杖头，梵天都已经睡醒了好几次。”最终，他做好了那根手杖，它“突然间辉耀无比，成为梵天所创造的世界中最美的一件作品。在制作手杖的过程中，他创造了一个新制度，一个美妙无比而适度的新世界……材料纯粹，他的艺术纯粹，最终的结果怎能不神奇？”

在创作《瓦尔登湖》的过程中，梭罗也花费了多年时间寻找恰当的材料，他艰辛地创作，不厌其烦地改写和增删，这番经历恰好与手杖艺术家的经历相同。从1852年起，这个寓言便一直存在于手稿之中，构成了结语部分的核心。它时时提醒着梭罗，既然用这个故事来影射自己，就必须做到像手杖艺术家一样虔诚，哪怕不做其他事情，也要将这本书写好。《瓦尔登湖》的完结象征着梭罗的某种胜利，象征着其心灵对秩序和意义的渴望，证明了他可以写出一部如此伟大的作品。这年7月，梭罗表达自我的语言中流露出圆满与丰饶的气象。7月18日，在山姆·巴雷特（Sam Barrett）家附近散步时，梭罗感到了“季节更替的迹象”。他在一条小路上发现了许多浆果，这让他觉得自己仿佛“无意中闯进了一个更加富饶的世界，闯进了山野中的伊甸园”。

8月9日，《纽约论坛报》的“新作”一栏出现了一篇文章，文章长度在10英寸左右，标题为“美国爱情小说史上前所未有的成功：《时尚与饥荒》，安妮 · S.斯蒂芬斯著”（Unprecedented Success of the Greatest of American Romances，*Fashion and Famine* by Mrs. Ann S. Stephens）。这篇文章的下方是一则长约2英寸的关于《瓦尔登湖》的出版声明，标题为《林中生活》（*Life in the Woods*），再往下是一篇长约3英寸的文章，标题为《〈马格达 · 伦赫本：苏格兰历史故事一则〉，玛格丽特 · 梅特兰著》（*Magdalan Hepburn，A Tale of Scottish History，by the author of Margaret Maitland*）。

这一年，市场上出现了第一批康科德葡萄，这些即将变得家喻户晓的葡萄经过了长时期的精心培育：1843年栽下第一批幼苗，1849年收获了第一批葡萄。截至1854年夏天，梭罗的果园、作品以及人生，都已进入了圆满而成熟的阶段。8月10日，《瓦尔登湖》出版的第二天，梭罗在日志中仔细地记录道：“果园里结出了第一颗香瓜。”

# 第九卷
# 1854—1862 自然经济

## 1. “夜晚与月光”[①]

《瓦尔登湖》的出版给梭罗带来了一丝“圆满感”，在8月的日志中，这种“圆满感”通过“果实”这一隐喻表达出来。不久后，梭罗又开始酝酿新的作品。在他看来，“播种品质的季节”将带来“思想的收获……我的一些小念头——春季生活的果实——已经成熟”。他认为：“散步也是一门科学，关键在于把控方向……毫无疑问，一年中的某个时节里，总会有些地方给人最多的收获和愉悦，这就值得我们思考，要在什么时节，去哪里散步。”几天后，他认为自己可以“描述在田野里艰难跋涉、一走就是一整天的散步经历”。他的日志中频繁提到种子、果实、越橘，以及初秋的色彩，特别是野草的灰色。他在一张又一张纸上列出鸟类的名称，终有一天，这些材料会被他写入其他作品。然而自《瓦尔登湖》出版后，这年的仲夏时节，梭罗似乎并没有什么新的计划，清晨的阅读与他

① “夜晚与月光”（Night and Moonlight）。

的散步一样，没有任何方向。

这年夏天，主导梭罗情绪的并不是喜悦感或成就感，更不是决心，而是不该有的茫然。7月中旬，他感到盛夏已至顶点。7月28日，他谈到“这年的许多美好期待要过一阵子才能实现。夏季的盛况已过，接下来会渐渐衰微，进入冬季——一年中的‘下午’和低谷”。8月初，他在林肯镇做了些调查，但这份工作总让他觉得待遇欠佳。这年的夏天十分炎热，每逢晚饭过后，阁楼里便热得待不下去，梭罗只好“去楼下和家人坐在一起”。他在日志中粗鲁地抱怨说，他要创造些私人空间，不能待在人多的地方。这天傍晚，他试着出去散步，但并没有明显的收获。

“对我而言，7月是个收获甚微的月份。”梭罗沮丧地写道。在寄给布莱克的信中，他对自己进行了严厉的批评：“目前为止，我在这个夏天还没有任何收获。”8月中旬，他因没能早起而自责，责怪自己参加了“过于频繁的社交活动”，因“饮茶和喝咖啡”让自己“变得卑贱而粗鲁”。总之，这个月的种种消沉可谓难以尽述。或许是因为创作《瓦尔登湖》的那段日子太过充实，而最近这段时日又太过平淡；或许是因为他对“马萨诸塞州的奴隶制”等政治问题失去了热情；或许是因为他打算回归讲座事业，但他的讲座从来都算不上成功——至少与爱默生相比是不成功的——这点让他十分不快。

这年夏天的消沉或许是由炎热的天气所引起，或许是由那场持久且可怕的旱灾所致。不到8月中旬，树叶便全部转黄，许多树苗相继枯死，水果尚未成熟，果树就已经死掉。不论在哪里下锹，“都只能挖到沙土”。梭罗在某处发现，地表以下4英尺的土层里，居然没有半点水分。每到8月，新英格兰地区就会被雾霾所笼罩，而干旱引发的火灾则进一步加剧了空气的污浊。不只是森林里，就连草地也频频失火，地表以下3英尺，全被火焰烧透。镇子西北部的布鲁克草场整整烧了“数周之久”。梭罗还听说，某些山丘上的土壤已经被烧光，露出了下方的岩石。

8月末，随着天气转凉，雨水渐渐多了起来，这场旱灾终于告一段落。9月4日和7日，梭罗先后两次出门散步，他伴着夜晚的月光走了很久。大概是在这个时候，他产生了以“夜晚和月光”为主题举办几场讲座的想法。凉爽的秋夜全然不同于炎热干燥的夏日——根据梭罗的说法，夜晚是“白日的反面”。傍晚时分，他来到了河边，开始在河里尽情地戏水。除了“雾气”“潮湿”以及“凉爽”等词语，日志里还有这样一段描述：“夜里的河水与白日一样，汩汩地流淌着，溅落在我的搅拌器上，流进我的木桶里，从我的浮板上漫过。它启动了我灵魂中那架机器，让我变成了一条水渠，变成一道溪流中的闸门。就这样，我洗净了身体，浇灭了我的干渴。”对于梭罗而言，夜晚具有“治愈及滋养”的功效。白天，他对日志中的内容进行了梳理，围绕夜晚和月光创作了几篇随笔，这些文章大多可以追溯到1851年夏夜的散步经历。10月8日，梭罗将有关月光的材料整理出来，在普利茅斯举办了一场讲座。到目前为止，这场讲座的完整文稿还没有出现，或者还没有发表，我们只能从一些残存的片段中获取关于这场讲座的信息。

梭罗对月亮这一主题并不陌生。在他与艾伦·修厄尔和莉迪亚·爱默生的交往中，在他写过的诗歌中，以及在他阅读的希腊神话（月神狄安娜）中，曾反复出现有关月亮的主题。梭罗认为自己更像日神阿波罗，此生注定要长途跋涉。相比之下，“狄安娜依旧停留在新英格兰的上空狩猎”。从梭罗那些论及月亮的文章中可以看出，他研读并摘录了印度史诗《往世书》、有关莪相的传说，以及洛利、奥利金（Origen）、奥古斯汀（Augustine）、杜巴塔斯（du Bartas）等人的作品，此外还引用了比尤拉、尼尼微以及印加地区的神话。有些文章不禁令人联想到拜伦或朗费罗的《夜之声》（*Voices of the Night*），甚至是肖邦（Chopin，1810—1849）的《夜曲》。浪漫主义偏爱形式，不论是在音乐、诗歌还是散文中，形式始终受到青睐。梭罗描绘的宁谧而清冷的月光正是散文版的《夜曲》："我转过身，看到那无声的、沉思的、圣洁的月亮，它将令人难以想象的柔光洒落在西面的山坡上。那山坡仿佛经过了上千年的打磨，表面被渐渐磨亮，上面笼罩着一层灰白的光泽。此时，对月鸣叫的蟋蟀也改变了平时的音调。晚风吹了起来，树叶'沙沙'作响。这风从哪里来？是什么孕育了它？"

与朗费罗一样，梭罗寻求着对夜晚声音的表达。在他的眼里，月光是一种语言，它像梵语一般，涵容着"诗歌的世界"，给人以命运的启示，传达着玄妙晦涩的神谕。然而令梭罗困惑的是，该如何用自己的语言表达夜的特质："我担心我描述的夜晚和在月光下的漫步缺乏足够的'微黑'色彩。每一句话都该带上些暮色或夜色才是。"在那个荣格尚未出现的时代里，梭罗已然认识到，夜晚是潜意识的象征。他想通过掌握夜的语言，来征服属于黑夜的部分领土，夜晚让他更加接近事物的本源。这种体验或许会令人感到极其不安。"当阴暗在周围聚拢时，我们原始的本能被唤醒。我们从巢穴中悄悄溜出来，像丛林中的居民一般，寻找着无声和幽暗的思想，这些思想是智慧的天然食材。"上文中的"捕食"意象颇似老亨利·詹姆斯的一番描述："对于能够享受精神生活的人而言，自然留下的遗产是一片未被征服过的森林，那里回响着野狼的嚎叫和夜鸟的聒噪声。”的确，对于梭罗而言，夜晚这一主题带有凶险、悲剧和厌世的色彩。在将黑夜描述为“白日的反面”后，他又补充说：“死神跟随着我。生命遥不可及。”随着年龄的增长，梭罗渐渐发现，“我们谈论夜晚的次数比清晨更多”，并且认为这是一种不祥之兆。然而半夜起床并非全无益处，至少可以帮助他远离人群。“我并不欣赏这样一种宇宙观：人类和他们的制度刚一进入宇宙，便不可避免地引发并吸收了绝大部分关注。”他曾这样写道。

在关于黑夜和月光的一系列讲座中，梭罗在某种程度上驳斥了将超验主义视作“纯粹妄想”的观点——当时持有这种观点的人不在少数。通过他惯用的讽刺和隽语，梭罗向众人阐释了这样一种看法：超验主义的确是妄想，但它具有光辉和明亮的一面，这一点是不需要超验主义者抱有怀疑的。他在《瓦尔登湖》的结尾处写道：“对于我们来说，使我们视而不见的光亮就是黑暗。当我们清醒时，才会迎来曙光。来日方长，太阳只是颗启明星。”在另一篇谈到月光的文章中，他是这样结尾的：“所以，我们不妨伴着阳光散步，把太阳当作月亮——当作稍显暗淡、太阳的反光——将白日当作适合沉思，仍能瞥见几颗星辰的夜晚。”与《瓦尔登湖》的“结语”相比，以上表达显得更为消极，或者可以说，正是前者的“反面”。事实上，这正是梭罗开展的另外一项有趣的实验。他在开篇一反常态地表示：“人们无法创造也无法选择自己的路……他们享受的，都是种种力量所给予的。”根据梭罗之前的构想，这些关于夜晚的文章，本是用来平衡和补足《瓦尔登湖》中的“阳光”基调，但没过多久，梭罗便抛弃了这个主题。

## 2. 新朋友

《瓦尔登湖》出版后，受到鼓励的梭罗不仅收获了新的主题，更收获了新的友情，往日的老朋友也开始对他另眼相看。从这点来看，梭罗抱怨“社交过于频繁”并非没有根据。在写给英国编辑理查德·本特利（Richard Bentley）的书信中，爱默生热情地推荐了梭罗的这部作品；约翰·S.德怀特（John S.Dwight）专门为《瓦尔登湖》撰写了一篇评论；托马斯·温特沃斯·希金森也给梭罗寄来了贺信；理查德·富勒的贺信则更显热情和仰慕。8月中旬，植物学家约翰·拉塞尔（John Russell）专程从塞勒姆赶来拜访，这让梭罗对科学产生了更加浓厚的兴趣。9月初，塞缪尔·伍斯特·劳斯（Samuel Worcester Rowse）来访。这位年轻的画家出生于缅因州，是伊士曼·约翰逊[①]的朋友，早期的肖像画作品颇有名气。他在梭罗家住了一段时日，其间曾与梭罗外出远足，并在辛西娅的提议下，为梭罗绘制了一幅蜡笔肖像。许多人认为，在梭罗所有的肖像画中，这幅最为传神。当然，画中人物要比实际的梭罗更年轻、更理想化，肖像画的线条勾勒较淡，与后来梭罗的照片相比，这幅画更具柔美和明朗的气质。

从收到《瓦尔登湖》的首批样稿到作品最终出版的这段时间里，梭罗又给布莱克寄去一封充满哲思的书信。自1848年收到布莱克的第一封信起，梭罗便一直与他保持着书信往来。38岁的布莱

① 伊士曼·约翰逊（Eastman Johnson，1824—1906），美国画家。

克是哈佛大学的校友，曾做过几天牧师，当过一阵子教师，眼下已成为伍斯特地区有名的自由主义者。当时的伍斯特文化氛围浓厚，尽管希金森评论说，那里充满了乡野气息，“从早到晚，正街上挤满了乡下来的马车……你可以从车上购买木柴”。在伍斯特，常与布莱克来往的人士包括裁缝西奥·布朗（梭罗在1849年见过这位智者）、希金森、约翰·维斯（John Weiss）、爱德华·埃弗里特·黑尔（Edward Everett Hale）以及大卫·沃森（David Wasson）等人。这些人常常在布朗的裁缝店里聚会。梭罗偶尔会到伍斯特去，每逢此时，他会来到位于正街与波尔街交会处的裁缝店，坐在小店的后窗前，“为人类的灵魂裁剪着衣裳，而身边的布朗则为人类的躯体剪裁着布料。哈利·布莱克戴着金边眼镜，两眼闪着愉悦的光芒，与两人争论着……”

梭罗与伍斯特的几位朋友十分要好。每次去那里举办讲座，他都会与朋友们外出散步。他在布莱克身上发现了一些令他触动的品质，于是便写了一封信给布莱克，信中流露出一种淡淡的思想上的默契。对于布莱克而言，这是最为重要、最具启示意义的一封信。后来他曾表示，两人的友情“几乎不掺杂个人情感”，大多是思想上的交流，且总能产生共鸣。布莱克曾对梭罗的传记作者说：“我们的对话，或者我们之间的交谈，大多围绕着他的信件或是他的作品展开。”布莱克是一位称职的笔友。得到梭罗寄来的样稿后，他曾试着将尚未出版的材料按照季节顺序进行编排，因为他明白，梭罗想要的正是这种形式。布莱克整整一生都在阅读梭罗的来信。他曾表示，自己“总能从这些书信中得到温暖和启示，偶尔还能获得前所未有的力量。因此，从某种意义上来说，这些书信依然在邮寄的途中，还没有完全寄到我这里，甚至在我辞世之前也不会寄到”。

《瓦尔登湖》出版后不久，梭罗收到了丹尼尔·里基森（Daniel Ricketson）的贺信。里基森来自新贝德福德的一个古老家族，既是一名贵格会教徒，又是一名废奴主义者。尽管他已经结婚，并且养育了四个孩子，但他像梭罗一样，是个“半居家”式的隐士。他对梭罗说，他这一辈子都在努力奋斗，“竭力挣脱形式和俗礼的束缚”。当时的里基森41岁，在新贝德福德北部的布鲁克朗盖了一栋窄小但温馨的小房子。这座小屋十分简陋，地上铺着硬松木板。在很长一段时间里，他就一直在这栋小屋里接待朋友。里基森对大自然怀有无比真挚的情感。“整个少年时代，”他对梭罗说，“我的脑海都被乡野所占据。”里基森十分博学，与当时许多著名人物保持着书信往来，还出版过一本《新贝德福德史》（*History of New Bedford*，1858）和两卷诗集：《秋日集》（*The Autumn Sheaf*，1869）和《工厂的钟声及杂诗》（*The Factory-bell and Other Poems*，1873）。里基森时常造访康科德，而梭罗也在新贝德福德的小屋里受到了热情的招待。不过，里基森性情乖戾，汤姆·布兰丁曾委婉地评论说，他的“性格十分复杂”。的确，里基森患有抑郁症，情绪极不稳定，他时常抱怨梭罗不常登门，认为梭罗没有满足他的情感需求。事实上，他对梭罗的期待超过了后者能够接受的范围。梭罗曾给他写过一封信，信中分享了自己对威廉·吉尔平的赞赏和仰慕，但此举却令里基森大为不悦。他认为这封信“写得太过潦草，很难令人满意”。

尽管如此，里基森仍是一个忠实而可靠的伙伴，虽然性格上存在明显的缺陷，但他也时不时出现在梭罗的生活当中。根据当时较为流行的说法，他是一名“求索者”，一个不安分的、不会感到满足的人，与伊萨克·赫克和埃勒里·钱宁有几分相似。在他喜怒无常的外表下，隐藏着极为传统的天性，这种天性往往以带有传统基督教色彩和带有库珀色彩的诗歌表现出来。《秋日集》扉页的插图带有强烈的梭罗风格："哲思者"里基森坐在门口，小屋上爬满了藤蔓；然而他的诗歌却流露出18世纪的牧师所特有的敏感："富户人家装饰缤纷的大厅里/摆满高脚杯的木阁在呻吟……/不，不是在这里/是在大自然更为平静的风光里/在森林的暗影中，在低吟的溪流旁。"在故乡，里基森以"性格古怪"和"直言不讳"而闻名。凡是触动他的题材，都能引发他强烈的情感，激发他敏捷的逻辑。"我对自然的热爱是绝对而纯粹的。大自然让我成为一名废奴主义者。"他在写给梭罗的信中这样说道。在写给友人的书信中，他曾睿智地表示："梭罗的一生大部分都藏在他的心里，如果有喜欢的朋友陪着，他或许会将这份情感表达出来。"两人的友情是真挚的，而且不止里基森一人对这段友情保持着忠诚。1862年，梭罗结束了明尼苏达州之旅。返程时，他去新贝德福德拜访了里基森。那是他人生中最后一段旅程。

1854年9月，托马斯·乔姆利（Thomas Cholmondeley）来到康科德。31岁的乔姆利来自牛津，是亚瑟·修·克拉夫（Arthur Hugh Clough）的朋友。不久前，乔姆利去过英国的新殖民地——新西兰，他随后将这段经历写成了《天涯海角》（*Ultima Thule*）一书，该书与《瓦尔登湖》在同一年出版。乔姆利此行的目的是拜访爱默生，却因为梭罗而住了下来。尽管两人背景身份差异较大，但他与梭罗相处得十分融洽。梭罗曾邀他一同前往威斯敏斯特市（科罗拉多州）一同攀登沃楚西特山，一同探望伍斯特的朋友们。在与这位英国访客共同生活期间，梭罗专门从哈佛大学图书馆借来了《薄伽梵歌》和《毗湿奴往世书》，以便对方能更好地理解他对印度经文的兴趣。

《天涯海角》的作者是个思想深刻、热情而博学的人，对“发现新地域”和新国家的建立充满了兴趣。自1838年起，英国人开始为殖民新西兰积极奔走，这段历史与新英格兰的殖民史存在着诸多平行之处，这令乔姆利大感新鲜刺激。然而乔姆利的兴趣并不在于新西兰这个国家，而在于新西兰这片殖民地。他创作了大量有关白人社会演变的文章，却对遭白人驱赶的毛利人不置一词。的确，他感兴趣的并不是毛利人或毛利人的生活方式，他的书中也未曾表现出对新西兰自然史的关注。他对这片土地的兴趣局限于社会和法律层面，而不在植物学领域。乔姆利十分清楚，“新西兰本土的问题都有一个共同的来源：土地纠纷”。他对殖民行径的看法颇具社会达尔文主义色彩：

> 白人定居者是无法阻挡的，事实上，不论他们出现在哪里，哪里的土著就会灭亡。因此，在丛林和田野中，甚至在英格兰，我们都可以观察到这样的现象：之前生长茂盛的植物或树木会被引入的新品种所淘汰。不同种族、不同社会间的对抗与仇恨，不过是自然历史中各种现象的延伸而已。

乔姆利显然是一名睿智的观察者，他提出的问题也十分有趣：“我们的孩子是否会变成野蛮人？他们（毛利人）的祖先是否拥有过文明？第一批原住民究竟是文明的，还是野蛮的，还是两者都有？我们和他们，谁才是最接近自然的人？文明究竟是最初的文化，还是文化的倒退？”后来，乔姆利曾邀请梭罗出国旅行，但梭罗并没有接受。从乔姆利的作品、信件以及谈话记录中可以看出，他并不是一个简单的人物，绝非一般的英国富佬（他曾送给梭罗一箱价值不菲的“东方的书籍”）。

这年秋天，康科德迎来了另外一名陌生人：弗兰克林·桑伯恩（Frank Sanborn）。桑伯恩后来成为一位著名的新闻记者，是康科德家喻户晓的人物。他创作过许多作品，但最重要的作品要数梭罗的传记。他与布莱克一样，在出版梭罗个人手稿的过程中发挥了重要作用，尽管他的作品因为不够严谨而遭到近代学者的批判。1854年11月2日，这位23岁的哈佛大学毕业生前来拜访爱默生，1855年1月，他结识了梭罗。不久后，这位激进而热情的年轻人将会成为约翰·布朗的密友，并提前获知关于“哈普斯渡口突袭事件”[①]的有关信息。从照片上看，年轻的桑伯恩身材瘦弱，眼神犀利，下巴瘦削。不久后，他与惠特曼结为好友，后者对他的描述为：“他是约翰·布朗的小友，一名年轻的战士，颇似古代的英雄人物：他倡导武装斗争，忠诚于革命事业……就像是十字军战士……听到敌人的名字便热血上涌……他开枪绝不迟疑；他高贵、乐观、魁梧。”

1855年1月，梭罗在桑伯恩位于剑桥市的屋子里留下了他的《一周》。之前，有一个人写过一篇关于梭罗的文章，并发表在《哈佛杂志》（*Harvard Magazine*）上，这篇文章由桑伯恩编辑。梭罗的这本书便是为这位作者所留。当时桑伯恩不在家，但随后，他在信中表示了对梭罗才能的赞赏，表示“您的描述极具美感”，但又极为无礼地补充说：“但如果有人问起我，对你的哲学如何评价，我会立刻回答说，它们连一根稻草的价值都不及。”尽管如此，桑伯

① 哈普斯渡口位于美国弗吉尼亚州西部的一个小镇。1859年，约翰·布朗在此地发动了以解放当地奴隶为目的的武装暴动。

恩没过多久便搬到了康科德。他在当地开办了一所学校，平日寄宿在梭罗家。连续三年来，他几乎每天都与梭罗见面，并且鼓励梭罗接受约翰·布朗的理念，最终成为梭罗的拥护者。惠特曼曾回忆起这样一件事。多年后的一天，他问桑伯恩："康科德的作家当中，谁的名声会流传后世……桑伯恩迟迟没有回答。我以为他会说爱默生，但我猜错了。他说的是梭罗。我十分惊讶，望着他问道：'这是你的真实判断吗？'他十分肯定地说：'是的！'我认为，这番回答很不一般。"惠特曼总结道："考虑到当时爱默生的名声，再考虑到当时梭罗的处境，以及桑伯恩本人的情况，可以说，这样的回答非常、非常不一般。"

## 3.《没有原则的生活》[①]

10月8日，梭罗在普利茅斯举办了题为"月光"（Moonlight）的讲座。19日，他与布莱克和乔姆利攀登了沃楚西特山。10月及11月，他为筹办更多的讲座寄出了大量的信件。11月末，他来到费城，举办了关于"猎鹿"的讲座。在纽约稍作停留后，他便赶回故乡探望格里利。12月初，他准备举办下一场讲座，题目暂定为"何益之有"（What Shall it Profit a Man）。

整整一个秋季，梭罗都生活在《瓦尔登湖》带来的荣光里。由于这本书扩大了他的交际圈，梭罗希望它也能对自己的讲座生涯有所帮助。以"月光"为题的系列讲座，旨在探讨生活中黑暗的、

① 《没有原则的生活》（*Life Without Principle*）。

"夜"的一面——这恰恰是《瓦尔登湖》没有探讨的部分。接下来几场讲座的主题分别为"何益之有""荒废的生活""更高的法则"以及"没有原则的生活"，这些主题恰好与《瓦尔登湖》中的主题形成正反对比，用坚定而有力的声音肯定了生活，强调了生活的意义，其最终目的与《瓦尔登湖》如出一辙。如果说《瓦尔登湖》告诫我们如何生活，并从正面强调为了什么活着，那么《何益之有》则从反面着手，对商业进行了佩尔西乌斯式的批判。它指出活着本身并非目的，而仅仅是生活的一种手段。这篇讲稿带有鲜明的《圣经》色彩和布道的风格，在梭罗所有的作品中，要数这一篇的清教主义色彩最浓厚。值得注意的是，梭罗的清教风格中没有丝毫的加尔文主义色彩，反倒更像为新教伦理以及资本主义精神唱响的悲歌。

这种基调始终贯穿于梭罗早期及后期的讲座中。"我认为，没有什么——连犯罪也是如此——能比永无止境的商业更与诗歌、哲学乃至生活背道而驰……你们用来赚钱的种种手段，必然会将生活引向下坡，无一例外。"梭罗在给他带来金钱的讲座中这样说道。对于梭罗而言，这种理念并不陌生，只不过近期才引发了他强烈的兴趣，成为他坚持奉行的信条而已。对于自身所处的尴尬境地，梭罗要么没有发现，要么选择不予理会。总体而言，此时的梭罗已经抛开了《瓦尔登湖》中那种波澜不惊的戏谑和幽默。"有些人执着于心灵的探索，但通常情况下，一点点金钱和名声就会让他们停止当下的追求。"梭罗写道。这篇讲稿描述的不是爱默生或格里利，不是里基森或布莱克，不是乔姆利或桑伯恩，更不是他的农夫朋友米诺特或莱斯。就像他的其他文章一样，这篇讲稿所针对的，大多是没有具体的姓名、身份不详的某些人，批判的并非是他生活中出现过的人，或是他身边的朋友。必须承认的是，梭罗提出了一些精彩的观点，比如“你或许很勤奋，却没有把时间利用好”。或者，他会用绝妙的短句来安慰自己：“要做自己喜欢做的事情，并以此谋生。”有时候，梭罗似乎并没有完全丢掉他的幽默感：“于是，人们一边躺在床上，一边谈论着人类的堕落，就是不肯为起床付出半分努力。”不过，这篇讲稿的总体基调是严肃而郑重的，修辞也大多偏向讽刺。“我相信，”他写道，“如果习惯了关注琐碎的事物，心灵便会遭受永久的亵渎。”在讲稿的结尾处，梭罗终于从猛烈的批判转向了温和的呼吁：“眼下，我们的注意力被种种事物所占据，比如政治、日常事务等，的确，这些事物在人类社会中发挥着重要的作用，但它们应该像人体的器官一样，在不知不觉中发挥功效。它们就像植被一样，并不属于人类的生活。”与此同时，梭罗还指出：“我们不该效仿那些消化不良的人，逢人便讲做了噩梦；偶尔也该学学那些消化功能健全的人，祝福彼此拥有一个最明媚的清晨。”有时候，这篇讲稿被视为梭罗最精彩的文章之一，因为他的主要观点都在这里得到了体现。甚至有人认为，这篇文章堪比爱默生的《论自立》。但不可否认的是，梭罗也在这篇讲稿中提出了最严苛的道德要求。

1854年12月6日，梭罗在普罗维登斯举办了一场讲座，但效果并不理想。他语气冷漠地写道：“我宁可写书，也不愿意办讲座。”但同样是在这个月，他又针对同一主题举办了两次讲座，一次在新贝德福德，另一次在楠塔基特——这一次的听众更有眼光，对梭罗的讲座给予了认可。完成讲座并整理完讲稿后，梭罗立刻读起了北美前哥伦布史的有关材料。早在1854年4至5月，他就开始了相关主题的阅读。在冬季接下来的几个月份里，梭罗的生活恢复了常态。他全身心地投入创作中，冬天的到来甚至没有引起他的注意。此时，他已经开始阅读亨特（Hunter）的《印第安人俘虏回忆录》（*Memoirs of Captivity among the Indians*）、卡德瓦拉德·科登（Cadwallader Colden）的《印第安五族史》（*History of the Five Indian Nations*）、1639年的《耶稣会报道》、斯库克拉夫特的《印第安部族史料》（*Information Respecting Indian Tribes*）（梭罗于1853年11月开始阅读）、萨加德·西奥达特（Sagard-Theodat）的《伟大的旅程》（*Le Grand Voyage du Pays des Hurons*）和《加拿大史》（*Histoire du Canada*）、威廉·亚当斯（Wm. Adams）的《日志》（*Journal*）以及威廉·伍德（William Wood）的《新英格兰展望》（*New England's Prospect*）等作品。渐渐地，梭罗再次焕发了精神活力，他的文字也再次显露出生机。12月26日，他写道："冬季正在我体内消散。"1月7日，他描述说："空气中有一种甜美而柔软的气息，它预示着春天的到来，为我的血液注入了生命力！我的生活再次变得充实起来了！"

与此同时，梭罗发现，新英格兰早期作家的风格也是充实的。在评论约翰·乔斯林和威廉·伍德时，他写道："文笔有力而真诚，但有些鲁莽和随意。"提到科顿·马瑟（Cotton Mather）时，他用"语汇丰富"几个词来点评。从整体上讲，"他们的文字是有力而粗糙的，并非总能在词典中被查到，更难在讲究礼节的场合听到它们。尽管如此，他们的描述总给人一种十分贴切的感觉"。在《何益之有》这篇讲稿中，梭罗对早期清教徒作家和殖民地作家进行了重新评估。之前，他曾抱怨说："在我看来，新英格兰的传记作家和日志作家大多给人一种'掘墓'的陈腐感。"现在，他依然认为，如果仅仅阅读马瑟的作品，"你就只能活在他那个时代，甚至还会相信巫术的存在”。但最终，他客观地指出，马瑟“那一代人比这一代人更接近自然和事实，因此，他们的作品更具生命力”。

对于梭罗而言，这年冬天是滑冰的好季节。12月19日，冰层封住了河面。第二天，梭罗与钱宁出去滑冰，但后者却始终胆战心惊，汗珠“从他的额头上滴落，一颗接一颗地落在冰面上，他的胡子被冻成了长长的冰柱”。梭罗经常滑冰，有一次还是在暴雪来袭的时候。他喜欢滑冰的速度感，让他觉得自己“像一种全新的生物——或许像一头鹿”。有一天，他特地计数了一下，滑冰的速度达到了每小时14英里。日志中满是他的兴奋和愉悦。1月中旬，他注意到，“在肉眼看来，世界不仅是全新的，而且保持着它刚刚出生时的状态”。1月30日，他再次去滑冰，这次滑了30英里。

然而，这仲冬时节里的“短暂春意”和高昂的兴致并没有持续很久。2月中旬，他在康科德大讲堂举办了题为“何益之有”的那场讲座，但听众的反响十分冷淡，他们认为讲座的超验主义风格过于浓厚，仿佛在催促人类回归野蛮状态。3月末，弗兰克·桑伯恩在康科德开办了一所学校，开始与梭罗一家同住。河流解冻后，梭罗像往常一样抬出小船，检查是否存在裂隙。但这一年，春天的回归并没有引起梭罗强烈的回应。他在日志中写道：春季带来的种种变化，“大多在我们心里”。4月中旬，他出门散步时没有穿外套，不久后身染怪疾，一病不起，“连续四五个月无法工作”。且不论梭罗究竟得了什么病（他不愿提起疾病的名称），他心里并不觉得糟糕，因为他可以躺在床上无所事事。6月，爱默生警觉地注意到，梭罗变得十分虚弱和憔悴。奥尔科特认为，梭罗还是头一次表现得如此慵懒。钱宁发现，这年夏天，梭罗咳得异常厉害。为了防止再次感冒，梭罗特地留了络腮胡。这场大病最奇怪的症状在于，他的膝盖用不上力，这种症状持续了很久，直到这年12月才真正开始好转。在这“虚弱的几个月”中，梭罗焦虑异常。6月，他感到十分孤独，身边连一个朋友也没有。9月，他近乎绝望地写道：“真不知道我的两条腿什么时候才能恢复力量。”10月，他依然计划着，在“病恹恹地荒废了几个月”之后，要振奋起来，继续工作，但随后却抱怨说：“我们的本性是不善交际的。大部分时间都躲在巢穴里，舔着自己的爪子。”

很显然，梭罗将自己比作一头年老而暴躁的、处于冬眠状态的熊。或许，他的病与肺结核有关，他的精神明显一日不如一日。不论从哪个角度来看，在《瓦尔登湖》出版后一年多的时间里，梭罗的生活状态似乎每况愈下，新交的朋友也无法排遣他的孤独。4月中旬的那场大病，以及随之而来的精神萎靡，彻底毁掉了他春夏两季的喜悦。他无法按照既定计划，将“月光”或“何益之有”的讲稿改编成散文。

## 4. 康复

1855年4月中旬，病中的梭罗依然保持着与乔治·柯蒂斯的书信往来。柯蒂斯是一个老熟人，也是布鲁克农场的一员，曾为梭罗在瓦尔登湖畔建造的小屋做过宣传，在梭罗发表有关科德角的文章时，也给予过帮助。1852年末，梭罗最先将文稿寄给了《普特南》杂志。当时，F.L.奥姆斯特德对《普特南》杂志颇感兴趣，不久后就成为该杂志的名誉主编。没有任何证据表明他对梭罗产生过兴趣，他对于编辑的日常事务似乎也不太上心。柯蒂斯担心的是，梭罗关于基督教以及科德角居民的评论会引发大众不满。在他的帮助下，自6月起，梭罗的文章开始陆续在《普特南》杂志上发表。4月末，梭罗再次向蒂克纳-菲尔兹公司提起重印《一周》的事情，似乎是为了强调《瓦尔登湖》取得的成就。5月末及6月初，梭罗偶尔会出门散步，做些调查工作，但多数时间里，他都处于病恹恹的状态，什么都做不了。

7月初，他与钱宁开启了为期两周的科德角之旅，花了7个小时的时间坐船赶到普罗温斯敦。8月，《科德角》的第三批稿件《海滩》（*The Beach*）得以发表。根据预定计划，接下来本该发表《韦尔弗利特的采蚝人》（*The Wellfleet Oysterman*），但《普特南》杂志却终止了出版进程——或许是因为这篇文章的部分内容太过敏感，而作者又拒绝进行任何删改。的确，梭罗非但不愿删改，更不愿缓和文中的口气。梭罗并不是强势的人，但也从未让编辑感到容易过。

9月末，他收到了《瓦尔登湖》的账单，版税收入共计51.6美元，相当于他大学一年的学费。10月初，他拜访了里基森，在新贝德福德待了几天。由于久病不愈，梭罗只能坐在马车上游历乡野。回到康科德后，他砍了些木柴，为过冬做准备。在此期间，他阅读了豪伊特那本关于澳洲金矿的作品。他之所以对澳大利亚和新西兰感兴趣，主要是受到了乔姆利的影响，而后者也被他对东方的兴趣所触动。此时，满怀爱国热情的乔姆利已经奔赴克里米亚战争的前线。11月末，乔姆利将一份“高贵的礼物”（梭罗语）寄到了康科德——44本有关东方题材的书籍，其中包括梭罗已经读过的《毗湿奴往世书》《摩奴法典》《薄伽梵歌》《数论颂》以及《沙恭达罗》，另外一些印度的作品是梭罗不曾听说过的，例如《黎俱吠陀》、《奥义书》、两卷格言、两卷印度教戏剧，以及三卷托马斯·科尔布鲁克（Thomas Colebrook）的评论集。

一个月后，梭罗在提到这些书籍时，仍然认为“没有任何作品能比这些书与古印度文学的关系更紧密”。这番评价较为有趣，因为这些书籍中，有四分之一的作品（9卷）是《英属印度殖民地史》（*History of British India*），另外四分之一包括佛教典籍、埃及历史年表、早期基督教以及世界通史。梭罗对里基森表示，他对其中的许多作品都非常熟悉，而且知道它们的价值。尽管在收到这份礼物之前，梭罗就已经从印度经文中得到过启发，但这些未曾读过的新书无疑为他提供了更多的参考材料。在描述自己的研究习惯时，克洛德·列维-斯特劳斯[①]曾表示，他的研究是“在思想领域刀耕火种”。相比之下，梭罗的学习习惯则全然不同。他常常回归到熟悉的文本中，在最熟悉、最古老的土地上寻找新的灵感，拓展新的兴趣。对他而言，《薄伽梵歌》就是古老的土壤，而其他作品，如R.斯彭斯·哈代（R.Spence Hardy）的《东方隐修主义》（*Eastern Monachism*）及《佛教手册》（*Manual of Buddhism*）、克里斯蒂安·C.J.本生（Christian C.J.Bunsen）的《通史哲学大纲》（*Outlines of the Philosophy of Universal History*）则是全新的领域。

在《东方隐修主义》中，哈代以基督教徒的视角，对佛教的隐修生活进行了审视。尽管他很难接受佛教的避世理念，但还是给予了理解和同情。该书的前半部分讲述了罗吒拔拉的故事。这个故事类似于佛教徒的“天路历程”：一个男人离开家庭，从此遵从佛陀教诲。他解释说，自己之所以这样做，是因为理解了佛陀的四句警

① 克洛德·列维-斯特劳斯（Claude Lévi-Strauss，1908—2009），法国作家、哲学家、人类学家，结构主义人类学创始人。

示语：

（1）万事万物必然朽败，无法持久。

（2）人类没有保护神，没有可靠的帮手。

（3）人类没有真正的财产；人必将失去拥有的一切。

（4）人类无法获得绝对的满足或满意，永远受到邪念的奴役。

很显然，哈代描述的佛教理念与梭罗熟知的斯多葛学派思想之间存在着诸多共性，而罗咤拔拉的隐遁之举也与梭罗的作风颇为相近。梭罗读过《薄伽梵歌》，因此对“俱卢圣地”并不陌生，知道那是阿朱那守卫的土地。然而在《东方隐修主义》中，哈代却将俱卢与佛教思想联系在一起。这部作品与比尔努夫的《莲花的律法》（也在乔姆利赠送的礼物之列）堪称将佛教理念与美国思想结合起来的代表。在埃德文·阿诺德爵士（Sir Edwin Arnold）的《亚洲之光》（*The Light of Asia*）出现之前，很少有哪部作品能够做到这一点。

在本生的《基督教与人类》（*Christianity and Mankind*）中，第三卷和第四卷单独构成了一部独特的作品——《通史哲学大纲：语言及宗教篇》。本生是普鲁士的一名外交官，后成为历史学家巴托尔德·尼布尔（Barthold Niebuhr）的秘书，1838年迁居英格兰，并成为英格兰的永久居民。他不仅文笔优秀，更从事着梭罗所谓的“正义的事业”：一方面，他指出“未经阐释的传统”中存在着“烂俗与陈腐的思想”；另一方面，他指出“新教社会存在两个阴暗点”，其一是《普鲁士离婚法》（*The Prussian Law of Divorce*），其二为美国某些州颁布的《奴隶法》。本生的历史观带有发展论的色彩。他指出：“有限的形式中必然孕育着进化，由有限的形式进化为神性的、无限的思想……普遍的历史……就是这种神性进化的总和。”

本生用一种近乎有趣的方式，将这种“后黑格尔—前达尔文”

时代的基督教进化理论运用到了语言中。他声称："在人类历史上，我们所知道的任何一种语言，最初都源于另一种语言的腐烂和分解。"宗教也不例外。本生的思想也具有现代超验主义色彩，他认为："在进入死亡之阶段前，并不存在无限的生命。只有进入死亡阶段，生命才能达到更高的层次。"在《基督教与人类》一书中，本生试图从现代视角出发，将进化理论与语言的发展联系起来，凸显出一种受到施莱尔影响的、带有自由主义色彩的基督教世界观。可以说，《基督教与人类》标志着国际范围内的超验主义已经发展至顶峰，但这一点至今仍未引起足够的重视。

1855年9月，梭罗阅读了索福克勒斯的《安提戈涅》（*Antigone*）。这个故事的主题在于国家法律与个人良知（更高的法则）之间的冲突，而故事所传达的寓意则在于，即便普通男女也具有英雄的潜质。从本生的作品到《何益之有》，再到《安提戈涅》，从梭罗的阅读和创作中，我们不难看出，他依然对超验主义"更高的法则"保持着浓厚的兴趣。

女人和男人一样，能够像安提戈涅那样英勇。这年秋天，爱默生的姑母——玛丽·穆迪·爱默生来到康科德度假。75岁高龄的玛丽依然思维敏捷，她的谈话仍像榅桲果一般尖酸而犀利。在写给梭罗的一封书信中，她满怀真诚地在签名处写道："时常仰慕你的、永远的朋友。"玛丽的身上仍然有早期加尔文主义的鲜明色彩，正如弗吉尼亚·伍尔夫所说："她的灵魂永远处于矛盾之中……内心燃烧着热情的火焰，炙烤着她最爱的人。"对于玛丽的这份真诚和热情，梭罗不仅全盘接受，更认为她是"最睿智、最活泼的女人"。

1855年秋，梭罗的身体、精神以及敏锐的观察力开始渐渐恢复，尽管要在一年之后，他才会感到完全康复。至今，我们还无从得知梭罗患了什么病，但可以肯定的是，他的病情从此再也没有复发。随着身体的逐步康复，梭罗重新燃起了对感官体验，特别是对视觉体验的兴趣。早在这年4月，他就已经注意到，“随着天气的变暖，生命开始焕发绚丽的色彩，从头到脚都充溢着绿色的活力”。在接下来的几个月里，他的日志中频繁出现视觉文化、视觉刺激之类的字眼。5月，爱默生注意到一本名为《蜡笔》（*The Crayon*）的杂志，这份刊物旨在探索平面艺术与文学之间的关联。例如，在某些文章中，有人将威廉·卡伦·布莱恩特与肯西特和杜兰德进行了对比，还有人引用拉斯金《现代画家》（*Modern Painters*）中的理论对朗费罗的诗歌进行分析。在第一卷第三期的《蜡笔》杂志中，阿舍·杜兰德在《风景画论》中问道：“美国的风景画家为何不能根据‘自治’的原则，根植于本土资源，开创一种高雅而独立的风格?”7月4日，梭罗在等待前往普罗温斯敦的小船时，顺路参观了当地图书馆的画廊。当时的参展作品恰好是弗雷德里克·丘奇的《厄瓜多尔的安第斯山脉》。尽管梭罗没有记录下当时的感受，但他后来的作品却凸显出与丘奇相似的风格。丘奇绘制的《卡塔丁山》以及新英格兰的秋景（目前存放于纽约库珀·休伊特博物馆）正是梭罗的《卡塔丁山》以及《秋之色》（*Autumnal Tints*）的“视觉版本”。10月，梭罗造访了著名海景画家乔治·布拉德福德（George Bradford）的工作室。当时画家不在，梭罗遇到了他的同行——荷兰海景画家凡·贝斯特（Van Best）。同样在10月，梭罗花费了大量时间去研究和描述一幅古画，这幅画展现的是康科德战役的场景，不过梭罗的研究和描述大多是从历史视角和本土视角出发的。这一年，他在写给里基森的书信中推荐了威廉·吉尔平，将当时能够找到的所有吉尔平的作品细致地罗列出来，并坚持表示：“每一本书都蕴含着丰富的色彩。”

这年秋天并没有发生任何戏剧化的事件，但对于梭罗而言，这个季节是至关重要的。12月末，梭罗开始认识到，戏剧化的事件总会误导别人。他的日志中记录着这样一段文字：“在真正的历史作品或传记作品中，戏剧化的事件不在少数，但通常不会被赋予过多的含义。”11月初，天气出现了短暂的回暖，梭罗用风趣的口吻强调说：“就连这年的时节也进入了**康复**阶段。”随着身体的恢复，他对社交活动的容忍度也在提高。这个月，他用生动而丰富的笔触记述了邻居莱斯（Rice）的谋生方式：莱斯是一个性情活泼、自给自足的农夫。他为自己定下了一条规矩——只用自己制作的工具。

渐渐地，梭罗感到自己的注意力开始集中起来。更令人欣慰的是，他感到自己的“观察力和沉思的能力”提升了不少。12月11日，在研究“一群小巧优雅的、羽毛带着些深红的朱顶雀”时，梭罗恢复了往日的口吻：“令我吃惊的是，大自然拥有绝对的自信，也取得了绝对的成功。”他写道：“看看这些小巧的生灵就知道，它们的存在是完美的，它们适应环境的能力是无可挑剔的。”除了感知上的敏锐和表达上的简洁外，梭罗再次流露出之前的好奇与热情，“因此，我们有必要去注意那些最微小的事实或现象，不论我们对它们是多么熟悉——哪怕我们与自己熟悉的道路或日常生活只隔着发丝般微小的距离——都要加以注意，发现它们的美和重要性，并为之征服，为之沉醉”。最终，他怀着《瓦尔登湖》的结语中流露出的热情，总结道：“我的感官焕然一新，仿佛得到了灵感一般……我的身体里充满了感知力……那个充满奇迹的时代每分每秒都在回归。”

## 5. 种子的散播与林木的演替

在1855年的最后一个月里，天气始终是晴朗的，但从1856年的第一个月起，漫长而多雪的冬季开始了。从1月中旬到3月中旬，康科德广阔的田野始终被大雪覆盖着，积雪深度不低于16英寸。河面的积雪更厚，根本不适合滑冰——尽管里基森曾提到，新贝德福德的孩子们“手里举着船帆”，借助风的力量滑雪。在康科德，连续两个月都不曾出现化雪天。人们用稻草和破布将水泵包裹得严严实实，数着日子盼春天。一天，梭罗刚刚收养的那只名叫小民的猫咪不知犯了什么糊涂，突然冲到阁楼上，“从窗口跳到了台阶旁落满冰雪的土地上”（没有受伤）。

在这个充满严寒与大雪的1月，梭罗始终处于亢奋的状态，他的创造力源源不断地涌出。望着窗外飘飞的大雪，他感叹着：“空中飘满了创意与灵感……大自然充满了灵性与神性，没有一片雪花能够逃过她充满创意的手掌。不论是冰珠还是雪花，都不是廉价或粗糙的。”令梭罗欣慰的是，他仍然能从常见的事物中获得愉悦。即便在寒冷的仲冬时节，他的文字中也充满了对创造的强调。他不禁再次回想起：“塑造了大地和星辰的法则同样塑造着雪花。”他始终坚信，任何时节、任何所在都是好的，因为它们都表达着同样的主宰性的力量：“数不清的星星般的雪花如花瓣般打着旋，飘落在地上。它们仿佛在异口同声地强调着宇宙、秩序，以及数字6。”此后，梭罗开始用这样或那样的方式，探索大自然普遍规律的种种表现。有趣的是，此时他对自然秩序的认识，与马尔萨斯的观点有些类似，两者都强调大自然的丰饶与贪婪。一天，他用愉悦的笔触描绘了雪花的“六边形”特性。之后不久，他捕捉到一条梭鱼，这条梭鱼刚刚吞下三条小鲈鱼，而不久之前，三条小鲈鱼又各自吞掉了一条小米诺鱼。一周之后，他仍在为这个发现感到讶异，于是便计算出，如果1000条梭鱼（一大片湖水中可能存在的梭鱼数量）每天只吃一餐，那么一年就要消耗365 000条鲈鱼。

这个月，梭罗的日志也增添了新内容。他曾明确地表示，日志应该用来记录他的生活和成长，而不仅仅是过去。毫无疑问，此时的日志足可以独立成册，变为一本名正言顺的作品，但它仍然默默地为更多的作品提供着素材，就像一座巨大的不断扩张的水库，像大自然一样，拥有取之不尽的资源。这里积累了大量的事实和观察，记录着梭罗随时随地的感悟，比如，他对雪花的精准测量、对油松种子播散过程的观察、对鸟类筑巢技术的分析，以及对乌鸦粪便成分（借助显微镜）进行的描述等等。到目前为止，这些日志中的内容半数已经被整理成文字，另外七卷（100万字）将在未来几年与读者见面。令梭罗及读者担心的是，他的日志越来越偏向事实性的描述。然而，对现象细节的关注并不意味着缺乏想象力或思想深度。在阅读梭罗的摘录本、散文手稿以及书信时，如果能配合他的日志一起阅读，我们便不难发现，梭罗的文字正变得越发客观，他对事实本身的关注也越发紧密，而且他已经意识到自己该如何利用这些事实。随着收集的材料越来越多，梭罗的思想维度得到了拓展，归纳和提炼生活的能力与日俱增。威廉·詹姆斯曾这样评价路易斯·阿加西：“没有人能像他一样，从细微琐碎的知识中得出普遍而深刻的结论。”这番评论同样适用于梭罗。

这年2月，梭罗观察到，一些雪松的种子是由鸟类负责“播种”的，有些柳树的种子则是被风吹到了新建的铁路路基上。3月，他注意到，桦树的种子飘落到冰雪覆盖的河面上，河面解冻后，种子会随着河水漂到遥远的地域。4月，梭罗欣喜地发现，漫长的冬季终于要结束了。他收集了各种各样的桦树汁，并对其进行了检验。他的父亲认为，这会分散他的精力，让他无法专注于学习，但这些实验早已构成了梭罗的学习内容。与此同时，梭罗认识到了4月的残忍。他发现，许多老年人往往在春天到来之际去世。他的舅舅查理·邓巴正是于3月27日过世的。不久前，梭罗再次为友情陷入了绝望，提起爱默生或钱宁时，他总是使用过去时。不过，随着春季的复苏，梭罗的精神日益振奋起来，往日的信念变得越发坚定。“霍斯摩尔在谷仓的后面堆积了不少粪便，眼下他正在清理，正将粪便放在阳光下解冻。”梭罗在4月3日写道，“可他却绝望地追问着生活的意义，并且表示他不指望活很久。我刚刚读过科路美拉的作品，根据他的描述，霍斯摩尔从事的工作，不外乎春天该做的农活。但对于科路美拉而言，清理粪便意味着春天的到来，意味着希望。我认为，我们应该满怀希望，勇敢地面对大自然。”这年春天，梭罗凭借古人“永恒和安定”的理念，战胜了“世事无常、生命易逝”的无力感。“人生或许是无偿的，是充满苦难的，”他总结道，“但思想是永恒的。从科路美拉到霍斯摩尔，从一个春季到另一个春季，思想始终超越着变化。我所认同的思想，不会因科路美拉和霍斯摩尔的死去而灭亡。”

对于梭罗而言，漫长的冬季就是他的播种期。他对生产、创造以及种子散播的兴趣，从这年冬季一直持续到春季。4月末的一天，他与康科德的一个熟人出门散步。“看到洛林家南面的道路旁长满了新生的雪松，乔治·哈伯德（George Hubbard）认为，即便橡树被砍倒，它们又会长起来。的确，洛林家对面的路边曾经长满了雪松，但眼下，那片土地上已经长满了新生的橡树。”为此，梭罗专门在日志中提醒自己，要对这个现象继续展开调查。

1856年5月中旬，他大体上得到了想要的答案。“如果到茂密的松林里观察一下，雪松林也不例外，你会发现许多橡树和桦树的树苗。它们的种子或许是被松鼠等小动物带到这片丛林里来的。”尽管每年都会栽种新的落叶树树苗，但每一年，这些树苗都会被松树所遮蔽与扼杀。如果砍掉这些松树，“橡树等树苗便得到了生长的机会，拥有了适合生长的环境，用不了多久便会长成大树”。在他看来，人们普遍忽略了松鼠和鸟类在植树中发挥的中介作用。

很久之前，梭罗便对种子产生了兴趣。他所关注的是，在森林进化的过程中，在达尔文所谓的“自然选择”过程中，不同种类的树木如何实现自然演替。这个问题促使他找到了新的关注点。这年春季的观察最终变成了“森林树木的自然演替”这场讲座的核心内容。这场讲座于1860年9月20日举办，内容是从《种子的散播》和《野果》（又称《水果手记》）这两份更长的手稿中摘录出来的，而这两份手稿足以构成一部更加厚重的“康科德自然史”。这份篇幅宏大、包罗甚广的讲稿渐渐在这年春季成形。总体而言，这份讲稿带有明显的科学色彩。在写给布莱克的书信中，梭罗表示，他正在搜集一些材料，如果从讲座的角度来看，它们显得太过“科学化”，事实的意味过于浓厚。但随后，他又坚定地表示，他要变得“更加精准、更具权威性”。梭罗在讲座结束后自豪地表示，这是“纯粹的科学主题”。从梭罗写给一个年轻人的书信中，我们可以感受到这份手稿的涉猎范围之广。年轻人在信中询问梭罗的近况，梭罗回答说：“我正在胡言乱语。”

6月，梭罗稍稍推迟了《演替》手稿的创作进程。此时，他已经证实了之前的观察：松鼠将橡果播种在松林中，松树遭到砍伐后，橡果便长成了浓密的橡树林。“如果立刻将橡树砍倒，下一批成长起来的或许是种子较轻的松树、桦树、枫树等，因为松鼠不会将橡果运送到林木遭到砍伐的开阔地带。”然而在证实这一点和其他几点猜想之前，梭罗需要更多的观察。

6月期间，梭罗先后去了伍斯特和新贝德福德等地。在这段时间里，他的日志中时常提到堪萨斯州发生的一些事件。1856年1月成立的自由区（Free-Soil）州议会以及新任州长遭到蓄奴派的反对。皮尔斯总统站在后者的立场上进行了干预，此举引发了民众的义愤，导致了一连串的暴力事件。5月24日，约翰·布朗和一小群支持者来到波特沃托米小溪附近，杀死了五名手无寸铁的蓄奴派定居者。整整一个夏天，堪萨斯州及其民众都在流血。梭罗并非没有关注这些事件，但他的日常兴趣仍然集中在植物学上。这年夏天，他列出了许多植物，并用不同的符号做了标记。在细节问题上，他越发频繁地引用G.B.爱默生或阿萨·格雷（Asa Gray）等权威人士的著作，文字渐渐表现出前所未有的自信。对于梭罗而言，掌握植物学的科学语言能够带来不少乐趣。8月10日，他发现一种新型向日葵，并称其为“高大而粗陋的向日葵”。他这样描述这种向日葵：“（它们的）叶子对称生长，茎秆间的小叶除外；叶肉肥厚，呈卵圆形，或介于卵圆与茅尖形之间，叶端逐渐变薄；有三条叶脉，隐约呈齿状；叶表粗糙，叶背光滑泛白，与叶柄接合处较为突兀。”这年7月，除了阅读格雷、比奇洛、胡克以及理查森等人的著作外，梭罗还阅读了布鲁斯特为牛顿写的传记，创作了一些文笔生动、幽默风趣的短故事（其中就包括那则抓猪的故事）。除此之外，他把兴趣点着重放在了科学上。

总体而言，梭罗这一年的日志似乎经常从一个主题跳跃到另一个主题。梭罗本人也意识到了这个问题，并认为必须要有个明确的方向："一个人如果有了目标，哪怕是再小的目标，他就能够脱离人类生活中的琐事来看问题。"接着，他用一个有趣的隐喻表达了科学探索的目的所在。"因为只有全身心地投入才能取得胜利，才能占领空间、占据土地，才能决定个人乃至一国的未来，才能将堪萨斯州的问题赶出脑海，才能让渴望自由的堪萨斯人永久性地战胜边界的暴徒。"至于他要全身心地投入哪份事业，直到8月，梭罗才在提出一系列问题后给出最终的答案："枫树与赤杨靠近河畔，但为何它们在空旷的草地上长得更茂盛？为何黑柳严格地固守着河畔附近的区域？在自然经济中，8月偶发的洪水究竟有何用途？"在《瓦尔登湖》的开篇中，梭罗提到了人类经济、家庭经济以及个人经济。此时，他已经向前迈出了一步，隐约地感觉到有一份事业正等着他去追求，于是便将关注点从个人经济转向了自然经济。自然经济并非新造的词语，至少从林奈开始，人们便不再对它感到陌生。自然经济的代名词是生态，只不过"生态"一词在当时还没有出现。梭罗的伟大事业——包括他为《种子的散播》《野果》，以及所谓的"康科德日历"所付出的所有努力——开始在他散步、阅读和书写日志的过程中逐渐成形。且不论该如何命名这份事业，梭罗关注的重点在于"康科德能够见到的有关自然的经济"，或者用今天的话说，在于康科德的生态，在于为美国的自然史做出一份贡献。确定了方向及题材后，梭罗在8月末写道："不必去想象一片远离我们的荒野，这样做是徒劳的……在康科德散心的时候，我发现了那里伟大的野性，这种野性永远无法在拉布拉多半岛找到。"

## 6. 沃尔特·惠特曼与“烈度”伦理观

1856年9月初，梭罗的植物学观察由系统阶段进入了全面阶段。9月1日，他对周围所有的翠菊和一枝黄花的状态进行了精确的记录，其中涉及的翠菊多达13种。这年秋天，每隔两三周，梭罗就会编制出一份类似的植物清单。9月第一周的周末，他前往奥尔科特家做客。此时，奥尔科特为了一栋免付租金的房子，刚刚搬到新罕布什尔州的沃尔波尔。梭罗行至佛蒙特州的布莱特尔博罗时，与北极探险家伊丽莎·凯恩擦肩而过，前后只相差几个小时。在之前的那次美国之旅中，凯恩考察了约翰·富兰克林爵士的生平事迹，将考察的结果成书出版。梭罗已经读过这部作品。他听说凯恩从北极带回了一些植物，并编写了一份北极地区植物列表，梭罗也见过这份列表。几天后，梭罗根据旅途中的观察，编写了一份属于自己的植物列表。他将越来越多的精力集中在对细节的搜集上，同时敏锐地意识到，事实乃至主题本身并无太大意义。“主题没有意义，”10月18日，他这样写道，“生活才具有最重要的意义。”因此，要从个人视角记录生活经验：“人是最重要的，自然微乎其微，因为自然吸引并反映着人类。”人生最重要的性质并不在于细节的罗列，而在于带着深沉的情感去体验生活、分享生活，“读者所关注的，是生活的深度与烈度”。

几天后，10月24日，梭罗离开康科德，前往珀斯安博伊（新泽西州）附近的伊戈斯伍德开展调查。调查对象是傅立叶派公社，该公社自垮掉后遭到分割，当时已经被开发成了居民区。对于梭罗而言，这次旅行的安排既不紧张，又不令人感到兴奋，倒是一个遍访老友的好机会。首先，他到伍斯特探望了布莱克和希金森，然后去了纽约及巴纳姆博物馆。随后，他碰巧遇到了伊丽莎白·皮博迪，后者也正要前往伊戈斯伍德。抵达目的地后，除了开展调查和观察植物外，梭罗还参加了几次舞会，做了几场讲座——主题分别是不久前讲过的“猎鹿”“散步”以及“何益之有”。伊戈斯伍德的居民误以为梭罗渴望社交活动，于是对他表现出极大的热情。如此一来，调查工作所需的时间比预计长了不少。11月1日，奥尔科特来到伊戈斯伍德，随后，他与梭罗一同去探望了贺拉斯·格里利。从这年的9月起，57岁的奥尔科特便一直待在纽约。经历了沃尔波尔的乡居生活之后，纽约的生活给他带来了新鲜感和灵感。他与不少知名人士有过“交流”。在他结识的人物中，恰好包括爱默生“发现”的一名年轻诗人：沃尔特·惠特曼。

11月9日，奥尔科特与梭罗乘船渡过东河，前往布鲁克林聆听当世最伟大的演说家亨利·沃德·比彻讲经布道。比彻自信的谈吐和情感强烈的布道并没给梭罗留下深刻的印象。“如果亨利·沃德·比彻（Henry Ward Beecher）比任何一个人都了解上帝的话，”他后来评论说，“我希望他将讲稿发表在《西里曼杂志》（*Silliman's Journal*）上，尽可能剔除文章中的矫饰。”第二天清晨，奥尔科特、梭罗以及一位来自费城的名叫莎拉·廷代尔（Sarah Tyndale）的女士一同拜访了惠特曼。

惠特曼当时37岁，只比梭罗年轻2岁，但令人意外的是，他已经生出了许多白须和白发。他的《草叶集》在前一年的7月发表，但从商业角度来看，这是一部绝对失败的作品。惠特曼后来表示，许多书都送给了亲朋好友，实际发售量或许不超过10本。一开始，只有格里利的《论坛报》上刊登了一篇关于《草叶集》的评论，但这篇评论却流露出保守的态度。惠特曼的作品上市后不到几周时间，爱默生便寄来一封热忱洋溢的贺信，将《草叶集》称作“智慧与学识的合集”，认为它是“美国作家所贡献的最非凡的作品”。在谈到这本书带来的“极大喜悦”时，爱默生说道：“无与伦比的内容，罕有其匹的文笔。”此外，他还用最为激越的笔调向惠特曼致敬：“恭喜您即将开启一项伟大的事业。”爱默生没有想到的是，惠特曼竟默许将他写的书信发表在1855年10月10日的《论坛报》上。惠特曼将刊载的书信裁剪下来，寄给了朗费罗等人，并将书信的复印件寄给了一些编辑和批评家。在刚刚上市的第二版《草叶集》的书脊上，用金色的字体印着“我恭喜您”这句话，后面还添加了爱默生的名字。可以说，这句话足以胜过任何溢美之词。很显然，此等无礼之举是为了利用爱默生的威望，但书信的确出自爱默生的手笔。梭罗也十分清楚，《瓦尔登湖》出版时，对方从未给予自己如此高的评价。

惠特曼带着几名访客经过两道狭窄的楼梯，来到了他与哥哥艾迪共用的阁楼。奥尔科特注意到，“阁楼角落处放着一张床，床上还留着（不知是谁的）身体留下的压痕，床底下的夜壶没有藏好，依然露在外面”。墙壁上挂着萨蒂尔、巴克科斯[①]以及赫拉克勒斯的画像。事后，奥尔科特评论说，当时他仿佛意识到，“萨蒂尔、巴克科斯以及潘神都是惠特曼本人的化身”，整个阁楼是惠特曼用来供奉自己的现代神庙。交谈持续了两个小时，有其他两人在场，梭罗感到有些不大自在。惠特曼谈到了“再现美国”的话题，而梭罗

① 罗马神话中的酒神和植物神。

则怀着一贯唱反调的态度，回答说："我对美国或政治都不太感兴趣。"这番言语令惠特曼感到颇为扫兴。

在长达两个小时的交谈中，奥尔科特注意到，梭罗和惠特曼始终对彼此存有戒心，两人"似乎都不愿敞开心扉，只是好奇地试探着对方"。随后，梭罗说了些什么，惠特曼回答说，梭罗误解了他。事后，梭罗对布莱克表示："我不觉得自己误解了他。"惠特曼将刚刚出版的第二版《草叶集》送给了梭罗。对于那些带有色情意味的诗歌，梭罗持保留态度。然而回到康科德后，他接连寄给布莱克两份书信，信中表达了他对惠特曼的狂热之情。他解释了为何惠特曼"于我而言是当前最具趣味的事实……他显然是这个世界上最具民主精神的人"。接着，他赞赏道："国王和贵族必将断然遭到抛弃，这是他们早该遭遇的宿命。"尽管梭罗曾表示对美国不感兴趣，但此时的他却常常提到惠特曼的"美国特质"，仿佛是为了弥补前番失言。

在其后的数年中，惠特曼时常谈到梭罗。他将梭罗归于卡莱尔之流，指责他傲慢自大、蔑视普通民众。此外，他将梭罗与巴勒斯进行了对比，认为前者的"书呆子气"更加浓厚。不过惠特曼依然记得，在他们第一次，或许是唯一的一次会面中，梭罗曾不温不火地谴责过那些批判惠特曼的人，称他们为"堕落的人"，甚至想用更具贬低意味的词语来形容他们。事后，惠特曼从爱默生等人处了解到，梭罗在康科德无时无刻不带着那本《草叶集》，就像"举着一面旗帜"。渐渐地，梭罗的作品终于引起了惠特曼的重视。1888年，惠特曼表示，梭罗代表着"美国本土的一股力量、一股拥护事实的力量，他代表着一场运动，一场剧烈的变革。梭罗属于美国，属于超验主义流派，属于抗议者群体……他是一种力量，一种日益强大的力量。即便去世后，他的威望也没有受到丝毫影响。他的名声正年复一年地传播开来”。在这番笼统而慷慨的赞誉中，惠特曼增添了一份私人情感，“梭罗有一点跟我很相似，那就是，他不服从的精神、他的异议精神，以及他那份‘我走我所认定的道路，让地狱尽管燃烧’的情怀”。

梭罗从第二版《草叶集》中拣选了《自我之歌》（*Song of Myself*）以及《轮渡布鲁克林》（*Crossing Brooklyn Ferry*）两首诗，并专门做了笔记。后者在当时被称作“落日诗”，在这首诗中，惠特曼描述了他一次渡河的经历，并用这次经历来表达全书的核心理念：所有的时代和所有的地域都是美好的，活在当下的我们，与任何时代的人们一样幸福。梭罗也曾借助游历康科德河及梅里马克河的泛舟经历表达过类似的主题。最终，梭罗对惠特曼的诗歌做出了评价：“不论人们如何评价这些诗歌，至少在我看来，它们是那样的勇敢，那样的具有美国特质。”随后，在将惠特曼与比彻进行对比时，梭罗写道：“在这片土地上，即便所有的布道篇章加在一起，也未必能赶上它（《草叶集》）给予我们的教诲。”对于诗中的“色情”内容，即他所谓的“惠特曼肉欲的一面”，梭罗始终持保守态度。“他所赞颂的绝不是爱，反倒像是兽欲。”但随后，他又肯定地补充道，“即便在这一层面（肉欲）上，他所谈到的内容也比我所知道的任何美国作家或现代作家的作品更具真实性。他的诗给人带来愉悦和鼓舞……我们能从他的身上获得无比的欣喜。”与此同时，纽约的《标准》杂志却将这本诗集称为“愚蠢而肮脏的堆砌物”，费城的J.P.莱斯利（J.P.Leslie）表示，它充满着“亵渎与淫秽”。在剑桥市，接替朗费罗现代语言系教授一职的詹姆斯·罗素·洛威尔（James Russell Lowell）认为，没有义务去读惠特曼的作品，并打算要谨防哈佛大学的学生阅读该作品。

惠特曼立刻对梭罗产生了重要的影响，尽管爱默生后来接受了索菲亚的建议，没有在梭罗的葬礼讲话中提到这一点。惠特曼对感官体验的执迷引起了梭罗的兴趣，尽管梭罗减少了指涉“性事”的话题。梭罗与爱默生一样，被惠特曼狂热的性情以及悦纳事物的能力所触动，甚至对他的美国特质产生了兴致。最重要的是，惠特曼强调体验的“烈度”以及直率的交流，这与梭罗的理念完美重合，因为此时梭罗已经愈发意识到“烈度”在文字中的重要性。

从梭罗对惠特曼的兴趣中，可以看出他在1856年冬以及1857年春的一些探索方向。从伊戈斯伍德回到康科德后，梭罗在接下来的几个月中，与自己进行了一番论辩。他在日志中探讨着独处的必要性以及社交的益处，频繁地提到了独处的优点，但在回复一个名叫本杰明·韦利（Benjamin Wiley）的读者向梭罗讨教如何读书、如何思考的书信中，梭罗却着重强调了他最为重视的儒家理念，认为这一理念不但适用于自己，更适用于惠特曼：“修身齐家，才能治国平天下。”

12月，梭罗发现了威廉·布拉德福德关于普利茅斯种植园的创作，并从中摘录出他最为欣赏的片段。这个片段描述了定居者在严冬将至之际登陆普利茅斯后所面临的严酷环境：“夏日已逝，万物显露出风霜之色，整片乡野被森林与灌丛覆盖，荒芜与野性交融一处。”在此期间，他还阅读了伊丽莎·凯恩（Elisha Kane）的新作——长达两卷的《北极探险》（*Arctic Explorations*）。在这本书中，凯恩用生动的笔触描绘了他在北极地区的亲身体会，书中还附有多份详细的地图。第一卷扉页的插图中绘着一艘装备齐全的帆船，船身四周被冰层环绕，轮廓参差的冰山如铁塔般统治着大地。

仲冬时节，梭罗继续阅读着《耶稣会报道》、温克尔曼

(Winckelmann)论及《古代艺术》(*Ancient Art*)的作品，以及理查德·伯顿(Richard Burton)的《阿拉伯游记》(*Travels in Arabia*)。冬春更替之际，“人们的活动、生命力，万物的变化开始显著增加”，多风而晴朗的“创作时光”再次回归，梭罗的阅读量也在不断增加。他阅读了托马斯·莫顿(Thomas Morton)的《新英格兰乐土》(*New England Canaan*)以及丘奇的《菲利普王战争史》(*History of King Philip's War*)。他对韦利说，关于“野性”的讲座材料已达百页之多，但仍然没到出版的时候。与此同时，他对传记产生了更多兴趣，试着为自己的生活、为他对植物学的研究写了几篇样稿，随后列出几部传记作品，其中包括歌德、吉本、阿尔菲耶里[①]、海顿(Haydon)、富兰克林、切利尼[②]以及德·昆西[③]的传记。像往常一样，他并没有将阅读范围局限于美国作家及作品。

1857年4月，在拜访里基森期间，梭罗结识了一个名叫凯特·布雷迪(Kate Brady)的女孩，随后两人一同外出远足。当时的布雷迪年仅20岁，正值妙龄，曾在里基森家里做过仆人。她读过《瓦尔登湖》，渴望在一栋老农舍里过“自由自在的独居生活”。这年4月，奥尔科特碰巧也在里基森家中做客。他事后回忆说，梭罗爱上了这个女孩，他对她的态度全然不同于对待其他女人。尽管梭罗的年龄是布雷迪的两倍，但他显然被女孩所触动，甚至为她着迷。一周之后，短暂的狂热期就此结束。此前，梭罗的日志中很少

---

① 阿尔菲耶里(Alfieri，1749—1803)，意大利剧作家。

② 本韦努托·切利尼(Benvenuto Cellini，1500—1571)，意大利文艺复兴时期画家、雕塑家。

③ 托马斯·德·昆西(Thomas De Quincey，1785—1859)，英国散文家、文学批评家。

提及异性，但这次，他写下了一篇长长的日志，称自己“从未听说过哪个女孩或女人对自然表达过如此强烈的热爱”。他脑海的某个角落里甚至浮现出两人结婚时的画面。但在日志的结尾，梭罗写道：“自然的万物都是我的新娘。”毫无疑问，梭罗深受女孩的触动，但他毕竟比对方年长20岁，而且他已经把心思不可逆转地放在了其他地方。

5月，梭罗开始着手为爱默生建造一座凉亭。在这段时期内，他阅读了班扬的《天路历程》（*Pilgrim's Progress*）、索福克勒斯的《俄狄浦斯在科罗诺斯》（*Oedipus at Colonus*）、理查德·伯顿的《麦加及麦地那朝圣之旅》（*Personal Narrative of a Pilgrimage to AlMadinah and Meccah*）。5月，天气渐暖，梭罗最喜爱的时节到来了。“在我们的心中，只有这一个时节而已。”这年，他这样写道。

当一位友人——或许是里基森——向梭罗抱怨生活之苦时，他立即反驳说，既然我们是人，我们无疑是不完整、不圆满的，是像“苔藓的切片”一般撕裂的。此处，梭罗想表达的是，“我们渴望的不是生活的圆满，而是生活的烈度”。不久前，有学者辩称，19世纪的美国小说已经从道德（ethos）转向了感伤（pathos），从伦理转向了情感，从品质转向了性格，因为自我发现、自我实现类的小说已经取代了维多利亚时代特有的对于无私的美德的信仰。我们生活的“烈度”，而不是生活所凭恃的规则，成了衡量人生价值的尺度。然而对于惠特曼和梭罗而言，烈度的伦理始终只能停留在伦理层面。不论是前者的诗歌还是后者的散文，都是具有道德指向的。马修·阿诺德说：“是道德教会我们如何生活。”在斯达尔夫人笔下的德国人身上，“道德”这一关键词被替换成了“激情”。在当时的美国，激情披上了“烈度”和“直觉”的外装，在生活和表达生活的文学中，两种概念都属于全新的价值观。就在惠特曼背对夕阳，乘渡轮穿越东河时，他发现下方的水面映出“道道光带/环绕着我的头影/向周围扩散”。怀着同样质朴的神圣感，梭罗在1月的一个晴朗而寒冷的日子走出家门。他走在冰雪覆盖的大地上，背对着阳光，看到前方映出的自己的身影。令人意外的是，这道身影不是黑色的，而是“天空般的蓝色”。对于惠特曼和梭罗而言，没有什么能比这体验到的当下更为神圣。

## 7. 印第安人

1857年6月12至22日，梭罗最后一次前往科德角。这一次，他取道南岸及普利茅斯，随后乘火车到达桑威治。3天内，他步行了50余英里，到达普罗温斯敦附近、科德角外海侧的高地灯塔。梭罗在当地停留了一阵，准备去拜访采蚝人约翰·纽科姆（John Newcomb），却发现他早已在前一年的冬天去世。他在高地灯塔附近度过了几个雨天，随后在普罗温斯敦乘坐汽轮前往波士顿。当时恰逢大雾弥漫，浓雾持续了整整5天。像往常一样，梭罗关注着周围的一切事物，并且不断地提出问题。他注意到，一名采蚝人每天可以捕获200多网龙虾。他用1美元一网的价格买下了龙虾，然后以每只生虾3美分的价格出售。总体而言，这次旅途的收获并不大。关于科德角的感悟，梭罗早已写在书里，因此对最后一次旅行经历只字未提。

令人欣慰的是，他的身体明显恢复了往日的健康。两个月之前，即这年4月，梭罗再次提起“两年前那场大病”，但使用的是过去时态，在此期间，他只患过一次感冒。7月中旬，他在写给表兄乔治·撒切尔的信中说道，他感觉“比两三年前更健壮了”，于是提议去慕斯海德湖和阿拉加什湖旅行。遗憾的是，撒切尔无法成行，梭罗只好在7月30日同康科德的艾德·霍尔（Ed Hoar）以及来自佩诺布斯科特的印第安人乔·波利斯踏上了旅程。这是梭罗第三次，也是最后一次前往缅因州。他们划着小船，沿佩诺布斯科特河的西支流向北进发，然后从河口穿越沼泽地带，到达东支流河口，随后顺流而下，经过漫长而艰辛的努力，终于绕道卡塔丁山后方。整个旅途共计325英里。

艾德·霍尔这年34岁，比梭罗年轻6岁，此时刚刚从加州回到康科德。之前，他曾几次同梭罗出游，包括引发森林大火的那次不幸的旅行。乔·波利斯是“佩诺布斯科特部族的酋长”，这年48岁，是两人的导游。通往山野的旅途是艰辛而危险的，除了一条陈年小径外，其他的通路均十分难走，当时如此，现在也不例外。由于出发时间尚早，昆虫的烦扰自然无可避免。他们迎着风浪，在宽阔的湖面上艰难地划着小船，偶尔还要穿越泥泞的沼泽，那里水路崎岖，且到处都是被风吹倒的树木。在漫长而曲折的旅途中，他们迷失了方向。一天晚上，艾德·霍尔突然和他们走散了，梭罗心急火燎，想象着一旦霍尔失踪，该如何向他的家人解释。第二天一早，他们终于找到了他。梭罗一见到霍尔便不住地冲对方喊叫，直到波利斯不堪忍受，气急败坏地对他说：“他听见了！”

在梭罗的经历中，缅因州黑暗潮湿的森林比任何地方都要荒凉。他早就知道，对于布莱克而言，这次旅行太过辛苦，之后不久，他委婉地解释了为何没有邀请布莱克。他在一封书信中表示：“霍尔（比布莱克年轻7岁）承受了不少压力，因为每次遇到泥泞难行的沼泽，他的负担要比任何人都重。有一次，我们穿越了长达5英里的沼泽地区，泥水经常漫过膝盖，枯倒的树木高过我们的头顶。霍尔来回往返了3次，才将所有物品运完。”他对布莱克说，最幸福的时候就是赶上夜间下雨，因为雨水会赶走蚊虫。就连“在丛林里轻车熟路的”波利斯都被这场旅途的艰辛所震撼，于是讲述起了少年时期的一次经历：当时冬天就要到来，他被困在丛林深处，连续走了几天也不曾吃过食物，只抓住过一只水獭，差点被饿死。回到家后，波利斯连续6个月卧病不起。如今回忆起来，他依然认为那次经历对他的健康造成了永久性的影响。这次旅途还没有结束，波利斯便病倒了，但梭罗却安然无恙……

随后，梭罗对这次的经历进行了记述，并把它命名为《阿拉加什湖及东支流》（*The Allegash and East Branch*），他本可以使用“印第安人”这个标题，因为文中的大多数描写与乔·波利斯有关。波利斯在佩诺布斯科特一族中威望甚高，不仅是华盛顿部族同胞的代表，还见过大名鼎鼎的丹尼尔·韦伯斯特——虽然对方没有给他留下过于深刻的印象，但城市生活却令他有所触动。波利斯与梭罗熟知的其他印第安人不同，尽管丢掉了丛林里的本领，他却学会了如何利用文明。对于梭罗而言，波利斯总能给人带来惊喜。他是一名基督教徒，每日祈祷，并且担心打破了安息日的规矩。他的经济状况比梭罗更宽裕。他对梭罗说，自己更喜欢雇用白人而不是印第安人，因为白人比较靠得住，而且做事“有方法”。总体而言，他与佩诺布斯科特同胞比白人定居者更喜欢社交，总是尽可能地避免单独居住在遥远地区的小屋里。梭罗尽可能多地向波利斯学习印第安人的语言，他在观察植物的同时，也学会了印第安语中对应的词语。此外，他被波利斯的造船技术深深折服。波利斯能够追逐踪迹、辨明路线，他的歌声、信仰、故事、对白人的看法以及他的语言，都令梭罗痴迷。因此，《阿拉加什湖及东支流》可以算是19世纪美国文学史上首篇出现白人作家描绘的“最现实、最引人注目的美国原住民形象”的作品。在描述波利斯时，梭罗的语言明快而平实，其中充满了生动的细节，与他对行前准备的叙述和对旅行所需物品的罗列形成了鲜明的对比。以下是关于波利斯出发时的描述：

> 他里面穿着件棉衫——一开始是白色的——外面穿着件绿色的法兰绒外套，没有穿马甲；下身穿着法兰绒短裤，外面是坚韧的亚麻布长裤（之前也是白色的）；脚上穿着一双蓝色的羊绒袜、一双牛皮靴；头戴一顶科苏特帽。他没有带备用衣物，只带了件厚重的夹克，并把它扔在了小船里。他手里握着把板斧，随身携带着猎枪、弹药以及一条毯子（必要时可以用它作船帆或旅行包），皮带上系着背带，上面插着一把带鞘短刀。然后他便转身走开了，并且已经做好了离开一个夏天的准备。

1857年秋，梭罗将这次旅途的经历写了下来。《阿拉加什湖及东支流》是《缅因森林》中最长的部分，占据整本书一半以上的篇幅，总共167页，长度几乎是《加拿大的美国北佬》的两倍。《阿拉加什湖及东支流》本身就是一部重要的作品，也是梭罗完成的最后一部长篇手稿。如果说梭罗的作品中有哪部称得上是关于印第安人的作品，那么一定非这部手稿莫属。梭罗不仅记述了他的这次独木舟之旅，而且表现出他在关于印第安人的笔记中积累的体悟。到1858年二三月，梭罗在阅读拉素尔神父（Father Rasles）的《阿布纳基语词典》（*Dictionary of Abnaki*）时已累积了11本（总共12本）

“印第安人笔记”。可以说，大量阅读印第安人材料的阶段基本已经过去，不论梭罗在阅读的过程中有何感悟，他都将它们写进了《阿拉加什湖及东支流》。

梭罗在手稿中提到了其他印第安族裔和更早的时代，但令人惊奇的是，当读者考量他的阅读和笔记所达到的广度与深度时，可以发现《阿拉加什湖及东支流》是他所有作品中隐喻最少的一部，对素材的打磨和加工也是最少的。并不是梭罗多年来的阅读中没有任何收获，而是因为，经过多年的阅读后，他已经具备了足够的经验，能够从丛林经历以及与波利斯共游的经历中提取最有效的信息。凭借多年的阅读积累以及敏锐的观察力，他足以看清波利斯的世界。他在7月中旬写道：“我们只能找到我们正在寻找的那个世界。”

《阿拉加什湖及东支流》在梭罗去世后才出版，或许部分原因在于，他生前并不希望令波利斯感到难堪。这部作品是对两个世界的描述：第一个世界是印第安人观察到的缅因州森林，而印第安人又成为梭罗描述的对象。对于卡塔丁山的描写是这方面叙事乃至全书的高潮，就像在托马斯·科尔的《帝国的兴衰》（*The Course of Empire*）中，每一部分都会出现的高山一样。与此同时，《阿拉加什湖及东支流》也描述了黑熊出没的幽暗阴森的山坡，记录了湖水的光影，此外还用多种方式表达了“野性”主题，突出了一种恰到好处的幽默感——梭罗在广袤的沼泽地区发现了一只死去的豪猪，认为它或许是因为“忍受不了道路的艰难”而死的——但从总体上来说，野性仍是全书的中心。几乎每一页手稿中都出现了“野性”一词，并且从不同视角对野性进行了描述。《阿拉加什湖及东支流》与《行走》不同，它所表现的并非野性的含义，而是关于野性的体验。

《阿拉加什湖及东支流》中的第二个世界是植物学的世界，是从博物学家的视角对缅因州森林的自然史的研究报告，其中包括梭罗列出的树木、植物、鸟类、动物、温度（这部分内容在出版后被删去）、印第安人的名字等。梭罗注意到，丛林深处的动物种类很少，河里的鱼类数量也不及康科德河丰富。在丛林深处，野花的种子无法进行远距离散播，多数植物的分布范围要比开阔地带或半开阔地带更有限。在《缅因森林》中，《阿拉加什湖及东支流》这部分包含的植物学细节最多，而有关植物学和印第安人的内容，则被梭罗对野性的强调统一起来。梭罗观察到，印第安人的智慧、感知方式以及语言等，都对科学具有重要的启示意义。波利斯的信息来源“十分广泛，因此不必专注于某一种信息渠道”。这是一种本能，但梭罗补充说：“这不是通常意义上的动物本能，而是一种经过锐化和训练的本能。”在写给布莱克的信中，梭罗提到，他参观了印第安人的“新世界”，“我们止步之处正是他的起点”。他认为：“印第安人……拥有白人不具有的深邃的智慧。这也为我带来了启发，增强了我践行这种智慧的信念。”以上表达并非梭罗煽情的奉承。他在波利斯身上也发现了诸多缺点。有一次，他发现波利斯对自己的优势以及相对于白人文明的劣势有着深刻的理解。令梭罗特别感兴趣的是印第安人敏锐的观察力。一年后，在与哈佛大学图书馆管理员约翰·朗顿·希布里（John Langdon Sibley）交谈时，他提到，印第安人能够为科学提供借鉴，他们“存在于科学的人类与他们的研究对象之间”。他指出，印第安人用来表述雪松的词语不下50个，他们可以听见蛇发出的“细微声响”，可以模仿麝鼠的声音和腔调，从而与它们交谈。虽然植物学家从未提及这点，但印第安人知道，啄嘴鱼会像母鸡一样，带领它们的幼崽四处游荡。如果说最优秀的博物学家是最敏锐的观察者，那么印第安人已经在科学领域占据了一席之地。

## 8.《秋之色》[1]、约翰·拉斯金以及“纯真之眼”

1857年秋，另一场金融恐慌来袭。铁路行业出现了过度建设的现象，定居者没有达到必需的数量，股市开始下跌。不论在国内还是国外，形势都处于动荡之中。当时，摩门教徒正抵抗着犹他州政府，堪萨斯州的伤口尚未愈合，大法官托尼公布了美国最高法院的决议——“黑人种族不属于宪法规定的‘公民’范畴之列，因此不能享有宪法赋予的权利与特权。”这一年，英军入侵中国广州城，印度则爆发了民族大起义。

康科德的生活似乎丝毫没有受到影响。这年秋天，奥尔科特搬回了康科德，在果园宅邸安顿下来，离爱默生位于莱克星顿路的宅邸不远。在波士顿，詹姆斯·罗素·洛威尔创办了《大西洋月刊》(*The Atlantic Monthly*)，刊名的寓意在于，新旧世界的文化交流构建了一种新型实体，一种大西洋文明。洛威尔曾请求爱默生，让他帮忙招募梭罗来共同创办这份月刊。

美好的秋季从9月末一直持续到11月，有时候，连续数周都是绝好的天气。在人们的记忆中，似乎没有比这更美的秋天了。梭罗的情致随之变得高昂，这年10月和11月的记录也构成了整本日志

① 《秋之色》(*Autumnal Tints*)。

的高潮。在这令人雀跃的季节里，梭罗一扫从前的消沉，精力变得前所未有的高昂，精神变得前所未有的振奋，他与整个世界的关系不能更和谐。1856年12月，在写给布莱克的书信中，梭罗曾大肆指责“大自然显然出了问题”。此时他却表示：“四季及其变化俱在我心。”即便情绪低落时，他仍感到“人与自然处于绝对的和谐之中”。

康科德的树叶开始变黄时，梭罗正沉浸在英国艺术批评家约翰·拉斯金的作品中。38岁的拉斯金因《现代画家》一举成名，从此跃入公众视野。在这部作品里，他以激昂的笔触，为现代风景画——特别是J.M.W.特纳——进行了激昂的辩护。这部作品的第二卷于1846年出版，论述的主题在于美的理念；第三卷于1856年出版，讨论了“风格的崇高性”、真实的与虚假的完美、“情感的误置”以及“风景的寓意”等主题；第四卷同样于1856年出版，这一卷的主题回到了特纳身上，并对“大山之美”进行了冗长而细致的讨论。梭罗对拉斯金的态度与他对吉尔平的态度有些类似，他既批判过二人，又受到过他们的启发。以上提到的拉斯金的著作，梭罗全部读过，还阅读了他的《建筑的七盏明灯》（*The Seven Lamps of Architecture*）。从梭罗随后的日志中可以看出，拉斯金的作品教会了他如何观察以及如何对观察到的内容进行描述。梭罗曾表示，在很多情况下，拉斯金描述的并不是自然，而是特纳油画中再现的自然。这点并没有说错。对于拉斯金的基督教理念，梭罗持否定态度，但他的日志中却摘录了大量拉斯金的文章。显然，他对拉斯金的赞赏远远多于批判。梭罗曾对布莱克表示，他读过拉斯金大部分的作品，并且发现它们“异常出色，且令人鼓舞”，论及“无限、美、想象以及对自然的热爱时，他的文字中充满了灵性”。最终，他总结说：“这些作品让我深感惊讶。”在梭罗的眼里，拉斯金不是那个在1860年后倡导社会改革和经济改革的先行者，而是受卡莱尔启发、受到特纳鼓励的拉斯金，是将强烈的道德感与对自然的热情相结合、拥有着敏锐观察力和强大表达能力的拉斯金。他的文章既带有散文的风格，又凸显出预言般的郑重感：

> 在人类生命的长河中，有凛冽的寒风，也有天堂般的阳光；鸢尾花为它的律动增添色彩，冰霜为它的休憩增添宁静。值得注意的是，我们的休憩与石头的休憩不同。长期以来，它们在洪流中翻滚颠簸，遭受着闪电的轰击，却依然保持着威严。等到风暴过去，河水安静下来，它们又要忍受杂草的覆盖、苔藓的侵蚀，最终被铁犁变成粉末。

拉斯金反对将“实用性”作为生活中唯一有效的标准。在《两条小径》（*Two Paths*）一书中，他将“有机形式”的“生命法则”视作“一切高贵设计”的基础，因而受到了爱默生的青睐。梭罗对拉斯金的兴趣远比爱默生来得更早。真正令他感兴趣的并不是拉斯金宏大的道德理论，而是拉斯金能够用非凡的技巧唤起人们对“接纳和记录世界”这一过程的关注。梭罗阅读过大量拉斯金的作品，但真正给他留下深刻印象、对他创作最有帮助的，是不久前出版的那本《绘画的元素》（*Elements of Drawing*，1857）。这本文风简洁的“实用手册”不仅为初级画家提供了导向，更为年轻的艺术家养成基本的观察习惯和绘画习惯提供了灵感。乔治·修拉（Georges Seurat）拜读过这部作品；莫奈也曾表示，90%的印象画派理论都包含在这本书中。在拉斯金看来，观察远比绘画重要，画家不应描绘自己熟知的事物，而应描绘他们看到的事物。他推荐这样一种练习方式：

在距离书架（不是自己的书架，以便达到无从知晓书名的效果）约3码的位置坐下来，试着准确地描绘上面的书籍，包括背面的标题以及封皮上的花纹。坐在位置上，不要移动，不要走近去看，只管根据观察到的内容来画，呈现出优雅字体的完美形态，当然，你可能会发现，在多数书籍中，这些字体绝对是模糊的。

拉斯金想要强调的是，“仅仅”再现“视觉中而非记忆中的形象”。他在本书的开篇中指出：“你看到的周围世界的一切事物，仅仅是不同色彩和不同阴影的组合。”随后，他在注释中详细解释道：

对于固体形式的感知纯然是一种体验而已。我们看到的仅仅是平面化的色彩……绘画的技巧完全取决于我能否恢复到“纯真之眼”的状态。换句话说，能否用孩童般的视角如实地捕捉颜色的平面形象，而不去有意识地解读它们的内在含义，要像重获光明的盲人一样去观察。

拉斯金不仅文笔生动，更采用了多幅小景素描来展示我们对光影、外形、轮廓、体积以及颜色的感知和分辨。他鼓励读者仔细观察枝叶的特征，并用整整一个章节的篇幅来讨论色彩。他注意到，大自然中融合了紫色与绿色、紫色与深红色、绿色与蓝色、黄色与中性灰色等“新艺术流派”的色彩。他坚持认为，色彩与健康有关。“疲惫或生病时，你就无法很好地辨识颜色。”拉斯金还意识到，颜色具有指涉功能，并解释说："橘子有着鲜明的色彩，这种颜色令人与之亲近。如果将橘子放远些，它的颜色看起来就没有那么明亮；但天空中鲜明的橘黄色却会产生距离感，因为你无法接近云朵中的橘黄色。"拉斯金向我们揭示了这样一个事实：自然中的所有色彩并非层次分明，而是依次渐变的，从明快渐变至暗淡，或从明亮渐变至灰暗。拉斯金的这些主要观点都被梭罗收入了他的自然史摘录本："玫瑰只有在与其他花朵相对比时才显出傲人的美感，这完全取决于色彩渐变的精度与丰富程度，其他花朵要么色彩渐变不够丰富、花叶的层次过于单一，要么色彩渐变不够细微，呈现出块状、纹状，而没有融合在一起。"梭罗在1857年11月末读完了《绘画的元素》，他这个月的日志中到处都有拉斯金的观点。1月26日，梭罗对苔藓和桦树的外貌进行了细致的描绘，指出"大自然热爱色彩的渐变"这一发现。2月13日，他惊奇地发现，"沼泽中蕴含着丰富的光影，就像一张小地毯，被涂上了各种醒目的色彩，这些色彩通过渐变融合在一起"。

同样是在1857年秋天，梭罗完成了《秋之色》一文中最重要的几个部分。不久后，他将秋叶的样本放在白色的背景中，并以此为题举办了一场讲座。后来，他对一片深红色的大树叶（橡树叶）进行了细致的描述，并让《大西洋月刊》严格按照他的具体说明，将这片橡树叶的轮廓画出来："站在这棵树下抬头仰望，观察天空为叶子勾勒出的细微剪影——从这个角度来看，整片叶子仿佛仅仅是从叶子中脉延伸出来的几个尖点……不论是叶子的部分，还是叶子之外的部分；不论是广阔而自由的天空，还是宽大、锋锐、长满细毛的叶片，都能给眼睛带来愉悦。"这篇文章对观察内容的强调、对视觉细节的关注以及对色彩的着迷与热爱，都与令梭罗沉醉的拉斯金的作品密不可分。

《秋之色》并没有将秋季描绘成死亡和衰败的季节，而将它描绘成一年中最成熟和孕育收获的季节。在文章的开篇，梭罗对8月的紫色野草进行了描写［在梭罗最爱的另一部作品——杰拉德（Gerard）的《草药集》（*Herbal*）——中也存在着同样的描写］，接着描写了9月末的红色枫叶、10月初泛黄的榆树以及他在10月6至16日期间观察到的落叶，随后又描述了10月末的糖枫以及10月末、11月初的橡树。在他的描绘中，深红色的橡树处处显露出威严与荣光：

> 它是主宰11月的花朵……不可思议的是，这迟来的鲜明的色彩竟如此深沉，深红和红色融为一体，构成了最为浓艳的色彩；它是一年中最成熟的果实，就像寒冷的奥尔良岛产出的红苹果，拥有着光滑的面颊，即便到下个春季，它们的口感依然醇香。我走上山丘，那里挺立着上千棵雄伟的橡树，它们几乎无处不在，远远地延伸至天际！即便隔了四五英里的距离，也能令人生出仰慕之情！

《秋之色》是梭罗为10月写的诗篇。对他而言，10月和3月是最美的月份。每到10月，新英格兰的秋叶都会吸引大量的英国游客，而这番景致是英国诗歌所不曾见证过的。每逢此际，梭罗的日志中便会出现相应的景色描写，丰富的语汇和明艳的色彩足以与他的描写对象相媲美。《秋之色》是梭罗最为出色的散文之一，它以感知为主题，并以此结尾。他用直观的方式向读者展示着他的描述："只要做好了观看的准备，你定然会看到更多的内容——但如果你着意去寻找……事物就会消失在我们的视野里，并不是因为它们超出了我们的视觉范围，而是因为我们没有用心灵和眼睛去关注。”接下来，梭罗继续写道：“正是由于这个原因，大自然中的许多现象才会被隐匿起来，消失在我们的生活中。”梭罗坚持认为：“从某种角度来看，当你走近时，深红色的橡树就会出现在你的视野里，但只有将它的理念带入脑海，我们才能看到它，否则，我们几乎什么都看不到。”可以说，梭罗所看到的，正是他所追寻着的：“一个人只能看到他所关注的事物。”

这年秋天，拉斯金极大地拓宽了梭罗的关注范围。不仅《绘画的元素》（特别是论及颜色的第三封信）为《秋之色》提供了基础，《现代画家》的第四卷（论及山景的部分）也令梭罗重新燃起了对大山的热爱。1857年10月末，他提到自己曾多次想起“小城东边的那座山”。不久后，他开始用最具想象力和最为生动的语言对大山进行描绘。在这个过程中，他回忆起了之前的梦境以及童年时代的模糊记忆：“然后，我缓缓地爬上一座裸露着岩石的山脊，山脊的一部分被树木遮挡着，那里有野兽出没。我继续向上攀爬，直到迷失在云雾中。此刻，我仿佛穿越了一条想象中的界限，这条界限将卑微的、由泥土堆砌的山丘与崇高壮丽的大山分隔开来。”梭罗后期的风景散文往往突显出特纳的风景画所特有的视觉上的壮美。这种壮美并非直接源自特纳，而是来自拉斯金的作品，因为拉斯金的早期作品几乎全部与特纳相关。但梭罗又不全然与拉斯金相似。1860年，《现代画家》的第五卷（最终卷）出版。在全书的开篇，拉斯金用较长的篇幅对“树叶之美”展开了专题性的论述，但始终没有提到树叶的色彩。《秋之色》完美地展现了梭罗拥抱生活、悦纳体验的能力。这种能力始终与他创造性的适应能力、极具原创性的表达力相吻合，并且逐渐被后两者所超越。有时候，梭罗的视角与19世纪风景画的视角极为相似，但他很少观看或评论画作，尽管他有很多机会去画廊参观。梭罗敏锐的观察力和强大的文字表达力并非源于风景画，而是来自吉尔平和拉斯金论及绘画的著作。

## 9. 路易斯·阿加西与特创论

1854至1860年间，梭罗的兴趣日益集中到了植物学、动物学、地质学以及地理学等科学领域中。在公共生活中，他既是一名博物学家，又是一名作家。1850年，他成为波士顿自然史学会的通信会员；1859至1860年间，他被任命为哈佛大学自然史实验委员会成员；在去世前，他被正式冠以自然史学家的称号。19世纪40至50年代，自然科学的语言发生了戏剧性的变化，“博物学家”及“自然史”等过时的称谓正逐渐被新（1840年）出现的“科学家”一词、被“科学的客观性”等更为自信的修辞以及科学的方法所取代。在这几十年中，关于自然世界的研究正迅速专业化。

多年来，梭罗对细节性的、确定性的以及可以记录的各类事实保持着兴趣。他对事物以及有关事物的理念表现出明显的敬畏，但随着时间的流逝，他对“由谁来观察事实和细节”的问题产生了更为浓厚的兴趣。他越发坚定地相信，我们看到的事物都是我们准备接受的事物，我们探索的不是客观世界，而是我们期待的那个世界。拉斯金让他认识到，在自然的色彩和光影中，在广袤的山川及森林中，还有大片的未知领域等待探索；而印第安人波利斯的价值则在于，他让梭罗的观察力变得更为敏锐。1857年11月5日，梭罗在日志中明确地表示："我认为那个科学家犯了一个错误，在他的误导下，人民大众也犯了类似的错误：仅仅将注意力放在我们感兴趣的现象上，认为现象是独立于观察者，与观察者无关的。关键在于，这个错误对我也造成了影响。据他所说，我在观察彩虹时，应该去观察他所定义的彩虹的种种特性，其余的一切都与观察无关。"对于这种观点，梭罗反驳说："我认为，我所关注的并非它们（彩虹）的本质（那名科学家的研究对象），我的兴趣点在于我与它们（或观察对象）之间的关系。"考虑到1857年的历史背景，以上文字中提到的科学家很可能是路易斯·阿加西。若想理解梭罗对于科学（不包括自然史、植物学或动物学）的矛盾态度，则有必要考虑他与路易斯·阿加西长期的共事关系，以及他最终否认了阿加西观点的事实。从1857年到去世之前，梭罗的生活始终围绕着当时思想界的重大事件，如现代生物学和植物地质学的诞生、达尔文世界观的出现，等等。在这些事件中，梭罗扮演的是一名积极的参与者，而不仅仅是个旁观者。

1845年12月，哈佛大学计划成立一所科学学院。1846年秋，39岁的阿加西来到美国，并于次年被任命为哈佛大学新成立的劳伦斯科学学院的动物学及地质学教授。当时的阿加西早已声名鹊起，在鱼类及冰川研究领域，他是享誉世界的权威人士。25岁时，他被任命为纳沙泰尔大学的自然历史教授，并于1833年（他26岁时）出版了《鱼化石研究》(*Recherches sur les poissons fossiles*)；1840年，他出版了《冰川研究》(*Études sur les glaciers*)，并且结识了大名鼎鼎的自然学家居维叶。刚刚来到哈佛大学，阿加西便着手对北美的所有动物群落，特别是鱼类及海龟进行分类。1847年春，梭罗经詹姆斯·艾略特·卡伯特介绍，成为阿加西田野调查团队及标本采集团队中的一员。梭罗在1847年11月对哈佛大学为科学研究采取的种种新举措表示了赞赏。

1848年6月，阿加西首次在美国发表专著《动物学原理》（*Principles of Zoology*）。不久后，梭罗认真地阅读了这部作品。这本书囊括了解剖学、古生物学、地质学以及胚胎学的最新成果，并提出了这样一种观点：物种是固定不变的，所有物种都是由神根据计划创造而成的，在漫长的岁月里，一批物种被另一批所取代。在1850年出版的《苏必利尔湖》（*Lake Superior*）中，阿加西再次重申了特创论的观点："随着我们对地理分布的研究越来越深入……我们越发坚定了这样一种信念……动物源于它们生活的环境，自从被创造出来后，它们丝毫不曾跨越所属的边界。"阿加西认为："这些边界从它们诞生之日起便已经被划定。"在其关于鱼类化石的研究及早期作品中，阿加西曾表示，物种不具有演变特性，"它们不会在不知不觉中，从一种形态演化成另外一种，只会意想不到地出现或消失，与前代物种之间不存在直接联系"。根据化石证据来看，地球生命的演替过程中似乎存在着某种"进化"，但阿加西的解释为，"这种进化的本质"与当今"动物群落的本质"之间，只存在一种"越发相似"的关联。"但这种关联，"他继续强调说，"并不意味着不同时代的动物群落之间存在直接的衍生关系。"在这一点上，达尔文的观点可谓截然相反，但当时他的理念尚未兴起，科学界仍然由阿加西所主宰。"'物种'间的关联，具有一种无形的、更高级的属性。"阿加西宣称，"只有通过造物主的视角才能看清物种间的关联。造物主创造了大地，允许大地经历持续的变化——这点已经被地质学证明——接连创造出不同的物种，并令其经历死亡，其最终目的在于，将人类接引到这个世界上……造物主的计划从一开始便已拟定，不会因任何一个独特的物种而更改。”

阿加西的这番阐释带有浓厚的决定论色彩，听起来极像加尔文主义的宿命论，只不过披上了一层生物学的外衣而已。在此，我们必须考虑一个十分重要的因素，那就是阿加西的祖先均为勃艮第地区的胡格诺派信徒，连续六代人，包括阿加西的父亲，一直在瑞士担任新教牧师的职位。他的理论——认为物种不具有演化属性，而是被分别创造出来的——只有借助一份全面的、既定的蓝图，一份上帝预定的计划，才能站稳脚跟。尽管灭绝物种与现存物种间存在着某种关联，而且这种关联仍然具有争议，但阿加西的解释为，并不是因为缺乏足够的证据以至于无法证明这种关联，而是因为，神有意将前代物种设计成后代物种的“先知”，这是神的旨意。因此，阿加西的类型学更具神学色彩。在1857年发表的《论分类学》（*Essay on Classification*）一文中，阿加西“公开表明了这一观点”。在梭罗阅读的第26章中，他提出了“先知属类”，并指出：“某些属类具有高级属性，是后代物种的胚胎……与后代物种相比，它们更像是早期的先知，由于早期条件限制而未能体现出后代物种的特性，这些特性后期才在动物王国中充分体现出来。”换言之，阿加西的理论核心是由一神论、基督教理念、加尔文主义以及类型学所构成的，整个理论体系以神的既定计划为基础，宣称神的旨意通过“先知属类或物种”等形式得到严格的执行。

然而，阿加西却始终以纯粹、客观、毫无功利心的科学家自居，宣称仅仅以观察为使命，而他所在的时代也始终接受着他的这重身份。的确，在美国科学的专业化、科学概念的普及等方面，阿加西的贡献可谓无人可及。当被问及如何看待自己的著作时，阿加西表示：“我教会了人们如何观察。”此外，他的个人魅力、热情而外向的性格等因素，都为他“纯粹科学家”的身份提供了有力的支撑。他不仅亲自采集样本，更有数十人为他提供协助。除了筹办学校、引入新式教学法、为哈佛大学比较动物学博物馆（纽约自然历史博物馆的原型）筹集资金外，他更是主持过无数场新闻发布会，组织过多场讲座、宴会、远足等多种活动。根据传记作家的描述，他的“友善与快乐似乎永远不会枯竭”。威廉·詹姆斯认为，阿加西是一位“权威的英雄人物”。他的声望和影响力极其广泛，马萨诸塞州的议会曾专门为他的研究项目拨款；美国科学院的落成典礼上，他曾与林肯总统合影；美国国务院要求各国的美国领事馆为其提供协助；秘鲁国王命令下属为这位哈佛大学的伟大科学家搜集样本。他为哈佛大学带来了科学，而作为回报，哈佛大学则为他的思想提供辩护和支持。各大媒体、布道机构、出版社以及洛威尔、朗费罗、霍姆斯（Holmes）等名震当世的诗人，全都站在了阿加西的阵线上，这让阿加西无比自信。数年后，他得意扬扬地对朋友说：“达尔文的理念与他（阿加西）所定义的科学是背道而驰的。”

梭罗不仅协助阿加西搜集样本，同时也阅读并研究了他的《动物学原理》。1851年，在他当选为波士顿自然史学会通信会员的前一年，他从图书馆里借出了这部作品，研读了整整3个月之久。在这段时期内，梭罗频繁地对鱼类、海龟、青蛙等动物进行观察，为阿加西那部于1857年出版的研究龟类的著作［该著作属于《美国自然史文集》（*Contributions to the Natural History of the United States of America*）的一部分］贡献着力量。这部著作的第一卷收录了著名的《论分类学》一文以及两篇研究龟类的文章，后者篇幅较长，且多使用科技术语。这部作品出版时，恰逢阿加西50岁的生日，各种庆祝活动相继举办。3月20日，爱默生在家里开设晚宴，梭罗也在被邀之列。

席间，梭罗向阿加西提出了许多问题，从两人的对话记录来看，阿加西的解答乃至学问，都令梭罗不甚满意：

> 他没有注意到水生马勃菌的银色外表及干燥特性。他解剖过毛虫，在其体内发现了冰晶，却没有将冰晶融化。当我说我在一条冻僵的鱼身上做过实验时，他表示，帕拉斯告诉我们，冻僵的鱼还可以再次被解冻，而当我证明了相反的观点时，阿加西居然同意我的看法。

当然，或许是梭罗“唱反调”的天性作祟，但以上对话也说明，梭罗并不完全相信阿加西的观点或方法，包括杀死大量样本，特别是对海龟胚胎进行系统解剖的做法。读者无法从以上关于毛虫和鱼类的谈话中得知，在科学实验中杀死海龟这件事令梭罗产生了强烈的不安感。爱默生也曾有过疑惑，尽管如此，在游历阿迪朗达克山脉的过程中，为了给阿加西搜集样本，他还是开枪打死了几只动物。此外，爱默生还在日志中写道：“在阿加西的著作出版的这天，剑桥市的所有海龟应该聚集起来，召开一场声讨大会，从查尔斯河出发，由北美拟鳄龟带领游行队伍，龟壳上刻着‘阿加西去死’几个字。”阿加西的某些做法引起了许多类似的调侃，但在幽默的背后却隐藏着严厉的批判。1857年，爱默生就曾指出，阿加西不该打着科学的幌子宣传有神论。早在达尔文的《物种起源》出版之前，梭罗便开始迫不及地批判阿加西的思想。1858年6月，梭罗在攀登莫纳德诺克山期间，发现山顶附近有一块岩石，表面的凹陷处积满了雨水，水中有不少蟾蜍卵。梭罗一边思考着蟾蜍卵如何跑到了山顶，一边做出了他的评论："阿加西一定会说，它们是从上面来的。"此时的梭罗对物种的分布已然了解甚多，但他仍为蟾蜍卵现象寻找着其他解释。

从1858年年中开始，梭罗开始大量阅读动物学文献。此时，他从阿加西的龟类研究转向了贝尔（Bell）的《英国爬行动物史》（*History of British Reptiles*）和休伊森（Hewitson）的《英国鸟卵学》（*British Oology*）。阿加西的作品虽点燃了他的兴趣，却没有给出他想要的答案。此时，达尔文论及物种的著作尚未以书籍的形式出版，不过这一年，达尔文向林奈学会提交了一篇论文。遗憾的是，这篇文章并没有引起重视。林奈学会的会长托马斯·贝尔（Thomas Bell）表示："这一年尚未出现任何惊人的发现，没有对所谓的科学机构产生革命性的影响。"这时，梭罗已经对源自拉马克的"发展"假说表现出青睐，并对阿加西的特创论以及18世纪以来的固定框架（包括林奈提出的体系）产生了怀疑。在未来的几年中，这一话题将变得越来越复杂、越来越有趣，也越来越具有争议性。此刻的梭罗正不断地从科学文献中、从植物学家朋友身上以及从波士顿自然史学会那里汲取着最新的思想。与声名在外的阿加西教授相比，梭罗不过是个业余的"乡村博物学者"，目前为止，人们对于梭罗的了解仅限于他的文学而非科学作品。然而，此时的梭罗已经养成了科学的思维方式，不会被显赫的声名地位所吓倒。尽管他不像阿加西一样在科学界享有盛名，但令人欣慰的是，他也没有受到类型学或特创论的牵连。阿加西则不同，他的理论最终令他本人和他的作品声名尽毁。就在阿加西仍然执着于加尔文主义的残羹冷炙时，梭罗将新科学与传统自然历史结合在一起，走向了由达尔文开创的未来。

## 10. 为布朗上尉辩护

1858年4月和5月，梭罗对青蛙进行了观察和研究。6至7月，他的研究对象变成了山脉。7月初，他与西奥·布朗、哈利·布莱克以及艾德·霍尔前往怀特山远足。在长达60页的日志记录中，梭罗重点描述了乔克落亚山（"肃杀、闭塞、无处不在"）以及北康韦的景色。9至10月，他回到了《秋之色》的主题上。11月充满着光与影的鲜明对比。他认为，或许可以写一篇《11月之光》(*November Lights*)。"新的季节开始了，"梭罗写道，"整个11月全然被土地的黄褐色占据着，枯萎的树叶，光秃秃的树枝，以及萎靡发白的一枝黄。"望着费尔黑文湖波光闪闪的湖面，他写道："主宰这里的，是清冷的银色的光亮。西边的云显出深蓝或深灰色，太阳在层云间落下。11月里所有的光都可以被称作夕照。"像往常一样，这年的12月是最难熬的日子，梭罗在圣诞节这天的日志也证明了这点。1859年1月，一场猛烈的暴雪从东北方袭来。此时，梭罗的父亲已经病了两年之久。1月中旬，他只能整日待在屋子里；1月末，他开始卧床不起。2月3日，父亲去世，梭罗又要在康科德的土地上新辟出一块墓地。"说到底，我们的身体还是坚韧的！"他在日志中为父亲书写着讣告，"我们的兄弟姐妹，我们的父母妻儿，他们的身体仍然躺在山坡上、田野里，躺在我们的周围。"

这一年，梭罗很少外出旅行，限制他的不只是身体状况，更多的还是家族的生意。但这年3月，他的日志开始焕发活力，写满了他对自然事物内在关联的观察。他对寻找箭头的经历做了简要的总结（他曾在3月到水边的高地上寻找过箭头），并试着解释为何大雁在飞行过程中要排成队列。他认为，这种队列定然能带来“某种优势”，或许，“这种方式真的能在最大限度上克服（空气）阻力”。4月，梭罗在瓦尔登湖畔的2英亩土地上栽种了400棵松树。此外，他再次读起了吉尔伯特·怀特的作品。他再次感叹道，万事万物的背后皆有原因，一个人必须坚持他所从事的工作：“只要有优秀的农夫，就会有肥沃的土地。但凡走错方向，生活中的遗憾就会接踵而至。”

1859年5月初，约翰·布朗回到了康科德。据美国内战史学家布鲁斯·凯通（Bruce Catton，出生于密歇根）描述：“布朗是个游手好闲、一事无成的人，没有什么事情能够做好，只在一件事上颇有天赋：煽动并带领全国人民踏上一条不理智的暴力之路。”大约一年前，梭罗见过布朗一面，当时布朗离开了堪萨斯州，正前往波士顿与一群杰出人士秘密会面。他们计划购买来复枪，并筹措资金，打算对“蓄奴派力量”展开游击战。刚刚毕业一年的桑伯恩便是“秘密六人组”中的一员。此外，这个秘密组织的成员还包括36岁的T.W.希金森。早在1854年，他曾在营救安东尼·伯恩斯的行动中发挥了中坚力量：“这位哈佛大学优等生、精通七门语言的一神教派神父曾手持攻城锤，带领着群情激奋的人们，对联邦政府的堡垒发起攻击。”

1857年3月末，布朗谈到他在堪萨斯州与蓄奴派展开的斗争。爱默生注意到，他的观点之一在于“批判堪萨斯州和平派的愚蠢想法。这一派人士认为，他们最大的优势恰恰在于不抵抗”。爱默生同时指出：“布朗坚信自己的经验，认为一个善良、坚定、有信仰的人能够抵得上成百上千个品德败坏的人。”梭罗被这位卡莱尔般的英雄人物深深触动，并捐出一笔不多的资金，但令人着恼的是，布朗无论如何都不肯透露资金的用途。

桑伯恩、希金森以及其他秘密成员是否提前知晓“哈普斯渡口突袭”计划，这点可以暂且不论，但可以肯定的是，当梭罗于1859年10月19日得知这一消息时，他显然吃了一惊。听到布朗被政府军杀害的消息（误传）时，他的第一反应是，布朗的做法是正确的，政府的行为是错误的：“政府用暴力迫使我们接受不公，企图延续奴隶制度，扼杀奴隶解放者，他们使用的暴力是何等残忍，甚至比残忍更令人不齿！”但很快，公众站在了布朗的对立面。激愤之下，梭罗打算举办一场演讲，借此平衡舆论走向。既然布朗已经行动，他也必须立刻行动起来。他在康科德宣布，将于10月30日就约翰·布朗事件发表演讲。市政委员不肯鸣钟，梭罗便自行动手，随后发表了题为“为约翰·布朗上尉辩护”（A Plea for Captain John Brown）的演讲。一开始，梭罗便表明了态度。他的目的在于劝说和驳斥——但不是回应——布朗的诽谤者，目的在于为布朗辩护。总体而言，梭罗的策略是将约翰·布朗美化成“英勇的士兵”。他小心翼翼并反复提到“上尉”这个军衔，时时提醒听众，布朗的祖父是名士兵，其父是名军火承包商。梭罗将布朗比作康科德应召入伍的士兵，将布朗的伙伴比作克伦威尔的“新型军队”。就这样，布朗变成了新世界的清教徒战士。很久之前，梭罗写过《服役》一文，但遭到玛格丽特·富勒拒登。在这篇文章中，他将生活比喻成一场战役。此时，战争已不再是隐喻，而变成了现实。

《辩护》的讲稿中并没有提到波特沃托米县的屠杀，关于这件事，梭罗应该有所耳闻，但一方面，他不愿深究；另一方面，这件事与“哈普斯渡口突袭”事件并无直接关联。梭罗用率直而雄辩的言辞为布朗进行辩护，在他的眼里，对方不是谋杀犯，更不是暴乱分子，而是一个英雄。他的策略是为布朗的品质、行事的原则而不是行为进行辩护。他认为布朗“最重要的身份是一名超验主义者，一个有思想、有原则的人”。不久前（10月9日），他再次以“没有原则的生活”为题举办了讲座，当时使用的材料正好被他用到了演讲中。布朗是一个按照原则行事的英雄。对于梭罗而言，他是个伟大的人，因为他所凭恃的原则是：奴隶应该被解放。在他看来，布朗的“道德律令”可以用本人的话进行概括：“我想让你们理解的是，对于那些最穷苦、最弱势、遭到奴隶主势力压迫的黑人，我会尊重他们的权利，就像我尊重最有钱有势的人的权利一样。”

几个月后，一个名叫威廉·迪恩·豪威尔斯[①]的年轻人前来拜访梭罗。他听说了梭罗关于约翰·布朗的演讲，但在他看来，“值得珍视的，并不是那个热心、和善而又可怕的老人，而是具有约翰·布朗品质的那类人、拥护约翰·布朗的理念和原则的人。这些才是值得我们珍视并效仿的人”。最终，《辩护》中倡导的约翰·布朗的原则占了上风。梭罗赞颂着布朗“对宪法的尊敬”和对“国家长治久安”的信念，但最重要的是，他认为布朗听从了良知的召唤。不论是在《服役》《抵抗公民政府》还是《马萨诸塞州的奴隶制》中，梭罗始终保持着一致的立场。他的态度与杰斐逊的理念不谋而合：当政府侵犯了民众的自然权利时，民众有权反抗，必要时可以使用暴力。在梭罗看来，当时的美国民众恰恰面临着同样的境地。他意识到“政府将天平的砝码押在了不公的一侧”，因此，民众不必再服从政府。“我唯一承认的政府——不论其军事力量多么

① 威廉·迪恩·豪威尔斯（William Dean Howells，1837—1920），美国作家、文学批评家，美国现实主义文学奠基人。

弱小，或为之冲锋陷阵的人多么少——是能够践行公正的政府，而不是推行不公的政府。”奴隶制是个错误。如果“道德说教”等和平手段失效，只有使用暴力才能将之废除时，民众不应在暴力面前退缩。梭罗是在很长时间之后，在经历过一系列复杂的态度变化后，才渐渐接受了诉诸暴力的理念。暴力诚然不好，但奴隶制更糟糕。于是，梭罗提出了所谓的“约翰·布朗理念”，并给予了支持。这是他对南方奴隶制做出的个人回应：“他秉持着这样一种独特的信条：为了解放奴隶，民众可以名正言顺地对奴隶主使用暴力。我十分赞同这一点。”

梭罗准确地预计了这场讲座带来的影响。他的讲稿被波士顿各大报纸转载、重印，并引发了广泛的讨论。11月3日，他再次举办了同题演讲。整个11月，梭罗的思想和日志都被布朗所占据。12月2日，布朗被执行绞刑。梭罗在康科德安排了一场追悼仪式，与众人一同诵读了挽歌。第二天，布朗的同伴弗兰西斯·J.米立安（Francis J. Merriam）来到了康科德。哈普斯渡口事件发生后，米立安逃到了加拿大，但在听闻布朗被绞死的消息后，他又冒着极大的风险逃了回来。在桑伯恩的请求下，梭罗将化名为“洛克伍德先生”的米立安护送到南阿克顿车站，让他乘火车再次逃亡到加拿大。梭罗并不知道他护送的人就是米立安，但他很清楚，不该对帮助的对象进行盘问。就这样，道德上从不过问政治的梭罗，正式卷入了即将引发内战的一起重大事件。

约翰·布朗的尸体经由铁路被运回了北方。他被人埋葬，却没有被遗忘。1860年4月，桑伯恩在康科德被州法警逮捕。被捕前，他进行过激烈的反抗，这一事件登上了《纽约论坛报》当日的头版头条。7月4日，民众为约翰·布朗开了追悼会，梭罗也收到了邀请，但他无法成行，只好根据1859年10月及11月的日志内容写成一篇《约翰·布朗最后的时光》(*The Last Days of John Brown*) 寄了过去。后来，爱默生在为梭罗撰写讣告时曾提到，约翰·布朗对梭罗的余生产生过重大影响。1859年10月19日至12月2日，在这6周时间里，约翰·布朗的确对梭罗产生过重大影响。但很快，梭罗对布朗的着迷就烟消云散了，就像它开始时一般突然。12月8日，梭罗的兴趣再次回到了自然历史上，继续踏上了他的发现之旅。这一次，他开始阅读亚里士多德论及动物的文章以及罗马博物学家普林尼（Pliny）的作品。一个月内，达尔文的《物种起源》将会出现在康科德，而梭罗对于自然历史的浓厚兴趣也将发生最后一次转向。

## 11. 达尔文与发展理论

梭罗最后一次进行的系统阅读活动包括现代动物学与历史动物学两个主题。这年12月，他又开始按照从前的模式进行阅读。他对动物学的兴趣部分来自阿加西，但此时，他已将注意力转向了古典时代的作家——亚里士多德、艾利安（Aelian）、西奥佛雷特斯（Theophrastus）以及普林尼。12月中旬，他开始阅读亚里士多德的《动物史》(*History of the Animals*)，选取的是18世纪出版的阿尔芒·加缪的法语译本。亚里士多德的这部作品可以算作人类历史上的首部自然历史著作，加缪仍将其视作同类题材中最杰出的一部作品。用不了多久，梭罗也会赞同这一观点。在日志中，梭罗赞扬亚里士多德开创了科学精神、创造了科学的语言，详细的阅读笔记达到50页之多。亚里士多德对日常细节的敏锐观察令梭罗心生仰慕，他知道鱼类也会睡觉，“因为我们常常能够悄悄接近它们而不被发现，然后用手捕捉它们……睡觉的时候，它们十分安静，几乎一动不动，只有尾部轻轻颤抖着”。此外，亚里士多德强大的概括能力也令他深感钦佩，这种能力几乎在每一段的开头都有所体现：“所有鱼卵都是一种颜色，没有第二种”；“同一群蜜蜂不会飞到不同种类的花朵上去，而是从一株紫罗兰飞到另一株紫罗兰。在返回蜂巢之前，它们不会触碰其他花朵”。此外，梭罗在阅读亚里士多德论及动物交配与繁衍、创造与生产等主题的篇章时，留下了大量细致的阅读笔记。

加缪详细的注解为梭罗提供了一份全面的书单，这份清单囊括了古典时代、文艺复兴时期［格斯勒（Gesner）、托普赛尔（Topsell）、贝隆（Belon）等］以及现代著名动物学家的作品，其中17至18世纪的动物学家共计27位，最后一位是布丰。接下来，梭罗又依次阅读了居维叶、阿加西以及当代动物学家的作品。梭罗很早便对现代动物学产生了兴趣，从亚里士多德的作品读起，能够让他更加彻底地了解“历史动物学”，包括这门学科的历史及发展脉络。从亚里士多德敏锐的观察力及高超的描述技巧中，梭罗发现了研究自然历史的另一条路径，这条路径可以平衡所谓的现代科学，对阿加西的理论进行重评和修正。

从梭罗对亚里士多德细致的研读中，我们可以发现，他的世界观发生了重大变化。超验主义——特别是爱默生的理念——的哲学根源和基础都来自柏拉图，该理念认为，我们见到的世界，即所谓现象世界，都是理念世界的影子，因而其重要程度远远不及理念世界。梭罗仍然将自己视为超验主义者，但这个称谓中的伦理色彩远远多于形而上学或认识论色彩。对于梭罗而言，在伦理准则方面，超验主义者奉行的是康德的绝对律令，“要根据所有人都尊奉的准则来指引自己的行动”。如果说这是一种伦理上的超验主义的话，那么，此时的超验主义已经融入了亚里士多德对于“不可再化约的顽固事实”（威廉·詹姆斯语）所表现出的尊敬。

阅读完亚里士多德的作品后，梭罗又转向了普林尼——“第一个编制出希腊人所谓的百科全书的人”（加缪语）。在加缪看来，普林尼“比亚里士多德低一个等级，因为他虽然广泛阅读，却很少进行观察”。普林尼的《自然史》（*The Natural History*）常被贬斥为“古代谬误的集合”，但这部作品对梭罗产生了重要影响。作为一名罗马督察官，普林尼是一名性情温和、较为理性的斯多葛主义者，他秉持着罗马人的职业道德。公元79年，他在考察维苏威火山喷发的情况时遇难，庞贝古城与赫库兰尼姆古城也随之被吞没。普林尼为人勤谨，心怀敬畏，吃饭、旅行时，他都请人为他朗读书籍，只有沐浴的时候例外，但在擦干身体后，他又会立刻继续“阅读”下去。普林尼在阅读时做了大量的笔记，他表示，所有的书籍都有价值，没有所谓的坏书一说。他像梭罗一样，积累了厚厚几卷极具价值的摘录本。普林尼唯一一部流传下来的作品便是长达10卷的《自然史》，洋洋洒洒百万字，几乎赶上梭罗日志的一半篇幅，仅目录部分便占据了70页。书中囊括了2万多个主题，引用内容涉及2000多部作品和近百位作者，几乎涵盖了自然世界的方方面面。

普林尼公认的风格是“能够将事实与神话融为一体”，而这恰恰符合梭罗的创作理念。不过，梭罗更多地将兴趣放在了普林尼对自然的观察上，而不是那些关于恶龙和独角兽的故事上。从普林尼的作品中，可以看到观察者视角和学者视角的完美融合。他像亚里士多德一样，向梭罗揭示了观察者的重要性及中心地位。梭罗最先阅读的是普林尼论及树木的文章，这部分占据全书超过十分之一的篇幅。他摘录了普林尼对没有树木的乡野地带、不结果的树木以及春季发生的各种事件的观察。

普林尼细致的观察和生动的文笔给梭罗留下了深刻的印象，在后期的作品中，他开始频频引用普林尼。梭罗去世后，《夜晚与月光》被收入《游记集》（*Excursions*）出版，文章开篇便提到了普林尼，其余的文章，如《越橘》（*Huckleberries*）、《野果》（*Wild Apples*）也不例外。《种子的散播》这篇手稿的开头是这样的：

> 普林尼代表着他那个时代的自然科学，是他告诉我们一些树木是没有种子的。“那些从不结果，甚至连种子都没有的树木，”他说道，“包括以下几种：罗望子，只能用来做扫帚；至于白杨、鼠李以及阿迪山榆木，”随后他补充说，“这些树木被视作噩兆（厄运、不幸等），是不吉利的树木。”

从亚里士多德、普林尼以及后来的拉斯金身上，梭罗越发认识到，观察者的表述能力占据着无比重要的中心地位。这些古代的博物学家能够用细微的笔触描述日常景象及动物，即便在2000多年后读来，依然不失趣味。也正是由于古代的智慧在今天依然适用，梭罗才对维吉尔的农学著作产生了兴趣。在亚里士多德和普林尼身上，这一点也同样适用。此外，《动物史》和《自然史》为梭罗构想的自然史作品提供了充实的素材。

这个时期，梭罗沉浸在古代博物学家的作品中，直到1860年1月1日（约翰·布朗死后还不到一个月）达尔文的《物种起源》出现在康科德。这本书是由查尔斯·布雷斯（Charles Brace，纽约的一位社会工作者）从阿萨·格雷那里得来的。阿萨·格雷是哈佛大学的一名植物学家，也是在日后那场纷争中为达尔文摇旗呐喊的同盟者。布雷斯、桑伯恩、奥尔科特以及梭罗等人在共进晚餐时讨论起这本刚刚出版5周左右的新作。没过多久，梭罗也得到了一本，经过仔细阅读后，他从中摘录了大量内容。

奥特加·伊·加塞特（Ortega y Gasset）曾说过，很多事物都无法引起我们的兴趣，因为它们无法在我们的心中找到立足之地。然而梭罗的独特魅力就在于，他始终能够保持浓厚的兴趣，而且不断扩大着他的兴趣范围。他的求知欲始终处于“青春”阶段，他不断深化的观察力和表达力给读者留下了最为深刻的印象。这年1月，他的好奇心再次张开了翅膀。很久之前，他便已经读过达尔文的《“贝格尔”号环球航行日志》，并对动植物群落的分布产生了兴趣。此时，他已经表现出对进化论——当时仍然被称作物种的发展论——的青睐，对阿加西鼓吹的特创理论产生了怀疑。因此，他已经做好了在《物种起源》一书中寻求他想要的答案的准备。一位编辑曾如此评论这部著作：“（它）充满科学的想象，具有伟大的革命意义，最具可读性、通俗性。”

《物种起源》并非一部科学专著。达尔文像梭罗期待的那样，是一位“生物科学领域的饱学之士”，他的兴趣范围涵盖地质学、动物学、古生物学、植物学以及鸟类学，对于鸽子研究特别感兴趣。他所秉持的科学观并没有狭隘地强调专业性、客观性或者精确性，尽管他并不缺乏以上任何一种素质。用达尔文那句被引用频率最高的话来说，“科学在于搜集事实，以便从中归纳出普遍性的法则或结论”。对于梭罗而言，《物种起源》无疑具有巨大的吸引力，因为这本书所谈论的大多是“动植物与大自然，以及动植物之间的关系”，此外还涉及“醋栗的相对体积和多毛特性”的探讨。

阿加西认为，物种具有永恒不变且无法被改变的特性，而达尔文则辩称，物种能够演化或蜕变成其他形态。前者认为物种是固定的，不存在演变；后者则持全然相反的观点，认为不存在恒久不变的物种，演化是一种常态。达尔文想指出的是，自从歌德时代以来，在西方想象中占据统治地位的“演化”或“形变”理念已经不再是隐喻，而是成为了事实。达尔文最初开始阅读的是托马斯·马尔萨斯的作品［他的对手，即与他一同发现“自然选择”的阿尔弗莱德·华莱士（Alfred Wallace）也是如此］。马尔萨斯在《种群论》（*Essay on the Principle of Population*）一文的开篇便指出了生物具有惊人的多样性这一事实：“如果这片土地所孕育的生命能够自由繁衍的话，它们将在短短几千年的时间内充满数百万个世界。”随后，马尔萨斯抛出了全文的中心论点：“所有生物都具有一种普遍的倾向，那就是不断地繁衍，不论周围的资源是否允许。”此外，马尔萨斯还为达尔文提供了最基本的出发点：“长期以来，我不断地观察着动植物的习性，发现到处都存在着为生存而竞争的现象。我突然意识到，在竞争的过程中，优势物种更容易存活下来，而劣势物种更容易灭亡，这最终将导致新物种的产生。”

达尔文将这一过程称为“自然选择”。《物种起源》的早期版本中并没有出现指涉“进步”含义的“进化”一词。对于达尔文而言，自然选择是一种过程或机制，是他所谓“经过修正的继承”这一理念的基础。达尔文提出这一理念的目的恰恰在于取代阿加西的特创论。“每个物种都会繁衍无数后代，但存活下来的个体数量远低于出生的数量。因此，同一物种的个体之间会为了生存频繁地竞争。在复杂多变的生存环境中，任何生命个体，只要能够做出有利于生存的丝毫改变，生存的概率就会更大，成为被自然选中的物种。”达尔文所言不无道理，但他首先要证明一点，那就是不同物种之中确实存在着演化的现象。这一点，阿加西是断然否认的。

达尔文在开篇就谨慎地提出了这个论点，他指出，人类可以通过人工选择的方式培育出不同品种的谷物、猫狗、牲畜以及鸽子。接着，他从人工驯化导致的“变种”过渡到自然导致的“变种”。“如果可以证明不同品种的鸽子——球胸鸽、扇尾鸽、仑替鸽、巴巴里、龙鸽、信鸽、翻飞鸽——源自同一种野鸽，其不同之处完全取决于人类采取的繁殖方法，那么，同样的演化现象为何不能在自然界中发生呢?”这部分论证被梭罗摘录下来，并被收入了他的笔记本。《物种起源》的第三和第四章论及自然选择，列举了多种植物产生的种子，并指出，植物为了争夺生长空间，最终会导致大量种子遭到淘汰。在接下来的几个月里，梭罗也开展了类似的研究，特别是针对橡果的研究。《物种起源》的第十一和第十二章谈到了物种的地理分布。这一部分为达尔文的观点提供了重要的支撑，因为物种分布范围越广，相似物种源于同一祖先的概率便越大。梭罗从这两章中摘录了大量的内容。

达尔文多次指出，我们所知甚少。“据我估计，植物学家意识不到一个水塘的淤泥中埋藏着多少类别繁多的种子。”他写道，“对于那些奇妙的、偶然的传播方式，我们所了解到的内容可谓少之又少。到目前为止，还没有人针对这个课题进行过恰当的实验。”论及分类的第十三章又回到了关于人工（林奈）分类系统与自然分类系统的争论。达尔文对自然分类系统表示了明确的支持，并先后几次在书中给出了有趣的解释：“我认为，这种继承关系（源于同类祖先）正是博物学家在自然分类系统中寻求的隐形关联。”在结尾部分，达尔文重申了他的信念。在接下来的几个月中，梭罗始终没有忘记那句话：对于物种区域间“偶然的传播方式，我们的所知少之又少”。当时，梭罗关注的种子散播的现象尚未引起广泛重视。

在结尾处，达尔文再次重申了他的核心论点：“既然这些原则适用于家畜繁殖，那么就没有理由怀疑它们不适用于自然演化。在优势个体和优势种族求生的过程中，在它们为生存展开无休止的竞争的过程中，我们见证了最有力和最有效的选择方式。生存竞争的强度将不可避免地以几何级数增大，所有生物都不例外。”“因此，”他重复道，“物种仅仅是带有明显特征的演化品。”在重申论点的同时，达尔文又给出了另外一个例子，梭罗将这部分内容收入了摘抄本中。“在加拉帕戈斯群岛、胡安·费尔南德斯群岛以及其他美洲岛屿上，几乎所有动植物都与附近的美洲大陆上的动植物存在着令人惊奇的关联；佛得角群岛及其他非洲岛屿上的动植物与非洲大陆上的动植物之间，也存在着同样的关联。”梭罗仔细研读了达尔文的论证，并明确领会了达尔文的主要意图，从他在结论部分添加的评论便可看出这一点：“因此，物种并非源于特创。”梭罗不仅研究了达尔文描述的细节，领会了他的意图，更指出了未来研究需要努力的方向。在接下来的几个月中，达尔文发展论的诸般优点将始终萦绕在他的脑海里。

## 12. 超验主义之外：自然史项目

1859年12月末，梭罗正在思考自然史学家应该具备的品质。

这个月的最后一天，他在日志中写道："在谈论某个主题的时候，发言最具权威性的人往往对前人的说法不无了解，他会时不时将自己的知识融入传统的知识中。"第二天，梭罗与几位好友在晚餐期间谈论起了达尔文。三天后，梭罗写下了那句常被引用的名言：

> 一个人只接受他准备好要去接受的事物，不论是在身体层面、思想层面，还是道德层面……我们所听到和理解的，都是我们部分了解的内容……每个人都在——通过聆听、阅读、观察以及旅行——追寻他的生命轨迹。他的观察能够形成一个链条。如果某些现象或事实与他之前的观察不相关，那么他是观察不到这些现象或事实的。

做出这番评论的时候，梭罗恰好在阅读亚里士多德论及噘嘴鱼产卵的篇章，对于亚里士多德提到的这个现象，他已经有所观察。尽管这番评论并没有超越亚氏文之藩篱，但它不仅适用于梭罗本人的观察模式，对于阿加西或达尔文来说也同样适用。这并不是他为"先见"或"观察走神"找借口，而是承认在观察过程中，心灵和眼睛都要提前做好准备。属于达尔文的时代就要到来，而在这样一个时代里，机遇将会占据统治地位。但梭罗明白，就像巴斯德（Pasteur）所说的，"机遇总是青睐有准备的人"。

1860年的最初几个月，梭罗正筹划着一部重要的作品，此前，他已经做了不少准备。"怀着愤怒去写作，带着激情去修改。"他向当地一名渴望成为作家的年轻人建议道。梭罗在2月12日的日志中流露出的情绪主宰着他这个季节的阅读和观察。"在冰雪覆盖的城市里，那条黑色的动脉（河水）又开始欢腾起来。早春看到这样的景象，实在令人兴奋。它是那样喧闹，那样富有生命力……它是大地的脉门和律动，我用眼睛都能看到它的心跳。这河水是有生命的，不似那死气沉沉的大地。”之前，他曾对波澜不惊、昏昏欲睡的“草地河”进行过描写，相比之下，这次的描述可谓截然不同。他阅读着艾利安、托普赛尔以及布兰德（他曾指责布兰德对西奥佛雷特斯一无所知）的作品，并在康科德及贝德福德等地举办了题为“野果”的讲座。在日志中，他打磨和提炼着自己的观点。多年来，他从科学术语中得到了不少收获，但同时也看到了科学术语的局限性。“我们总是将无知强加给科学术语，只要还没忘记哲学术语，我们就无法开始真正的观察。从这层意义上来说，不论是自然题材还是自然现象，它们永远都是野性的，是无法被命名的。”或许的确无法命名，但并不意味着无法描述它们。梭罗从古代作家身上学到了生动而活泼的描述技巧。“古代的一些博物学家拥有着活泼而生动的描述能力，这点是我们不能忽略的。”他写道，“他们与描述对象之间存在着共鸣。”例如，梭罗指出，格斯勒在描写幼发拉底河畔的羚羊时曾写道：“它们乐于享受这里清冽的河水。”梭罗认为，大多数现代博物学家笔下的动物“不会享受任何事物”。古代的博物学家更擅长描写，而现代的博物学家更擅长测量。梭罗打算将两种技巧融为一体。

每年3月，梭罗都会焕发出无比的活力。趁着精神振奋之际，梭罗开始在日志和摘录本中积极地记录着。在接下来的22个月（至1862年1月底）里，他整理了10年来累积的自然史材料和观察记录。整理顺序是这样的：比如，某年4月，他会通读日志记录，将同类观察记录，如对叶子的观察，按照年份罗列出来；第二年4月，他会在这张清单上记录下这个月所搜集到的所有关于叶子的数据。从1852年起截至此时，他已经列出了9至10张清单，然后将它们编制成表格，如此一来，他便可以轻松地查阅10年来有关4月的记录。观察花朵、鸟类、水果、四足动物以及鱼类时，他会采用同样的步骤。最终，他积累的清单和图表已经超过了750页，有些图表和清单需要花费很多天才能整理好。这是一项巨大的工程，目的在于对10年来积累的材料进行提炼——并非印象式的总结和归纳，而是每一篇都有数据支撑。可以说，这项工程融合了达尔文的精准、普林尼的生动描写，以及拉斯金的艺术视角。

然而，这些巨幅图表中却找不到7至9月3个月份的内容，因为这部分内容被统一收录在另外一本600多页的手稿中，这本手稿被梭罗命名为《野果》或《水果手记》（*Notes on Fruits*）。显然，此时的梭罗已经超越了图表阶段，开始以叙事为形式，将广泛的材料统一起来。从《野果》中，我们能够看出梭罗的日志、阅读以及摘录本所涉猎的范围之广。他广泛地引用着“印第安人笔记本”，引用着他所读过的关于新英格兰和早期加拿大的史料，引用着他研究过的古典文献。与此同时，他用令人叹服的散文笔法，将细致的观察和精准的知识表达出来。在描写夏季的第一茬果实时，他写道：“6月25日开始直到8月，这段时间是野树莓的成熟期，7月15日（或20日）则彻底熟透。每当我们来到这片相对广阔而茂盛的灌木丛，绕着树莓林小心翼翼地走着，并摘下浸着雨水的野莓时，我们一边感到惊讶，一边又会想起一年的时光所留下的印记。”梭罗的这项巨大工程堪比洪堡的《宇宙》，或许这是他对阿加西《美国自然史文集》提出的挑战。这项工程需要对上千页的海量材料进行提炼和梳理，就连爱默生和布莱克也不禁感到震撼。爱默生提到：“他的研究范围如此之广，非长寿者不能为之。”为了帮助梭罗完成心愿，布莱克将他的日志内容编辑成了《春》《夏》《秋》《冬》四卷，尽管他无法像梭罗一样对其他材料进行提炼，但这四卷作品足以令人敬仰，因为它们至少可以反映出梭罗的部分遗愿。

梭罗的志向是坚定的。1860年5月，他在写给布莱克的书信中提到："如果一个人相信自己，期待自己能够完成伟大的事业，那么不论将他置于何种环境，或对他说什么，都不会改变他最初的想法。"梭罗对权力不感兴趣，但他却拥有着强大的"表达权"，"不论是睡着还是醒着，不论是在奔跑还是行走，不论是使用显微镜还是望远镜，或是只用裸眼观察，一个人能够发现、超越以及留下的，没有其他，只有自我。不论他做什么、说什么，他仅仅是说给自己听而已"。

这一年，梭罗的日志中出现了新的观点。他开始更加清醒地认识到大自然的暴虐与无情。看到苍鹭将长长的喙伸进龟壳、啄食龟肉时，梭罗特别强调说："这就是大自然，它让一种动物渴望另外一种生灵的内脏，并将之视作美味佳肴！"这年春夏，梭罗阅读着戈斯（Gosse）、珂努蒂（Cornuti）的作品，以及珂兰茨（Crantz）的《格陵兰岛的历史》（*History of Greenland*）和杰拉德的《草药集》，最后一本书成为他最中意的作品之一。奥古斯丁在评价瓦罗时说道："令人惊讶的是，他花了大量时间阅读，似乎根本无暇写作，但与此同时，他又笔耕不辍，似乎很难找到时间阅读。"这番评论同样适用于梭罗。

对于梭罗而言，1860年9月又是一个兴致高昂的时期。他在康科德发现了一只罕见的加拿大猞猁，于是立刻向波士顿自然史学会报告了。此外，他还在米德尔塞克斯农业学会举办了题为"林木的演替"（The Succession of Forest Trees）的讲座。18日，他在日志中写道："今天天气很美，很温暖，但不炎热，收获满满（我正沿着铁路的路基散步），很明显，秋天来了，溪水漫涨，水面闪耀，岸边的柳树和风箱树整齐地排成平行的两行，叶子已然变黄……庄稼已经被收割完毕，田野里仍然是一片绿色，闪耀着春的光辉，天空和大地都是那样的明亮。"

阿加西和达尔文的论辩持续了整整一年。自2月到4月，阿加西在波士顿自然史学会组织的辩论会上为自己的立场不停地辩护着。7月，阿加西终于发表了那篇期待已久的对《物种起源》的（贬斥性）评论。这年秋天，梭罗的《林木的演替》一文迅速发表，并且被反复刊载。梭罗将发表的文章寄给了波士顿自然史学会。10月17日，该学会宣读了他那篇关于加拿大猞猁的文章。第二天，梭罗在日志中用很长的篇幅讨论了特创论与发展论之间的争辩。"我们发现，这个世界已经长满了各种植被，但不同的植被仍在出现。有些植物生长在湿润地区，有些生长在沙漠里。事实上，它们的种子几乎遍布各处，但只有在它们各自生长的地方，它们才能存活下去……（达尔文提出的）发展论暗示着，大自然中存在着一股更强大的生命力，这种力量更为灵活，更具适应性，无时无刻不在创造新生命。"1861年1月14日，梭罗第一次明确表达了对阿加西理论的排斥。在随后的日子里，他重申了自己的态度。

在阅读达尔文著作的过程中，梭罗将注意力集中在植物种子散播的部分。他对这一题材做出的贡献是一份长达400页的手稿，尽管梭罗还未完成这部手稿就去世了，但他提供的信息已经足够勾勒出基本框架。目前我们看到的《种子的散播》，正是他在阅读过达尔文的著作、举办过"林木的演替"讲座之后的最终版本。这篇文章或者说这本书，或者用梭罗的话说是"这一章"，它的目的在于，纠正人们对达尔文提到的种子的散播现象的无知，但更重要的是，通过证明种子散播现象的普遍性，来驳斥阿加西的特创论。如果梭罗能用更多的例子证明某地的植物是从来自其他地域的种子成长起来的，那么特创论就越发站不住脚。

《种子的散播》并不是一部独立的作品，而仅仅是“自然史项目”的一个章节。可以说，这个项目是梭罗多年来细心积累的结果，但同时，它在很多领域都有了新突破。在《瓦尔登湖》经济篇的结尾处，梭罗加入了萨阿迪（Saadi）《古利斯坦》（*The Gulistan*）中的一个比喻。根据萨阿迪所说，柏树不结果，因为它被称为“自由之树”。不结果实，意味着摆脱了成长与衰败的生物轮回，摆脱了生产与消费、获取与花费的经济学轮回，因而也意味着摆脱了整个世界的繁衍与创造。但在《种子的散播》手稿中，梭罗却指出，不结种子的稀有树木不过是没有生育繁衍的能力而已。从这个角度来看，普林尼取代了萨阿迪，斯多葛学派取代了禁欲派。梭罗的兴趣转向了全新的领域：繁衍、传播、生产、创造。《瓦尔登湖》的中心思想是渴望自由，而梭罗后期作品的中心思想是渴望与世界相连，论述的主题则从经济转向了生态。

从基督教的超验主义信仰（神性主宰原则）到新希腊主义信仰（强调心灵在宇宙中的重要性），梭罗渐渐接受了达尔文所秉持的观点：宇宙中的任何主宰性的力量，只能在发展原则中寻求——这种原则最明显地体现在大自然中，体现在冬季的冰花中，体现在春季的树叶中。这种全新的观点认为，自然的法则就是主宰成长、成熟、繁衍、衰败、死亡以及再成长的法则。对于用心灵观察自然的个体而言，《瓦尔登湖》见证了心灵的中心地位和完整性，见证了可见的世界的连贯性。梭罗搜集的海量材料不仅为《瓦尔登湖》提供了文本内容，更为其光辉闪耀的中心思想提供了广阔而具体的语境。

## 13. 一生只有一个世界

直到1860年11月，梭罗都在专心致志地研究着森林如何生长。不久前，他阅读了哈兰德·珂塔斯（Harland Coultas）的《树能教给我们什么》（*What Can be Learned from a Tree*），学会了从树木的年轮观察树木历史的方法，并且专门对康科德的北美油松进行了研究。为了记录北美油松的生长情况，梭罗制作了几张图表，这些图表被收入托里（Torrey）与亚伦（Allen）编辑的《梭罗日志》（*Journal*）的最后一卷。在生命的最后两年里，梭罗曾编制过无数张图表，但只有这年11月的图表最终得到了发表。从这些图表中，我们能对之前那些图表的性质和涉猎的范围有所了解。有时候，梭罗的主题与马尔萨斯和达尔文有些相似：植物的生长、繁衍、散播等。早年在瓦尔登湖居住时，梭罗就感受到了死亡与繁殖间的关联。当时，他在山谷中看到一匹马的尸体，但由于气味太过难闻，梭罗不得不绕道而行。“但这也让我坚信，大自然拥有旺盛的食欲和不可亵渎的健康。想到这里，我的内心平衡了些。”11月末，梭罗正望着那片15年前还不曾出现的茂密的森林。这时，他又重复了他的那句名言，但这次，他提到了自己的身体和健康：“我不得不承认，我愿意相信大自然拥有无尽的生命力。”他写道，“我宁可让自己的身体被埋在一片清醒的土地里，也不愿被埋在迟钝、僵化的泥土里。”4天后，11月29日，奥尔科特上门拜访，与梭罗商量筹办约翰·布朗周年祭的事情。不久前，奥尔科特患了一场严重的感冒——他自称患了“流感”——很可能也传染给了梭罗。12月3日，梭罗在外出查看树木的年轮时，也患上了严重的感冒。即便如此，他还是坚持要前往康涅狄格州的沃特伯里举办讲座，但此举显然欠妥。渐渐地，感冒引发了支气管炎，令他整个冬天都无法出门。月复一月，日志中的内容量开始锐减，从10月的104页，减到11月的81页，到了12月已经减少到了17页，次年1月只有11页。但他并没有就此停止工作。既然无法出门，他就待在家里，整理过去9年里积攒的日志和笔记。2月，奥尔科特发现，他正“根据不同的主题将材料进行分类和整理”，仿佛正在为下一部作品做准备。

3月，他的日志中再次出现了“自然演替”的主题。4月，内战终于爆发。4月12日，萨姆特要塞战役打响。梭罗继续着他的工作和阅读。怀着对植物分布以及种子散播的兴趣，他开始阅读地理学著作。这期间，他阅读了阿方索·迪康多尔（Alphonse de Candolle）的《植物地理学》（*Géographie Botanique*），达尔文时常引用这本书。此外，他还阅读了斯多葛学派地理学家斯特拉博（Strabo）的作品以及布洛杰特（Blodget）的《美国气候学》（*Climatology of the United States*）。4月19日，康科德见证了45名志愿者奔赴前线的感人时刻。在车站举行了送别仪式，康科德的生活被战场的消息所主宰。梭罗的身体状况太过糟糕，医生坚持让他天气好些再出门。气管炎严重地侵蚀了他的健康，但根本原因还在于肺结核。梭罗没有选择欧洲（费用太高昂），也没有选择加勒比（太闷热），而是选择去明尼苏达州。这个选择似乎有些奇怪，但当时的明尼苏达州以干燥闻名，况且，梭罗刚刚读过的作品恰好与加拿大西部和明尼苏达州交界处的探索发现有关［哈里·尤勒·辛德（Harry Youle Hinds）《关于阿西尼博因河及萨斯喀彻温省的探险报告》（*Report on the Assiniboine and Saskatchewan Exploring Expedition*，多伦多，1859）]。这是梭罗首次前往真正的边境，而当时仍有不少探险家越过边境，在未经开发的区域进行探险。

钱宁和布莱克无法同行，梭罗只好自行踏上了这场长达两个月之久的旅途，与他同行的是小贺拉斯·曼恩，他的父亲是一位著名教育家，两年前死于俄亥俄州的耶洛斯普林斯。两人先是乘坐火车，然后又换乘汽轮。从很多层面来讲，这次旅行是失败的，甚至是带有悲剧色彩的，不仅道路崎岖难行，梭罗也没有得到任何有价值的收获。他游览了芝加哥城、圣保罗市以及雷德温市，观看了印第安人的舞蹈和仪式，游历了密西西比河、密尔沃基市以及麦基诺岛，但令人失望的是，他几乎没有记录下任何有关边境或印第安人的信息。从当时的日志来看，梭罗的心思并没有放在这两个主题上，就连内战也没有引起他的关注。他的记录大多与当地的自然史有关，即使有新内容，也只是其中表现出的精神和方法有所不同。他拜访了许多博物学家，参观了不少博物馆，阅读了许多书籍和报告，在留下大量记录的同时还采集了样本，收集了不少野果。可以说，他在这些方面表露出的兴趣远比这次旅行中的任何主题都要浓厚。

爱默生的一位朋友——芝加哥的罗伯特·科利尔神父（Rev. Robert Collyer）——在这次旅途中遇到了梭罗。他注意到，“梭罗有时会犹豫一阵，仿佛在寻找恰当的词语，有时候又会停顿一会，耐心又可怜地等着胸口的咳嗽平复下来”。旅行归来后，梭罗的身体状况变得比出发前更糟，而贺拉斯·曼恩则继续回哈佛大学读书，跟着阿萨·格雷攻读植物学。不久后，他出版了3本植物学专著，成了哈佛大学标本馆的馆长，但就在他的事业即将腾飞之际，他因患肺结核去世，终年只有24岁。或许是梭罗将肺结核传染给了他。不过在当时，结核病已经成为一种常见的致命性疾病。1859年，在康科德的死亡病例中，肺结核是头号杀手，共造成90人死亡；1861年的致死人数为9人，1863年为5人。

1861年7月初，梭罗回到了康科德。8月末，他最后一次前往新贝德福德探望里基森。当时，一位名叫邓希（Dunshee）的摄影师为他拍了一张照片，照片上的梭罗远比44岁的他要苍老，与5年前马克西汉姆（Maxham）拍摄的银版相片相比消瘦了不少。11月，梭罗在日志中记录下了最后几行内容。他饶有兴致地望着猫咪滑稽的动作，并注意到风暴过后留下的满地狼藉。玛格丽特·富勒去世时，他曾沮丧地总结说，只有思想是永久的，其他的一切都会随风而逝。但此时，他有了更新的感悟：每个生命，就像每一阵风一样，都在“记录着自我”。

11月，一名访客注意到，“傍晚时，他的脸上突然显出一片红晕，两眼闪着不祥的明亮和神采，令人不忍去看。他谈话时格外机敏，我们着迷地听着——或许正是因为这一点，他才说得越发起劲，直到虚弱得再也发不出声音来”。即便这样，梭罗依然孜孜不倦地为那项宏大的工程努力着。他制作了几张图表，上面记录着1861年到这年11月所有的自然现象。这说明，他仍在不停地搜集信息、整理材料，尽管这些内容都没有出现在他的日志中。像往常一样，12月是最难熬的月份。乔治·米诺特——为梭罗的动物故事提供了无数素材的那个农夫——没有撑过这个冬天。他于这年12月去世。此时，梭罗又患上了胸膜炎。1月，寒冷的天气伴随着强风而至。布莱克和裁缝布朗前来探望梭罗时，发现他“十分低落”，但依然坚决地想要利用好当下的每一刻。当布莱克问他如何看待未来时，梭罗回答说："像往常一样无趣。"布朗注意到，"在去世前，他的兴奋持续了很久"。目前存放在亨廷顿图书馆的一份手稿显示，1862年1月，他仍在为那项伟大的工程搜集和聆听信息。他始终拒绝放弃这项宏伟的工程，坚持了很久。

2月，詹姆士·T.菲尔兹（James T. Fields）鼓励梭罗为《大西洋月刊》提供文稿。只有在这个时候，梭罗才将注意力从他的工程上转移，整理并出版了一些早期的讲稿，也为家人增添了一份收入。2月20日，他将《秋之色》寄给了编辑；28日，他又将《没有原则的生活》寄了过去；3月11日，他寄去了《行走》；4月2日则寄去了《野果》。菲尔兹提出重新出版《瓦尔登湖》，同时又买下了尚未出版的《一周》的所有手稿，打算重新再版。此时，梭罗已经是一位知名作家，各大报纸报道着他的病情，他于45岁逝世的惨痛消息也将引起广泛关注。

人人都看得出，他将不久于人世。1862年3月21日，他在给一名崇拜者的信中写道："如果我能活下去，我可以就自然史这个话题写很多内容。"接着，他补充道："我估计，我撑不了几个月了。"多年前，梭罗在情感上无法接受哥哥约翰的去世，而如今，他以坦然的心态面对着自己的死亡。秋季的叶子"教会我们如何去接受死亡"，他写道。在远离家乡的战场上，内战的规模进一步扩大，西部的战场上出现了一位名叫格兰特（Grant）的将军。4月6日及7日，在夏伊洛教堂附近的匹兹堡码头打响了整场内战中最为血腥的战役。5月1日，北方联军攻陷新奥尔良。

在亲朋好友的陪伴下，梭罗在家中平静地度过了最后的时光。他的床被搬到了楼下。由于无法写字，他只能向索菲亚口述，请她代笔。4月初，他的声音已经小到无法听清，这种状态已经持续了几周时间，但他的思想、智慧和精神却依然闪烁着。爱默生的儿子爱德华打算在上大学前去落基山脉游玩，梭罗建议他带上一枚箭头，这样就能向印第安人请教制作箭头的秘法。山姆·史泰博（Sam Staples）——梭罗入狱期间的狱卒——表示，他从未见过任何一个人能在“弥留之际还如此快活，如此平静”。想起艾伦·修厄尔这个名字时，他对索菲亚说：“她永远是我爱的人。”当姨妈路易莎问起，他是否与上帝和解时，他回答说：“我不记得我们争吵过，姨妈。”随后，他的临终遗言又回到他的作品上。5月6日清晨，索菲亚为他诵读了《一周》中的《星期四》（*Thursday*）一章，梭罗细细回味着“星期五”那天的归程，喃喃地说：“一场绝妙的泛舟之旅就要开始了。”在他最后的遗言中，众人只听清了“麋鹿”和“印第安人”两个词。

在梭罗去世前的几天，帕克·皮尔斯伯利（Parker Pillsbury）曾在他耳边轻声问过一个问题，梭罗也做出了相应的回答。可以说，没有任何遗言能比他的回答更令人满意。皮尔斯伯利曾经是一名牧师，后来他离开教堂，毅然投身于废奴运动。他既是梭罗家族的老友，又是一个敢于坚持原则的人。他与布莱克和路易莎姨妈一样，对来世充满了好奇，于是忍不住问道：“看起来，你离那条暗河的边缘已经很近了。我好奇的是，那条河的对岸看起来是什么样子？”梭罗的回答恰好对自己的一生进行了总结：“一生只有一个世界。”

1862年5月6日上午9点钟，亨利·梭罗病逝。屋外，在那些他再也看不到的地方，早春的苹果树开始抽出新叶，显出绿色来，就如同往年一样。

# 梭罗生平年表

| | |
|---|---|
| 1817年 | 7月12日出生于马萨诸塞州康科德市，得名戴维·亨利·梭罗。 |
| 1828—1833年 | 就读于康科德学院。 |
| 1833—1837年 | 在哈佛大学接受教育。<br>阅读爱默生的《论自然》。<br>1837年，调换名字中“戴维”与“亨利”的顺序。<br>1837年8月30日，大学毕业。<br>1837年8月31日，爱默生在美国大学优等生协会发表演讲。<br>1837年10月22日，开始写日志。 |
| 1837—1841年 | 康科德从教：初在公立学校从教数日，后与哥哥约翰同办私学。<br>1839年8月31日至9月14日，与哥哥约翰泛舟康科德河及梅里马克河。<br>1841年4月26日，搬入爱默生宅邸，并居住两年之久。 |
| 1842年 | 1月1日，约翰打磨剃须刀时不慎割伤手指，1月 |

| | |
|---|---|
| | 11日患破伤风去世。 |
| | 春季，开始创作《马萨诸塞州自然史》。 |
| 1843年 | 5至12月，在斯塔滕岛生活；在威廉·爱默生家中做家庭教师。 |
| 1845年 | 7月4日，正式迁居瓦尔登湖。 |
| 1846年 | 7月，因未缴纳人头税，遭到逮捕和拘禁。 |
| | 9月初，缅因州之旅，攀登卡塔丁山。 |
| 1847年 | 9月6日，离开瓦尔登湖。 |
| | 10月，搬入爱默生宅邸并居住10个月。 |
| 1848年 | 1月26日，发表题为“抵抗公民政府”的讲话。 |
| 1849年 | 5月30日，《康科德河和梅里马克河上的一周》出版。 |
| | 10月，初游科德角。 |
| 1854年 | 创作《马萨诸塞州的奴隶制》。 |
| | 8月9日，《瓦尔登湖》出版。 |
| 1856年 | 11月，拜访沃尔特·惠特曼。 |
| 1860年 | 阅读达尔文的《物种起源》。 |
| | 12月3日，外出查看树木年轮时患感冒，随后引发支气管炎及致命的（困扰梭罗家族的）结核病。 |
| 1861年 | 5至7月，与小贺拉斯·曼恩前往明尼苏达州。 |
| 1862年 | 5月6日，病逝。 |

# 索引

James, Henry　亨利·詹姆斯

James, Henry, Sr.　老亨利·詹姆斯

James, William　威廉·詹姆斯

*Jesuit Relations*　《耶稣会报道》

Jewett, Sarah Orne　萨拉·奥恩·朱厄特

Johnson, Eastman　伊士曼·约翰逊

Johnson, Samuel, *Preface to Shakespeare*　塞缪尔·约翰逊，《莎士比亚戏剧集序言》

Jones, Sir William, *The Laws of Menu*　威廉·琼斯爵士，《摩奴法典》

Jonson, Ben　本·琼森

Josselyn, John　约翰·乔斯林

Joyce, James　詹姆斯·乔伊斯

Juvenal　尤维纳利斯

Kalm, Peter　彼得·卡尔姆

Kane, Dr. Elisha　伊丽莎·凯恩博士

*Kansas-Nebraska Act* of 1854　1854年《堪萨斯-内布拉斯加法案》

Kant, Immanuel, *Critique of Pure Reason*　伊曼努尔·康德，《纯粹理性批判》

Katahdin, Mt.　卡塔丁山

Keats, John　约翰·济慈

Keene, N.H.　新罕布什尔州基涅市

Keiser, Albert　埃尔伯特·凯泽

Kensett, J. F.　J.F.肯西特

Keyes, John S.　约翰·谢普德·吉斯

*Knickerbocker, The*　《纽约居民》

Koster, F.　费德里克·科斯特

Kotzebue, Otto von　奥托·冯·科策布

Kraitsir, Charles　查尔斯·克莱斯蒂尔

*Ladies' Companion, The*　《女性之友》

Laing, Samuel　塞缪尔·兰恩

Lamarck, Chevalier de　谢瓦里埃·德·拉马克

Lamb, Charles　查尔斯·兰姆

Nashua, N.H. 新罕布什尔州纳舒厄市

National Academy of Design Gallery 国立设计院画廊

National Reform Association (land) 国家改革协会（土地）

Neptune, Louis 路易斯·尼普顿

New Bedford, Mass. 马萨诸塞州新贝德福德

Newburyport, Mass. 马萨诸塞州纽布里港

Newcomb, John 约翰·纽科姆

New Harmony, Ind. “新和谐”公社

*New Mirror, The* 《新镜像》

*New World, The* 《新世界》

New York, N. Y. 纽约州纽约市

New York Mercantile Library 纽约商业图书馆

New York Society Library 纽约社会图书馆

*New York Tribune* 《纽约论坛报》

New Zealand 新西兰

Niebuhr, Barthold 巴托尔德·尼布尔

Nietzsche, Friedrich 弗里德里希·尼采

Non-Resistance 不抵抗

North Conway, N.H. 新罕布什尔州北康韦（地区）

North Twin Lake, Me. 缅因州北双子湖

Norton, Andrews 安德鲁斯·诺顿

Novalis 诺瓦利斯

Noyes, John H. 约翰·汉弗莱·诺伊斯

Oakes, Smith 史密斯·奥克斯

Ockley, Simon 西蒙·奥克利

Oldtown, Me. 缅因州奥尔德敦市

Olmsted, Frederick L. 弗雷德里克·L.奥姆斯特德

Oneida, N. Y. 奥奈达公社（纽约）

Origen (Adamantius) 奥利金（奥达曼修斯）

Ortega y Gasset, Jose 周思·奥特加·伊·加塞特

Osgood, Joseph 约瑟夫·奥斯古德

Pliny (the Elder), *The Natural History* （老）普林尼，《自然史》
Plotinus 普罗提诺
Plum Island 普拉姆岛
Plutarch 普鲁塔克
Plymouth, Mass. 马萨诸塞州普利茅斯（镇）
Poe, Edgar A. 埃德加·爱伦·坡
Polis, Joe 乔·波利斯
Polk, James K. (President) 詹姆斯·K.波尔克（总统）
Pordage, John 约翰·波德基
Porter, E. 艾略特·波特
Portland, Me. 缅因州波特兰市
Pound, Ezra 埃兹拉·庞德
Poussin, N. 尼古拉斯·普桑
Powell, J. W. 约翰·韦斯里·包威尔
Pratt, Minot 米诺特·普拉特
Price, Uvedale 尤维达尔·普莱斯
Proclus 普罗克洛斯
Providence, R.I. 罗德岛州普罗维登斯市
Provincetown, Mass. 马萨诸塞州普罗温斯敦（镇）
Pulteney, William 威廉·普尔特尼
Puritanism 清教主义
Putnam, George 乔治·帕特南
*Putnam's Magazine* 《普特南》杂志
Quarles, Francis 弗兰西斯·夸尔斯
Quebec 魁北克
Quidor, John 约翰·奎多
Quincy, Josiah (President of Harvard) 乔赛亚·昆西（哈佛大学校长）
Raleigh, Sir Walter 沃尔特·洛利爵士
Raphael, *Transfiguration* 拉斐尔，《耶稣显圣容》
Rasles, Père Sebastian 塞巴斯蒂安·皮尔·拉素尔
Ray, John 约翰·雷伊

Sandwich, Mass.　马萨诸塞州桑威治
San Francisco, Calif.　加利福尼亚州旧金山
*Sartain's Union Magazine*　《萨庭联合杂志》
Savage, Richard　理查德·萨维奇
Say, Jean Baptiste, *Cathechism of Political Economy*　让·巴蒂斯特·萨伊,《政治经济学教义》
Schelling, F. W. J.　F.W.J.谢林
Schlegel, F., *Lectures on the History of Literature*　弗里德里希·施莱格尔,《文学史讲稿》
Schleiermacher, F.　F.施莱尔马赫
Schoolcraft, Henry Rowe　亨利·罗伊·斯库克拉夫特
Scituate, Mass.　马萨诸塞州锡楚埃特
Scott, Walter　沃尔特·司各特
Scully, Vincent　文森特·斯库利
Seminole Indian War　塞米诺尔战争
Seneca　塞内加
Seurat, Georges　乔治·修拉
Sewall, Edmund　艾德蒙·修厄尔
Sewall, Ellen　艾伦·修厄尔
Sewall, Samuel (judge)　塞缪尔·修厄尔（法官）
Shakespeare, W.　威廉·莎士比亚
Shattuck, Lemuel, *History of Concord*　莱缪尔·沙特克,《康科德历史》
Shepard, Odell　奥德尔·谢普德
Sibbald, James, *Chronicle of Scottish Poetry*　詹姆士·西博尔德,《苏格兰诗歌编年史》
Sibley, John L.　约翰·朗顿·希布里
Sidney, Sir Philip, *Defense of Poesie*　菲利普·西德尼爵士,《诗辩》
*Silliman's Journal*　《西里曼杂志》
Slater, Philip　菲利普·斯莱特
Smith, Adam, *Wealth of Nations*　亚当·斯密,《国富论》
Smith, Elizabeth Oakes　伊丽莎白·奥克斯·史密斯

Thatcher, George　乔治·撒切尔
Theophrastus　西奥佛雷特斯
Therien, Alek　阿莱克·塞里恩
Tholuck, F. A. G.　F.A.G.索尔鲁克
Thomaston, Me.　缅因州托马斯顿（镇）
Thoreau, Cynthia (mother of HDT)　辛西娅·梭罗（亨利·戴维·梭罗的母亲）
Thoreau, Helen (sister of HDT)　海伦·梭罗（亨利·戴维·梭罗的姐姐）
Thoreau, Henry David　亨利·戴维·梭罗
Thoreau, John (brother of HDT)　约翰·梭罗（亨利·戴维·梭罗的哥哥）
Thoreau, John, Sr. (Father of HDT)　老约翰·梭罗（亨利·戴维·梭罗的父亲）
Thoreau, Min (HDT's cat)　小民·梭罗（亨利·戴维·梭罗的猫）
Thoreau, Sophia (sister of HDT)　索菲亚·梭罗（亨利·戴维·梭罗的妹妹）
Ticknor and Fields, publishers　蒂克纳-菲尔兹出版公司
Ticknor, George　乔治·蒂克纳
Titian　提香
Topsell, Edward, *History of Four-footed Beasts*　爱德华·托普赛尔，《四足动物史》
Torrey, Bradford　布拉德福德·托里
Transcendentalism　超验主义
Trench, Richard　理查德·丘奇
Tschudi, J.J. von　J.J.冯·楚迪
Turner, J. M. W.　J.M.W.特纳
Turner, Sharon, *History of the Anglo-Saxon*　夏伦·特纳，《盎格鲁-萨克逊的历史》
Twain, Mark, *Huckleberry Finn*　马克·吐温，《哈克贝利·费恩历险记》
Tyler, John (President)　约翰·泰勒（总统）
Tyndale, Sarah　莎拉·廷代尔
Tyngsboro, Mass.　马萨诸塞州廷斯伯勒
Ullmann, C.　C.厄尔曼
Uncanunuc, Mt.　安堪努克山
Unitarianism　唯一神教派

White, Gilbert, *The Natural History of Selborne* 吉尔伯特·怀特，《塞尔伯恩自然史》
White, Hayden 海登·怀特
Whitehead, Alfred N. 阿尔弗莱德·诺斯·怀特海德
Whitman, Walt 沃尔特·惠特曼
Wiley, Benjamin 本杰明·韦利
Wilkins, Mary Freeman 玛丽·威尔金斯·弗里曼
Williams, Henry 亨利·威廉姆斯
Williams, Isaiah 艾赛亚·威廉姆斯
Wilson, H. H. H.H.威尔逊
Winckelmann, J.J. J.J.温克尔曼
Wood, William 威廉·伍德
Woolf, Virginia 弗吉尼亚·伍尔夫
Worcester, Mass. 马萨诸塞州伍斯特郡
Wordsworth, William: *The Excursion* 威廉·华兹华斯，《远足》
Wright, Henry G. 亨利·加德纳·怀特
Wyeth, N. C. N.C.韦思
Xenophon 色诺芬
*Zendavesta* 《阿维斯陀经注解》
Zeno (Stoic) 芝诺（斯多葛学派创始人）

**Poems 诗歌**

*The Bluebirds* 《蓝鸟》
*Cliffs* 《悬崖》
*The cliffs and springs* 《悬崖与溪流》
*Elegy* 《挽歌》
*Friendship* 《友情》
*Godfrey of Boulogne* 《布洛涅的戈弗雷》
"I am a parcel of vain strivings" “我是一个包裹，身体里裹挟着徒劳的努力”
"I am bound, I am bound" “我必然，必然要…”
*I love a Careless Streamlet* 《我爱上一条粗心的光溪》

**Prose　散文**

*The Landlord* 《店主》

*The Last Days of John Brown* 《约翰·布朗的最后时光》

*The Laws of Menu* (selection in *The Dial*) 《摩奴法典》(《日晷》杂志选篇)

*Letters to Various Persons* 《书信集》

*Life Misspent* (see *Life Without Principle*) 《荒废的生活》(见《没有原则的生活》)

*Life Without Principle* 《没有原则的生活》

*Love* (also *Love and Friendship*) 《论爱情》(《论爱情和友情》)

*The Maine Woods* 《缅因森林》

*Moosehunting* (see *Chesuncook*) 《猎鹿》(见《奇森库克湖》)

*Natural History of Massachusetts* 《马萨诸塞州自然史》

*Night and Moonlight* 《夜晚与月光》

*Notes on Fruits* 《水果手记》

*Paradise (to be) Regained* 《(等待)收复的乐园》

*A Plea for Captain John Brown* 《为约翰·布朗上尉辩护》

*Prometheus Bound* 《被缚的普罗米修斯》

*Resistance to Civil Government* 《抵抗公民政府》

*The Service* 《服役》

*Sir Walter Raleigh* 《沃尔特·洛利爵士》

*Slavery in Massachusetts* 《马萨诸塞州的奴隶制》

*Society* 《社会》

*Sound and Silence* 《喧嚣与寂静》

*Student Life in New England* 《新英格兰的学生生活以及当地经济》

*The Succession of Forest Trees* 《林木的演替》

*Thomas Carlyle and his Works* 《托马斯·卡莱尔及其著作》

*Walden* 《瓦尔登湖》

*Walking* 《行走》

*A Walk to Wachusett* 《沃楚西特山之旅》

*A Week* 《一周》

*What Shall it Profit a Man* (see *Life Without Principle*) 《何益之有》(见《没有原则的生活》)